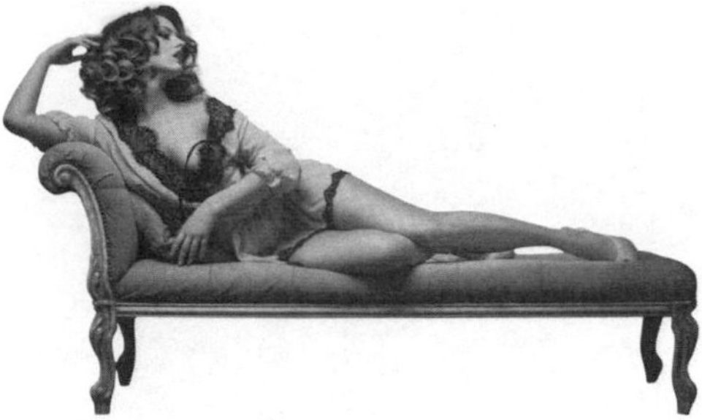

MISTRESSES

A History of the Other Woman

情　婦　史

從納粹德國、革命中的古巴，到六〇年代情婦的故事

下卷

伊莉莎白·阿柏特 Elizabeth Abbott——著　廖彥博——譯

謹以此書紀念我的姑媽：瑪格麗特．阿柏特．卡麥隆（Margaret Abbott Cameron），
她是加拿大第一位女性賽車選手。

篇首謹註

在本書緒論，我提到兩位舊識：凱特和吉斯蘭，她們兩人都是情婦。為了避免讓這些女性處境尷尬，我在書中更改她們與伴侶的真實姓名。然而縱使改用假名，故事的真實性絲毫沒有受到減損。

在上卷第三章與下卷第一和第六章，我用Shoah指稱納粹對猶太人的種族大屠殺，而不是用Halocaust。許多猶太裔的學者偏好使用Shoah，因為它專指猶太人在二次大戰的遭遇，而Halocaust則是較通用的字彙，用來描述任何「大規模的毀滅或生命的喪失」。

我在正文之後提供了參考書目形式的書尾註釋，包括每個章節使用的參考材料。之後，只有直接引用或是提及某些理論和概念時，才會標註。有這份書尾註釋，就不需要另外列出正式的參考書目，讀者在找尋材料來源也更加方便。

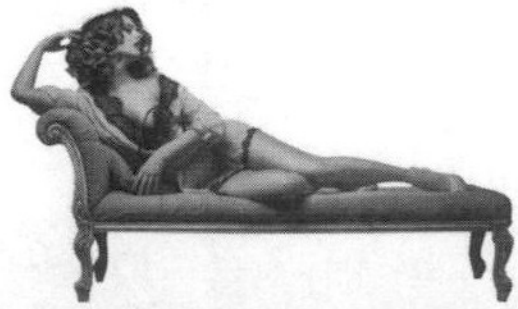

CONTENTS 目錄

緒論
遇見情婦

我從小就知道有情婦這回事，這都是因為我的曾祖父史蒂芬・艾德柏・葛利格（Stephen Adelbert Griggs）。曾祖父是底特律的多金啤酒釀造商，後來又踏足政壇。他供養了一個「愛巢」（這是我母親輕蔑的稱呼），裡面陸續住過好幾位情婦。曾祖母明妮・藍格利（Minnie Langley）必須吞忍丈夫的行為，不過她要求代價：每顆史蒂芬買來送給最新情婦的鑽石，都得依樣另送一份給她。這就是為什麼他的愛巢能孵出一窩閃閃發光的金蛋：戒指、耳環、胸針，還有未裁切的寶石，明妮將它們當作遺產，贈與她的女性後代。

曾祖父史蒂芬所走的，是一條有許多前輩走過的路。我是在長大以後，遇見真正的情婦與她們的情人，才算真正懂得這條路是怎麼回事。升上大學二年級那年的暑假，我遇上第一位情婦，她是一名年輕的女子，和我分享她偶爾刺激、但多時悲慘的遭遇。凱特麗娜（Katerina）是位富有異國情調、黑眼珠的東德女子，她在高中畢業前的兩個星期逃往西柏林，用造假的畢業證書換取自由。凱特是位家庭教師——實際上，她是個備受稱讚的保母。那個暑假，雇用她的家庭也雇用了我，在他們位於魁北克東區的度假旅館裡工讀。儘管我父母強烈反對（或許就是因為如此），她和我發展出一段很奇怪的親密關係。當我爸媽對她的放蕩和粗鄙而皺起眉頭時，我卻因為她優雅又世故而深深敬慕她。凱特那身削瘦、褐色且平胸的軀體，驕傲地從她的招牌無肩帶上衣裡展露無遺；染成棕紅色的髮束在她膝蓋附近擺盪；她的英語有著很重的口音，把我的名字「伊莉莎白」念成「阿麗莎貝」，或者是簡單地叫我「貝絲」。

在那個暑假，凱特還不是情婦。其實，她一直渴望為人妻，而且也已經和查爾斯（Charles）訂婚了。查爾斯是加拿大皇家騎警的警官，每次都開著一輛白色凱迪拉克加長型敞篷車接她出去。但是在查爾斯突然取消婚禮後，凱特從來就沒穩定過的生活剎那間摔成碎片。這事發生後沒多久，我回到蒙特婁，升上大二。

幾個月以後，凱特重新出現在我的生活裡。她打電話給我，實際上是央求我給她帶一袋日用品過去。她解釋，自己並不缺錢，只是暫時臥病在床，沒辦法出門採購。凱特已經被一位已婚律師包養，他吝嗇地讓她住在一棟破爛公寓的窄小分租房，周遭都是不友善的房客。而且出乎意料的，她竟然懷孕了。

我幫凱特帶了她需要的食物。結果，我這點東西居然就是她在墮胎後所僅有的全部糧食。她自己孤單一人地接受非法的墮胎手術，施行墮胎的醫師很謹慎，除了他的「客戶」以外，其他人一概禁止入內。之後，在她有好一陣嚴重的憂鬱來襲時，我試著緩和她的痛苦。不久後，我們便分道揚鑣，回到各自不同的生命裡。

幾年時間過去，我愈來愈少見到凱特。最後一次看到她，是在魁北克勞倫特山區（Lurentian

Mountians）的一處湖泊上。她在一艘遊艇的船頭歇息，一頭漂亮的長髮放了下來，隨風搖擺。我朝她喊，並且揮手，掌舵的那個男人聽到了，便在他們的遊艇駛過我這艘小船旁邊時，把船速降慢下來。凱特看見我的時候，似乎吃了一驚，接著她馬上把食指放在嘴脣上，意思好像是要我別在她這位迷人的遊伴面前讓她難堪。我明白這意思，簡短的問候以後就笑著說再見。我再也沒見過她，但是我聽說她結婚後又離異。之後在很長一段時間裡，每當有人說到情婦，凱特的畫面就在我心頭浮現。

我住在海地的時候，遇見了吉斯蘭・裘蒂（Ghislaine Jeudy），她是一個旅居美國數十年後返國男人的情婦。在紐約，傑若米・康士坦（Jerome Constant）靠著經營地下彩券賺了一筆財富。在太子港（Port-au-Prince），他讓自己改頭換面，成為體面的生意人。康士坦有好幾個衣櫥的白色亞麻布西裝，還有一個上鎖的櫃子，裡面全是黃金珠寶。可是他最棒的戰利品、最讓他感到快樂的，還是吉斯蘭這個金髮白膚、風姿綽約的中年情婦。吉斯蘭確實很有吸引力，在飢饉遍野的海地，她豐滿的身材看來性感又引人注目。與此同時，她最近才皈依福音教派，每個場合裡總是滔滔不絕的對人說著《聖經》裡的名言警句。當然，這些道德教訓和她身為已婚男人的情婦牴觸時則不算數。

事實上，無論康士坦的情婦怎麼威脅報復，他壓根沒有與原配離婚的打算。而只有在他對吉斯蘭的愛還持續的情況下，她的地位才算安全。她清楚這點，知道他在自己身上投入的金錢都是對這份不安全感的補償。康士坦除了給她華服、珠寶和出國旅遊，還送她一棟房子，資助她成年的女兒，並且提供慷慨的零用錢。儘管他嘴上抱怨著她花了他多少錢，真相是他深深愛著吉斯蘭，而且很以她為傲。

她眾多吸引力之一，便是為人津津樂道的床上戰史。一九六〇年代早期，吉斯蘭已經躋身海地首批享有特權的黑白混血女子（mulatto）。她和獨裁者「醫生老爹」杜瓦利爾（"Papa Doc" Duvalier）麾下的「殺人惡魔」（Tonton Macoutes）結交，這是一夥武裝惡棍，由杜瓦利爾創建並組織，用來保護自己，對付正規軍和潛在政敵。吉斯蘭並不以此為恥，而且從來不曾為和這群逮捕其他混血人士（以及任何被懷疑反對杜瓦利擔任終身領袖的人）的暴徒而表示歉意。但是，不管別人提起吉斯蘭時怎樣輕蔑，康士坦就是欣賞她的虛張聲勢、惡行惡狀、美麗和對他堅定的忠誠（雖然無可否認，這種忠誠遠不是無私的）。就算健康惡化，並且受她性需索剝削時，他還是珍惜和吉斯蘭的關係，不打算結束這段感情。「她和我心神相通。」他如此解釋和情婦之間的關係。

我和吉斯蘭不熟。不過即使我回到北美洲以後，有時候還是會想到她，回想她是如何精明地利用情人對她的感情來換取實質的財產保障。然而吉斯蘭和我很久以前的朋友凱特，都不是驅使我想寫出一部情婦史的動力。我在撰寫《單身者的歷史》（*A History of Celibacy*）時，我明白情婦就像奉行單身主義者，是人類社會一面重要的透鏡，透過它可以探究男女在婚姻之外的關係。事實上，情婦是一項和婚姻制度平行、互補的習俗。甚至在完成《單身者的歷史》寫作前，我就已經開始為這本書進行研究了。

無處不在的情婦

光是每天的新聞，材料就十分豐富；情婦無處不在。比方說，一九九七年，美國知名記者查爾斯・庫羅特（Charles Kuralt）死後，和他交往長達二十九年的情婦派翠西亞・夏儂（Patricia Shannon）提出繼承他部分遺產的聲請，並獲得勝訴。二〇〇〇年，多倫多市長梅爾・拉斯曼（Mel Lastman）的前任情婦葛蕾絲・路易（Grace Louie）聲稱，他是她兩個兒子金姆（Kim）和陶德（Todd）的父親，他們的相貌都和梅爾酷似。二〇〇一年，牧師傑西・傑克森（Jesse Jackson）的情婦，律師凱琳・史丹佛（Karin Stanford）向法院爭取他們兩歲女兒愛絜莉（Ashley）的撫養權；當這孩子還在娘胎裡的時候，傑克森牧師在比爾・柯林頓總統與白宮實習生莫妮卡・呂文斯基（Monica Lewinsky）的關係曝光而飽受攻擊時，還為總統出謀劃策和祈禱。就在猛烈批判柯林頓的同時，自以為本事高強的紐特・金格瑞契（Newt Gingrich）正偷偷摸摸地追求卡莉絲塔・貝斯特（Callista Bisek），*後來他與原配瑪麗安妮（Marianne）離婚，另娶卡莉絲塔。我開始列名單、作筆記，試圖了解這些關係裡，古今皆同的本質所在。

今日的總統與王子們，一如過往，即便冒著緋聞被八卦小報和主流媒體曝光的風險，也要順從

* 譯註：紐特・金格瑞契（一九四三～），美國共和黨政治人物，一九九五至九九年間擔任國會眾議院議長，曾於二〇〇七、二〇一二年兩度參與共和黨總統初選。他於二〇〇〇年和情婦卡莉絲塔結婚。

自己的欲望和情婦來往。除非，像法國總統法蘭索瓦・密特朗（Francois Mitterand），具備對批評毫不在意且能駕馭媒體的本事。密特朗和他的情婦、博物館長安妮・潘若（Anne Pingeot）同居。而他們的女兒瑪札琳（Mazarine），以及他的原配丹妮兒（Danielle）也住在同一屋簷下。一九九六年，在密特朗葬禮上，這三位身著喪服的女人按照他生前願望，並肩站在一起。艾森豪總統有位非常特別的「友人」，英國女子凱依・索摩斯比（Kay Sommersby）。甘迺迪總統和許多女性嬉混亂搞，其中包括銀幕偶像瑪麗蓮・夢露（Marilyn Monroe）。不過，儘管柯林頓與令人難忘的莫妮卡・呂文斯基的故事，在受人矚目的程度上可堪相比，但英國查爾斯王子的緋聞才是為期最長、最久的。當我開始撰寫本書時，他的名聲掃地。幾年以後，他先是成為鰥夫，之後與他長期的情婦卡蜜拉・帕克－鮑爾斯（Camilla Parker-Bowles）再婚，他們倆的形象已有大幅改善。

其他許多聳動的緋聞組合正取代查爾斯與卡蜜拉的故事，成為媒體新焦點。高爾夫球冠軍選手老虎伍茲（Tiger Woods）有數不清的性伴侶，當中包括瑞秋・烏奇泰爾（Rachel Uchitel），他看待她有如情婦，而非隨意玩玩的對象。但是政治人物則以穩定的態勢，不停出軌、擁有情婦。而這些遭到丈夫背叛的妻子們，通常都是從媒體的「獨家追蹤報導」裡才略知一二。

原本可望問鼎總統之路的美國前任參議員約翰・愛德華茲（John Edwards）無視他的恐懼，也就是：「愛上你會搞砸我成為總統的計畫」，拜倒在蕾莉・杭特（Rielle Hunter）的石榴裙下，她把這種激情比作「磁鐵的吸力」。愛德華茲原先的擔憂是對的：他此番出軌毀了自己的政治前程，對婚姻和他罹患癌症的妻子伊莉莎白・愛德華茲來說，都是嚴重打擊。他的外遇對象還為他生下一個女兒，桂恩（Quinn）。

紐約選出的國會眾議員維多・佛賽拉二世（Vito Fossella Jr.）和蘿拉・費伊（Laura Fay）之間發生的婚外戀也是如此。蘿拉是退役的空軍中校。佛賽拉在前往探視情婦和他們的孩子路上，吃上酒醉駕車的官司，當時他和情婦所生的女兒納塔莉（Natalie）已經三歲了。

眾議員馬克・索德（Mark Souder）是福音派基督徒，於二〇一〇年宣布辭職，原因（據他說）是後悔「和我的兼職員工發生關係，犯下違反上帝、我妻子和家庭的過失。」很諷刺的是，他與已婚的情婦崔茜・梅竇斯・傑克森（Tracy Meadows Jackson）才錄好一段網路影片，敦促青年男女「直到進入一段忠誠、堅貞的關係前」，都要戒絕性行為。

南卡羅萊納州長馬克・桑福德（Mark Sanford）被踢爆出軌，他坦承對妻子珍妮不忠，而他的阿根廷籍情婦瑪莉亞・貝倫・查普爾（Maria Belen Chapur）則是他的「靈魂伴侶」。他不能放棄她。醜聞急遽升高，他辭去州長職務，而珍妮也和他離異。風暴過後，桑福德仍然繼續和查普爾在一起。

加州州議員麥克・杜瓦爾（Mike Duvall）是美國倫理獎（Ethics in America）的得主，可是他更是漫不經心的情夫。他對著在開啟狀態的播音麥克風吹噓：「我已經學會怎麼拍打她（杜瓦爾兩名情婦中的一位）的光屁股了。我喜歡這麼做。」之後他被迫辭職。

英國廣播電視主持人強納森・丁柏比（Jonathan Dimbleby）與他垂死的情婦發生短暫婚外情，最具戲劇性、也最令人著迷。而這段婚外情摧毀了他長達三十五年的美滿婚姻。二〇〇三年五月，丁柏比專訪氣質高貴的女高音蘇珊・齊爾蔻（Susan Chilcott），為之傾倒不已，並和她上床。幾天後，蘇珊被診斷出罹患末期轉移乳癌。這位新科情婦萬分痛苦地懇求，別為了她而毀掉自己好端端的人生，丁柏比不予理會，他誓言照顧她走完生命最後一段路，並且搬去和她與她的小兒子同住。丁柏比稍後說：「我還是不能完全了解讓我做出這個決定的背後，那種熱情與憐憫的強烈程度。」

> 感覺上這是股無法阻止的力道。我知道我在做什麼，但是我不清楚後果會是什麼。很奇怪，但是我同樣也不想離開貝兒——我覺得自己整個被撕裂了。可是我管不了這麼多了；當然我們不知道她還能有多長的時間：可能是幾星期，或可能是幾個月，或者是幾年。這是一個非常強大、壓倒一切事情的經驗，也是一種試煉。

這種試煉有一部分是觀賞蘇珊的最後一次公演，她扮演苔絲狄蒙娜（Desdemona）一角，*身著白紗，哀傷地歌唱。她的歌聲漸次升高，逐漸加強，「讓我活下去，讓我活下去！」

這次演出後不到三個月，蘇珊就去世了。而強納森的妻子貝兒・蒙妮（Bel Mooney）還在苦候丈夫回頭，她表示：「那段瘋狂激情已經過去了，讓我們重拾原來的生活吧。」他卻回不去了，貝兒與他分居，然後他們本就岌岌可危的婚姻終於破裂，無法挽回。蘇珊・齊爾蔻和強納森・丁柏比的婚外情轉瞬即逝，並且因為她迫在眉睫的死亡而充滿無比激情。若這個故事發生在幾個世紀前，或一齣浪漫愛情悲劇的舞台上，看起來都和發生在二十世紀末國際化的英格蘭都會一樣沒有差別。

經過幾年的研究，令我感興趣的是男人與這些情婦的關係結構，以及他們的共通點，特別是情婦如何在不同時代和文化中，反映出婚姻與男女關係的本質。經過深思熟慮，我決定透過個別情婦的觀點來建構我對情婦歷史的探索，這些情婦的經歷都足以說明她們所處社會的男女關係。透過將這些女性分門別類，放進能反映出不同文化和歷史時期的架構中，我就可以呈現出她們獨特的環境背景，同時還能在她們身處的社會，從認為「什麼是情婦」以及「男人和女人是如何生活在一起的」這些觀點裡，得出結論。這種處理材料的方法所得出的成果，讓我決定把這本書定名為《情婦史》。

什麼是情婦？

從一開始，當我研究、反思和盤算要怎麼樣詮釋手上這批材料時，我就和定義這個問題苦苦掙扎。字典裡的傳統定義能提供的幫助不大，尤其是在這本書裡，東方的婢妾（concubine）和西方的情婦，對我而言，每個層面都能放入這本書裡來討論，更是清楚不過。在《新簡明版牛津英語字典》（*The New Shorter Oxford English Dictionary*）裡，情婦指「妻子之外，與一個男性長年發生性關係的女性」；而婢妾則指「與一個男子同居，而並非其妻子的女性」。這些定義實在太模糊，以至於難以派上用場。而後者這個定義並未在妾婦與事實上的妻子之間區分清楚，也沒有對東方的妾有所描述，她們並不總和其男主人及其家庭同住。另一個問題是在西方世界裡，「妾」和「情婦」這兩個詞時常被當作同義詞來使用。在《情婦史》這本書裡，我決定使用一個有效可行的定義來界定：所謂情婦，是指與一個女性，無論是自願或是受到脅迫，和有婚姻關係的男子（通常娶的是其他女性），有著相對長期性

* 譯註：苔絲狄蒙娜是莎士比亞悲劇《奧賽羅》（*Othello*）當中黑人將軍奧賽羅之妻，兩人不顧階級、種族差距成婚，遭到奧賽羅下屬伊阿古（Iago）的妒恨，於是設計陷害兩人，令奧賽羅懷疑其妻不貞，盛怒下將其扼死。在伊阿古之妻拆穿其夫陰謀後，奧賽羅痛悔不已，在妻子屍體上自盡。

關係的女性。這個定義也適用於婢妾，她們的特殊性質會在之後專論各個不同文化的各章裡，作更進一步的討論。

情婦的存在與婚姻制度有密不可分的關係。婚姻是人類社會裡最基礎的習俗制度，而情婦不言可喻，意味著對婚姻的不忠，有時出軌者是丈夫，有時則是妻子。確實，婚姻是判別誰是情婦、誰不是情婦的關鍵因素。而即便有人認定是出軌、不倫破壞了婚姻，許多人卻相信另外一個頗為矛盾的說法：支撐起婚姻的，正是對它的不忠。比方說，法國男人就認為下班後的時間和情婦幽會是正當事，套句法國作家大仲馬（Alexandre Dumas）一針見血的觀察：「婚姻的鎖鏈太過沉重，所以通常需要兩個人才扛得動，有時候則要三個人。」

這種婚姻與情婦的關聯，還要加上東方的妾婦，穿越時間與地域的藩籬，幾乎深深銘刻在每一個主要文化裡。英國億萬富翁吉米・戈德史密斯爵士（Sir Jimmy Goldsmith）死時，身旁圍繞著現任妻子、前妻，以及情婦們，他曾講出相當知名的評論：「男人娶了他原來的情婦以後，就自動創造出一個職缺。」對北美洲的人們而言，比起東方世界更顯繁複的不同版本，對西方模式的了解更為熟悉，而這並不出奇。在東方世界裡，情婦關係尤其已約定俗成，也就是妾婦和側室。

在所有社會和時代裡，依媒妁之言締結的婚姻最容易製造出情婦和妾室。因為在這類婚姻裡，父母或其他親戚為其子嗣擇偶的理由，出自於經濟或興旺家門，或是以婚姻來做為商業、政治結盟的籌碼，如此往往拆散原來浪漫的愛情，而代之以一段不相合、任性、有時甚至不可靠的關係，作為婚姻的基礎。丈夫和妻子被期待要同居共財，要育養子女。他們可沒被期待要因對方的愛撫而顫抖，要相互愛慕著對方，或者滿足彼此情感上的需求。

有時這類婚姻也能發展出浪漫愛情，但是更多時候，任何人所能在婚姻裡企求的，只是尊重、容忍和順從，而許多婚姻是極度不快樂的。除了道德上最為嚴謹禁欲的社會外，幾乎所有人類社會都容許不願壓抑或昇華內心對於追求浪漫關係與肉欲渴望的男人，在婚姻外另納情婦或妾室，以滿足婚姻裡得不到的欲望。可是，女人卻總是不被允許出軌，如果她們被發現，將會遭到嚴酷的懲罰。許多女性明知如此，還是奮力向前。

家世與社會階級所造成無法彌補的分歧裂隙，也讓本來能成為妻子的女性變成情婦。聖奧古斯丁（Saint Augustine）是四世紀時希坡（Hippo）地區的主教，他同意其身處的北非社會禁止與比自己階級地位低之人通婚嫁娶的規定。所以他與自己所深愛的女子同居，納她作妾，因為這名女子的出身地位較低。而當他決定要結婚時，其母便為他尋來一位家世足堪匹配的女孩為對象。

而國籍、種族和宗教的出身，也能貶低女性成地位較低的情婦。例如在仇外的古希臘，禁止其公民與外國人通婚，所以雅典的領導人伯里克利斯（Pericles）永遠沒辦法娶阿斯帕齊婭（Aspasia）為妻。她是伯里克利斯深愛的米利都人（Miletian）寵妾，也是伯里克利斯兒子的母親。

許多東方文化中，妾不處在婚姻之外或是與婚姻平行，而是婚姻制度的一部分。妾室所需擔負與享有的權利和義務，都載明於法律或社會習俗裡。妾通常住在其男主人的居所，和他的正室（女主人）與其他側室妾眷們同處一個屋簷下。在小康之家，女主人有一到兩位側室協助打理日常家事。偏房們在性方面，也具備與妻子同樣的義務，包括要守貞，以及和大房一樣正門不出二門不邁。之所以有這些規定，都有相當出色的理由。與西方的情婦截然相反，東方妾室主要的義務之一，就是要為她們的主人傳承香火。

在少數幾個國家，尤其是帝制時代的中國和土耳其，某些皇室或權門勛貴成員，藉由充實後宮內苑的妃妾，來展示自己的財富與權力。這些妃妾通常是擄掠或購買得來，她們住在擁擠且由宦寺閹人掌理的後宮內苑，那裡是暗潮洶湧的地方，充斥著各種陰謀算計、競爭衝突——全是為了繁衍後代，更不必提孩子了。年紀較長、失寵的妃妾，淪為家中勞役，擔當粗重的活計。年紀較輕的仍舊懷抱希望，成天以精心打扮和密謀策劃來填補漫漫長日。她們和宦官、正宮大房、親戚、孩子、僕役鬥法，同輩之間也互相算計。她們的目的是要與後宮內苑的主人共度良宵，如果上天眷顧，她們誕育出的孩子還能讓她們從卑微無名一躍而享盡尊榮，甚至攫獲權力。

西方社會的法律則全然相反，幾乎總是在強化婚姻的獨霸地位，認定情婦所生的子嗣為私生子，從身分低微的奴隸到層級最高的女公爵，都是如此。在法律和文化層面上，生父沒有義務或責任得接受非婚生子女，還可以迫使這些非婚生子女處在恥辱與非法的危險境地。確實，法律規定使男人在外所生子女的地位要獲得承認更形艱難，甚至對於有意願要這麼做的父親們來說，也是一樣。

然而有些男人敢於違抗他們社會中設下的嚴格禁令，援助支持其非婚生子女。皇家成員如英國的查理二世（Charles II）拔擢了許多他與情婦所生的兒子為公爵，以至於今天的二十六位公爵當中，有五位是他們的後裔。查理二世認定他們的出身已經夠高貴，至於是否符合正統則屬小事，可以不必計較。受到個人激情驅使的平凡老百姓，也敢挑戰社會的價值，例如有少數幾位奴隸主，冒著遭受他們種族偏見甚深的同胞報復的危險，承認他們與奴隸情婦所生孩子的父子關係。然而在西方世界，承認私生子一向總是規則中的例外。

情婦的孩子

今天的情婦如果和情人有了孩子，理所當然會期待孩子能得到更好的待遇。和她們的前輩一樣，情婦是男女關係裡走在前頭的先驅者，她們的地位反映出這些關係已發展到何種程度。女性地位的改善、影響家庭和個人關係的法律的鬆綁、以及脫氧核醣核酸（DNA）鑑定逐漸獲得採認，大幅增加她們的情人願意承認、或至少資助情婦所生子女的可能性。（愛德華茲的例子是一個很壞的負面示範。在他要求助理偷取桂恩的一片尿布，送去做DNA鑑定他是否為她的生父之後，愛德華茲還矢口否認桂恩是其私生女。直到謊言被拆穿，完全無法挽救，他才承認與桂恩的父女關係，並且尋求寬恕，特別是尋求他盛怒的妻子伊莉莎白的寬恕。）與此同時，可靠的避孕措施以及合法的墮胎日漸便利且普遍，情婦擁有的孩子數目大為降低。

可是，如同蕾莉・杭特，還是有情婦和她們的情人生下孩子。她們之中有些人，像凱琳・史丹佛，必須為孩子的權益挺身奮戰。像密特朗和維多・佛賽拉，則私下給予孩子經濟上的資助。但是即使這些父親們願意配合，也不能擔保他們的婚生子女會友善對待他們「在外面」的手足。愛絜莉・史丹佛—傑克森的母親就公開抱怨，女兒同父異母的手足對她根本不屑一顧。而密特朗的兒子尚—克里斯托福（Jean-Christophe）於同父異母妹妹瑪札琳前往探視父親時，在醫院厲聲喝斥她。他對友人表示：「只要家父沒有開口提起這位年輕女子，對我來說她就不存在。」瑪札琳到了三十四歲的時候，才冠上「潘若—密特朗」這個姓氏。她解釋：「有十九年時間我的生父不詳，但是我最後終於決定，要在身分證件上加上父親的姓名。」

發生在非裔美國人愛希梅・華盛頓—威廉斯（Essie Mae Washinton-Williams）的故事更加離奇。她是十六歲女傭凱莉・巴特勒（Carrie Butler）和雇主二十二歲的兒子史卓姆・瑟蒙德（Strom Thurmond）的女兒。瑟蒙德是政治人物，在年逾百齡過世時依然任職參議員，他因為持續不懈提倡種族隔離而惡名昭彰。「就因為沒有足夠的軍隊來阻止南方人民打破種族隔離，才讓黑鬼進入我們的戲院、我們的泳池、登門入室，然後到我們的教會。」他如此大聲咆哮。「他披著憲法賦予州自治權這種古老信條的外衣，成為一位徹頭徹尾的種族主義者，」愛希梅回憶道，他說起話來「活像希特勒的鬼魂上身」。

但是在私底下，瑟蒙德不但提供經濟支持，還熱切關心他這位黑白混血的女兒，並以她為傲。他們第一次見面是在愛希梅十多歲的時候，當時她和母親造訪他的辦公室。威廉斯寫道：「他從不直呼我媽媽的名字。口頭上也不承認我是他的孩子。我離開的時候他沒吭聲，也沒邀請我回訪。這個場合很像是一個觀眾和一位重要人物碰面，或者是一次求職面談，不像和親生父親團圓。」不過，她說服自己別把這事放在心上，相信她母親和瑟蒙德仍舊維持關係，並且彼此關心。

在瑟蒙德推薦下，愛希梅前往一所全黑人的學院就讀，也就是今天的南卡羅萊納州立大學（South Carolina State University）。他為她支付學費，並且偶爾透過安排，在校長辦公室和她見面。校長必定已經猜出，或根本曉得他們之間的關係。瑟蒙德的妹妹瑪莉・湯浦金斯（Mary Tompkins）想必也是如此，因為她受其兄之託，帶錢給愛希梅至少一次。

然而愛希梅從來沒透露過她父親的身分。「史卓姆・瑟蒙德沒有要我發誓保密。他從來沒要我發誓保密任何事情。他信任我，我也尊重他。我們用一種深深壓抑的方式，彼此關愛對方，而那就是我們的社會契約。」她寫道。

瑟蒙德於二〇〇三年過世，直到這時候，愛希梅才在《親愛的參議員：史卓姆・瑟蒙德之女回憶錄》（*Dear Senator: A Memoir by the Daughter of Strom Thurmond*）這本書裡，揭露瑟蒙德的同事、友人長期懷疑的真相。逝者家庭公開證實她與瑟蒙德的親子關係，並提到她也有繼承遺產之權。（這使得她毫無興趣去興訟爭取亡父的遺產繼承權——也就是她道德和法律上的權利。）她同父異母的兄弟史卓姆・瑟蒙德二世還補充，他極為盼望能和她相認。二〇〇四年，南卡州長馬克・桑福德將她的名字補刻上瑟蒙德紀念碑的子女名單中。時代在改變，即便是在南卡羅萊納州亦復如此。

進擊的情婦

但是在那些時間彷彿靜止不動的社會、社群裡，情婦與妾室和她們的前輩遭遇仍十分相似。羅馬天主教會是這些社群裡的其中一個，至今仍堅定地抱持著對女性根深柢固的強烈不信任態度，尤其是拒絕授予女性聖職，並且拒絕廢除聖職人員強制單身的規定，成為神職人員通婚所無法克服的阻礙。今天與教士有親密關係的女性，走的是過去幾個世紀以來的同一條路：她們隱姓埋名，作為管家，被迫將她們真正的關係隱藏在圍裙與拖把之後。天主教會仍舊把這些女性看作誘惑聖職的妖婦和原罪的載體。教會看待她們的態度，就像對待修士性侵兒童的醜聞，主要著眼在損害控管以及隱瞞實情，不讓外界知曉。

女性主義（feminism）擴展了女人的權利；有效又便利的避孕手法，使得情婦的界線及其可能性隨之改變。隨著對婚前性行為的觀念解禁，以及未婚同居現象日趨普遍，情婦和女朋友之間的界線已經變得模糊不清。今日的諸多案例，問題的答案必須看伴侶對於他們關係地位的認定，某些程度上來說，也在於今日社會中情婦與她們在經濟上依賴情人、被納為側室偏房的前輩，是否愈來愈有所不同。今日的情婦通常是與已婚男人相戀，他們不願意離婚，也無意使彼此的關係合法。對她們而言，分手之外的唯一選擇，就是安於這種非法關係。但是通常情婦們並不甘於現狀，她們盼望有朝一日與情人的私通關係能像卡蜜拉・帕克・鮑爾斯，經由踏入婚姻而取得合法正當的地位。

一如我們所知，愛情本身最重要的就是浪漫與激情、欲望的喚醒和狂喜又混亂的滿足。就算罪惡感與偷情的刺激、對社會規範的挑戰同時存在，它也不能否定這股將兩人緊密維繫的力量，它由分享祕密和對彼此的信賴所構成。這段關係裡的禁忌層面也影響它的權力平衡，有一部分取決於未婚情婦的節制與審慎。儘管這樣的關係強行給予她可觀的自由時間，尤其在傳統節日來到時更是如此，但卻也解放了情婦，不必從事妻子的日常家務，能進入一種神祕的生活模式，讓她呈現出最好的一面與最優雅的舉止。這樣的關係可能在感覺或實際上是對等的，因為男女雙方在其中各盡所能，也各取所需。

有太多情婦、太多婢妾了，她們的故事不勝枚舉！我緩緩從大量研究資料裡分門別類，再由各個種類裡，挑選出最能闡釋各自主題與寓意的女性故事。在我砍掉一個又一個女性的故事時，選擇誰留誰棄是一件很困難的事，剛開始我極度謹慎小心，後來則殘酷無情。慢慢的，整個書櫃裝滿了被我打回票的女性故事，通常它們都極為精彩：愛瑪・漢彌爾頓夫人（Lady Emma Hamilton）！戴安娜．波提葉（Diane de Poitiers）、喬治．桑（George Sand）、可可．香奈兒（Coco Chanel）。*這些都是性質重疊與篇幅限制下的犧牲者，也是我決定聚焦在某些人身上所忍痛捨棄的故事。但是還有一批倖存者被留下，她們的故事既獨特，又能連結其他許多女性的故事。她們來自各個時代與各個地方，出身不同階級，有著不同家世、膚色與身分。她們有的是貴族，有的身為奴隸，有的為人妻、為人母，或者處女終老。而她們有的住在臨時小屋，有的深居後宮內苑，有的則是宿於平房或華廈。有些人十分知名，通常是因為她們的情史；其他人則只能從她們情人的回憶錄、或是官方檔案資料裡，慢慢爬梳出她們的一生。上述所有女性的共通處，就是她們都為人情婦或者妾室。這是一本關於她們特殊經歷和故事的書。讓書中每一位女性的故事都重要的，是她們生命故事裡那些獨特的道路，闡釋了情婦這個習俗的每個層面。

* 譯註：愛瑪．漢彌爾頓夫人（一七六五～一八一五）是英國海軍名將納爾遜爵士的情婦；戴安娜．波提葉（一四九九～一五六六），法王亨利二世的首席情婦；喬治．桑（一八〇四～一八七六），法國劇作家、文學評論家；可可．香奈兒（一八八三～一九七一），法國時裝設計師，知名品牌香奈兒香水發明人。

第一章
性關係與猶太人問題

從一九三〇年代初期到一九四五年，二次大戰結束為止，納粹德國在境內與它控制之下的歐洲頒行各種法令，禁止非猶太裔的男性和猶太女子發生性關係。在此同時，無力保護自己的猶太女性，特別是身處集中營的猶太人很容易遭受脅迫，而成為非猶太人的情婦。[1]

一九二四年，阿道夫·希特勒出版《我的奮鬥》（*Mein Kampf*），宣揚他對未來的奇想憧憬：一個金髮、高大而優越的亞利安（Aryan）「種族」。這個種族的男性，將是良好基因典範。他們的姐妹，則會完全滿足傳統社會對女性的期待，負責打理廚房、教堂、孩童的事務。希特勒對於女性地位解放，不抱任何同情；他反覆訓誡說，「不過是猶太知識份子的一項發明罷了。」[2]

阿道夫·史克爾格魯伯（Schicklgruber）·希特勒，這個身形短小、一頭黑髮的男人，是亞利安優越種族的元首（Führer）；他貶斥一切非亞利安人的種族，認為他們較為低等，而且造成血統汙染，但是其中為害最大的則是猶太人。希特勒和其他數以千計的德國人，都讀過亞瑟·丁特爾（Arthur Dinter）所著的《血統之原罪》（*Die Suende wider das Blut*），而且深受影響。所謂「原罪」，指的是對於純粹種族的汙染；丁特爾宣稱，只要一滴猶太男性精液，就會永遠汙染亞利安女性，而且甚至會導致她們日後生出的孩子都帶有猶太種性。

一九三三年一月，希特勒在大選中贏得德國政權，出任總理，他開始將自己的觀點轉化成為法令。他最重要目標之一，就是種族之間通婚造成的「混種汙染」。納粹法律規定，與非亞利安種族發生性關係是對種族背叛，違者可以判處死刑。

一九三五年九月十五日，「紐倫堡法案」（Nuremberg Laws）剝奪了除日耳曼人和「相關血統」之外，一切德國人民的公民權；而「保護德國血統與德國榮譽法」（Protection of German Blood and Honor）則禁止德國公民與猶太人通婚，或發生婚外性行為。在一九三〇年代，共有將近四千名猶太裔與非猶太裔德國人，已婚或者未婚，被控觸犯「混種汙染」罪。當「罪犯」被逮捕時，會遭到嚴厲的懲罰、羞辱，並且殘酷的命其遊街示眾，或是送往集中營監禁。「我是頭最爛的豬；我和猶太人搞在一起，」有一個女子被迫舉著這樣的標語。[3]

在一九三三到三九年間，德國一共通過四百種反猶太法令；希特勒將這些法令看成他將歐洲猶太人掃蕩乾淨之前的必要暫時措施。複雜繁多組織結構的目的是，根除猶太人與其他非亞利安種族，包括逐步升高國家恐怖暴力、強迫猶太人集中居住限定區域，最終將他們全部驅趕進集中營（很少人能夠生還）。希特勒就職兩個月後，就在他最愛的巴伐利亞城市慕尼黑外約十六公里處，設立了達豪（Dachau）集中營。當歐洲落入納粹掌握時，各地紛紛成立這樣的猶太集中營，尤其是在波蘭。

納粹核心意識形態裡的性別歧視，加上對猶太人繁殖能力的恐懼，合起來將猶太女性送往毀滅之路。正如同奧許維茲（Auschwitz）集中營指揮官魯道夫・霍斯（Rudolph Höss）在戰後被處死前留下回憶錄說：「對女人而言，那裡的所有事情都更艱困、更令人沮喪、更具傷害性，程度達千倍以上，因為女性集中營的生活環境是無可比擬的惡劣。這些女人被分派到狹小空間，衛生與清潔條件都極為不堪。」4

大戰即將結束時，集中營也即將解放。一九四四年七月二十四日，蘇聯士兵解放邁丹尼克（Majdanek）集中營。六個月之後，他們解放奧許維茲。同年五月七日，德國正式宣布投降，戰爭和種族屠殺同時宣告結束。

數以千計倖存者、納粹官員、雇員，或有機會近距離觀察的人士留下的回憶錄，數百萬犧牲喪命者堆積如山的遺骸或私人物品，德國人鉅細靡遺保存紀錄，以及戰後各種司法調查——全都為歷史學者和其他人士提供最重要關鍵證據，讓他們得以了解這股製造種族大屠殺的邪惡力量。而從一九九〇年代起，猶太女性的悲慘遭遇，包括性，已經引起人們重視並且展開專門研究。

這些研究，應該說是這些研究採取的路徑，引發了劇烈辯論；爭論焦點在於，這些以女性為導向得出的詮釋所造成的正當性爭議。許多人認為，因為種族大屠殺既毀滅猶太女性，也奪走猶太男性生命，如果採用以性別作為基礎的分析詮釋架構，從而將女性悲慘遭遇和男性不幸處境區分開來看待，就是對於生者、死者記憶的褻瀆，甚至是對種族大屠殺這個令人費解的滔天罪行的侮辱。

另外一方的歷史學者同樣帶著激烈情緒聲稱：種族屠殺中，男性與女性面臨的悲慘處境，若干層面上有所不同，唯有承認此現實才能真正理解種族大屠殺，以及受害者的壓力與榮耀。他們指出，集中營施加在女性身上的，除了與男性同樣的冷酷無情暴行和凌辱貶抑，更有男性並未面臨的困苦：月經來潮與閉經、婦科實驗手術、懷孕、墮胎、分娩、謀殺新生嬰兒，讓母親有逃過處決的機會，還要做出內心無法承受的痛苦決定：留下來陪著新生兒一起邁向死亡，或是為了其他孩子活命的機會而拋下他們，又或者是為了自己的性命而遺棄親生孩子。

在這本介紹情婦歷史的書裡，我們必須以納粹時代猶太女子的獨特觀點，來訴說她們受到暴力脅迫而與人發生性關係的遭遇。事實是，雖然有「保護德國血統與德國榮譽法」的禁令，儘管猶太女性身處可怕的環境中，她們仍舊是性剝削的目標。[5]猶太女子非常陰柔的女性特質，使她們身陷危險，但有時也幫助她們。特別是有些女子得到機會，對少數男性施展性魅力，以性愛作為活命的工具。

處決之前的集中營生活

納粹集中營的「入營程序」，目的在於恐嚇和羞辱初來乍到的犯人，讓他們陷入絕望無助的境地。只要犯人的腳步蹣跚踏出運畜列車，納粹官員就開始甄別分類：先把男人和女人、孩童分開，然後選出幾百萬人，立刻送進煤氣室處死。

猶太女性的處境特別危險。她們的繁殖能力受到極其忌刻的憎恨，因為生殖能力象徵她們能使這個可恨的種族永遠繁衍下去。在第三帝國的每一個角落，猶太女性只要被發現有懷孕的蛛絲馬跡，就能對其判處死刑。[6]各種研究顯示，抵達種族滅絕集中營後立刻遭到殺害的人，女性比例要高過男性。

被挑選暫時留下性命的女性，主要是年輕、健壯，健康情況明顯良好。倖存者回憶，她們被要求脫光身上衣物，赤裸面對彼此，還有帶著敵意的警衛，心中感覺羞辱與驚疑。下一個步驟是剃毛，黨衛軍的男女工作人員將他們身上的毛髮，包括腋毛和陰毛全部剃光，說是為了要預防跳蚤蝨子。納粹官員使用公開剃除毛髮，作為打擊女性精神的手段，而且他們在進行工作時，還不斷惡意的瞥視與奚落。「這就像是有人把我們的皮剝光，好像我們的個人特質蕩然不存，」一位女性倖存者回憶：「我們不再是自己，成了女孩甲乙丙丁，無論叫什麼都可以。」7

這些女性也感覺到，她們連女人也不是了，因為在集中營裡的生活，幾乎將月經週期完全抹除。少數還有月經的人，會被拉出來公開示眾，經血從她們的雙腿間流下來，因為她們缺乏衛生棉，而身邊唯一的布料，就是身上穿的衣物。接著，納粹官員又會因為她們無法保持清潔，而懲罰她們。

納粹的醫生違背醫學誓言，他們用X光燒灼青春期少女的卵巢，以使她們失去生育能力。之後，這些尖叫哭號的年輕女子倒地扭曲掙扎，她們遭受無可忍受的痛苦。稍後，這些醫生再對她們施行手術，將被燒灼潰爛的卵巢取出。華迪斯洛・德林（Wladislaw Dering）醫師以快速進行這類手術而知名，他可以在兩個小時之內，完成十台卵巢移除手術。

在女性犯人的生活區域裡，強姦是持續出現的威脅。只用眼神打量這些女子，黨衛軍的男性士兵並不滿足，他們有時候會結隊闖入女子牢舍，將長得最漂亮的女孩子從床上硬扯下來帶走，然後強姦她們。過後，這些女子會被放回牢舍，所有人都知道在她們身上發生的恥辱。

黨衛軍的男性官兵都恐懼和猶太女子發生性關係被查獲，帶來的嚴酷後果；他們寧可放棄性愛的歡愉，也不要危及自己的職位與安全，有時危害的，甚至是他們的性命。不過，有些人乾脆強暴受害者之後將她們殺死了事，因為死人是沒辦法出面作證。

集中營裡還有一個更明目張膽違反「保護德國血統與德國榮譽法」禁令之處：黨衛軍在許多集

中營〔例如：拉文斯布呂克（Ravensbrück）與奧許維茲集中營〕設立妓院，供他們自身享樂，有時候也讓受到他們優待的非猶太裔人犯洩欲。〔奧許維茲的倖存者、作家卡澤特尼克（Ka Tzetnik）在他的小說《少女集中營》（*House of Dolls*）裡記下這些妓院，讓它們永遠不被遺忘；這本小說是以作者當時十四歲的姐妹但妮耶拉·普立列許尼克（Daniella Preleshnik）的日記作為改編基礎寫成的。她當時身處納粹勞動集中營，被迫進入妓院賣淫。〕挑選進入妓院的女性，由外貌來決定，特別是胸部堅挺者，但是這樣的人很少見，因為營養不良使得許多人都變得消瘦憔悴。（在挨餓狀態下的乳房，首先會下垂，然後開始萎縮，直到女性的胸部像男性一樣平坦為止。）黨衛軍的醫官會監督、主持這些挑選過程，其中一個惡名昭彰的醫官是約瑟夫·孟格勒（Josef Mengele）醫師，他的情婦是黨衛軍女軍官爾瑪·葛利斯（Irma Griese），她是個雙性戀者，本身也和女性犯人發生性關係。

一旦被推入集中營妓院這個火坑，這些女子（有些是猶太人）會被要求「試用」，或是遭到集體輪暴。接著，她們就被送去工作，一日之中虛度大部分時間，但是每個人都被迫要在傍晚妓院開張的時候，在兩個小時之內和大約八名男子性交。雖然她們已經服用避孕藥，但懷孕仍然時有所聞。這些女子無法掌控，究竟是她腹中的胎兒要流掉，還是她自己被殺掉。黨衛軍通常覺得，以後者解決最是簡單明瞭。

許多黨衛軍的男女軍官，為了滿足他們對性的渴望，也為了避免因為犯下不可饒恕的「混種汙染」罪而遭到懲罰，他們乾脆彼此發生關係，與謹慎小心的同事一起背著配偶外遇。但是，從歐洲各地被送進集中營的絕望女子，實在是太脆弱、太容易到手了，很難忽略她們的存在。對於這些被囚禁的女子，日復一日籠罩在死亡陰影底下，性欲彷彿和她們一點關係也沒有。不過，有些人很快就學會如何運用性作為手段，以得到哪怕是微小的回報，甚至可以延長自己或是深愛之人的生命。

一個仍然具有吸引力的女子，特別是她能奇蹟似的維持女性的圓潤體態，或許可以在剛抵達集中營時，免於直接被送入煤氣室的命運。她可能也會引來某位黨衛軍警衛的青睞，或是得到一位有特權的非猶太裔囚犯關照，偷渡一些香腸或起司，或一雙更好穿的鞋子，諸如此類能夠影響集中營裡生與死的物品給她。有些女人「為了一小塊麵包和奶油就和人上床」，但是，正如曾經被關進集中營的瑞娜塔．拉奎爾（Renata Laqueur）說：「正是她們想要活下去的意志，通常也是希望能夠挽救她們的丈夫和小孩，才讓她們踏上這條道路。」[8]在這個由恐怖統治的超現實世界裡，外界關於性的一切規則和習俗全都不再發生規範作用。但是，大多數在集中營裡的人們還是抱持著這些觀念，也因此對於與敵人共寢的女性，人們的道德批判非常嚴厲。

這種情形，在大多數觸及這個特殊層面的大屠殺倖存者回憶錄裡，就看得十分明顯。直到最近，以女性觀點對大屠殺進行的詮釋，已經提出一種更為貼近受害者感受，也更符合歷史事實的理論：「床上手腕」（Bett-Politik）。通常，它是女性囚犯唯一擁有的武器。

對猶太女子進行性需索者，並不只是侷限在集中營的納粹官員和黨衛軍警衛。在集中營外，在猶太居住區和勞動營裡，猶太男子同樣也要求用性行為來交換食物或其他生活必需品。藏匿於森林裡的俄羅斯和猶太男性游擊隊，也都會這麼做。

「S」是一位捷克籍猶太人，她同時是特萊史恩斯塔特（Theresienstadt），也就是所謂猶太人限制生活示範區，以及奧許維茲集中營兩地的雙重倖存者。她回憶在這些地方的女性，仰仗的都是她們的智慧與和男人的關係，才能存活下來。在特萊史恩斯塔特猶太區，男人掌理辦公室和最重要的廚房。他們便藉由這些職位來得到自己想要的事物，性也包括在內。「身為女性，那是你的生存之道，」S解釋：「在那個社會，憑藉著男性……是唯一能讓你活下去的辦法。」

這種情況，據另一位特萊史恩斯塔特的倖存者回想：「和外面的世界很類似，只不過最有價值的商品不是黃金、鑽石或錢財，而是食物。」[9]某些男性手上還擁有生殺予奪的大權：他們能夠讓高達三十名的親戚和朋友，免於遭受被送往東方集中營的命運。其他猶太區的倖存者日記也顯示，在那裡確實有「猶太自治委員會」的高階男性，以性作為保護年輕漂亮女子的回報。

在強制勞動的集中營裡，有些女性發現和一個有資源、有辦法的男性「表親」出雙入對，可以得到活命的保障。但也有許多人對此很抗拒，寧可禁欲，也不要發生未婚性行為而蒙受恥辱，而有些出身上層社會的女性，則相當蔑視這些說意地緒語（Yiddish）的猶太人，即使他們懂得救命的訣竅，也不屑與之往來。不過，女性通常會屈服在無望的環境下，和「表親」在臨時搭建的窗板後面一起過夜。那時傳唱的小曲諷刺這種露水姻緣：「為了湯／為了湯／為了一片小麵包／女孩們張開她們的……／就發生在你我之間／即使沒有需要／他們也還是會這樣作。」[10]和「表親」發生性關係，最令人恐懼的後果就是懷孕，因為女性隆起的肚腹，等於是死亡的保證書。

在奧許維茲集中營裡，想從微薄的生活配給之外獲得額外物品的機會，幾乎是微乎其微，所以某些女性便利用工作時和負責焚化屍體的男性工人取得聯絡，她們有時候會在惡臭難聞的公廁旁邊，以「愛」（性交）來交換一個食物罐頭、一雙鞋子或一把梳子。集中營裡的匈牙利籍猶太女醫師吉賽拉．波爾（Gisella Perl）迫切需要一條繩線，好來綁緊她腳上那雙太大的鞋子。（穿鞋子可以防止光腳被刺傷，以及之後的傷口感染，傷者很容易被挑選送入煤氣室。）一名波蘭籍的廁所工人手上有她需要的繩線，但是他開出的交換條件不是要她的麵包配給，而是想得到她的身體。「他的手沾滿了工作時處理的人類排泄物，而顯得骯髒汙穢，魯莽無禮的在我的女性性徵上摸個不停。」一分鐘之後，波爾醫師就跑開了，對於剛才發生的事情感覺驚恐。「我的價值觀，竟然已經發生改變了……一根繩線的代價，居然飆漲得這樣高。」[11]如果在正常環境下生活，一名女性對於任何這類條件交換，會抱持嗤之以鼻的態度；但是現在，她卻遲疑猶豫了，她會思前想後，反覆估量條件的內容，然後做出決定——通常是拒絕，但有時候也會答應。

有個名叫魯斯（Ruth）的女子，在維也納被送上貨運列車，於一九四二年冬天，抵達遭到大雪覆蓋的索比布爾（Sobibor）集中營。關於魯斯，我們所知的細節不多：她是個黑眼珠、淺黑色頭髮的少女，年紀約在十六或十七歲上下，她長得實在太漂亮，以至吸引沙夫勒．保羅．葛羅斯（Scharführer Paul Groth）的目光；他是個惡名遠播的黨衛軍軍官，以殘酷對待猶太人犯聞名。葛羅斯有三個怪異的花招：他先是逼迫一名猶太人牛飲伏特加烈酒，直到爛醉如泥，然後葛羅斯在喧嘩笑鬧之下，在這個噁心作嘔的男人口中排尿。他又命令猶太人往屋頂攀爬，摔下來的人會遭到鞭打，然後帶往三號營區射殺。他還讓猶太人去捉來老鼠，放在其他人的褲子裡。如果褲子被放老鼠的這些人無法聽口令立正，他就鞭打他們。

而當葛羅斯把目光投向魯斯的時候，讓所有認識他的人都深感震驚：他竟然快速的墜入情網。他指派她擔任自己的專屬僕役，當她是自己的情婦。「這段感情是認真的，」一位索比布爾集中營的倖存者做出證言：「而魯斯對葛羅斯的行為產生了影響。」[12]這個人見人怕的黨衛軍，居然停止鞭打猶太人。不過，猶太人並不是唯一發現葛羅斯態度劇烈改變的族群。他的黨衛軍同事和上級同樣也有察覺，他們對於魯斯竟然在他心中佔據如此重要的地位，都深感震驚。一九四二年八月，黨衛軍中級突擊隊領袖（譯按：相當於中尉軍階）法蘭茲・萊許雷特納（Franz Reichleitner）接任集中營指揮官，他決定獨斷專行，採取行動。在葛羅斯放假三天，離開索比布爾的時候，兩名黨衛軍士兵將魯斯帶往三號營區射殺。葛羅斯返營收假，得知她已經死去。在這之後，他重返工作崗位，像經歷這段短暫的地下禁忌之戀時那樣繼續寬大對待猶太人。很快的，指揮官不得不將他轉調往貝爾賽克（Belzec）集中營。

究竟，這位非常年輕的魯斯是怎麼看待葛羅斯，這個既折磨又殺害猶太人的男人？而又是誰逼使她和他發生性關係？很有可能，他也奪去她的童貞；她是否會哀悼自己喪失清白之身？或者，她因為太過清楚自己身處的危險境地，所以根本不在乎？她是否曾經回應過他突然洶湧而出的愛意？或者，她是以自己的溫柔交換他的保證，寬赦她的族人？知道她人生最後歲月的人們，都提到「愛情」這個字眼，而黨衛軍的指揮官也認同這個判斷，至少以他對葛羅斯的認定就是如此。在他與這個猶太少女之間，必定發生了什麼，讓他們的情感連結起來。我們能確知的是魯斯盡一切所能，運用葛羅斯對她的一往情深，馴服他的獸性，減輕猶太人的痛苦。

在奧許維茲，瑪雅（Maya）是個囚犯頭（kapo），也就是黨衛軍管理員指定維持囚舍秩序的人犯。對於她的猶太同胞，瑪雅並沒有什麼慈悲心，還對任何擋她路的人動手施暴。擔任囚犯頭，讓她擁有屬於自己的獨居小間，而其他牢友相信（雖然她們無法證實）：每個夜晚，都有一名黨衛軍的男子進來，和她同床共寢。

大戰結束後，瑪雅存活下來；她在奧許維茲的前牢友魯希爾（Lucille）也是。在一九五〇或一九五一年，魯希爾在紐約的歐特曼百貨公司（Altman's Department Store）逛街購物，正在為該買一雙紅色或是黑色的手套猶豫不決。這個時候，她注意到一個站在身邊的高大女人，這女人有一頭造型顯眼的黑色短髮，臉上帶著微笑，同樣也在挑選手套。魯希爾走到這女人跟前，她們的眼神交會。「瑪雅，」她開口。瑪雅看著她。「是，你怎麼知道我的名字？」「奧許維茲，」魯希爾回答。瑪雅開始為自己漂白，為從前的行為找尋合理的藉口，她急促的解釋：自己不是壞人，之前那樣做都是被逼迫的；她也沒有殺害任何人。

你的丈夫呢？魯希爾問道；她注意到瑪雅手上戴了婚戒。確定不是黨衛軍的人嗎？是的，瑪雅的丈夫確實就是黨衛軍的警衛。在戰後，他跟著她，從一個收容營到另一個收容營。當她移民到紐約，他也跟著過來了。最後她決定，自己也許可以對他託付終身。她對魯希爾說，再怎麼說，他是個「挺正派的人。」

「你們倆有孩子嗎？」魯希爾追問。「沒有，」瑪雅回答：「我們沒有小孩。」「我希望你們永遠不會有孩子，」魯希爾說，然後轉身走開。13

瑪雅是將自己的生存和舒適放在其他考量之上的情婦。她之所以嫁給黨衛軍的警衛，也許是想讓他們的地下情合法化，證明他是否和其他黨衛軍的官兵不同，真的是個正派的男人。所以，同樣的，她之所以避開與猶太男人結婚，可能是因為有朝一日，先生會發現像魯希爾和其他人知道的真相：他優雅的妻子和其他大多數奧許維茲集中營的倖存者不一樣。

奧許維茲集中營裡另一段禁忌之戀，發生在黨衛軍醫官羅森塔（Rosenthal）和集中營裡從事看護的猶太人犯葛塔・庫爾海姆（Gerta Kuernheim）之間。在他們來往期間，葛塔懷孕了，而羅森塔醫官為她做了流產手術，很可能因此而救了她的性命。葛塔的工作是為重病的人犯執行安樂死。她在工作崗位上與戀人羅森塔合作，有一個令人不寒而慄的故事，可以從中看出奧許維茲這個地方的性質，以及羅森塔（也許還包括葛塔）的個性：羅森塔治療過兩名同樣姓名的患者，其中一人罹患斑疹傷寒，另外一個則只是輕微的腫瘡。罹患斑疹傷寒的病患死了，院方寄死亡通知給家屬，但是中間出了錯，通知竟然寄到只得了輕微腫瘡，身體狀況非常良好的病患家中。當兩名醫院的職員發現送錯通知時，他們鼓起勇氣向羅森塔醫師報告，好讓他可以對哀傷的家屬更正消息，使家屬安心。羅森塔聽完他們的報告後對葛塔做了指示。葛塔很快就回來，對眾人宣布：「錯誤已經更正過來了。原本沒死的病患，現在也死了。」[14] 一場快速有效率的謀殺，將本來的陰錯陽差變成事實。

羅森塔醫官與葛塔後來雙雙被人向上級舉發，這不是因為他們謀殺病患，也不是因為她曾經拿掉胎兒，而是因為羅森塔犯下了「混種汙染」罪。最後，他選擇自殺。葛塔的下場如何則不得而知，但是幾乎可以確定，她也遭到處決。

葛塔與羅森塔之間的戀情，可能和瑪雅很像。或者，葛塔是無法擺脫這個黨衛軍醫官對她的糾纏。她在弄錯病患通知這件事情上和羅森塔共謀串通，其實不能證明什麼——畢竟，羅森塔對她下命令，她又能怎麼辦呢？而且，從葛塔在奧許維茲集中營安樂死計畫擔任的角色來看，她可能早已經硬下心腸，看待自己犯下的滔天罪行。不管怎麼說，她的族人被納粹用運牲畜的火車載來這裡殺害，所以她以注射方式，讓病患在沒有痛苦的情形下死去，似乎並不嚴重，甚至還帶著悲憫的意味。不論葛塔的感受和動機是什麼，或許她正是因為和羅森塔之間這段禁忌的戀情，提前結束了自己的人生。

猶太裔女醫師吉賽拉．波爾，也就是用身體交換一條保命繩線的女子，記下了凱蒂（Kati）的故事。凱蒂是吉賽拉在奧許維茲裡的難友，也是一名德國人的情婦。她告訴波爾醫師，自己之所以成為這個德國男人的情婦，是因為他幫助她救了不少人的性命。凱蒂的心胸「像宇宙寬廣」，[15]當她發現一個年僅十五歲的瘦小女孩，因為乞討馬鈴薯皮而被痛打一頓時，就決心要出手搭救。她盡自己能力所及的為這個小女孩偷來食物，可是她身邊的資源實在少得可憐。她情人的地位，可就比她好上很多。他是個非猶太裔的德國囚犯，身上配戴的綠色三角形標誌，表明他的身分是個普通罪犯，可能是竊盜，或者是謀殺犯。在集中營裡，他身強體健，而且受到尊敬，隨身還帶根拐杖，以顯示自己的地位。他和焚化工人的關係也不錯，這些工人因為從事這項可怕的工作，反倒使他們能夠獲得撿取食物的機會：從猶太限居區被送過來的人們，在進煤氣室以前，必須交出身上的所有食物。

凱蒂當時差點就想和她的情人分手。不過，新責任的出現，讓她打消分手的念頭。用波爾醫師的話來說，「她決定繼續出賣自己的肉體，換得食物，好讓她能拿回去……給女孩吃。」有一天，波爾醫師看見凱蒂緊緊握住女孩的手，送她上了一列往德國工廠的運畜列車。波爾醫師很樂觀：「我知道，無論付出多麼大的代價，凱蒂都會救下女孩的性命。」[16]凱蒂的故事很單純。她自己很清楚和德國人關係的本質，還有這段感情能帶給她什麼，她也這樣告訴波爾醫師：就是救命的食物。她的情人並不是黨衛軍的人，他的威望主要是來自魁梧的身材，這想必有些幫助。奧許維茲集中營將這個罪犯，變成一個本領通天的人物；他能提供猶太情婦的協助，是別人無法給予的：挽救其他人犯的生命，讓他們活下去。

奧許維茲集中營的倖存者奇蒂．哈特（Kitty Hart）在回憶錄《重返奧許維茲》（*Return to Aus-*

chwitz），提到她知道的一段戀情。兩名當事人，其中一位是不知其姓名的匈牙利籍猶太女子，另一位是奧地利籍黨衛軍成員文斯區（Wünsch），他是集中營倉庫的主管。這名女子保有姣好的容貌，文斯區瘋狂地為她著迷。哈特和其他的猶太人犯都促成這段感情，這對情侶在堆放大量補給品後方作愛時，由她們擔任把風。這麼做得到的回報是有「維也納炸肉排」（Wiener Schnitzel）綽號的文斯區，對待她們「非常之好」。在戰後，文斯區在奧許維茲的情婦以證人身分，在法蘭克福戰犯審判法庭上作證；為了他，她滔滔不絕的辯護，以至於法庭最後將他無罪開釋。

這名女子出人意外，而且充滿戲劇張力的訴求，來自於內心洶湧澎拜的情感。即使到了戰後，能夠回想並且分析，在國際戰犯審判法庭上完全曉得種族大屠殺的情況，但是這名女子對文斯區的回憶（甚至是對他的愛），還是讓她來到法庭，拯救他的性命；因為在她看來，他也曾經救過她。她不但沒有拿之前發生的事情來譴責這位黨衛軍情人，她還冒著被責備或至少不受其他倖存者認同的風險，也要挺身為他辯護。

艾蓮諾・何蒂絲的故事

奧許維茲對少數人而言，是一座天堂。其中一位這樣想的人，就是四十歲的魯道夫・霍斯；他從一九四〇年五月四日起，便擔任奧許維茲集中營的指揮官，一直到一九四三年十二月為止。他和妻子賀德薇格（Hedwig）還有家人，住在肅殺的集中營中間，一處花團錦簇的綠洲裡，而周遭全都是他欺凌、凍餓、送進毒氣室、被他一手葬送的囚犯。霍斯的房子由他特別挑選的犯人來打掃，屋裡的擺設裝飾，是他從死去的囚犯身上沒收得來，甚至在德國的食物供應配給變得緊縮的時候，霍斯的屋裡還有奢侈的食物和紅酒。「我想要一直住在這裡，直到死去為止，」賀德薇格・霍斯這樣說道。17

霍斯嚴厲監管手下黨衛軍的行為。他向上級告發一名女軍官，說她「自甘墮落，和某些男性囚犯親密來往」，還譴責一名他手下最為冷酷嚴厲的部屬，書記官帕萊許（Rapportführer Palitsch），和一名伯肯瑙（Birkenau）營區的女囚犯發生性關係。然而，霍斯自己也和一名義大利籍的女囚犯艾蓮諾・何蒂絲（Eleonore Hodys）發生婚外情；她在霍斯的住宅裡擔任家政婦，而被廣泛誤傳成是個猶太女子。

艾蓮諾開始在霍斯的房子工作幾個月後（我們可以推測霍斯在這段時間裡，想必已經強迫她與他發生性關係了），他先是將她調往犯人流放地，之後又轉調到惡名昭彰的第十一區。是否霍斯的妻子賀德薇格和這次轉調有關？如果是，她也沒辦法阻止丈夫與艾蓮諾見面；晚間，他私底下到她的牢舍探視。但是第十一區是高度戒備的牢舍，這表示他們私下的幽會，也至少會有好幾名警衛知情，即使以霍斯的職權，也沒辦法遮掩。

之後，艾蓮諾懷孕了。在受到嚴密監控的牢房裡，怎麼可能會發生這種事情呢？除非，霍斯就是孩子的父親。而雖然霍斯身為奧許維茲的指揮官，知道這個消息以後，大概還是嚇壞了。之前其他黨衛軍的軍官，因為觸犯「混種汙染」罪，已經遭到處決；如果艾蓮諾不是猶太人，他至少也會顏面掃地、遭到降級處分，而且調離奧許維茲這座「理想天堂」。況且，這還沒講到婚外情東窗事發以後，對婚姻帶來的不和諧。因此，艾蓮諾必須離開。霍斯將她移監到第十一區四間獨囚房的其中一間，獨囚房只有一點五平方公尺寬，黑暗無光又不通風，冬天時寒風刺骨。這些獨囚房通常是在人犯接受審訊前，預先折磨、威嚇他們，以便套取情報。艾蓮諾的情況則不一樣。霍斯最不想要見到的，就是有關她的消息走漏出去。為了讓她永遠閉上嘴巴，他下令停止供給食物；過不了多久，她就會因為飢餓而死亡。這下子，霍斯覺得已除去心腹大患了。

但是心思聰敏又滿懷仇恨的艾蓮諾，用她手上微不足道的資源和命運搏鬥，她要舉發霍斯。她在某個時間點，完成自己的計畫，和黨衛軍政治科主任馬克西米連．葛拉伯納（Maximilian Grabner）取得聯絡。葛拉伯納是霍斯的對頭，這時候正在接受黨衛軍的內部調查。艾蓮諾清楚霍斯和葛拉伯納之間彼此不和：當她還在霍斯家裡幫傭的時候，曾經在無意間聽見他們的談話，霍斯也可能對她提起這件事。可是，艾蓮諾的拚死反擊，並無法解救自己的性命。葛拉伯納在接受審訊的過程裡，只是用艾蓮諾的揭發來羞辱霍斯，為自己辯護。

艾蓮諾的死，即使是在死亡陰影時刻籠罩之下的奧許維茲集中營，也令人深感震駭；她的事情在這裡早已經不是祕密，人們甚至謠傳她脫逃了。直到今天，她還活在倖存者的記憶，以及馬克西米連．葛拉伯納的黨衛軍審訊謄錄裡面。當奧許維茲集中營仍在運作時，有謠傳說：曾有一次，艾蓮諾試圖要行刺霍斯。是不是當霍斯頭一次壓在她身上時，艾蓮諾出於維護自己的清白，才這樣做的？這是否發生在她告訴霍斯，自己懷孕了，並且從他的反應裡明白自己身處的險境之後？不管這個永遠無法證實的真相，是上述的哪一個推測，集中營裡的人犯對這個謠言津津樂道，一再重覆；這支撐著他們，給予他們希望。艾蓮諾．何蒂絲或許並不是猶太人，但是集中營裡的猶太人認為她是，而且從她的勇氣裡得到鼓舞和安慰。對於這些人來說，她就是身陷納粹種族滅絕與勞動集中營魔掌下，猶太女性的化身。

在湯瑪斯．肯尼利（Thomas Keneally）之後改編為電影《辛德勒的名單》的原著小說《辛德勒的方舟》（*Schindler's Ark*），已經間接證實這個傳聞。肯尼利筆下描寫，很多人相信奧許維茲的魯道夫．霍斯，這位「集中營體系的明星」（star of the camp system），讓一個名叫「艾蓮娜」．何蒂絲的猶太女子懷上身孕。肯尼利寫道，很顯然黨衛軍也相信這個說法，甚至還因此審訊這位不幸的女子。雖然黨衛軍調查人員沒能找到任何具體的鐵證，「霍斯包養一名猶太情婦」的謠言卻始終存在。

艾蓮諾．何蒂絲的遭遇，在根本上來說，是一個有性而無愛的故事。然而，在死亡集中營這樣一個道德與人性都淪喪的荒土，被囚禁在裡面的男男女女相互戀愛，只因為他們太清楚，時間每過一分鐘，就更加接近死亡。對彼此的關愛，還有溫柔的擁抱，能為他們的內心帶來一絲彷彿重回人間的感受，而這比性愛重要得多，甚至在他們可以用身體來表達愛意的時候，也同樣如此。其他大多數的集中營受難者，對於這些感情致上最高的敬意，因為他們用最熾烈的情感來反抗集中營的苦難。

「自由鬥士」的森林營區

在森林裡，逃離種族屠殺的猶太難民，遇上了非猶太裔的反納粹游擊隊；游擊隊戰士和他們情婦之間產生的感情關係，充滿了輕蔑，而且通常是威逼脅迫而來的。在這些祕密、暫時營地裡，大部分的女性（而不是男性），都是猶太人。逃進森林裡避難的猶太人，與身在猶太區或勞動營、集中營的情況一樣，男性與女性之間的生活有著巨大的差異。

一九四一年，德蘇戰爭爆發，使得蘇聯紅軍陷入飢寒交迫的境地。成千上萬的蘇聯士兵從隨後的搜捕裡逃脫，然後躲到白俄羅斯的大片森林裡。稍後，某些他們的戰友也從戰俘營逃出來，與他們會合。這些人叫自己是「自由鬥士」（Partisan）——也就是對抗納粹的游擊隊員；不過在實際上，他們大部分都是小股的武裝劫匪，稱為「Otriads」，在俄羅斯話裡，是「游擊小分隊」的意思。這些小股分隊裡的成員，包括俄羅斯人、白俄、波蘭人、烏克蘭，有時候也會有猶太人，他們缺乏紀律、沒有領導，而且武器窳劣，對於讓自己存活下去的興趣要高過襲擾德國人。不過，隨著時間過去，他們想辦法伏擊迷途的德軍士兵。不管他們是步行還是乘車，只要踏入這片危險的地帶，他們就加以包圍殲滅，慢慢壯大自身的實力。

雖然有少數例外，但是通常這些「自由鬥士」會拒絕猶太難民前來投奔，有時候還會殺害他們。游擊小隊唯一會表示歡迎的，是帶槍投靠的年輕猶太小夥子。當猶太女子帶著孩子到來時，游擊隊就把她們身上物品搶掠一空，有時還施以強姦，然後將她們驅離或是殺害。

儘管如此，有少數長相漂亮動人的猶太女子還是獲准留下，而且成為游擊隊高階俄羅斯領導人的情婦。女性醫師、護士和廚師也可以收容，即使她們容貌普通、年紀較大，或者不願意和男人發生性關係，仍然在歡迎之列。然而一般的規矩是，除了上面提到這些身懷一技之長的女性之外，在游擊隊裡的女人全都是情婦，稱為「過渡妻」（transit wives），她們以性換取某些特定的權利，包括更多的食物，以及更好的待遇等等。不過，這些游擊隊收留的女性人數實在太少，以至於只佔總人數的百分之二到五；而猶太裔的女性比起非猶太人更容易受到傷害。

然而，就在這片令人恐懼的白俄羅斯森林地帶，卻有著這麼一支猶太游擊隊，領導者是貝爾斯基（Bielski）三兄弟：圖維亞（Tuvia）、艾薩爾（Asael）、朱斯（Zus）。這些貧窮而沒受過什麼教育的猶太裔農民，是穿越森林的天生高手。在圖維亞的帶領之下，這支四處遷徙的貝爾斯基游擊隊收容在路上遇見的猶太人，包括老人、無助的女子、知識份子，以及專業技能在森林裡派不上用場的人。結果使得這支游擊隊的規模大過其他的隊伍，而成員的生存則要仰賴隊伍裡較為年輕、健康，而且有經驗的男性。

貝爾斯基游擊隊盡可能和其他非猶太裔的游擊武力合作，共同取得武器，並且迫使農民提供糧食。之後，他們共同爆破橋梁、切斷電話線，以及推翻鐵軌。到後來，貝爾斯基游擊隊終於建立自己的根據地，裡面設有小型工廠、車間，可以同時對俄羅斯游擊隊提供支援。無法作戰的人員或者正在培訓的工匠，就負責擠牛奶或砍柴之類最低階的工作。他們大部分是女性，以及年長、殘障者，或缺乏實用技能的知識份子。這些勞工被其他人輕蔑統稱為「無用者」（malbushim）。

在階級森嚴的游擊隊，想要爬上更高階級，然後獲得更多、更好食物配給的男性「無用者」，可以成為戰士或斥候兵，試著一步步向上升遷。可是，女性如果想要提高自己的地位，就只能透過某位男性保護者來達成目的，而自己則要成為他的情婦。游擊隊裡的規矩是：一名出身較好，之前身分比較高貴的女子，要和一名出身比較低微，從前條件沒那麼好的男性配成一對。他們會直接同居，而在貝爾斯基游擊隊根據地裡，有六成以上的成年男女都與這樣的安排有關聯。

在戰前社會，這樣不對等的感情關係，就算不是完全不可能，也實在是微乎其微。年輕的女性貴族蘇麗雅．魯賓（Sulia Rubin）痛恨自己身為「無用者」，因此「下嫁」給一名戰士；她之前曾經嫌棄他粗魯又無知。但是在游擊隊裡和他在一起，蘇麗雅不但自己能過好日子，還能夠幫助更為不幸的朋友。即使在戰爭結束之後，蘇麗雅還是選擇和她的森林情人在一起。實際上，大戰結束之後，絕大部分這些女子，都嫁給這些明顯與她們不匹配的男子，而且繼續和他們共同生活。[18]她們選擇正面面對從前在森林地帶的日子，做出艱難而關鍵的抉擇，讓這個曾經是恥辱的情感，轉化為神聖的婚姻，在這樣的關係裡，男女雙方可以共同建立家庭，並且找到他們未來的道路。

有些猶太女子，利用男人（通常是納粹黨人）對她們的傾心或色欲，以肉體來換取保護和生計；森林地帶游擊隊裡的女性也是這樣，她們必須要正視自己在戰時的感情關係，為它找尋正當的理由，甚至透過婚姻給予正式的名分。不過有時候，這些女子是對剛開始逼迫她們的男人，慢慢產生感情的。如果男方是猶太人，女方（情婦）會更容易接受，甚至是樂於回應彼此之間漸漸產生的情愫。而如果情人是個納粹黨人，這段感情就會充滿罪惡感與再三否認。

但是有一種最糟，也是最為不堪的情況，就是一名遭到暴力脅迫而就範的女子，居然對於囚禁、迫害她的男性產生性欲。這種情形有時候難以避免：當這些女子必須以性愛作為救命手段時，她們必須表現得甘心情願的模樣（如果她們不是真心這麼認為）；而她們在自己體內引燃的性欲，有時候會弄假成真，而使自己受傷。在這樣的時刻，這些情婦首先會給自己貼上「娼婦」的標籤，但她們卻從來就不是娼婦。

愛娃．布勞恩：種族大屠殺始作俑者的情婦[19]

要不是阿道夫．希特勒這位長期單身未婚的獨裁者，一手造成人類有史以來規模最大的種族滅絕，他和非猶太裔的德國女子愛娃．布勞恩（Eva Braun）之間的情愛糾葛，就會是一段平凡無奇的故事。希特勒對於女性本質和社會角色的強烈觀點，塑造了國家社會主義（National Socialism）的意識形態；也因此，從他在「床上政治」的表現，就可以隱約看出他的核心思想，以及從這些思想得出的政策。

阿道夫・希特勒生於一八八九年，他的母親名叫克娜拉・波佐（Klara Polzl），父親的名字是阿洛伊斯・史克爾格魯伯（Alois Schicklgruber），他是克娜拉的表親。至於「希特勒」這個姓氏，要等到未婚生子的克娜拉嫁給約亨・喬治・海德勒（Johann Georg Hiedler）之後才出現的。當時某位戶政官員將「海德勒」這個名字拚寫成「希特勒」，希特勒的繼父採用了這個寫法。阿道夫是克娜拉和阿洛伊斯的第四個孩子，卻是第一個沒有夭折的。他的妹妹寶拉（Paula）是個發育遲緩的孩子，希特勒痛恨這個事實，而且一直對外界隱瞞。

一九二九年底，在希特勒與當時年僅十七歲的愛娃・布勞恩相遇時，他已經從原來潦倒的藝術家，搖身一變成為激進的民族主義政客，仍然在通往權力之路上苦戰。他刻意不結婚，因為（和英格蘭女王伊莉莎白一世一樣）「嫁給」自己的國家，而且永遠沒辦法騰出時間照顧妻子和家庭。除此之外，他不想要孩子。「我發現，天才的子嗣處境都很艱難……而且，他們大部分都是白癡，」[20]他如此對自己的管家說道；這種觀點很可能來自於他埋藏心中的一個恐懼：他可能會生下另一個寶拉。[21]

但是希特勒身邊從來不缺女人，她們受到他滔滔雄辯的力量，他身上散發出的魅力，以及他對於自己一定能復興德國，讓國家重返偉大境界的極度自信吸引。而也因為如此，對於他個性中的種種缺點、不合身的衣裳，還有愛娃・布勞恩說的「他有趣的小鬍子」，全都視而不見，還對他投懷送抱。

有些（按照傳言）甚至還主動到他的座車裡，好讓他能停下來安慰她們。而希特勒總是對她們大獻殷勤，親吻她們的玉手，和她們打情罵俏，然後，好像是他應得的接受女子的愛慕之情。

希特勒認為女性和他本人一樣，都是策略高手。他的理論是，一開始，女人會用盡辦法贏得男人對她的信任。接著，她柔軟的手指就開始撥弄男人的心弦，剛開始時是輕輕的撩撥，後來下手就愈來愈重，直到她終於能牢牢掌握男人，讓他「按照她心裡的想望而起舞」為止。[22]

大致上來說，希特勒比較偏好身材豐滿的金髮美女，他也喜歡和女演員與能討他歡心、讓他留下深刻印象的女子調情。希特勒還喜歡年輕女孩，這是因為他守寡的異母姐姐安琪拉・拉烏伯（Angela Raubal）在一九二七年時，帶著她正值青春期的女兒安吉拉・「葛莉」（Geli）與他共同生活的緣故。希特勒和葛莉陷入愛河。他把這個年輕女孩像囚犯一樣關在公寓裡，沒得到他的允許不准到外面，而且在准許她出門時，還要派人監視陪伴。葛莉大吼大叫，然後落淚哭泣，哀哀懇求，威脅恫嚇，但是希特勒就是不為所動：她只能在他告訴她的時間和他指定的人，去他指定的地方。一九三一年九月十八日，在兩人一場異常激烈爭吵以後，二十一歲的葛莉拿起希特勒那把六點三五公分的瓦爾特（Walther）手槍，射穿了自己的心窩。

希特勒震驚而哀傷，同時也心存警惕：要是媒體發現，他竟然和自己年輕的外甥女發生性關係，可能會引發不利的政治影響。他手下的納粹黨人，同樣十分關切這件事，他們成功的「安排」報紙有關葛莉自殺的報導，說成是她因為歌手之路受阻，沮喪之餘才走上絕路。希特勒短暫的為她服喪。他讓一名藝術家，根據她的照片繪製一幅肖像圖，然後命令他的管家安妮・溫特（Anni Winter），每個星期都在葛莉原來的房間裡擺上鮮花。

即使還在和葛莉談情說愛時，愛調戲女性的希特勒已經和其他女性糾纏不清。其中一個就是愛娃・布勞恩，她甚至比葛莉還年輕。他們結識於一九二九年底，首次相逢的地點是希特勒的朋友、公眾演說的教練，與納粹御用攝影師海因里希・霍夫曼（Heinrich Hoffmann）家裡的工作室。希特勒進門的時候，愛娃正踩在梯子上擺放物品，這項討厭的麻煩工作，卻讓她修長的美腿不經意的顯露出來。希特勒很高興的發現，她的容貌也同樣姣好；之後，在葛莉和其他女子之間，他偶爾會安排和她見面。

在他們初次結識之後，愛娃問她的雇主：「這個阿道夫・希特勒是誰？」的確，他到底是什麼樣的人物？愛娃的父親費里茲・布勞恩（Fritz Braun）很看不起希特勒，認為他是個「半瓶醋的三腳貓，一個自以為無所不能、想要改造世界的低能白癡。」[23]而與此同時，愛娃的姐姐愛希・布勞恩（Ilse Braun）正和自己的猶太裔老闆、喉科醫師馬克斯（Marx）談戀愛，她也很不屑希特勒。

愛娃受希特勒的吸引，但是對於他這個人、他的政黨和政治事業，卻完全一無所知。希特勒認為，女人對於政治有非常惡劣的影響力。看看蘿拉・蒙特茲的例子：這個女人毀了巴伐利亞國王路德維希一世。「我痛恨愛搞政治的女人，」希特勒如此宣稱：「政治家結交的女友，必定不能太聰明。」從這個觀點來看，愛娃簡直就是完美人選。她不准人們在她在場時討論政治，她甚至從來沒有加入納粹黨。

到底是什麼原因讓愛娃最後能在眾多競爭者中脫穎而出，得到希特勒的青睞呢？她長得很漂亮，這是很重要的原因，這個藍眼珠的金髮美女，用過氧化物染劑讓自己的髮色更加明亮，以妝扮來襯托自己的好身材，還以自己設計的衣著搭配出高雅簡潔的風格。她的身形苗條，而且長期保持如此，即使在上學時溜冰與做體操，也依然保持纖細身姿。（在一段愛娃與希特勒的錄影片段裡，她即席來了一次不怎麼優雅的側手翻動作。）她的個性活潑而友善，而且出身備受尊敬的家庭。她相當的聰明，卻也驚人的盲昧無知。她最愛看愛情小說，是瑪格莉特・米契爾（Margaret Mitchell）小說《飄》（*Gone with the Wind*）的書迷，也是喜歡找樂子的少女；她的母親曾經盼望，這個女兒能夠運用她美麗的容貌，招來一段更好的姻緣。

在家裡，愛娃和姐姐愛希、妹妹葛麗托（Gretl）同房睡覺。費里茲和妻子法蘭希絲卡（Franziska）都是虔誠的天主教徒，而對於愛娃在女修院學校裡成績平平，費里茲特別不滿；愛娃後來輟學，因為修女對她四處惹禍，已經不能容忍。費里茲盡力想約束她，但是愛娃任性執拗，而且詭計多端，最重要的是，她想要按自己的意思過自己的人生。

而幾乎就在她與阿道夫・希特勒頭幾次「約會」之後，愛娃就愛上他。然而，希特勒對她卻沒有什麼興趣，愛希還嘲弄妹妹，說她在倒追一個老男人。葛莉的死，讓事情變得簡單。最後，希特勒找到一處安全的場所，可以和愛娃見面：他的家。他們很快就發生性關係。他們作愛時，最喜歡的一處位置是一套紅色的長沙發，椅背有蕾絲織套保護；在那次可恥的慕尼黑會議裡，義大利獨裁者墨索里尼、英國首相張伯倫（Chamberlain）、法國總理達拉第（Daladier），以及希特勒一起合照，就是在擺放這套沙發的大廳裡拍下的。*

愛娃還是希特勒眾多女友的一個，不過她卻是頭一個獲邀到他家過夜的女子。她有一個強有力的競爭對手，就是英國籍的寡婦溫妮芙瑞・華格納（Winifred Wagner），她是作曲家華格納之子齊格非（Siegfried）的遺孀。不過，在溫妮芙瑞衡量過希特勒的性格之後，得出一個結論：希特勒在公眾面前安穩平和的儀態只是一種偽裝；他的真面目，是私底下令人驚恐的野獸般舉止。她停止和希特勒來往。也有謠言指出，她對希特勒的性癖好十分反感：據說，希特勒要她扮演母親的角色，然後拿鞭子抽打他。

愛娃要不是對這種癖好沒有什麼意見，就是希特勒沒打算要她扮演母夜叉施虐狂。他們是發生了性行為，但這不是愛娃吸引希特勒的重點，而是希特勒很喜歡聽她叨叨絮絮的說著演員和女明星的閒話八卦，還有他們一起參加的派對細節。希特勒的管家認為，愛娃並不聰明，不過是個漂亮的洋娃娃罷了；但是希特勒卻發現，她喋喋不休的空洞話語有助於他的心思從工作轉移出來，不去回想他想將四處受到箝制的德意志，轉變為一個純粹金髮納粹國度的雄圖大業。

可是很長一段時間，希特勒卻忽略了愛娃，把她一個人撇在家裡，孤單寂寞而且窮極無聊。一九三二年，她決定嚇一嚇希特勒，好讓他更認真對待她。在萬聖節寒冷刺骨的晚上，午夜剛過，她拿起父親那把六點三五毫米手槍，對著自己開槍。愛希在稍後發現妹妹倒在血泊裡，一顆子彈打在靠近頸動脈的地方。

愛娃在事前已經打電話通知醫師——當然不是和愛希過夜的馬克斯大夫，而是一位她認為會將

＊　譯註：一九三八年九月二十九、三十日，英法兩國為了避免爆發戰爭，在慕尼黑與德國、義大利兩國的獨裁者見面，簽定了「慕尼黑協定」（Munich Agreement），會中犧牲捷克的主權，承認德國可以併吞蘇台德地區（Sudetenland）。希特勒在會中宣稱，蘇台德地區是他最後一次的領土要求（不過後來食言），英相張伯倫信以為真，返回倫敦時稱「帶回一整代人的和平」。但不到一年，德國即撕毀協議，吞併整個捷克。

此事告知希特勒的人。子彈很輕易的被取出了，愛娃很高興見到希特勒手持鮮花到醫院探視她。他甚至為了她自殺未遂而大受感動。「她是因為愛我，才這樣做的，」據說，希特勒曾這樣對海因里希．霍夫曼說：「現在我一定要看著她，不能再讓這種事情發生。」24

但是希特勒主要的憂慮，還是在公眾觀感層面：在他的生活中出現太多位自殺的女性，這會引發嚴重的政治後果。愛娃對於自己為何要尋短，向她的父母編造了謊話；她的生活仍然一如既往，只不過希特勒現在更加關心她，對於她無私而強烈的愛著他，也更加的心存感激。

這時的愛娃和希特勒都必須煩惱她父親的態度，因為她的父親曾經發誓：要是他在街上見到希特勒朝這裡走過來，他會馬上穿過街到對面去。如果費里茲．布勞恩發現自己「貞潔無瑕」的女兒，和這個無賴搞在一起，一定會想辦法阻止他們的關係。所以愛娃只好繼續撒謊，而希特勒則從來沒接近過她父母居住的寓所。反過來，他安排一名自己的司機，開著黑色賓士大轎車，在街角接她上車。一九三三年，希特勒掌握政權後一個星期，愛娃度過二十一歲生日。為了慶祝，希特勒送給她一組廉價的電氣石瑪瑙（tourmaline）首飾，她到死都視若珍寶。不過，在家裡她得把這組首飾藏起來。只有在和他一起的場合，她才會穿戴它。她的姐妹愛希和葛麗托，也替她保守這個危險的祕密。她們經常聽見愛娃用氣音悄悄的和希特勒講電話，可是從來沒有向父母提起。愛希覺得告密是不光彩的事情，而葛麗托則發現愛娃的祕密實在太令人震驚了。

雖然如此，愛娃努力想要征服希特勒的心，獲得的戰果卻寥寥無幾。她知道，他手下的黨人嘲笑她是個「愚蠢的女人」；她知道，他經常背著她和其他女人搞七捻三；她也知道，他毫無結婚的意願。希特勒也很清楚的表明，她只能是個「站在陰影裡」的女孩，會受到上流社會的蔑視；他還命令，他們在一起時決不能拍攝照片。因為當時還沒有完全納粹化的公眾輿論，一定會拿他們這段不相配的感情來當作笑談。

愛娃也清楚，希特勒可能會殘忍無情，他解決麻煩、對待不肯服從他的黨人，辦法只有一個：處決他們。一九三四年六月三十日，他殺害了數百人，有他的政敵也有堅定對他效忠的人。費里茲．布勞恩知道後，大吼著說希特勒徹底瘋狂了。然而，愛娃卻接受了希特勒的解釋：對於部屬，他要求絕對的忠誠與服從，而他之所以不採用法律途徑解決問題，是因為他自己就是「德意志民族的最高仲裁者。」[25]同時，愛娃也明白，違抗希特勒的下場很可能會讓她失去性命。

愛娃發現，所謂「猶太人問題」非常困難棘手。她自幼成長的環境裡，就有好幾位猶太裔朋友，姐姐愛希還與一個猶太人談戀愛。不過，愛娃接受希特勒的判斷，認為猶太人汙染了這個民族。她很快的終止了和幾位有來往的猶太朋友的關係，不過在這段期間裡，她出面干預，讓一名猶太女子免於被逮捕，她送給這個女子一點錢，警告她馬上離開德國。（這位驚惶失措的女子，很明智的在隔天就逃往義大利。）

愛娃也勸希特勒，准許奧地利籍猶太醫師艾德瓦．布洛其（Eduard Bloch）出國，而不是被關進集中營；這位醫師之前在希特勒母親病重時，曾盡心醫治她，陪她度過最後的時日。希特勒答應了，不過他派蓋世太保（gestapo）的特務到布洛其醫師家中，將從前希特勒親手繪製、送給這位良醫，作為他「永誌感謝之情」的明信片與紀念品，全部都沒收帶回。

除了上述這些斡旋舉動之外，愛娃對希特勒有害而危險的思想，明顯的照單全收。當然，愛希是站在堅決反對納粹反猶種族主義這邊的。在「紐倫堡法案」頒布以後，愛希的猶太雇主只好將她解雇，而他之後也逃離德國，躲到美國。愛希為之心碎，她和愛娃之間，因為希特勒和所謂「猶太人問題」，有好幾次激烈的爭吵。

然而就算希特勒有如此令人不寒而慄的缺陷，愛娃卻看見兩人共同的未來，她認為自己是他的靈魂伴侶，他畢生的摯愛；這個高貴無私的女性，將要與希特勒同生共死。一位算命師曾經預言，有朝一日，德國人都會知道她是手握大權者的情人。愛娃相信這個預言會實現，而且小心翼翼而有技巧的勸誘她三心二意的情人。「從我們第一次相見開始，我就向自己承諾，要跟隨你到天涯海角，甚至和你同生共死。你知道我一生都愛著你，」這番話到了一九四四年，愛娃會再向希特勒提起。

到了一九三四年，愛娃的父母終於發現她與希特勒的戀情。她的父親因為得知女兒是希特勒的情婦，深感羞恥，但是有鑒於希特勒如今位居元首，卻苦無辦法阻止。在愛娃曾經試圖尋短以後，希特勒幾乎每個晚上都試著打電話給她，不過他仍然拒絕公開承認，愛娃是他的情婦。但當報紙刊載他與知名女星共進晚餐的照片時，他又感到飄飄然。或許他已經察覺，即使是在他的社交圈子裡，最狂熱的納粹黨人中，也有人正在嘲弄他的性能力，說他是個性無能者。

一九四三年，有一名打字員因為引述下面這首受歡迎的諷刺短詩，而被判處兩年徒刑：「他的統治手法是俄國式的／他的髮型是法國式的／鬍子修剪成英國式的／而他自己並不是在德國出生／他教給我們古羅馬人的舉手禮／要求我們的妻子，生很多孩子／而他自己，卻下不出一顆蛋——／他就是德意志的領袖。」[26]

一九三五年二月六日，也就是愛娃二十三歲的生日這天，她開始寫日記。在日記裡，她寫的頭一件事情，就是抱怨希特勒差遣他副官的妻子到霍夫曼的工作室送了許多花，把辦公室弄得活像殯儀館一樣。但是，愛娃長期以來想要得到的東西，希特勒卻沒有送給她：一隻小德國獵犬，可以在她每晚寂寞的等候行蹤飄忽的戀人時，陪伴著她。愛娃也怨恨自己還得繼續在霍夫曼那裡作事，好隱瞞她的真實職業：希特勒的情婦。在這樣的心情狀態下，她不斷暗示，如果擁有一處自己的房子，他們見面就方便得多，而希特勒似乎認真的思考這項建議。

可是在這個時候，愛娃卻犯了一個戰略上的錯誤。她收到一張舞會的邀請函，就去請求希特勒讓她參加。他答應了，但是等到她真的離開他身邊去跳舞時，他卻一連好幾個星期不理會她，以作為報復。即使他人在慕尼黑的時候，也不打電話給她。有一次，愛娃滿心淒楚的站在一家餐廳外好幾個小時，看著他試圖引誘其他的女人。她悲哀的下了一個結論，可能他對她唯一的興趣，就是和她上床了。但是她也清楚，希特勒和同儕、黨人，甚至世界領袖打交道，全都非要按照他的方法來不可。要是有任何人質疑他，或甚至在對話中打斷他長篇大論的滔滔獨白，他就會不高興，或者大發雷霆。愛娃這次就是很不恰當的跑去跳舞，因而引發了希特勒類似的情緒反應，她應該丟掉邀請函，然後守在希特勒身邊。

一九三五年五月，愛娃發現她的感情出現一位勁敵：尤妮蒂・華可麗・密特福（Unity Valkyrie Mitford）。她是個兩腿細長、胸部豐滿的英國女子，父親是瑞德斯戴爾爵士（Lord Redesdale），母親黛安娜・莫斯里（Diana Mosley），是英國法西斯主義政黨領導人的小姨子。尤妮蒂對希特勒投懷送抱，而他也熱烈回應。愛娃知道後非常沮喪。五月二十八日，她決定採取行動。她寫了一封短函給希特勒，定下時限，要他在規定期限之前和她聯絡。時間到了，希特勒沒有音信，她就吞下二十四顆安眠藥。這一次，發現她尋短的人又是愛希。愛希找來馬克斯醫師（這時他還沒逃往美國），他救了希特勒這個心煩意亂情婦的性命。

愛娃尋短之前都會經過一番算計。她自殺未遂，果然贏回希特勒的注意，並且讓他決心要有行動。八月，他讓愛娃搬進一幢以她名義買下的小公寓，同住的有她的妹妹葛麗托，擔任照看她的女伴；另外還有一名匈牙利女傭照顧她們。希特勒拿來裝飾這個新愛巢的，全都是高價的畫作，它們要不是從德國境內的博物館裡「借來」，就是從猶太人的藝術收藏品裡搶奪而來。可是，愛娃最珍惜、最寶貝的畫作，卻是由阿道夫・希特勒本人繪製的《阿桑教堂》（*Assam Church*）。現在，愛娃遠離父母的住所，生活全由對她愈來愈用心的情人打理，她非常歡喜。至少，她不必工作上班了。

但是希特勒仍然對這個安排不滿意，尤其擔心鄰居可能會在他造訪時認出來。於是不久之後，他就將這對姐妹遷往他們名下的房子，這是一處配備極為齊全的地下室，位於慕尼黑郊區。他為愛娃架設一條電話專線、一輛賓士座車，配屬一名全天待命的司機，還有一份最好的大禮：兩隻活潑的蘇格蘭小獵犬，史黛西（Stasi）和內格斯（Negus）。

愛娃・布勞恩就此成為希特勒的「專職情婦」，或者，如同他對她的稱呼，成為元首的「親密友人」（chère amie）。她終於感覺安心自在了，於是興高采烈的花時間將自己打扮得美麗動人、曬日光浴，和兩隻蘇格蘭狗兒玩耍（稍後希特勒又送她一頭德國牧羊犬）。愛娃對葛麗托吐訴心情，和她交換八卦，葛麗托和好幾位黨衛軍的人約會過，最後嫁給黨衛軍中校赫曼・費格林（Hermann Fegelein），他是蓋世太保頭子希姆萊（Himmler）派在希特勒官邸的聯絡官。

這對姐妹也出門逛街購物，愛娃為此還建造一間寬闊的衣帽間，好擺放高雅的衣飾、鞋子，以及珠寶首飾。每天下午，她專屬的美髮師會過來替她修飾頭髮。愛娃進食非常節制，而且規律運動，好保持身材纖細苗條，而不是成為希特勒喜歡的豐滿有肉類型女子；這是她對於希特勒一種有計畫的違抗行為。在他們頭一次同床共寢，希特勒可以見到她赤裸的身體以前，愛娃在胸罩裡墊手帕，好讓希特勒以為她的胸部比真實的尺寸還大。希特勒知道真相以後，抱怨她身材瘦弱，責備她成為時尚流行的奴隸。可是愛娃實在是太害怕變胖了，說什麼也不願意增加體重。

愛娃的表妹吉兒楚・衛斯克（Gertrude Weisker）於一九四四年，應愛娃的邀請，在希特勒外出時和她作伴。吉兒楚回憶，愛娃每天更衣五次，並且以游泳和運動來「填補她心中特別的空虛。」[27]愛娃還建議吉兒楚去聽英國國家廣播公司的廣播，不過，在德國收聽敵方廣播，這可是觸犯了重罪。吉兒楚收聽廣播、作筆記，然後去向愛娃報告戰爭進度。

為了讓自己窮極無聊的日子有事情可忙，愛娃開始關注親情問題，她終於和雙親和解，她的父母也接受了女兒生活在罪孽之中，而且和一個大她二十三歲的男人同居。更加勇敢大膽的是，她設法讓希特勒的親密朋友圈，還膽敢瞧不起她的人在社會上無法立足。頭一個滾蛋的是希特勒同父異母的姐姐安琪拉，也就是葛莉的母親。她說愛娃是街上站壁賣淫的流鶯。希特勒聽到之後非常生氣，下令要安琪拉離開他的房子。

沒過多久，愛娃的住處就成為希特勒的避風港。在午夜時分，他會帶著沮喪的情緒，怒火中燒的來到她這裡，而隔天早晨離開的時候，則神清氣爽而且精神振奮，這都要歸功於他情婦百般溫柔的撫慰。愛娃專心的傾聽他長篇大論的獨白，包括他在情緒激憤之下詆毀猶太人的冗長演說，這是要他吃下晚餐時的固定程序。雖然愛娃身受開明自由的高尚家教薰陶，她卻準備在希特勒狂熱的祭壇上，犧牲她家庭的規矩。他並不喜歡「愛好政治的女人」，所以愛娃和政治切割，也和道德感切割——這是她從他那裡學來的道德標準。

不過，她的姐姐愛希，行事作風顯然和她不同。愛希有一次曾經為了她仰慕的猶太作家亞瑟．恩斯特．魯特拉（Arthur Ernst Rutra）被捕，而試圖出面干預。結果，魯特拉不但沒有因此獲釋，還因為「試圖脫逃」而被開槍打死。從那時起，愛希就不再「路見不平」了。「那時我明白，」她在戰後回憶：「如果我再有任何的干預介入……不但不是在幫助猶太人，反倒是加速他們的死亡。」28

很明顯的，愛娃在戰爭開打之後，並沒有遭受和姐姐同樣的良心危機，而且她一定曉得，在集中營裡發生了什麼事情。海因里希．霍夫曼經常拿鄰近的達豪集中營裡發生的事，當成笑話講給她和希特勒聽，藉以取悅他們；在一九四四年，愛娃的住處因為一次空襲而受損後，達豪集中營派了一名奴工來修繕房子。在葛麗托嫁給赫曼．費格林以後，愛娃拜訪他們的新房，可能見到了在費格林宅邸裡工作的集中營囚犯。到了大戰快結束的時候，飢餓而衣衫襤褸的俄國俘虜，也成為到處都可以看見的景觀。愛娃對此視而不見，因為她毫無興趣。

但是當愛娃真的關心某個議題的時候，她確實能夠發揮影響力。在希姆萊下令關閉女性美髮沙龍時，愛娃出面遊說，讓他收回成命。她主張說，為了在前線作戰的丈夫和情人，德國女性需要擺出她們最好看的一面。愛娃也讓當局撤銷了禁止在黑市購買食物的規定——除此之外，善良的德國婦女還有什麼辦法，能餵養她在前線作戰的丈夫和孩童呢？她說服希特勒下了一道命令，德國士兵搭乘大眾交通工具時都要站著，好讓婦女能坐下。

到了戰爭末期，愛娃得知有一名將領揚言，要是希特勒無法和盟軍談妥一個令人滿意的停戰協議，他將違抗元首命令，拒絕處死三萬五千名俘虜。她不知是怎麼辦到的，居然讓希特勒任命這名將領監管所有戰俘營，這實際上救了許多人的性命。希特勒下令引水灌入隧道，以遲滯蘇聯軍隊攻勢，愛娃也說服他延遲執行。由於有許多德國士兵和民眾在那裡避難，她希望能給他們逃離的時間。不過，對於猶太人，她沒有任何表示。

同時，愛娃還靜靜傾聽希特勒長篇大論的闡述，他對於女性僵硬刻板的陳腔濫調。他評論說，嫉妒之火可以將一個本來最脆弱不過的女子，轉變成一頭猛虎；而已婚女子在本質上，則是非常嚴格苛刻的。當費里茲・紹克爾（Fritz Saukel），這位殘酷又惡毒的納粹「勞動力調配全權總代表」，向希特勒報告：淪為奴工的外國籍女性有百分之二十五都還是處女時（紹克爾逼迫這些女性，強制檢查她們是否還保持童貞，從中獲得很大的快感），希特勒聽後卻無動於衷。他聲稱，處女童貞這回事被過分的高估了，是或不是處女根本沒有什麼特別不同之處。至於愛娃在和他發生關係前仍是處子之身，則是上天送的厚禮。

希特勒和愛娃只在兩件事情有同樣的熱情：他們都相信元首不是個普通男人，他們也都熱愛狗兒。即使在喜歡狗這一點上，希特勒還要分別品種，就像他看待某些人類種族一樣，認為他們荒謬而不值得存在於世界。他拒絕和愛娃的兩頭蘇格蘭小獵犬一同入鏡拍照，愛娃一直想養一頭德國獵犬，希特勒卻從來沒有送她。不過他卻很喜愛德國牧羊犬，稱讚牠們的勇氣、聰明和忠誠。他特別眷戀自己養的母狗布朗蒂（Blondie）。

愛娃全心全意的奉獻，和她如狗對主人一般忠誠的愛情，開始獲得回報。在這幾年，她在納粹高層菁英圈子得到一席之地，而且成為希特勒的正式女伴。在德國的國勢日漸敗壞的同時，希特勒對於她的慰藉的依賴，也愈來愈深。但是他決不會娶她為妻，這一點他非常堅定。「婚姻最糟糕的部分，就是它製造出一堆權利，」他會這樣說：「所以結交情婦，還是比較明智之舉。這樣一來，就沒有必須要承受的負擔，所有的事情都簡單明瞭，是美好的贈與。」他又趕緊補充說，這種對於婚姻制度的嫌惡，「只在傑出男性」身上才適用。29

到了一九四五年，德國戰敗只是時間早晚的問題。希特勒孤身一人徘徊沉思，只帶著布朗蒂去散步。他懷疑敵人想要下毒加害，所以每次進食之前，總要讓人先行試過食物。他的健康狀況日益惡化，心理狀態也隨之敗壞。他的耳朵和頭持續隱隱作痛。消化系統的毛病折磨著他。他的雙手顫抖。愛娃非常替他擔心，像個老媽子一樣照顧他、哄著他，好像他身上的一切疾病都是她在瞎操心似的。「你是唯一一個真正在意我的人，」他會這樣抱怨。30這句話真是完全正確，因為這時有許多納粹官員和士兵，已經開始拋棄這位將德國帶往亡國之路的元首。

一九四五年四月，末日已在眼前。希特勒此時已移居柏林總理府地底下的豪華雙層碉堡，而愛娃陪在他的身邊。她還是持續修整指甲，妝點頭髮，每天仍然換好幾套衣服。儘管身邊的每個人此時都陷入一片愁雲慘霧之中，她還在強顏歡笑。她找到一些值得慶祝的名目，尤其是當美國總統富蘭克林・羅斯福（Franklin D. Roosevelt）的死訊傳來時，更是歡欣鼓舞。四月二十日，她為希特勒的五十六歲生日，舉辦了一場派對。大部分納粹的高級官員都現身參加，可是等他們見到身心狀態日益衰頹的元首時，寫在臉上的全是驚恐，這就毀掉了本次歡宴；希特勒早早起身，離開這場為他而辦的宴席。

希特勒這場搞砸了的生日宴席過後沒多久，第三帝國就宣告垮台。希特勒安排最後一架飛機，載運愛娃、他的祕書和廚子離開柏林。愛娃拒絕了，她握住希特勒的雙手，充滿愛意的說：「可是你知道，我會一直陪在你身邊的。我不會讓自己被帶到別的地方去。」[31]於是頭一次，希特勒在眾人面前親吻情婦的雙脣。

那夜晚餐時分，他將裝有氰化物毒藥的小瓶，分發給愛娃和在場的其他女子，她們全都誓言陪在他的身邊。愛娃努力想要維持冷靜。她寫了一封令人感傷的信給葛麗托，表示她和元首度過一段完美幸福的時日之後，能夠和他一起死去，已經心滿意足。「有元首在身邊，我就什麼都不缺。現在，在他身邊死去，讓我的人生能圓滿收場……這是身為一個德國女性，應該有的結局。」[32]她還吩咐愛希，毀掉與她有關的一切文件。愛娃擔心她美髮的帳單會激起指控，說她太過奢侈。

希特勒正在擬定他最後的計畫。他的文件和私人物品都準備要焚毀。他正在盤算，要舉槍自盡，還是吞氰化鉀而死。而就在末日前夕，他決定迎娶愛娃。她知道之後欣喜若狂。到了這時候，她並不想倉促舉行婚禮，而是刻意打扮，仔細計畫。她穿上希特勒最喜歡的衣服：一套黑色絲綢洋裝，有細長的袖子，肩膀以粉紅色的玫瑰花裝飾。一如往常，她的頭髮是新近才剪燙好的。

四月二十九日午夜過後，地堡內已經聽得見盟軍飛機在上空呼嘯，而蘇聯坦克則在幾個街區之外轟隆開來，愛娃和希特勒肩並肩站在一起，相互盟誓對彼此的愛，至死不渝。婚禮之後，隨即舉行了一場早餐宴會，兩名婚禮主持人，以及參加的來賓們，縱情享用香檳、紅酒和夾心糖，然後競相發表荒謬的演說，鼓掌喝采，相互敬酒。

愛娃現在只擔心一件事，她的妹夫，也就是葛麗托的丈夫赫曼．費格林，這時已經升為將軍，卻沒在婚禮上現身。她在警衛遞過來的一張紙條上，發現費格林缺席的原因：他已經遭到拘捕，並被判處死刑，正懇求愛娃救命。*愛娃去找她的新婚夫婿，這時他正忙著口述最後一份遺囑。她提醒希特勒：葛麗托已經懷孕了；是不是能槍下留人，好保下費格林一條性命呢？

「我們不能容許家務事阻撓法紀伸張，」希特勒回答：「費格林是個叛徒。」33接著，他又回過頭去，分析起第三帝國敗亡的原因，並且將毀滅的結局，全歸咎到猶太人身上：「時光會飛逝，但是在我們城市和建築物的廢墟上，對最終要負責任的人們的仇恨，將永遠不會消失。他們就是對眼前這一切負有責任的人們：國際猶太人集團和他們的支持者。」34

通常馬上會振振有詞地抱怨的愛娃，這時揮淚走回她的寢室。沒多久，她的丈夫一聲令下，愛娃的妹夫就被處決了。在此同時，希特勒正在紀錄自己對猶太人的惡毒痛憤，並且為他迎娶年輕女子為妻的舉動，找尋合理的藉口；因為這名女子，在與他多年「真摯的友誼」之後，下定決心要留在柏林，與他同生共死。「她和我一樣，」希特勒說：「寧死也不願意在失敗或被俘的恥辱下苟活。」

當希特勒和愛娃慢慢吃著他們結為夫妻以後第一頓、也是最後一頓早餐時，侍從人員將一份路透社的新聞專電呈給希特勒閱讀；這份電文報導，墨索里尼和情婦克拉拉．貝塔希（Clara Petacci）被俘和遭到殺害的經過，他們的屍體被拖行經過米蘭的街市，然後頭朝下腳朝上的懸吊在廣場示眾。看完電文以後，希特勒驚駭莫名。他下令將汽油運進地堡，以確保他和愛娃死後，能夠焚毀屍體，而不至於遭受凌辱。他還將一小瓶毒藥交給侍從副官，指示他將布朗蒂毒死。幾分鐘之後，布朗蒂和牠生下的五隻小狗全部死去。

汽油的強烈氣味，現在從地堡的出口處瀰漫進來。蘇聯軍隊距離這裡只剩下幾條街了。愛娃回到她的房間，洗了頭髮，整理髮型，重新化了妝。下午茶時分，她和希特勒向地堡裡的所有人道別，然後各自回到房間。幾分鐘以後，房間裡傳出一聲槍響。希特勒在服下氰化物之後，對自己開了一槍。愛娃則隨即死去。

他們的遺體被拖運到帝國總理府後面的花園，澆上汽油之後點火焚燒。在此同時，宣傳部長約瑟夫・戈培爾（Joseph Goebbels）的妻子瑪格塔・戈培爾（Magda Goebbels），將自己的六名孩子逐個殺害，然後自己服毒而死。她的丈夫約瑟夫・戈培爾則開槍自盡。在蘇聯紅軍進入，並且「解放」總理府的同時，空氣中瀰漫著愛娃和希特勒屍體焚燒的焦臭味，這是第三帝國最後時刻應當出現的氣味。

愛娃・布勞恩作為阿道夫・希特勒情婦的故事，平淡無趣得令人驚訝。雖然她受過良好的天主教教養，愛娃・布勞恩卻另從煽情的浪漫愛情小說裡，汲取出自己信奉的人生準則：真愛能夠戰勝一切，而一個好女人必須要守在她的男人身邊。她不熱衷政治，喜歡說些八卦傳聞，這都能帶給元首消遣與安慰，還能激勵他邁向隔天的戰鬥。這段感情關係，也讓他重拾信心（如果他需要重拾信心的話），相信自己是個天才，而在他腦海裡擘劃的德國，也將以他熾烈的才智建立起來。每天進行的儀式性動作、溫柔親切的暱稱，還有道德感的拋棄——全都是他們這段陳腐乏味戀情的一部分，而且深陷進一股難以言說的邪惡裡。

＊譯註：費格林於四月二十六日私自離開地堡。隔日，希特勒察覺其已失蹤，派遣一隊武裝黨衛軍進行搜索，在即將被蘇聯佔領的費氏宅邸中將其逮捕。由於希特勒懷疑他受希姆萊之命，陰謀背叛他，私下與盟軍聯絡，因此罪在不赦，下令將他格殺。

集中營之外的猶太人與非猶裔的戀情

漢娜．鄂蘭的故事[35]

一九二四年秋末，一個成熟早慧的少女走進大講堂，聆聽一位知名的德國哲學家講課。接下來，在很短的時間裡，這兩人就開展出一段感情，這段戀情相當激烈而複雜，以至於改變了他們的人生，而且一直延續到哲學家死去的那一刻。但是，他們之間的感情故事並不美好，也不值得仿效，因為當時年僅十八歲的女學生漢娜．鄂蘭（Hannah Arendt）是猶太人，而她的教授兼情人，當時三十五歲的馬丁．海德格（Martin Heidegger），則是個德意志民族主義份子，之後還加入納粹黨，並且迫害他猶太裔的學者與同僚。

漢娜．鄂蘭從小就才華洋溢，她的父親是個被同化的猶太人，認為自己是德國人，從來沒有提過「猶太人」這個詞語；可是與此同時，父親卻又警告她，別在同學宣揚反猶太言論的時候挑戰他們。「當我還是個孩子的時候，並不知道自己是猶太人，」成年的漢娜回憶道。之後，她明白自己「看起來像猶太人……和其他孩子相貌有別。」有時候，漢娜的祖父會帶她到猶太會堂。這就是她身上全部的猶太傳承。

漢娜是個引人注目、行事瀟脫的人，她是個身材苗條纖細的女孩，留著一頭短髮，擁有一雙深思的黑色眼眸；「（她的眼神）會讓人深陷其中，而且擔心再也無法自拔，」她的前男友如此回憶。[36]

在同儕裡，她「卓然獨立、與眾不同，馬上就脫穎而出」。她在選修歷史課程的口試面談上，自行設立規矩：「這裡不能有反猶太言論，」她說。[37]漢娜和其他學生一樣，也來到馬爾堡大學（University of Marburg）聽課，因為她聽說，在海德格的課堂上，「讓思考再度復活；被認為已經死去的過往文化寶藏，也能重新發出聲音。」[38]

這個被認為能讓上述事情成真的人，是個自覺個頭矮小的男子，他有著一頭黑髮，暗沉的面色，粗短的身材；他的雙眼老是向下看，很少與旁人的目光相接。他教起課來頗能引人入勝，有「小魔術師」的綽號，而當他詳細闡釋自己那套存在主義思想理論時，既令人著迷，又使人困惑。[39]馬丁·海德格穿著樸素，平日以一件黑森林燈籠褲搭配農夫上衣。但是在課堂上，他就一反平日樸素謙虛的作風，擺出歐洲專橫權威的架式，孤高獨立，主宰課堂，激發台下聽眾對他的崇敬。他的學生通常會在下課後聚在一起，比對彼此抄下的筆記，然後詢問有沒有人懂得他方才講的隻字片語。

當海德格第一眼看見漢娜時，他已經和艾芙萊·派特理（Elfride Petri）結婚多年了，艾芙萊是個對於猶太人抱持惡毒厭憎情緒的經濟學者，她信奉新教，娘家家境富裕，過了很久才接納海德格這位信奉天主教、在大學體系裡打滾求升遷、收入所得不高的女婿。艾芙萊還是個優秀的家庭主婦，以及兩個兒子的母親。她一肩承擔起生活家計，好讓海德格能專心致志的投入對知識思想的追求。而當海德格的女學生們，聚攏在受她們仰慕的教授身邊，為他的風采傾倒時，她顯然是吃味的。

海德格在課堂上注意到漢娜，並且找她到辦公室談話。她到的時候，身上穿著雨衣、雨帽，走得搖擺狼狽，而且因為太過敬畏海德格，以至於一句話都說不出來，只能發出單音節的聲音。在接下來幾個星期，他們很快從原來客套的禮貌，進展到對彼此身體親密熟悉的程度，而幾乎可以肯定，海德格是漢娜結交的第一個情人。他在之前則已經談過好幾段地下戀情，從中吸取經驗，設計出一套複雜的幽會做法，地點通常是在漢娜位於閣樓的臥房，或是在一處公園裡，被他們認為是「專屬雅座」的長凳。

很快的，海德格就開始擔心，這段感情會將他的生活弄得亂七八糟，這不是因為漢娜是個猶太人，而是由於他自己是個已婚男子，同時又是漢娜的老師。如果他們這段戀情曝光，他的事業和婚姻都會完蛋。儘管他無意離開妻子，卻經常背著她偷情，但這次與漢娜的感情則不同以往。他在很多年以後回憶道，漢娜已經成為他生命中的熱情之火，他沒有辦法抗拒。

過了一年，漢娜轉學到海德堡大學（Heidelberg University）就讀，這完全是為了海德格著想，因為如果她還繼續留在馬爾堡讀書，他的處境會愈來愈困難危險。他並沒有直接開口要求她離開，而是意在言外的說，儘管她是馬爾堡大學最頂尖的學生之一，卻還沒有「融入」這所學校，而到其他學校就讀，可能會比較好。對此，漢娜沒有爭論，也沒有表示抗議。但是，在她離開的時候，沒有將新地址留給他。無論接下來發生什麼事情，必定都是因他的建議而起的。

海德格接受這種安排，不過這並不容易。他沒敢直接向哲學教授、漢娜的博士導師卡爾・雅斯培（Karl Jaspers）詢問她的住處，漢娜能拜在雅斯培門下，正是他推薦的。終於，他透過一位猶太學生古恩特・史騰（Guenther Stern），問到了漢娜的地址。海德格馬上和漢娜連繫，他們再續前緣，關係就像從前一樣熱烈；兩個人之間用密碼暗號、手電筒信號、充滿熾烈激情的書信與詩句彼此聯絡。但是海德格要掌握一切細節，規定漢娜只能在他指定的時間回信，期間有好幾個星期，甚至好幾個月，都必須保持沉默。他從雅斯培那裡得知：漢娜正在和另一名男學生交往——就像與海德格的關係三緘其口，她對這段交往同樣保守祕密。

差不多就在同時，出於事業發展的考量，海德格暫時停止這段感情。他的經典之作《存在與時間》（*Being and Time*），此時正要出版；他承認，如果沒有在哲學領域如同在個人領域那樣完全懂他的漢娜相助，他是寫不出這本著作的。他已經獲得升等，接替退休的胡賽爾（Edmund Husserl），成為佛萊堡大學（Freiburg University）的正教授。同時，他也和一名同事的妻子、有一半猶太人血統的伊莉莎白·布洛克曼（Elisabeth Blochmann）打情罵俏、眉來眼去。

漢娜一下子掉進深深的絕望之中，她將這股哀傷全寫進詩裡，有時候會作詩獻給他。「如果我喪失了對你的愛，我將失去活下去的權利，」帶著一股絕望的悲情，她如此對他寫道：「我愛你，一如我們初識的第一天——這你也清楚，而我向來就知道。」[40]

一九二九年九月，漢娜和古恩特·史騰結婚。儘管他們兩人終其一生都是好友，這段婚姻卻很快就畫下休止符。他們很快就分居，並在一九三七年簽字離婚。漢娜對海德格保持忠誠，從來沒向古恩特提起他們有過一段情。當古恩特語帶憂心的說起他們老師反動的政治立場，以及師母公然採取的反猶態度時，漢娜很明顯的不予採信。不但如此，她還向海德格擔保，「我們的愛情是上天對我的賜福」；有一次，她還設法躲在一旁，窺看他登上火車。在這之後，她描述自己內心感受到「孤寂，徹底的無助。一如往常，對於一切，我總是無能為力，無法可想……只能等待，等待，等待。」[41]

在這段苦苦等待的期間，漢娜與古恩特還維持著婚姻關係，那時也開始為納粹勢力與反猶太思想的興起而感覺憂心，於是她一頭栽進研究，撰寫一本關於拉赫爾·瓦倫哈根（Rahel Varnhagen）的傳記；瓦倫哈根是一位十八世紀的德國籍猶太女子，主持一處知名的知識份子沙龍聚會所。許多年來，瓦倫哈根一直想要擺脫自己身上的猶太印記，但最終她還是接受了這樣的族群認同。一九三三年，漢娜終於發現，新近被任命為佛萊堡大學校長的海德格，不讓猶太籍研究生上他開設的討論課，冷落他的猶太籍同僚，並且歧視校內的猶太學生。她去函告訴他，對他這樣的行為深感震驚。

海德格激烈的否認所有指控，而且憤怒的回信，指責責備他的人忘恩負義。他確實出面幫助兩名猶太裔同事，這兩位學者，用他的話來說是「猶太人中較好的，人品足堪作為典範」；他也替自己的猶太裔研究助理威納・布羅克（Werner Brock）在英國劍橋大學找到一個研究員的職缺。海德格甚至還禁止學生在校園裡張貼一張題為「對抗非德意志精神」的反猶太海報。但是漢娜早已確切得知，他已經加入國社黨，而且還在校長的就職典禮上，發表一場支持希特勒的演說。

一九三三年，當雅斯培問海德格，像希特勒這樣殘酷而沒有文化教養的人，如何能治理德國？他給出下面這個令人震驚的答案：「文化無足輕重。只要看看他那雙神奇的手。」[42]在此同時，古恩特因為自己的左派立場，被迫離開德國。漢娜則被關進警察局裡拘留了令人恐懼的八天，警方訊問她關於德國境內猶太復國組織的事情，因為她從前曾為這個組織效力過。（她還曾收留被通緝追捕的共產黨人，不過這件事情並沒有受到注意。）

漢娜帶著母親，避開納粹官員，悄悄離開德國。她們來到一處位於德國、捷克邊境上的避難所，從正門進屋，由後門出來，進入捷克國境。之後她輾轉抵達巴黎，全心投入「救助猶太人的工作」。她說：「當人們因為身為猶太人而遭受攻擊，他們就應該以猶太人的身分，堂堂正正的為自己辯護。」幾年之後，她說自己在這段慘澹的時期裡，心中最主要的牽掛，是她的朋友們正在做什麼，而不是敵人的動向。

從這時開始，足足有十七年的時間，漢娜沒再與海德格聯絡。一九四〇年一月，她與非猶太裔的德國反抗志士海因里希・布呂歇（Heinrich Blücher）結婚。他們的關係裡有強烈的愛，以及在思想與政治立場上的和諧相知。同年五月，漢娜遭到拘捕，先是被關在巴黎體育館，隨後又被轉送往居爾（Gurs），一處法國集中營。海因里希同樣也遭到囚禁，之後獲釋。在古恩特・史騰的幫助下，這對夫妻取得了美國簽證，並在一九四一年四月抵達。剛開始，他們一面學英文，一面在貧窮中過生活；接著，漢娜就恢復她的學術和寫作事業。

一九四三年，漢娜和海因里希聽到有關奧許維茲種族屠殺的事情。一開始，他們拒絕相信：因為，這在軍事角度來說，完全沒有道理。（美國聯邦大法官費立克斯・法蘭克福特（Felix Frankfurter）在得知關於奧許維茲的報導細節時，同樣不肯採信，他持的理由也是如此。）六個月後，新的鐵證陸續浮出檯面，而「這彷彿是地獄敞開了大門，」漢娜回憶。因為對猶太人施行的種族滅絕，以及為了加速毀滅猶太人而成立的機構，都意味著有一種無可赦免的罪行已經犯下了，無法為它尋找合理的藉口，也沒有任何的刑罰可以補贖。漢娜對此深感震驚，這促使她開始寫作《集權主義的起源》（*The Origins of Totalitarianism*），這本書於一九四五年完稿，一九五一年出版。在書中，她指控「種族思想」可以和集權主義以及帝國主義相互連繫起來。

一九四六年，漢娜在一篇刊載於《黨派評論》（*Partisan Review*）裡的文章中，特別點名批評海德格，說他不但加入納粹黨，還禁止他的恩師兼摯友胡賽爾在大學裡任教。（實際上，胡賽爾被禁止在大學任教，早於海德格擔任校長之前就已發生。）一九四九年漢娜回德國一趟，她拜訪了卡爾與吉兒楚・雅斯培夫婦，他們在海德堡熬過了納粹統治，存活下來。

漢娜與雅斯培之間最重要的共同處，就是他們各自對海德格都有強烈的觀感與情緒：雅斯培是海德格哲學領域上的同行好友，而漢娜從前則是海德格的學生與情婦。儘管她寫文章批評他，儘管已經有許多種族滅絕屠殺的證據被揭露出來，儘管她知道他的一切，並且抱持質疑的態度，漢娜的內心還是無法甩脫這位昔日情人的魅力。

一九五〇年二月，在內心劇烈掙扎與自我懷疑之下，她決定去見海德格。漢娜在二月七日抵達佛萊堡，立刻送給他一封短函，建議他到她下榻的旅社見面。海德格沒有預先通知，在傍晚六點半時來了；漢娜又一次被他的魅力征服。「當服務生報出你的名字時，」她之後對他說：「時光彷彿突然凝結了。」令人大感意外，漢娜安慰海德格，她之所以這麼長的時間和他斷絕聯絡，純粹因為出自於她的尊嚴，以及她「徹頭徹尾粗魯不文的極度愚蠢」，而不是其他原因造成的；換句話說，並不是在意他與納粹黨沆瀣一氣的過往。

可是海德格早已成為一名納粹黨徒了。在他擔任一級大學校長，這個重要而顯著的位置時，已經迫害許多猶太裔學者，以及反對納粹體制人士的學術生涯，有時候甚至是整個的摧毀他們的人生，遭此下場的，還包括一位虔誠的天主教徒。當雅斯培的猶太裔妻子遭受納粹政權迫害，有生命危險時，海德格連指頭都沒有動一下。在少數幾個例子裡，他的確出面幫助過受欺壓迫害的猶太人，但是他這麼作是基於和這些人的友情，並不是出自對納粹政策的憤怒。

第三帝國建立初期，海德格就仔細的拜讀、領略了《我的奮鬥》，特別是書中對於猶太人深刻的憎惡。海德格和希特勒一樣，對於「國際猶太人集團的陰謀」深信不疑。早在一九二九年，他在寫給一名官員的信件裡，就提出這樣的警告：「我們面臨一個選擇的時刻：在吾德意志人民的精神生活中，究竟要帶入純本土的教育工作者和勢力，或最終放棄這一切，在大小層面上都開始猶太化。」[43]

一個德國納粹黨員怎麼會和一名必須逃離德國才不會遭受迫害的猶太人開展出一段感情？漢娜年輕時的遭遇，與之後那些身陷集中營而被納粹侵害的女子不同，她是受到海德格超群的才氣，以及學者的風範身段吸引，以至於無法自拔；海德格運用這兩項特點來勾引她，將她留在自己身旁。漢娜對於當時她看作是「政治領域」的事物，一概抱著漠不關心的態度，所以才無法相信，情人竟然向納粹投懷送抱。海德格也很聰明，迴避任何能讓漢娜想起他激進民族主義立場的討論，也不提他對希特勒駭人理念與目標的了解。基於上面所說的情形，我們很難認為漢娜．鄂蘭是在知情的情況下，還與敵人上床。

但是到了戰後，海德格的納粹傾向被揭穿，他面臨學術與個人生涯的雙重羞辱：失去教職，著作被禁止出版，退休金遭到削減。這些相對比較寬大的處分，是基於若干無法辯駁的證據判定，海德格被迫必須在「佛萊堡大學甄審委員會」(Freiburg University Verification Commission)，替自己辯護。想要通過這個清除納粹勢力的審查程序，他需要有無懈可擊的人證。還有誰能比他的前任情婦，現在已是知名猶太學者的漢娜．鄂蘭，以及他的前任同事，娶猶太女子為妻的卡爾．雅斯培，更適合為他作證辯護呢？

海德格高聳而傑出的才智，使得漢娜和雅斯培這兩位在思想領域上也堪稱巨擘的人物，紛紛拜倒在他的腳下，甘心情願替他辯護；雅斯培的情況比漢娜稍好一點，不過他也或多或少的接受海德格的說法，認為納粹打壓、排擠他。漢娜與雅斯培在為他辯護時，其實心裡都知道，用漢娜的話來說，海德格「出了名撒謊成性，而且在每一次時機到來時，總是說謊，」而與其說他本性惡劣，倒不如說他根本不諳世事。在一九四九年三月，委員會裁定海德格「無須採取懲罰措施。」[44]

在這之後，儘管雅斯培感到懷疑而掙扎，漢娜卻選擇敷衍，而且大違常理的，對於海德格的說詞照單全收。她甚至還試著要說服別人相信他們。然而，雅斯培卻對海德格的一連串謬誤之舉，還有他在吉兒楚遭受迫害時無情的冷漠，仍然不能忘懷。「我所有朋友……他是唯一背棄我的，」雅斯培寫道。[45]直到他過世，都沒有與海德格真正和解；漢娜承擔起在這兩個男人之間溝通的艱難任務，她讚揚前者，替後者辯護。有一次，雅斯培要她與海德格斷絕往來，漢娜斷然拒絕。

漢娜之所以不願意斬斷這段關係，有部分原因是海德格又重新和她談起戀愛，只不過他們不再發生性關係了。不但如此，在這個時候，他已經將自己這段為時甚長的婚外情，向妻子艾芙萊和盤托出——按照漢娜的版本，則是「她不知使了什麼手段，將整段故事給逼問出來。」[46]海德格請求滿心不願意的妻子，歡迎他的前任情婦到家裡作客。

漢娜在之後描述這一次彆扭的會面。「這位女子的嫉妒，幾乎已經到了瘋狂的程度，」她寫道：「多年以來，她心裡顯然抱著期望，盼著是否他就這樣忘了我，結果她的妒火只有更加強烈。」艾芙萊是個心胸狹窄、憎惡猶太人的女子，而且「身上帶著一種醜陋的怨恨。」[47]艾芙萊比馬丁更像納粹黨，而且是真正有罪的一位。「唉呀，她實在是太愚笨了，」漢娜如此告訴她的友人。[48]最要命的是，艾芙萊竟然沒將海德格偉大的思想逐一紀錄下來，謄繕成稿；漢娜說，要是換成她，準能做得到。

在漢娜往後的人生裡，她持續拜訪海德格，經常和他通信，並且在美國宣傳他的著作。她做的這一切，從來沒有對丈夫海因里希隱瞞。他認為妻子的這段「友誼」是無害的，而且無論如何，也敬畏於海德格的大才。而且，海因里希也沒有資格標榜自己對婚姻忠貞，因為雖然他愛著漢娜，卻和另一個年輕女子上床，在他明知道自己的婚外情會多麼傷害妻子，仍舊選擇出軌。

在一部影射小說《大學風雲》（*Pictures from an Institution*）裡，漢娜與海因里希的友人藍道・傑瑞爾（Randall Jarrell）以他們的故事為藍本，描寫羅森包姆（Rosenbaum）夫妻的生活。他將羅森包姆夫妻這段不尋常的婚姻，稱呼為對等的「二元君主制」（Dual Monarchy），夫妻各自獨立，但是又結為夥伴。

漢娜又重新扮演起海德格仰慕者的角色。她從來沒在他面前提起自己的著作。「一直以來，」她承認：「在談到我自己的時候，我幾乎都是在說謊，假裝我的書，我的名聲，全都不存在。而我扯謊的本事不高明，這麼打比方吧，除非和詮釋他的著作有關，我幾乎沒辦法數到三。然後，如果我最後能數到三，有的時候甚至能撐到四，他就會非常開心。」[49]為了維繫與海德格的感情，漢娜必須遮掩自己的才氣。「這樣作，是這整段感情裡不可缺少的要素，」她坦承。[50]

漢娜在出版《人的境況》（*The Human Condition*）時，書前沒有感謝的題獻詞，這似乎是一種向海德格致敬的祕密方式。她在一首短詩裡，對他透露了這番心意：「我如何能將這本著作題獻給你／我信任的朋友／對你，我保持著忠誠／也有不忠之處／而這兩者，都是為了愛。」[51]海德格對於漢娜居然沒有寫明感謝他，感到十分憤怒，他的這股怒氣，無疑是因為她的名聲與達到的諸多成就，而引發的妒怨。

一九六六年，一家德國雜誌拿海德格參加過納粹的往事來攻擊他。漢娜對雅斯培說，人們不該再這樣煩擾海德格了。雅斯培反駁，一個有如此名望的人，是無法掩蓋過往的，無論怎麼說，他的過去就在那裡，供全民的審視與檢驗。對於這番話，漢娜完全不予理會。她將許多持續圍繞著海德格與納粹的爭議，都看作是毀謗中傷。漢娜認為，他一直是個天真無辜的學者，和現實政治格格不入。[52]她否認海德格曾經讀過《我的奮鬥》，這就表示他並不明白希特勒的真實想法。她宣稱，海德格做出的任何錯事，或許都是受到他那位憎恨猶太人、怪物般太座大人艾芙萊的逼迫所致。

但是，海德格確實讀過《我的奮鬥》，而且不論怎麼說，艾芙萊也好、漢娜也罷，沒有人可以強迫他做任何事情。說穿了，其實很簡單，漢娜就是無法承認這個明顯的事實——海德格早就是個不折不扣的納粹份子，她擔心他早已經受損的聲譽，會更雪上加霜。海德格再也找不到比漢娜．鄂蘭更好，或者更願意為他說話的盟友了；這位享譽世界的猶太學者，從一九二四年起就與他結識，在她的著作《納粹戰犯艾希曼在耶路撒冷》（*Eichmann in Jerusalem*），看出產生萬惡納粹德國的社會結構，以及其中的形成機制。

漢娜一直努力為海德格洗刷「納粹份子」的惡名，其動機發自於她的內心。她迫切需要為自己對這個男子深厚的愛，尋找一個合理的名目，藉由努力證明不可能證明的事情，讓他值得她如此愛慕。

為海德格寫傳記的作家魯迪傑．沙佛朗斯基（Rüdiger Safranski）描述這段感情的知性層面，認為這兩位傑出的哲學家，在思想領域上是相輔相成的：「漢娜以『面向生命』的哲學（philosophy of being born），來回應海德格『正視死亡』（runnung ahead into death）的觀念；對於海德格『同一本性』（Jemeinigkeit，英文是each one-ness）的存在唯我論，漢娜以群體哲學來對應；對於海德格思想裡對於「無助沉淪」（Verfallenheit）的批判，漢娜藉由提高『公眾』哲學思想……以『人的世界、自我／他者眾生』（world of Man（One/ They））相對應。」[53]

漢娜終生都保持對海德格才智的敬慕。有海德格在場，她很容易就回復當年海德格老師最疼愛的學生身分，完全沒有在面對美國同事時流露出的高傲之氣。漢娜對艾芙萊的鄙夷，潔淨了她心日中對海德格的印象；而艾芙萊對她的嫉妒，則讓她堅定了愛他的信心。在她的後半生，漢娜與海德格一直保持聯絡。當他年紀漸長，不得不搬入一處較小的單層透天房屋時，漢娜送來一大盆花作為喬遷新居的賀禮。

漢娜於一九七五年去世，她生前從來沒有承認，海德格背叛了她的信任，並且以他自己的權威，為邪惡的理念背書。海德格在她死後五個月後去世，他草草讀過她著的書籍，拒絕討論她的著作。海德格在踏入墳墓之際，很可能還不知道，漢娜已經教導這個世界，有一種「恐懼的教訓，拒絕思考的平庸之惡（banality of evil，譯按：或譯為「惡的平庸性」），」54這種邪惡，在納粹意識形態之名下成為事實，而他曾經擁護過這樣的意識形態。

第二章

情婦是謬思女神

天賦異稟可能是上天的恩賜，也可能是一種詛咒，而擁有過人天才的人，很少過著平凡寡淡的歲月。在每一個社會裡，富有創造力的人，特別是男性，會引來人們的仰慕，並且引發某種情感：有一小群特別狂熱的仰慕者，會將她們的敬仰轉化為肉欲的激情，期望以肉體餵養天才的才情，與他靈肉合一，成為他的謬思女神。

這些女子通常自身也是創作者，或者渴望成為創作者。她們甚至有一個專屬名稱：影子藝術家（shadow artist）。作家蘿絲瑪莉・蘇利文（Rosemary Sullivan）敘述這些「惡名昭彰、依附在男性藝術家身上」的女性時，認為她們「熱愛文藝，但是才情不足以自立，擔心失敗，或者只是無法找到出路。」[1]就是敬畏，讓身兼影子藝術家的情婦和她們才氣縱橫的情人緊密結合在一起。有時候，這種敬畏接近崇敬，還包括程度令人吃驚的自我犧牲。

不是所有的情婦，都是甘心情願為情人的天資稟賦而犧牲自我的影子藝術家。有些女性曉得自己同樣也有天賦才能，便要求在感情關係裡取得對等地位。在少數的例子裡，有情侶實現了這個理念，成為激發彼此創作靈感的謬思。更加少見的情況是，男性情願將自己奉獻給他的情人，成為女性創作靈感泉源。事實是，若干知名女作家兼情婦，或許是絕大部分情婦，將她們有才華的情人當作偶像般崇拜，將他們的興趣、需要和地位，看成是世界上最重要的事。因為這樣，這些影子藝術家壓抑自己個人的欲望，甚至犧牲自己的權益；她們甘心情願犧牲自己，來成全情人的創作天賦。

哀綠漪思的故事[2]

一一一五或一一六年時，新銳哲學家哀綠漪思（Héloise）的年紀只有十六或十七歲；她長得很漂亮，臉上帶著燦爛的微笑，牙齒格外白淨，而且擁有博學多聞的聲譽，她若說自己的博學程度是第二，沒人敢自居第一。哀綠漪思和她的舅舅兼監護人傅伯特（Fulbert）同住在巴黎，傅伯特是聖母宗座聖殿（Norte-Dame cathedral）的教士。〔關於哀綠漪思母親賀希迪絲（Hersindis）的事蹟，我們一無所知；哀綠漪思的父親，或許在她還是個孩童時就過世了。她的姓氏為何，我們也不清楚。〕

沒有生育子女的傅伯特，很喜歡哀綠漪思，讓她接受貴族般的教育；在當時，給一個女孩受這樣好的教育，是非常罕見的。傅伯特先是送哀綠漪思到阿讓特伊（Argenteuil）的修道院菁英學校去上課，接著又親自教她學習古典哲學。他還將她引介到彼得・阿伯拉（Peter Abélard）門下學習，他是一位才華洋溢的哲學教授，與聖母教堂素有淵源。

阿伯拉當時年紀大約三十七歲，他是一名相貌極為英俊的俗家神職人員，也就是還未受封聖職，或者宣誓守貞獨身的低階教士。阿伯拉其實可以娶妻，但是他喜歡過著單身漢的日子；他雄心勃勃，希望在教會裡躍居高位，而只有單身才有資格晉升。

身為一位博學深思的思想家，阿伯拉有一個名聲：他能在授課時，使學生聽得如癡如醉，受他催眠操縱，但是在對待同儕時，卻換上一副居高臨下、傲慢自大的面孔。因為阿伯拉和傅伯特身處在同樣一個狹小的人際圈裡，他遲早會遇上傅伯特的外甥女，也是很順理成章的事情。大家感到意外，或至少沒能預料到的是，他居然瘋狂的愛上了哀綠漪思，為她神魂顛倒。「因為愛上這個年輕的姑娘，而使我徹底的燃燒發光了，」阿伯拉之後如此寫道：「因此我尋找機會，想贏得她的信任。」[3]

結果證明，機會得來實在太過容易。當阿伯拉提出希望到府教授哀綠漪思，以換取在府邸用餐的要求時，傅伯特不疑有他，很高興的答應了。畢竟，法蘭西的年輕學子們，不是都趨之若鶩，要到阿伯拉門下學習嗎？就這樣，阿伯拉形容自己是一頭盯著「嫩羊肉」的「餓狼」，滿腔心思要誘拐他的門生，來到傅伯特的府邸停留。「我……認為自己應該能輕易達成目標，」他在之後坦承：「那時我的名聲卓著，年紀尚輕，身強體健，因此對於我認為值得追求的女性，一點也不擔心她們會拒絕。」

哀綠漪思的眼睛雪亮，看得到他這些風度魅力。「當你出現在眾人面前，哪個不是趕著想來見你一眼？或是伸長了脖子，睜大眼睛，目送你離去？」她回憶道：「年輕的女孩，誰不是為了你不在場而五內俱焚？或者因為你的出現，而興奮激動？」[4]多虧了她完全不起疑心的舅舅，哀綠漪思能完全擁有阿伯拉，一連好幾個小時。

阿伯拉幾乎立刻就開始引誘她，想與她發生性關係。她也熱烈回應，在作愛的過程裡，逐漸探索自己的性欲。他們假裝在上課，但是「我發現，自己的手放在她乳房上的時間，通常比擺在書本上的時間多，」阿伯拉承認。[5]哀綠漪思在性事的生澀模樣，更增強「激情燃燒的程度」，也使得兩人在歡愛的過程裡，愈發將自己的身心交給對方。

有時候，如果哀綠漪思上課時頂嘴或是不肯用功，傅伯特要求阿伯拉「責罰」她，阿伯拉會拿鞭子抽打她。這同樣瀰漫著一種情欲意味，而且「比一切香膏都來得甜美，」阿伯拉回憶：「總之，我們這段激情經歷過一切階段，而如果可以發現什麼稀奇古怪的作愛方式，我們也會勇於嘗試。」[6]早在虐戀（sadomasochistic）性愛被定義的好幾個世紀之前，阿伯拉和哀綠漪思就沉醉其中了。

很快的，阿伯拉對哀綠漪思的愛戀，癡狂到了無可救藥的地步，他對哲學也失去了興趣。他的授課內容極度雜亂無章，使得學生開始嘲弄他。他的名聲直線滑落。在某個可怕的日子，傅伯特逮到這對戀人正躺在床上，「像戰神（Mars）與美神維納斯（Venus）」，不是在研究哲學，而是在激烈的作愛。傅伯特盛怒之下，立刻將阿伯拉趕出他的房子。

接著，哀綠漪思發現自己懷孕了。她設法通知阿伯拉這個消息，他想出一個計畫，好把她帶走。哀綠漪思把自己偽裝成一名修女，阿伯拉帶著她往他姐姐位於布列塔尼（Brittany）的住處，以度過懷孕的這段期間。

回頭說巴黎這邊，傅伯特因為憤怒和悲傷，幾乎已經到了瘋狂的地步，阿伯拉甚至擔心他是否會尋短。滿懷著不像他平日個性的謙卑低下，阿伯拉去拜訪傅伯特，懇求他的寬恕，將自己可恥的行為，歸咎給「愛情的力量……以及從有人類起，女性便使得最強大的男人，紛紛拜服在她們的石榴裙下。」[7]他有罪，這是當然的，可是難道傅伯特能說這是哀綠漪思的錯嗎？

阿伯拉提出一個奇特的建議，來解決目前的難局：他會娶哀綠漪思為妻，但是不對外公開，這樣才能使他在教會裡升遷的機會，不致受到危害。傅伯特和他的談判對手一樣精明，答應了這個提議。

阿伯拉欣喜若狂。他已經一兼二顧的將自己從困境裡拉拔出來，同時還挽回了事業。在這樣歡騰鼓舞的心緒裡，他去接哀綠漪思回巴黎，準備籌辦婚禮；這時的哀綠漪思，已經生下他們的兒子艾斯卓拉布（Astrolabe）。但是，讓阿伯拉和傅伯特雙方都大驚失色的，是哀綠漪思激烈反對成婚，她認為如此一來將會使阿伯拉做出犧牲，有損於他的前途。她摘引《聖經》和古哲名言，證明婚姻與哲學思想的探求無法相容；而且她還認為，一位哲學家勢必不可能容忍「嬰兒的大聲哭鬧，保姆唱的搖籃曲」，[8]然後還能對於「不清潔的幼兒」不置一詞。[9]她並沒有提起艾斯卓拉布，這位尷尬的孩子，目前正藏身在阿伯拉的親戚家裡。

更重要的是，哀綠漪思具有自由思想，她宣稱自己對阿伯拉的愛，是遵循西賽羅（Cicero）的理念，自由而不帶條件；而她寧可成為阿伯拉的情婦，也不願嫁給他為妻。（幾年之後，哀綠漪思仍然抱持這種反抗常規的態度，她甚至發誓說，就算古羅馬皇帝奧古斯都復生，還向她求婚，她也依然會選擇做阿伯拉的情婦，而不願當奧古斯都的皇后。）

然而，阿伯拉卻想要以婚姻將哀綠漪思永遠留在他的身邊。「我對你的愛，巨大到無法衡量，渴望永遠擁你入懷，」他在數年之後如此說。[10]他還盼望能取悅哀綠漪思位高權重的舅舅，因為他能幫助自己在教會裡順利升遷。在這段極度不平等的感情關係裡，阿伯拉的需求凌駕、蓋過了哀綠漪思的；於是，在一一一八年的夏季，他們還是成婚了，哀綠漪思淚灑婚禮。

傅伯特彷彿是早就預謀的，違背他本來答應為這段婚姻保守祕密的協議。哀綠漪思一心想要維護阿伯拉的聲譽，出面否認舅舅的話。傅伯特非常生氣，因為哀綠漪思竟公然不顧及自身的權益，為阿伯拉說話，更別提維護娘家的利益了。他於是轉而冷酷的攻擊她，阿伯拉只好再一次帶她逃走，這一次她妝扮成一名新進修女，藏身在阿讓特伊的女修院裡。

傅伯特很快就得知這件事。他誤以為阿伯拉只是想讓哀綠漪思消失。實際上，阿伯拉頻繁的去探望她，而且對她的欲望絲毫沒有衰退。有一次，兩人的欲望翻騰，難以克制，他們竟然在崇奉聖母瑪利亞的餐堂裡作愛。

回頭說巴黎這邊，傅伯特正在策劃一次簡單而殘酷的報復行動。他買通阿伯拉的僕從，為傅伯特派去的黨羽開門。在深夜，這些刺客襲擊阿伯拉，用他自己的話來說：「以殘酷而且可恥的態度……割斷了我辦那檔事、令他們嘆服的器官。」[11]

哲學家遭到閹割的消息，很快就傳播開來。到了早晨，像是「整座城市那樣多」的群眾，在他的住所外聚集，哀悼他身受戕傷。人們的「震驚、聽到這個消息後，普遍的惶然無措、哀嘆、痛哭失聲」——尤其是他們的悲憐，對他內心帶來的痛苦，比身體遭受的打擊還要深。「如今我變成千夫所指、眾人議論的畸形怪物了，」他悲嘆道。[12]

這個身體受創殘缺的男人，逃到巴黎近郊的聖德尼（Saint Denis）本篤修道院裡避難。他一直沒有原諒傅伯特與他手下的黨羽，而且透過法庭持續追捕他們，直到這些人一個個都受到嚴厲的制裁，他才肯罷休。背叛阿伯拉的男僕，和動手將他去勢的人，雙眼都被挖出，生殖器遭到剁斷。傅伯特的所有家產都被沒收充公。阿伯拉甚至移恨到哀綠漪思身上，逼使她發誓出家，成為修女，儘管她並不適合這個身分，也沒有意願成為修女。

哀綠漪思的朋友與家人，紛紛懇求她不要踏出這決絕的一步。她仍然年輕，況且又身為人母，怎麼能就此與世隔絕？但是哀綠漪思對她舅舅在閹割阿伯拉一案裡的角色，感到既驚且怒，而且在心裡將對他的愛看得至關緊要，決心以身相殉。她的家人對於她竟然愛阿伯拉甚於愛上帝，都極為震驚。接著，由於阿伯拉希望她成為一名修女，哀綠漪思踏上祭壇，聲淚俱下的引用古羅馬執政官龐培（Pompey）死後，他的妻子康內莉亞（Cornelia）準備殉夫時說的話：「我尊貴的夫君！婚後與您聚少離多，是否我造成了這一切？我是如此罪人，因為嫁給了您，導致您的不幸！若然，則請以我目下將接受之懲罰，稍微彌補我犯下的罪孽。」[13]為了彌補阿伯拉遭到閹割，為了償還阿伯拉失去的尊嚴，哀綠漪思犧牲了自己的自由，也放棄了她的未來人生。

身為一名被閹割的男人，阿伯拉有整整十年，不再理會哀綠漪思。他回過頭去教授哲學，並且撰寫著作。但是這位高傲的男子，再一次和教會中的仇敵發生衝突，從而觸怒了他的同僚修士，因此不得不離開修道院，儘管他在名義上，仍然得服從修道院長的管轄。阿伯拉一個人獨居在香檳（Champagne）的亞赫杜松（Arduzon）河畔，過著極度禁欲的隱修苦行僧生活。但沒過多久，慕名而來的學者就發現他的行蹤，他們以石材、木料為他搭建了一處居所，之後被人稱為「聖靈慕慰者」（Paraclete）。

一一二五年，阿伯拉被任命為布列塔尼的聖吉爾達（Saint-Gildas）修道院院長。當他到任時，赫然發現院裡有一群作風荒淫放蕩的僧侶，竟然在修道院裡納妾，儼然將此地當作自家地盤。這群僧侶鄙視、並恐嚇新到任的院長，三番兩次試圖殺害他。他們先是在聖餐禮時，主祭必須啜飲的葡萄酒裡下毒。接著，他們又在晚餐裡放毒藥，但是阿伯拉的寵物「試吃者」在這個節骨眼上死去，讓他心生警惕，知道危險已然逼近。最後，他靠著一名同情他的地方貴族以武裝保護，才能逃過一劫。

在阿讓特伊，哀綠漪思是個徬徨、不快樂的修女，日夜都在思念阿伯拉。過了幾年，她在同儕修女中已經成為引人注目的一位，許多人都和她一樣，對於宗教修行的生活報持著冷淡的態度。哀綠漪思還不滿三十歲時，就成為這所女修院的院長。

哀綠漪思的修道院，在操守上並非是模範機構。一一二五年，她與院中姐妹被控屢次行為不檢。在教宗特使、地方教區主教和法蘭西國王的敕命之下，哀綠漪思和她的修女們被逐出該修道院。但阿伯拉突然現身搭救，將她們安置在「聖靈慕慰者」，為這群無家可歸的流浪修女提供一處居所。於是，沉默的分離十年之後，這對戀人又重新聚首。

這時的哀綠漪思，仍然帶著沉重煩亂的心情，扮演修女的角色。時光的流逝，絲毫沒能讓她的愛欲冷卻下來，反而更加添柴升火，包括對阿伯拉肉體的渴望，儘管現在的他已經是個遭到去勢的殘疾人。她在「聖靈慕慰者」安頓下來以後，阿伯拉開始以靈修導師的身分前來拜訪探視。或許哀綠漪思無法隱藏對丈夫的激情，儘管這時他對她表露出的，僅只是宗教上的大愛而已。

或許阿伯拉在知識上的高傲態度，觸怒了他的腐敗同僚。總之，這群僧侶與其他的神職人員結合，其中還包括一名位高權重的主教，共同發起一項令人難以置信的指控：閹割並沒有根絕阿伯拉的性欲。對於這項指控，阿伯拉深感羞辱，所以他停止對「聖靈慕慰者」的探訪。他和哀綠漪思改用書信往返，在冗長而詳盡的文字裡，剖析他們關係的本質，以及愛情的意義。

哀綠漪思儘管處在「閉口不言的憂傷境地」[14]長達十年，對於自由戀愛卻仍然維持堅定不移的信念；她鄙視婚姻制度，將婚姻看作是唯利是圖的安排，讓女性自貶身價，而非尋得如意郎君。

阿伯拉對於他們這段戀情的遺憾後悔，也折磨著哀綠漪思。「我看輕妻子名義，寧可以情婦身分快樂度日，」她如此宣稱。[15]對她而言，他是支配、統治她的主人，是如父如兄的丈夫，要是沒有辦法確認得到他的愛情，人生似乎就不值得活下去了。

但是阿伯拉不肯讓她如願。不但如此，他自認從前對她的激情純屬肉欲，自己遭到閹割，他認為這是上天的恩賜，因為這使他由原來狂亂的肉欲掙脫出來，讓他們兩人都不再被情欲吞噬。他寫道，哀綠漪思是幸運的，因為他強迫她出家進入修院，使她由「原來被詛咒的夏娃，轉變為受福祐的瑪利亞。」[16]當哀綠漪思因為回憶起過去他們狂亂猛烈的性關係，而感到喜悅時，他寫道：「昔時，我最愛者，僅僅是以自己可鄙而卑微的欲望來滿足你。」[17]

阿伯拉在信中的規勸告誡，哀綠漪思置若罔聞。但是在她生了場大病以後，卻決定和阿伯拉斷絕來往。「最後，阿伯拉，您業已永遠失去哀綠漪思矣，」她寫道：「我業已從思緒中將您屏除，我業已將您忘懷。」[18]然後，她又以同樣激烈決絕的語氣，描述永遠無法再見到阿伯拉性感的嘴唇，與令女性怦然心動的雄健體魄，有多麼的痛苦沉悶。

和阿伯拉斷絕關係之後，哀綠漪思將大部分的精力投入女修院院長的工作。她將「聖靈慕慰者」打造成一處模範修行社群，獲得大量捐助，創造力旺盛，吸引全法國有志於修行的女性慕名前來。在「聖靈慕慰者」靈性上的名聲傳響之後，它也很快的創設了姐妹分院。

沒有哀綠漪思令他分心，或者讓他蒙羞，阿伯拉試圖重拾自己身為神學理論哲學家的地位。可是再一次的，他又引來周遭的憎恨與敵意，最終讓他的畢生事業歸於毀滅。一一四二年四月，彼得．阿伯拉去世，享年六十三（或六十四）歲。哀綠漪思按照他的遺願，迎回遺骨，安葬於「聖靈慕慰者」修道院，並且說服一位同情阿伯拉的主教「可敬的彼得」（Peter the Venerable），赦免阿伯拉所有的罪孽。她還利用這次機會，為兒子艾斯卓拉布（由阿伯拉的家人扶養成人）安排了一個俗家的職位。

哀綠漪思在一一六三或一一六四年去世，享年六十四歲。她身後與阿伯拉合葬於同一處墓穴，這是她在阿伯拉去世時就已經安排妥當的。多年以後，流傳著這樣一個傳說：在她入土安葬之時，他已成枯骨的手臂伸過去擁抱著她。這則傳說到今天仍在流傳，永遠美麗的哀綠漪思，在身後終於能達成生前無法企及的心願：永遠躺在情人的懷裡，躺在她付出如此重大犧牲的男人懷裡。

埃蜜麗・杜・夏特萊的故事[19]

埃蜜麗・杜・夏特萊（Émilie du Châtelet）是伏爾泰的情婦，她與哀綠漪思在三件事情上有極其驚人的相似處：她的聰明才智極不平凡，她受教育程度之高極不平凡，而她也成為知名哲學家的情婦。不過，相似之處就到此為止了，因為埃蜜麗是啟蒙時代之子，而她的情人則是開明進步的思想家。

一七〇六年十二月十七日，嘉布瑞兒・埃蜜麗・勒・東尼耶勒・德・布雷德伊（Gabrielle Émilie Le Tonnelier de Breteuil）生於巴黎一戶貴族書香世家。她年邁的父親路易斯—尼可拉斯（Louis-Nicolas）看出這個女兒聰慧早熟，便教授她拉丁文和義大利文，聘請家庭教師教她英文、數學和科學，並且還讓她浸淫在自己龐大的圖書收藏裡盡情閱讀。埃蜜麗在少女時，就能將古羅馬詩人維吉爾（Virgil）的作品《埃涅阿斯紀》（*Aeneid*）翻譯成法文。之後，隨著她強大的智慧日漸成熟茁壯，埃蜜麗將注意力放在物理、文學、戲劇、歌劇和政治思想等學問，包括令人吃驚的命題，即女性應該與男性擁有同等權利。

成年後的埃蜜麗，一掃少女時期笨拙、粗手粗腳的青澀模樣，成為一位亮麗的女性，得到「美女埃蜜麗」的稱呼。她的個頭很高，彎彎的眉毛下，有一雙柔軟的海綠色眼眸。貶損她的人嘲諷她身上穿的過多服裝，但是之後，伏爾泰將會認為這一點極具魅力，並且暱稱他的情婦為「蓬蓬」（PomPom）。

埃蜜麗十九歲時，經由家裡安排，與佛羅倫特．克勞德．杜．夏特萊（Florent Claude du Châtelet）侯爵結婚。夏特萊是步兵團的上校軍官，出身老派貴族世家，個性和藹，待人有禮，比埃蜜麗年長十二歲。這段婚姻不但門當戶對，而且廣受祝福，新人婚後很快就生下一子一女。埃蜜麗婚後的大部分時間，都待在丈夫位於巴黎的宅邸裡，而佛羅倫特則幾乎都留在軍營裡服勤。

由於這類婚姻都是貴族世家間的聯姻，浪漫的感情在其中扮演的角色很小，或幾乎沒有；已經生下子嗣的配偶，在外另談感情是能被接受的，埃蜜麗因此就結交了情人。她相信，一名好妻子對丈夫忠誠的表現，就是要與有水準、又謹慎的情人結交，這是她身處的時代，貴族圈裡的典型想法。

當埃蜜麗與詼諧機智的伏爾泰相遇時，他已年近四十，被許多女性追逐圍繞，她們都想結識這位法蘭西最著名的作家，沾沾這位啟蒙運動重要領導人物的光。啟蒙運動致力於完全以人類的經驗法則，按照人類的「理智」與「理性」，重新估定一切事物。除了探明人世間的真理，他們的目標是編纂一部卷帙浩繁的人類知識百科全書。這項事業讓他們吸引大眾的目光，將他們置於教廷與皇室的對立面。到了最後，啟蒙運動掀起一股思想風潮，從而引導了法國大革命的發生。許多啟蒙運動領軍人物之間的相互交流，都發生在巴黎市民創設的若干沙龍裡。也就是在這些地方，埃蜜麗與伏爾泰發展出他們之間的深刻感情。

埃蜜麗還是個孩子時，就在她父親的宅邸裡見過伏爾泰一面。他們再次相遇，時間是一七三三年五月，地點在歌劇院裡，當時埃蜜麗才產下第三個孩子不久；不到三個月，他們就成為一對戀人了。帶著詩意，伏爾泰說起他的新情婦：「這就是埃蜜麗，」他寫信給朋友：「貌美，也是位益友／想像力豐富而準確／她的心思不但活潑，而且高尚／有時候，又有太多機鋒詼諧／她具有罕見的天才／我敢發誓，她的確堪與牛頓相比。」[20]

伏爾泰對埃蜜麗這番「精力充沛而意志堅定」的看法是正確的。她喜愛物理學，深深著迷於萊布尼茲（Leibniz）、牛頓等人提出的理論，她用功鑽研這些學問的程度，令包括伏爾泰在內的學者，都為之汗顏。她還能夠騰出時間，與朋友聚餐、出席社交場合與貴族圈的活動，以及——唉呀！在賭桌上小玩一把（有時候，賭本可不小）。

就在伏爾泰愛上埃蜜麗的同時，她也受到啟蒙運動思想家兼科學家皮耶─路易．莫佩爾蒂（Pierre-Louis Moreau de Maupertuis）的青睞。莫佩爾蒂仰慕她的美貌，以及她具備通常只限於男性的、對事物「超卓的見解」；他極為欣賞她的心胸寬闊，沒有陰險機心（他這樣相信），這使她比其他女性都來得突出。

埃蜜麗與伏爾泰的性生活並不圓滿。伏爾泰長期受慢性消化道疾病所苦，包括腹瀉下痢，影響他在性的表現，經常使他無法上床歡愛。「這彷彿是告訴我，我這個人根本不是為了激情歡愛而生的，」有一次，對著一位失望透頂的情婦，他如此悲嘆道。[21]不過，縱然伏爾泰在性的表現欲振乏力（或許正因為如此），當他懷疑埃蜜麗與其他男人有染的時候，卻顯得極端的嫉妒吃味。

這確實是他們關係開始時的情況，當時埃蜜麗對莫佩爾蒂還有些心猿意馬。伏爾泰警告她，雖然他的這位情敵是位科學家，絕對無法專情於她、帶給她幸福快樂的愛情。幾個月的時間過去，莫佩爾蒂在感情上還是沒能對她專一，埃蜜麗便慢慢的將自己所有的愛，都傾注在伏爾泰身上。

埃蜜麗和伏爾泰開始相偕旅行。一七三四年，他們在西雷（Cirey）落腳，住進她丈夫名下家產、一處已傾頹荒廢的別墅莊園。這項安排，正是埃蜜麗的丈夫佛羅倫特大力促成的。他偶爾會去探訪妻子與她的情人，但是大部分時候，他與埃蜜麗都是分房而睡，而吃飯的時候，則與他的兒子、家庭教師一起用餐。畢竟，對於這對戀人願意負擔整建別墅的開銷費用，由伏爾泰以低利率貸款，出資讓他將這座房子翻新、裝潢，他是感到高興的。

而伏爾泰之所以出門遠行，是由於政治上的麻煩。當局的公訴執行官已經幾次下令，公開焚毀他所著具革命性觀點的《哲學通信》（*Letters philisophiques*）；為伏爾泰出書的書商，被投入監獄關押；而連伏爾泰本人，也處在極危險的境地。西雷是一處理想的避難地，這裡到處都是可藏身之處，而且離洛林（Lorraine）非常近，一旦伏爾泰有遭到逮捕的危險時，他可以隨時逃到洛林去。

開始時，伏爾泰單獨住在西雷，因為埃蜜麗捨不得離開巴黎的沙龍聚會，以及諸多五光十色的刺激事物。不過她明白，除非她和伏爾泰住在一起，否則他嫉妒的情緒將會愈來愈嚴重，於是她帶著上百箱行李抵達西雷，並且投入房子的裝修翻新工程。她改動伏爾泰原來的計畫：樓梯設在原來壁爐的地方，並且以窗戶代替門扉。更重要的是，她與伏爾泰就此開始了一段研究與創作文學的時期，這段時間（一七三三至四九年），後來被稱作伏爾泰的西雷階段（Cirey Period）。

埃蜜麗現在是伏爾泰公開承認的情婦，而她以彷彿會延續終生的態度，來經營他們的感情。不過，和十八世紀大多數的婚外情慎重尋找名義，以求掩人耳目不同，埃蜜麗與伏爾泰不這樣作，他們出雙入對，共同生活。這其實費了若干心思。每當埃蜜麗被迫要和丈夫共度一段時日的時候，她便以發自內心的關愛和感情來敬重他。實際上，佛羅倫特的存在，有助於遮掩她其實是與伏爾泰姘居的事實，而他也提供了如此安排在某種意義上的合法性，這是他們三人都想要得到的。

作息極度規律、生活有條有理的埃蜜麗，替作息相當散漫的伏爾泰建立一套研究計畫。他們的一天開始於伏爾泰的房間，近午時分，兩人一起喝著咖啡，並且討論工作。中午，埃蜜麗與伏爾泰有時會迎出門，接待正和兒子（她與丈夫所生）與家庭教師一起用午餐的佛羅倫特，然後各自回房，埋首於工作之中。偶爾，他們會小憩一番，用些點心，彼此聊天談話，然後再回頭讀書。晚間九點，他們共進晚餐，氣氛悠閒地享用精心烹煮的食物，接著而來的是兩人的意見交流，在自設的小劇場裡討論戲劇，並且朗讀詩作。到了半夜，他們又分頭各自努力。

埃蜜麗會一直工作到大約凌晨五點。當她回到自己黃、藍色調的臥房時（房間裡所有物品都是這兩種顏色，甚至連她的狗籃襯裡，也是黃、藍兩色），會睡上四個小時，以恢復精神。要是她給自己設定了某種截止期限，她會將睡眠時間減少為一個小時，並且把雙手放進冰水裡，好逼使自己清醒過來。

埃蜜麗的研究計畫，通常與伏爾泰相關。他的代表作《路易十四時代》（*Siècle de Louis XIV*），以及他的《道德論文集》（*Essai sur les moeurs*），大部分的初稿，都是在西雷完成的。他還創作了《薩伊》（*Alzire*）、《海羅普》（*Mérope*）、《穆罕默德》（*Mahomet*）與其他等戲劇，還有一齣歌劇。在博學多聞的埃蜜麗指導之下，伏爾泰從物理學吸收許多理論（但從未精通），特別是萊布尼茲與牛頓提出的定律，並且將這些概念吸納進自己思想體系的核心。他大方承認埃蜜麗對自己的影響，將自己於一七三八年出版的《牛頓哲學要旨》（*Eléments de la philosophie de Newton*）題獻給她。他甚至還暗示，與其說埃蜜麗是激發他寫作靈感的謬思，倒不如說自己只是她的抄寫員罷了。

而在埃蜜麗這邊，她致力於將牛頓的《分析解》（*Analytic Solution*）翻譯成法文。一七四八年，她寫出自己版本的《牛頓著世界之體系的簡要闡釋》（*Exposition abrégée du système du monde*），這部作品被許多專家學者認為比伏爾泰對牛頓的解讀，來得更加精敏。她夾評夾譯的將伯納德・曼德維爾（Bernard Mendeville）的作品《蜜蜂的寓言》（*Fable of the Bees*）翻成法文，有部分被伏爾泰逐字引用到他的《形上學論文集》（*Treatise on Metaphysics*）。

她還對《舊約聖經・創世紀》與《新約聖經》進行文本分析，這項工作由於她每天和伏爾泰一起研讀《聖經》，而變得比較容易。和伏爾泰的作品不同，埃蜜麗的著作大部分都還是手抄稿；在她有生之年，只有《牛頓著世界之體系的簡要闡釋》以及少數幾篇科學論文付梓出版。直到她驟然離世之前，埃蜜麗一直投入於牛頓《自然哲學的數學原理》（*Principia*）一書的翻譯和闡釋工作。

在公領域和私人生活層面，伏爾泰都是第一個認識到，他的這位情婦，既是性伴侶，也是他在知性上的合作夥伴。他每天都將自己寫出的文字，大聲讀給她聽，並熱切的期待她的批評指教。她敏銳的心智使他深信：男人能做的一切事情，女性全都可以辦到。在一封給友人的書信裡，伏爾泰給了埃蜜麗最高的讚賞：「要是沒有這位女士，我（無法）過活，我看待她，如同一位偉大的人物，也是最可靠、最值得敬仰的朋友。她通曉牛頓思想；她鄙視迷信，簡而言之，她使我快樂。」[22]

埃蜜麗還深入省思男人與女人的本質。有一次，她喬裝成男子，潛入一處只准男性進入的咖啡廳沙龍。她感嘆的指出，女性之所以沒能寫出一部好的悲劇、詩集、短篇故事集、畫作或物理學論文，純粹只是因為她們從來沒有受過這種思考訓練罷了。她補充說：如果她是國王，就會鼓勵女性參與各個領域，特別是思想知性層面，來糾正這項錯誤。在大多數層面上，身為伏爾泰情婦的埃蜜麗，實際上是為男女平權而現身說法。

可是在他們的關係裡，嫉妒或者不安全感，同樣也無法根除。埃蜜麗和伏爾泰彼此吃對方的醋，而他們各自的出軌不忠，則不斷動搖這段感情的基礎。每當伏爾泰離開西雷，埃蜜麗就在恐懼害怕之中顫抖，擔心他就此一去不復返。「這顆心失去了習慣的愛，」她哀傷的寫道。23

伏爾泰結束在柏林為期五個月的訪問，回到西雷時，埃蜜麗的情婦生涯也進入新的階段：性愛在這段期間消失蹤影——至少從伏爾泰的生活退場了。他宣稱，自己年紀太大了，沒有多少健康能夠揮霍，所以與其當她的情人，不如成為她的親密朋友。對於這項新安排，埃蜜麗勉強表示同意，不過或許為了排遣她內心的不安與焦慮，她便更加狂熱而不顧後果的瘋狂賭博。

埃蜜麗和伏爾泰重返巴黎，在此伏爾泰又重新受到賞識。此時他已經被提名為皇家史官，而且還獲得一處凡爾賽宮裡的宅第（不過這處宅子異味強烈，離皇宮最汙臭的廁所很近）。甚至連教宗也親切的接受伏爾泰將《穆罕默德》題獻給他的提議。埃蜜麗同樣獲得重視。國王陛下批准出版她的牛頓論文，這時距離她完稿，還有好幾年的時間。義大利的科學研究機構——波隆納研究院（Bologna Institute），也委聘她為研究員。

在此同時，伏爾泰卻和他的外甥女露薏絲・狄妮斯（Louis Denis）滋生愛苗。「在你豐滿的乳房上，在你令人陶醉的臀部上，還有你的全身，時常令我堅挺、陷入一陣歡喜的身材曲線上，我要送上一千個吻，」在一封給狄妮斯的信裡，他興高采烈的這麼說。

現在，既然埃蜜麗的胸和臀都不再能夠迷住伏爾泰的雙眼，他就能更加客觀的審視她這個人了。在他對埃蜜麗失去「性」趣之後，她賭博的惡習愈發嚴重，這讓他相當反感。過去好幾年，為了怕自己先她而死去，伏爾泰一直試著為埃蜜麗存一筆養老金。突然之間，在伏爾泰本人的財務和他情婦積欠如山的賭債之間，他開始劃清界線。

伏爾泰不但對埃蜜麗失去「性」趣，財務也抽腿撤資，這讓她感到沮喪震驚。在反省、思考自己痛苦掙扎調適的過程裡，埃蜜麗回首自己的人生，審視許多女性相同的境遇，她寫出《論幸福》（*Discours sur le bonheur*）一書；這是一分手抄稿，試著界定何為幸福，而身為一名女性又要如何才能獲得幸福。她寫道，幸福不應該依靠他人，而應該源自於對知識探求的研究與熱情。其他構成幸福的要素，還包括了免於受偏見（尤其是宗教）的影響、健康的身體、明確的品味與興趣，以及最後，當然還包含熱情（雖然熱情會引來令人痛苦的後果）。

埃蜜麗認為，畢竟最令人感興趣的人物，都是不幸福的；而正因為他們身上遭受到如此困厄痛苦，才能成為戲曲與悲劇的素材。最後，她以一段富含理性主義精神的文字總結全文：我們生在人世間，應以獲取幸福作為唯一之目的。

不過，埃蜜麗雖然如此提倡，自己卻無法身體力行；因為極度渴望能填補伏爾泰離去後心中的空缺，她轉而投入另一個男人的懷抱。埃蜜麗愛上了聖藍伯特侯爵，尚—法蘭索瓦（Jean-François, marquis de Saint-Lambert），他是一位年輕的宮廷詩人，日後因為與多名女性荒淫私通而惡名昭彰。侯爵剛開始對埃蜜麗頗感興趣，不過之後開始疏遠這個主動倒貼的年長女子。埃蜜麗對他百般勸誘糾纏，有的時候也能讓他動心。某次他們在西雷幽會時，伏爾泰闖進她的臥房，赫然發現聖藍伯特侯爵居然全身赤裸，趴在埃蜜麗身上，屁股正上下起伏抽動！雖然伏爾泰自己也和露薏絲正進行一段不倫之戀，他還是妒火中燒，大聲斥罵埃蜜麗與侯爵，並且威脅要和她斷絕關係。

情況相當尷尬，但是埃蜜麗曉得該如何安撫伏爾泰。當伏爾泰氣沖沖走出房門外時，她緊跟在後。她提醒伏爾泰，主動提出說要切斷兩人間親密性關係的人，是他，而不是她；而她仍然有迫切的生理需求與欲望，如果不能得到滿足，將會損及她的健康。找來一位能滿足以上需求的詩人（這位仁兄還是伏爾泰的朋友），顯然是個理想的解決之道。伏爾泰接受她的解釋，並且原諒她。「噢，夫人，您永遠是對的！不過既然事情須得如此，」他接著說：「您應該看得出來，這樣的場景不該在我眼前發生才是啊。」[24]

隨後，埃蜜麗非常驚惶的發現，在將近四十四歲的年紀，她竟然懷孕了。伏爾泰幫助她想出一個計畫，並且付諸實行。他們先將她的丈夫引來西雷，兩人合力奉承、取悅他，並且還要色誘他（這部分只能單靠埃蜜麗了）。伏爾泰盡自己最大的努力，不停插科打諢。埃蜜麗穿上最能展露身材曲線的袍子，佩戴令人為之眩目的鑽石。天色破曉之前，她和丈夫上了床。當她之後告訴他，自己懷了他們的孩子時，佛羅倫特欣喜若狂，不疑有他，相信自己就是孩子的生父。（不過，法國宮廷侍臣們開玩笑說，埃蜜麗急著要見自己的丈夫，只是一個懷孕女子施展的招數罷了。）

埃蜜麗就此擺脫「生下私生子」的醜名。就在這個時候，她的內心籠罩著一股不祥的預感，經常反覆念叨說，這次生產會讓她送命。於是她更加鞭策自己完成牛頓《自然哲學的數學原理》翻譯工作，到了後段，一連好幾個月，她每晚只睡一到兩個小時。伏爾泰一直陪在埃蜜麗的身邊，不過她還是克制不住對聖藍伯特侯爵的思念而寫信給他。在信裡，她吐露說，自己心中所愛的，不是牛頓而是他，但是由於責任感與理智的驅策，她必須要完成翻譯工作。在她產下女兒的兩天之前，埃蜜麗完成了她的《評註版自然哲學的數學原理》（*Commentary on the Mathematical Principles of Newton*），而且送了一份抄稿到法蘭西國家圖書館（Bibliothèque Nationale）的圖書登記處。

生產後幾天，她在自己剛完成的手稿上補註了日期——一七四九年九月十日。幾個小時之後，她就陷入無意識的昏迷狀態。隨後，在佛羅倫特、伏爾泰與聖藍伯特的環伺陪伴之下，埃蜜麗·杜·夏特萊離開人世。伏爾泰悲痛萬分。他蹣跚踉蹌的走出房外，滿眼是淚，遮蔽了視線，猛地摔倒在地，頭撞上地面。當聖藍伯特侯爵趕過來攙扶時，伏爾泰大聲責難他，都是因為他讓埃蜜麗懷孕，她才會死去。

之後，伏爾泰隨佛羅倫特回到西雷，好與他一齊哀悼死去的埃蜜麗。剛出生的女嬰，送到乳母家照顧，卻在幾天之後夭折。一位友人向伏爾泰建議，將埃蜜麗手指上戴的戒指拿下，取出嵌在裡面的聖藍伯特侯爵肖像後，把戒指奉還佛羅倫特。伏爾泰照作了，並且補上這麼一段帶著宿命論的話：「聖藍伯特取代我了。長江後浪推前浪。這個世界就是這麼運轉的。」[25] 在西雷，伏爾泰取消了原來裝修房子的貸款利率，並且將剩餘的還款額度降低為原來的四分之一。他對自己情婦的哀慟丈夫說，友誼比金錢有價值得多。

埃蜜麗·杜·夏特萊的故事充滿啟發性，包含人生目標的達成、愛情的相互報答，以及（通常屬於）激情的報復。在她身上的侷限——出版商拒絕了她的回憶錄，但是對於她翻譯男性的作品，卻急著出版——是所有女性的共同困難。即使是在這個時候，埃蜜麗和與她同時代的人們都清楚，讓她在歷史上留名的，並不是她的驚人才華，而是她身為伏爾泰的情婦。

埃蜜麗與伏爾泰之間的情感關係廣為世人所知。伏爾泰不厭其煩的再三提及她對自己著作的巨大貢獻，而在與歐洲頂尖思想家的私下通信裡，伏爾泰也反覆重申自己從埃蜜麗那裡得到的重要協助。埃蜜麗和伏爾泰是啟蒙時代中的一對開明進步情侶，而正因為他們生活的時代，是歷史上各個時期社會風氣最為自由的年代，與伏爾泰的感情關係，才能更加宣揚埃蜜麗的名聲。

珍妮・赫布特尼的故事[26]

珍妮・赫布特尼（Jeanne Hébuterne）是位謎一般的神祕情婦，為了被她視為偉大藝術家的情人，她不惜親手毀滅自己。珍妮誕生於一八九八年四月六日，是家境中上、作風保守的法國天主教家庭裡一位才華洋溢的獨生女。她的母親尤多嫻（Eudoxie）是位順從丈夫的妻子，而她的父親艾希里（Achille）性格善良，不過作風傳統嚴厲，他在小珍妮和尤多嫻準備晚餐時，會大聲誦讀古典文學給女兒聽。珍妮的哥哥安德烈（André），則是位成功的山水風景畫師。

珍妮十九歲的時候，在巴黎遇見了極具天分的義大利藝術家亞美迪歐・莫迪里安尼（Amedeo Modigliani），當時她是個藝術學校的學生。莫迪里安尼比她大十四歲，是個花名在外的獵艷高手，才剛與英國女詩人碧翠絲・哈斯汀（Beatrice Hastings）發生一段非常熾熱的感情。莫迪里安尼和女人的關係常惹來麻煩，在這時就已經清楚看出跡象：有一次，他將碧翠絲往一扇關著的窗戶猛力推過去。

此外，珍妮的個性既含蓄又浪漫多情；她在眾人裡之所以特別，是因為她不但外貌清麗脫俗，而且又多才多藝。渾身是勁的莫迪里安尼深深被她吸引，以至於一連畫了二十五幅她的肖像；畫中，她帶著憂思、風格獨具的臉龐，彷彿一直和畫框外沒有現身的畫家進行著對話，就此千古流傳。在莫迪里安尼的畫筆下，珍妮有一張細長的瓜子臉，抿緊著嘴脣，臉上沒有笑容，看得出她是個敏感纖細而憂思重重的女子。有張照片證實了朋友們描述下，真實生活中的珍妮樣貌：一頭栗色長髮，一雙永遠帶著矇矓倦意的藍色眼眸，形狀美麗的嘴唇與牛奶般的膚色（她的綽號就是「椰子」），最後還要加添她脆弱纖細的氣質。

莫迪（Modi，這是莫迪里安尼的暱稱，在法文裡是「混帳」的意思，或是指「該死的傢伙」）回應珍妮對他的愛慕，回應她的藝術天分（對此，他支持鼓勵），也回應他們共同的文學愛好。他也敬佩她在音樂上的造詣。她是個不同凡響的小提琴手，和他一樣喜歡巴哈（Bach）的音樂。他們彼此吸引，不過莫迪的朋友都無法看見這一點，他們認為珍妮是個可愛但無趣的女子。

友人們抱持的保留態度，沒能影響這對戀人。莫迪里安尼和珍妮一樣，行事低調詭祕，他們以私底下熾烈的激情，暗中經營這段感情。三個月之後，他們就搬到一處同居了。

對珍妮而言，與莫迪同居是對她家庭價值的重大反叛。她已經失去了處子之身。與她姘居的這個男人，放蕩揮霍、嗑藥酗酒，正在和已分手的前任情婦打親子撫養權訴訟官司。莫迪同時也是個名符其實的飢餓藝術家，生活相當窮困。由於他早年曾經罹患胸膜炎與斑疹傷寒，軍隊以體格不符為由，拒絕他入營服役。命運彷彿對他捉弄得還不夠似的，他還是個猶太人；而艾希里．赫布特尼已經警告過他的女兒，莫迪對於這個他已經弄上床的天主教女孩，根本沒有認真和她長久生活的打算。

一連好幾個月，珍妮和莫迪里安尼過著波希米亞人般的放浪日子。他們在一處破敗的旅社租下一間房間容身，在藝術家聚集的餐館裡吃飯，到處去看展覽。他們也作畫，不過珍妮著實對莫迪的藝術天賦太過敬畏，而且極力想要讓他保持適合創作的情緒，所以甘願將自己的作品撇在一旁，充當他的合作夥伴與謬思女神。通常他要她擔任模特兒；在他作畫的時候，她裸著身子或穿著衣服，擺定姿勢，供他描摹。又有時候，當他忙於創作時，她在旁拉著小提琴相伴。原來的畫家珍妮，到此成為了畫中人珍妮。

珍妮付出的犧牲，以及他們一貧如洗的生活，對於她身處的狀況，一點幫助也沒有。莫迪繼續和他的狐群狗黨出遊，喝酒嗑藥，縱情狂歡。之後，當他蹣跚回家時，會等著珍妮前來接濟。這對情侶的財務狀況也是同樣黯淡。在莫迪里安尼的藝展迎來的是憤怒的叫罵，而不是讚賞之後，他們償還債務的希望就歸於破滅了；先前莫迪對這次展出還寄予厚望。警方以「妨礙風化」為理由，勒令畫展結束，因為莫迪里安尼在裸體人物畫中，公然畫出陰毛，然而其他的畫家，基於對公眾觀感的讓步，在描繪恥骨部位時，都畫成光禿一片。正如一位可能的買主尖酸刻薄的提問，他究竟能夠在哪裡擺出這些「神祕三角洲」呢？

第一次世界大戰的最後一個冬天，溫度驟降，寒風刺骨，食物、電力與燃煤全都實施限量配給，而德國還對巴黎進行轟炸。任何有辦法離開的人，都到法國南部鄉間避難去了。在珍妮知道自己懷孕之後，她和莫迪里安尼決定加入這批往南方走避的難民潮。

和他們一同出發的，還有珍妮的母親，她對於女兒的慘況實在太過心疼憂慮，以至於不忍斷絕關係。（宗教信仰極度虔誠的艾希里，對於這個離經叛道的女兒，早就不聞不問。）但是尤多娜卻變成一個脾氣暴躁的老太婆，逼著珍妮離開莫迪里安尼，她挑剔這個男人，嫌棄他的創作。終於，莫迪里安尼到旅社租了一間房間住下，而珍妮則把時間花在調停情人與母親的戰爭。在身邊這兩人爭吵衝突中，她利用少得可憐的空暇時間拾起畫筆，素描作畫。

珍妮懷孕這件事，對莫迪有很深的影響，而在這段期間，他最美麗動人的畫作，全都是以孩童作為主題。有種詮釋是，他將每個人都視為迷失的孩童，包括他自己與珍妮在內。他同時以畫筆紀錄珍妮的懷孕週期，動人而準確的，強調她日漸寬闊的身軀，以及吹氣球般脹大的肚皮。用一位藝術史學者的話來說，他「賦予他的情婦如同聖母瑪莉亞般的風格，而在此同時，又將她設想成美神維納斯的化身。」[27]但上述所說的一切，沒一件能討得珍妮母親的歡心。

到了她懷孕後期，珍妮和母親的關係已經惡化到難以收拾的地步，尤多嫻怒氣沖天的離開，於是莫迪里安尼又搬了回來。過了沒多久，一九一八年十一月，珍妮在尼斯（Nice）婦幼醫院裡生下女兒，也取名為珍妮．赫布特尼。莫迪里安尼對於喬凡娜（Giovanna，這是他對女兒的稱呼）誕生欣喜若狂，在好幾個場合裡，他都宣布將要娶珍妮為妻。但是在給他母親的信裡，他只寫道：「嬰兒很好，我也是。」完全沒有提及嬰兒的母親。

這時候的她，已經耗盡體力，沒有辦法親自哺育她愈來愈無精打采的小女兒，只好將她託給一名義大利奶媽照顧。在這個時候，他自己的健康狀況也愈來愈差，心理則籠罩在嚴重的憂鬱情緒之中。在一張於一九一九年無意間拍下的照片裡，他面容不整，衣衫襤褸，鞋底磨損。他對一個友人說，自己「就像黑鬼。我變成這副行屍走肉的德性。」[28]不過好在小女嬰珍妮，總算是健康茁壯。

在這段健康惡化期間，莫迪全心投入創作，他在作畫的時候氣喘吁吁，面日痛苦扭曲。不過，在這樣醜怪猙獰的勞動之下（莫迪自稱是「隆重的風格」）產生的作品，居然相當典雅、沉穩，在鮮明而和諧的顏色中，呈現出流暢而寧靜的人物。有一張母親與孩子的畫作，需要描摹人像四十次才能完成。通常這些畫作的模特兒都由珍妮擔任，他描繪她背負著愈來愈沉重壓力的纖細身軀，以及她憔悴而憂鬱的面龐。

珍妮確實有憂鬱的理由。一九一九年四月，她再次懷孕，而且仍然是未婚之身，這件事情一直折磨著她。她的女兒送給一名保姆照顧，莫迪則貧病交加，而尤多嫻還是對莫迪抱持著反感與敵意。珍妮因為沒辦法親自哺乳女兒而感到歉疚，還有失業問題，以及最重要的是她對情人的操心：他酗酒、居無定所、和別的女人調情。這些事情，全讓她心力交瘁。五月底，莫迪里安尼返回巴黎，他告訴珍妮：等到他找到巴黎的保姆，就盡快派人去接她和女兒前來團聚。

當珍妮在尼斯等待消息的時候，莫迪里安尼卻在創作空檔拜訪從前去過的地方，而且和一名嬌小動人的波蘭女子盧妮雅．捷克歐斯卡（Lunia Czechowska）走得很近（不過兩人顯然沒有上床）。對於第二個孩子即將誕生，他並不感到高興，並且對一名友人說，他感覺懷孕是件令人作嘔的事。幾個星期之後，珍妮拍電報給他，要求他提供返回巴黎的旅費。莫迪里安尼照辦了，不過心情沉重；在母女兩人到達巴黎以後，他又用酒精來安慰自己，舒緩心中因為即將面臨家庭義務而感受到的焦慮。這時，他也開始為一名十四歲女學生寶麗特．喬丹（Paulette Jordain）畫肖像。之前因為他和盧妮雅走得很近，珍妮已經夠焦慮了，現在又因為見到他與年輕的寶麗特輕鬆自在的交情，而讓她陷入憔悴的醋意之中。

珍妮回到巴黎兩個星期後，莫迪里安尼草擬了一份很奇怪的文件。在這份文件裡，他把珍妮喊作「珍」（Jane），保證一定會娶她為妻。可是他繼續每晚出門和朋友聚會，還自圓其說，將自己把珍妮晾在一旁，任其自生自滅的做法，說成是「義大利人的方式」。關於和她結婚，他也沒有做出任何具體的安排。與此同時，小珍妮被送到凡爾賽的保姆處。珍妮每星期都會過去探視，莫迪里安尼則在他惡化的身體情況許可的範圍內，盡可能與保姆通信聯絡。

隨著莫迪的健康情況日益惡化，珍妮懷孕的身軀也日趨沉重，莫迪里安尼的友人租給他們一棟裝潢破舊的單房單廳公寓。莫迪里安尼喜出望外。但是他的身體狀況很明顯的已經不行了：他沒有胃口，而且經常咳嗽。他拒絕看醫生，可能是因為他害怕知道診斷的結果。盧妮雅和其他友人都敦促他，回到溫暖的南方去養病。但是珍妮先前在那裡已經有過悲慘的境遇，所以拒絕陪伴他一起前去，也不同意他單獨動身。

結果，她繼續過著每晚在巴黎住處等他回家的日子，而他則繼續把時間浪擲在汙穢骯髒的波希米亞餐館、喝酒、和女人調情等事情。他新結交的瑞典好友索拉（Thora）之後回憶：「你只要親眼看到他，就知道他是個多麼危險的人物。」當索拉出現，擔任莫迪里安尼畫作的人體模特兒時，她回憶裡的珍妮，像是個「纖細而美麗的小動物，她看著我的眼神充滿恐懼，永遠以最大程度的猜忌來對待我。」29

情況愈來愈糟。莫迪里安尼的前任情婦紛紛出現，試著要和他見面，她們或者是要緬懷往日情，或者是來提出法律要求。加拿大女子西蒙．希盧克斯（Simon Thiroux）聲稱，莫迪是她孩子的生父。與此同時，莫迪里安尼的病愈來愈重，他開始咳血。至少有一次，他抓扯著珍妮的頭髮，當眾毆打她。珍妮留在租屋處打發時間，在她畫的自畫像，胸部上狠狠插進一把刀，這隻乳房再一次的脹乳，要餵養她腹中還未出世的胎兒。

到了一月中旬，莫迪里安尼膚色灰敗，變得暴躁好鬥。他被送進醫院，而在他失去意識以前，留下的最後一段話，與珍妮有關：「我已經親吻了我的妻子，我們都擁有永遠的幸福。」30兩天後，他死於結核性腦膜炎。

距離生產只剩下幾天時間的珍妮，出奇的冷靜，如同槁木死灰。她盯著戀人的遺體，將他的臉龐記進心底。然後，她將房子退租，這樣就能不必一再睹物思人。艾希里．赫布特尼來醫院協助處理後事，並且把女兒帶回家裡。隔天凌晨四點，珍妮推開房間的窗戶，從五層樓一躍而下，當場摔死。她享年二十一歲。

珍妮與莫迪里安尼被分開安葬，珍妮的墳墓位在安靜的郊區，而莫迪里安尼則葬在巴黎，整個藝文界的社群都會來墳前追悼和紀念。兩年後，朋友們說服珍妮的家人，將她遷葬到莫迪里安尼安葬墓園裡的猶太區。她的墓碑上，刻著如下的文字：「珍妮．赫布特尼，一八九八年四月六日生於巴黎，一九二〇年一月二十五日死於巴黎，是亞美迪歐．莫迪里安尼志趣相投的伴侶，為了他犧牲一切的人。」他們的女兒，小珍妮．莫迪里安尼長大成人之後，成為一位藝術史學者；她和父親的家人同住在一起。一向討厭她父親亞美迪歐的姑媽瑪格麗塔（Margherita），後來收養了她。

珍妮．赫布特尼的人生故事，和許多小說中的女主角一樣，充滿悲劇和自我犧牲的情節；她走在一條自我毀滅的道路上，最後在絕望之中，以自殺收場。對於藝術，她有足夠的知識，也具備敏銳的眼光，看出莫迪里安尼的偉大之處，但是在她內心衡量過自己的才能之後，卻認為他的藝術成就和生活，比自己有價值得多。可是在他們關係一開始時，莫迪里安尼就已經看出她的天分，其他的學生也認為她相當傑出。珍妮自我犧牲來成全莫迪的愛情，以及她想在莫迪人生裡永遠有一席之地的想望，都比她自身的藝術追求來得重要，也因此促使她用自己的生命和人生，痛苦的扮演他的謬思女神。

喬治・艾略特的故事[31]

喬治・艾略特（George Eliot）是一個在英國文學史裡被高高聳立的姓名：《亞當・柏德》（*Adam Bede*）、《佛羅斯河畔上的磨坊》（*The Mill on the Floss*），以及不朽名著《密德爾瑪契》（*Middlemarch*）等作品，都是她筆下令人讚嘆的創作。喬治・艾略特還讓自己整個改頭換面，從原來聰慧靈巧、容易陷入單相思、相貌平凡的女孩瑪麗・安・伊凡斯（Mary Ann Evans），轉變成為一位受到國際人士仰慕的小說家；她使用的這個筆名，是借自她一位情人的姓名。

瑪麗・安・伊凡斯生於一八一九年十一月二十二日，她是一位鄉間地租收稅人的寶貝女兒。在父親過世之後，她實際上就成了一個無家可歸的人；她搬到倫敦，在引領英國思想潮流的重要刊物《西敏寺評論》（*Westminister Review*）期刊裡，找到一份編輯兼書稿編審的工作。她得到的薪資很微薄：在發行人約翰・查普曼（John Chapman）的家裡搭伙、供住宿。但是她的天分與淵博的知識，很快就引起文化界人士的注意，他們歡迎這位不尋常的年輕女性，進入他們的沙龍世界。

除去她的貧窮不論，瑪麗・安（她後來將自己的名字縮寫成「瑪麗安」（Marian））還有另一個嚴重不利於社交的缺陷，就是她的相貌平凡、土氣。她留存於世的照片裡（她痛恨拍照），可以看到一個面容憔悴的女子，眼神銳利，有張長臉，鼻樑很大，又有些鷹勾鼻，佔去了臉上不少空間；她的臉龐被頭上那頂不對稱摺邊的巴黎款式時髦軟帽給遮住了一部分，她希望用這頂帽子讓自己太過剛硬的氣質，變得柔軟一些。既缺乏美貌，又沒有錢，瑪麗安成功踏入婚姻殿堂的前景，變得很黯淡。儘管如此，她還是渴望愛情，而且很輕易、時常的談起戀愛。

她曾經愛上一位同事，這是一段得不到回報的熱烈感情，這位男同事不但斷然峻拒她的告白，還加上一段聲明，說她容貌太醜，不值得愛。等到她又愛上實證主義哲學家赫伯特．史賓賽（Herbert Spencer）的時候，才好不容易從前段情傷裡恢復過來。史賓賽稱讚她「在心智上，是我見過最令人敬慕的女性，」並且樂於陪伴她出席歌劇、戲劇、音樂會等場合。然而，他卻對她提出警告，自己並沒有喜歡上她，而且擔心她糾纏不休。瑪麗安對這個警告置若罔聞，反而又寫了一封措詞卑微的求愛信函，這封信想必嚇壞了史賓賽。「如果在我一生之中曾經陷入愛河，必然是隨這樣的感受而定的，」她在信中寫道：「您詛咒命運，因為它使得這種感受聚集到您的身上，但是假使您能稍微付出耐性，與我交往，便不會再咒罵這樣的命運了。您會發現，我只需些許微小的愛，就能感到滿足，因為，我就因此能擺脫失去它的恐懼。」[32]

所幸，瑪麗安很快就找到另一段值得她傾注一切、犧牲奉獻的感情，她將史賓賽撇下，這挽救了他們之間的友誼。她的新男人是喬治．路易斯（George Lewes），他寫過幾本平庸的小說，不過他的哲學論文卻十分出名，包括評論西班牙戲劇，以及對於社會學之父，奧古斯特．孔德（Auguste Comte）的研究。路易斯也是一位多才多藝的報社記者兼書評人，各式各樣的廣泛題材都難不倒他，可以很快製造出大量堪用的文章；他的這種本領，受到許多當時的人鄙視，因為他們敬佩的是專家，而不是樣樣都只是略懂的通才。身為編輯的瑪麗安，也把他看作是個「專寫粗製濫造文章」的作者，只要能夠不用他的文章，她就盡量不予採用。

可是喬治說話很詼諧有趣，他能模仿別人說話，而且內容總是好玩而不流於殘酷；而這個男人的容貌，甚至比瑪麗安長得更醜、更加無可救藥。一八五一年時，史賓賽曾經這樣描述他：「年紀大約三十四或三十五歲，中等身高，有（一頭細長）淺褐色的頭髮，曾經染過天花，臉上坑坑疤疤，看起來非常憔悴。」[33]他還帶有濕而紅潤的嘴脣，被人稱作「毛怪路易斯」（hairy Lewes）。

而路易斯本來有個漂亮的老婆艾格妮絲（Agnes），她是他們三個孩子的媽；她與情人，也是路易斯的好友索爾頓・杭特（Thornton Hunt）生了兩個小孩，在一八五〇年的春天生下第一個。路易斯夫婦曾經是一對令人羨慕的神仙眷屬，但是家務瑣事逐漸侵蝕了婚姻的神聖誓約，於是路易斯就順從艾格妮絲的意願，讓她和杭特在一起。不過他要求他們，決不可以生下任何孩子。結果，當艾格妮絲產下一個杭特的孩子，隔年又生下第二個時，路易斯原諒了她，而且為了避免讓她（以及他的孩子）帶上「非婚生」的屈辱烙印，他將杭特與妻子所生的孩子登記在自己的名下。而這個承認嬰兒是路易斯所生的寬宏大量之舉，卻在日後為他帶來一個意料之外的後果：失去了原本能夠訴請離婚的依據。他在之後發現，當他想要與瑪麗安結婚時，自己在法律層面上卻永遠和艾格妮絲綁在一起。

不過，當路易斯遇見瑪麗安・伊凡斯的時候，再婚這件事已經很少出現在他的腦海裡了。在這之前，他已經談了幾段感情，據說還是一個私生子的爹，而瑪麗安則渴望能踏入婚姻。不過對她來說，最要緊的還是他們之間感情的成長茁壯，而在一八五三年十月，當她搬進他位於倫敦海德公園（Hyde Park）劍橋街的住處之後，這段感情似乎就修成正果了。

在這兩個喬治（譯按：瑪麗安的筆名也是喬治）之間產生的相互吸引和影響，讓他們一直廝守在一起，直到他過世為止。他們的感情關係以知性作基礎，靠他們相互對理念和文學創作的付出維繫。他們兩人的才智都很傑出，同時也是思想開明的自由思考者，分享相同的興趣。瑪麗安很快的修正自己原來對路易斯作學問的看法，反過頭來稱讚他將困難的題材普及化的努力。而因為他是一個有十足魅力、出入於各大娛樂場所的男性，透過他的帶領，她終於可以見識到先前一直拒她於門外，充滿劇院和文藝界八卦緋聞的奇妙世界。

路易斯對瑪麗安付出奉獻的關鍵因素，在於他充滿敬畏的認知她的天才，也在於他具有開闊寬宏的精神，鞭策驅使著自己，在成為作家和個人的人生道路上不斷鼓勵扶持她。瑪麗安的內心脆弱、時常陷入憂鬱心境，卻又具有巨大的天資才賦，要每日呵護這樣的人，需要無止盡的耐心與毅力。無論她陷入黑暗無助的憂鬱境地有多深、次數有多麼頻繁，路易斯都會救她回來。儘管他已經筋疲力竭，卻從來不曾抱怨，也沒有動搖遲疑過，「愛她就是了解她，」他在日記裡如此表明心志。[34]

路易斯對瑪麗安的付出，得到了回報：她在知識上帶給他啟發，在工作上與他配合，這兩者都帶給他喜悅。路易斯的情形與伏爾泰非常相近：伏爾泰創作最旺盛的時期，就是他與生活極度規律、才華極度洋溢的埃蜜麗・杜・夏特萊同住一起的時候，路易斯的作品，因為瑪麗安的眼界和想像力而變得豐富；他們互相想成就對方感情的動力，讓他們成為彼此靈感的來源。他們彼此在對方身上施加的力道，還有兩人之間的相輔相成、互相補足，都形成感情的終生牽絆和維繫。

剛開始時，路易斯的摯友們對於他對瑪麗安的付出與感情都打上問號，但是他對於瑪麗安的信心就和她對他的感情一樣，完全凌駕了這些質疑。當之後她將自己之所以保有成功的可能，歸因給路易斯的幫助時，她主要指的是他在情感的扶持與照顧，要是沒有他的呵護，她就會因為自己複雜糾結的個性而舉步維艱，無法創作那些傑作。

一八五四年七月，在他們的人生已經完全交纏在一起的時候，他們作了一件讓（整個社會的）人無法想像的事情：結伴到歐洲大陸旅行，而且在那裡公然同居。德國的知識份子與貴族們，將他們當成一對夫婦般迎進宅邸接待。此時正和已婚情婦、王妃卡洛琳・馮・莎茵－維根斯坦（Carolyn von Sayn-Wittgenstein）同居的作曲家李斯特，熱烈招待他們。但是在家鄉英格蘭，若干對他們如此行徑感到恥辱的熟識友人，卻下筆如刀的對他們大加撻伐。「無賴的路易斯，已經和她搞在一起，而且正在德國與她同居，」其中有一個人這樣寫道，「路易斯業已將他的妻子拋棄，」有另一個人這樣說道。言下之意，似乎早已投向其他男人懷抱的艾格妮絲，是因為路易斯這次的好色不忠，才成為痛苦的受害者似的。[35]

對瑪麗安的攻擊甚至更加惡毒，並且指斥她是「第三者」，該為她情人的婚姻破裂負責。知名的顱相學者喬治・康布（George Combe）一改他之前認為瑪麗安頭腦很好的看法，斷言她的行為如此偏離常軌，可以從中看出她罹患了某種家族遺傳的畸形病變。「我認為路易斯先生當然有理由和他的妻子分開，但是沒有理由將伊凡斯小姐納為他的情婦，」康布又加上這句話。[36]

儘管如此，他們這趟為期八個月的歐陸之旅成果十分豐碩，而且，除去來自家鄉的激烈、低級咒罵，旅程很和諧美好。這樣的感受，使他們在回到英國各自的住所時，對於不能在一起，感受到更強烈的痛苦。喜歡搬弄是非的人紛紛預測，路易斯現在會甩掉瑪麗安，但是他用行動證明他們全都錯了。他一如先前承諾的，將一切都向艾格妮絲仔細說明，包括瑪麗安需要確認他們這段婚姻真的已經無可挽回這件事。艾格妮絲的態度很客氣，而且願意配合。她甚至表示，很高興見到瑪麗安能與她的丈夫結為連理。

無奈，英國僵化的離婚法條，使得這樣圓滿的結局難以上演。路易斯能做的，僅只是正式和妻子做好財產分配，而他與妻子此時已經公開宣布分居了，這項財產分配頗為沉重，因為艾格妮絲堅持他必須支付她與孩子的生活開銷。路易斯同意了，因為他別無選擇。之後，瑪麗安搬到倫敦與他同住，他們開始過著夫妻生活；當然，是主觀上，而不是法律上的夫妻。

這段同居關係讓一直渴望成為路易斯太太的瑪麗安，感覺自己儼然當上了路易斯夫人，她也以這個頭銜自稱。這位「路易斯太太」可要瞞過房東太太，否則就會被看成是和男人姘居的罪人。但是，倫敦的文藝圈與上流社會可沒那麼容易受騙。倫敦人對她大加責難，流彈也稍微掃到路易斯的身上。「伊凡斯小姐，這位頑強不肯信奉上帝的靈魂……現在成了喬治．路易斯的情婦，」查爾斯．金斯利（Charles Kingsley）輕蔑地說道。前面提到的顱相學者康布，則警告瑪麗安的老友，本身也有曖昧性愛關係前科的查爾斯．布雷（Charles Bray），別邀請像她這樣行為偏差的女子到家裡作客。「請你仔細考慮，在與你熟識的女性朋友圈裡……（如果你有這樣一個圈子），那些有著如此行為的女性，與那些保持榮譽、潔身自好者，是否你會沒有差別的一視同仁？」[37]

其他人則將攻擊的目標，對準希望與瑪麗安維持或發展友善關係的女性。女性主義者貝茜．帕克斯（Bessie Parkes）的父親嚴厲警告女兒：「路易斯先生……是個具備強大心智與分析能力的人，他確實是位通才，」他承認：「但是在道德上，他目前是，也一直是個惡人。關於他的家庭關係，我知道的，比身為女性的你還要多。」[38]儘管還是經常有男性友人前來路易斯和瑪麗安家裡作客，他們卻總是單身來訪，將自己的女伴留在家裡，邀請回訪的時候，也刻意將瑪麗安排除在外。儘管如此，路易斯還是招待他們，也接受他們的回訪邀請，這時瑪麗安就留在家裡，一個人吃著悶飯；在此同時，應邀回訪的路易斯，則把女主人們逗得樂陶陶，但她們卻在他轉過身去後，咒罵他的情婦是個罪人。

在私底下，瑪麗安與路易斯對於這些針對她品格毫不放鬆的攻擊，以及社會上對她的排斥冷落，感到極度的痛苦。可是她在面對自己的朋友時，卻表現出蔑視指責的昂然勇氣。「我已經估算過自己踏出這一步要付出的代價，也準備承受它，並不感覺憤怒或怨恨，放棄和朋友的交情。我選擇託付終身的人，並沒有錯。他是值得我承受這樣犧牲的男人，」她如此寫道。[39]同時她也注意到，這個社會是如何對待在暗地裡沉溺於情欲冒險的女性。「自甘於被束縛的女性，並未像我這樣勇於行動──她們卻能使自己的欲望獲得滿足，同時還能受邀赴宴，」瑪麗安尖酸地寫道。[40]

縱然做了這些自動退讓的舉措，當瑪麗安獨自一人待在家裡，等著路易斯從許多她無法獲准出席的場合回來時，仍然經受著痛苦的煎熬。她唯一能夠抵抗這種痛苦的辦法，是花好幾個小時反駁對她最粗野激烈的指控，然後在每一次看到信件或聽到對話，含沙射影、指桑罵槐的譏諷，暗示著又一次的攻擊時，她就又忍不住氣得全身哆嗦。

一八五五年，路易斯的哥德（Goethe）傳記出版，獲得廣泛的好評。瑪麗安在這本書的撰寫過程中提供了非常珍貴的協助，路易斯也很驕傲的承認這件事。他行文稱她為「我的一位親密友人，她的批評指教永遠值得在意。」[41]他仍然和否定、蔑視瑪麗安的人們共進晚餐，只不過他用另一個法子承認她的才華，以及這位女性在他生命中的重要性。

幾乎從他們感情關係的一開始，也就是在德國旅遊的時候，這對情侶就已經建立起一種固定生活模式，日後維持了二十四年，沒有偏差脫軌。他們起床後持續工作到中午，一起共進午餐，然後閱讀，評論他們當前的工作計畫，討論一些想法，就他們廣泛興趣範圍裡的任何事物交換意見。下午的時候，他們出門散步，拜訪朋友，有時候會去聽音樂會。晚餐以後，他們偶爾會到戲院或觀賞歌劇，不過大多數的時候，他們留在家裡讀書，通常是大聲朗讀。

這種生活為他們帶來持續的學習，兩人在知性上的連結，也愈來愈增強。不過，一直到瑪麗安成為一位成功的小說家以前，他們都為了身上背負的沉重債務而苦苦掙扎，這是因為路易斯必須支付供養妻子的費用。瑪麗安接受路易斯的負擔，當成是自己的債務；也許，這是另一種將他留在她身邊的方法。

一八六〇年，路易斯年長的母親，終於表達想和兒子這位聰慧的伴侶見面的意願，瑪麗安卻提出幾項尖刻的條件。這位老太太如果想要見她，就必須停止邀請艾格妮絲和她的孩子到家裡作客，之前他們經常找路易斯一道共進晚餐，或是突然造訪。瑪麗安的條件通通都被接受了，但是據說威林（Willim）太太到晚年時，後悔自己做出這些承諾。（譯按：威林太太即路易斯之母，路易斯也是私生子，母親後來另嫁他人，作者在前面並未交代。）

儘管瑪麗安封鎖艾格妮絲，孩子們和他們父親的「女朋友」之間的關係，還是逐步的加深了。隨著這些小男孩漸漸成熟長大，他們在假日時會和父親與「伊凡斯小姐」在一起，而不是留在母親的身邊。很明顯的，這些孩子從來就不曾知道，路易斯並不是他們的親生父親。路易斯每個星期都會去看望艾格妮絲與孩子們，他以同樣的關愛對待他們。他和這些孩子，是瑪麗安僅有的家人；至於她自己原來的家人，則非常排斥她，將她看作一個不道德的女人。這也難怪她的日常生活趨近於遺世隱居，只有在可信任的朋友、最沒有危險的環境底下，她才願意冒險出門。

就是在這樣離群索居的保護傘底下，孕育出創作的溫床；瑪麗安頭一次開始著手寫作，這部日後對世界文學產生無比貢獻的長篇小說。多年來，她一直想要動筆寫作，可是對於自己的「謀篇能力」

缺乏信心。終於，路易斯的鼓勵，與她自己想要嘗試小說創作的意圖不謀而合。有天早晨，當她躺在床上，「阿莫．巴爾頓牧師的悲慘命運」（The Sad Fortunes of the Reverend Amos Barton）這個題目浮現在她的腦海。[42]而事後證明，這就是《亞當．柏德》的起源。

一八五九年，《亞當．柏德》出版，轟動整個英國文學界。在小說手稿的書前題辭上，瑪麗安將這部小說獻給路易斯，表達自己對他的感激之情：「獻給我親愛的丈夫，喬治．亨利．路易斯，我將這份手稿的誕生，歸功於他帶給我的幸福日子，要是沒有他的愛，我根本無法寫出這部作品。」她在寫給一位瑞士男性友人的書信裡，說得更為清楚明白：「在婚姻生活中，我享受到情感和知性的幸福呵護；在這樣的影響之下，我終於找尋到真正適合自己天賦的道路。」[43]

小說的成功，並沒有讓她的生活變得更加輕鬆，或是為她原本被社會排斥的情形，帶來任何劇烈的改變。有更多男性想要與她結識，可是他們還是和從前一樣，對於帶妻子來與道德有虧的她見面，感到非常猶豫。瑪麗安的胞兄艾薩克（Issac）表現得更加過分。因為《亞當．柏德》造成的轟動，以及想要和家人和解的心意促使之下，瑪麗安鼓足勇氣，冒著風險寫給兄長一封信，提及她的「丈夫」。艾薩克的回應，是透過律師發出一份正式請求，要她提供「婚姻」的實質細節內容。當她解釋自己與路易斯的結合，是基於「神聖」的契約，而不是法律條文時，艾薩克再一次拒她於門外。在小說《佛羅斯河畔上的磨坊》裡，瑪麗安將會譴責這種社會雙重標準：人們對於女性的要求，遠比對男性嚴苛。

瑪麗安在文學上令人驚異的大獲全勝，則舒緩了長期以來她和路易斯背負的沉重財政負擔。這對愛侶搬離原來賃居的房間，住進一處大房子裡，而且發現這裡更能滿足艾格妮絲的需求。路易斯清償了積欠的債務，不再為了每一筆所得僅堪餬口、可能無法到手的稿約而患得患失。他同時也看出，現在正是著手寫作更具重要性、更受到注目作品的時機。

路易斯也決定，關於自己的婚姻，以及和瑪麗安的感情關係，現在是告訴他的兒子們真相的時候了。兒子們聽到這個消息時的反應很良好，之後他們便改稱呼瑪麗安為「母親」（而他們則叫艾格妮絲「媽媽」）。在這之後，瑪麗安提醒還沒有反應過來、依舊稱她是「伊凡斯小姐」的友人，該改口稱她「路易斯夫人」了，因為她已經承擔起妻子應該擔負的責任，甚至還「有一名十八歲的男孩，在家裡喚我為『母親』，其他兩位個頭和他差不多高的男孩，在寫給我的信函裡，也使用同樣的稱呼。」44

儘管瑪麗安聲名鵲起，儘管她現在的生活安定無虞，而且得到路易斯兒子們的關愛，她還是持續深受憂鬱發作時的痛苦折磨。路易斯將這個情形歸因於她的社會地位，而他也再一次嘗試要和艾格妮絲離婚，好使他與瑪麗安的關係名正言順。但是事實證明，在國外辦離婚手續，和在英國國內辦理一樣難以達成。

瑪麗安被迫接受這個事實：在法律條文之前，她永遠當不了路易斯太太。她雖然表示自己並不在意，不過被主流社會排擠冷落的情況，的確讓她對被人屏棄時心裡產生的異常敏感。路易斯為瑪麗安遮擋所有對她小說的批評意見，只讓她見到對她作品大力讚揚的評論。「原則是這樣的，」他解釋：「永遠不要和她說其他人對她作品的看法，不管是好是壞；除非能讓她感覺極度高興的文字——某些評論，你知道，在稱讚之外還會讓她感覺到喜悅的那種。」45

真正讓瑪麗安心情穩定下來的，是路易斯對她的愛，以及他經常令她感受到幸福快樂的關懷。當他生病時（他經常患病），她便努力打起精神，回報給他在自己身處困苦時，他給予她的無微不至關懷，並且接手他的書評稿約。她也對自己少數結交的女性密友芭芭拉・蕾・史密斯（Barbara Leigh Smith）透露：她擁有令人稱羨的性生活，路易斯在床上也是個溫柔的情人。她還暗示，他們有避孕措施（通常是計算安全期，或者是不太安全地反覆使用當時已經出現的保險套），因為他們決定不想要孩子。

隨著時間過去，瑪麗安的名氣愈來愈響亮，她開始慢慢的試著擴展自己的社交活動，選擇若干熟悉的友人與她作品的仰慕者，邀請他們在星期日的下午來家裡作客。路易斯在私底下，將這些活動稱為「星期日的民眾服務」。在這個場合裡，有路易斯陪伴，身邊全是她的書迷粉絲，瑪麗安覺得自己很安全，不會遭受羞辱，她的話多了起來，口才也變好了。當德國作曲家華格納（Richard Wagner）來英國訪問時，也獲得她的邀請。她同時也應維多利亞女王的第四個女兒、備受愛戴的露薏絲（Louise）公主之邀，前往覲見公主殿下。在這些成功的社交活動之後，即使是瑪麗安之前常被譏諷的長長馬臉，人們的評論也有改觀，變得柔和：她長得像是一匹駿馬，一匹血統高貴的馬。

在度過二十四年與喬治・路易斯濃情蜜意的熱戀生活之後，喬治・艾略特最害怕的噩夢成真了。一八七八年十一月三十日這天，在多年來健康情況不佳、近來好幾個月飽受腸炎與癌症痛苦症狀的折磨之下，她的情人去世了，享年六十一歲。過去二十餘年以來，「他們的世界裡只有彼此，外界的一切，對他們來說何足道哉，」她珍愛的情人就此撒手人寰，將她獨自留在這個世界上。[46]她的哀痛太過悲切，以至於無法出席他的葬禮。她把自己關在臥房裡，任憑僕從在房外擔憂不已，止不住的以淚洗面，哀哀痛哭。

接下來的幾個月，瑪麗安都活在緬懷路易斯的回憶裡。她重讀路易斯寫的各式各樣著作。她接手完成他還沒來得及寫完的作品：《人生與心靈的問題》（*Problems of Life and Mind*）。她和自己最親近的朋友見面，談的全是關於他的回憶。她到他的墓前憑弔。她感覺他的亡靈還在自己身邊，撫慰著她，對她說話。她到法院，將他的遺囑公證執行：路易斯的著作版權遺贈給他的兒子，而其他一切物品，都歸「未婚女子瑪麗．安．伊凡斯」所有。她將自己的姓氏改為路易斯，這個她向社會成規挑戰而借用的姓氏，藉此，她取回自己的財產，它們本來全都在路易斯的名下。到了最後，她的內心已經了無遺憾，只剩下失去最好的朋友、最信任的心腹、導師、評論者和情人的痛苦。

路易斯去世六個月以後，彷彿像是他們戀情的一段尾聲續篇，瑪麗安竟然十分衝動而猛烈的，與一名年輕男子陷入熱戀。這名男子是紐約銀行家約翰．克羅斯（John Cross），原本是她和路易斯的共同友人。替這兩位「喬治」撰寫共同傳記的蘿絲瑪麗．艾希頓（Rosemary Ashton），認為這對新情侶是顛倒性別的哀綠漪思與阿伯拉：瑪麗安扮演的是才華洋溢的知識份子，而約翰則是崇拜大師的學生，將她說的每一句話都奉為金科玉律。瑪麗安也和阿伯拉一樣，急著想要踏入婚姻殿堂，而扮演哀綠漪思角色的約翰，欣喜若狂的答應了。在她生命的最後一年，瑪麗安終於得到了她之前一直難以獲得的身分：成為一位正式的人妻。

但是，一切都來得太遲了，而約翰也實在太過年輕。流言蜚語開始散播，說這對新人有多麼不登對，而六十歲老新娘瑪麗安在周遭比她年輕許多的女性競爭者環伺之下，又是多麼焦慮不安。有一位見證者回憶，瑪麗安「微微惱怒，而脾氣逐漸暴躁……他（約翰）或許能忘卻橫亙在他們之間二十歲年齡差距，但她卻永遠沒有辦法忘懷。」[47]儘管眾口交加，流言紛飛，瑪麗安還是樂於出席之前她鄙夷的社交活動。不過，在度過七個月愉快的新婚生活之後，她的健康情形惡化，而在一八八〇年的十二月三日與世長辭。

瑪麗安·伊凡斯·路易斯與約翰·克羅斯的這段婚姻，以一種奇特的方式，成為她與路易斯戀情關係的最高潮。婚姻是她之前一直企求而總是難以獲得的名份，也是得到社會敬重，以及（她認為）終止惡毒延燒八卦流言的關鍵。她對自己的朋友斷言，對於她這段婚姻，路易斯如果還在世，不會表示任何異議，而且還會第一個跳出來贊成——他必定能夠理解，而且會替她加油打氣。她很可能是對的。畢竟，還有誰能比路易斯的情婦，這位他實質上的妻子（也一直想要成為他真正的妻子），更了解他呢？

不過，當艾薩克·伊凡斯這位長期與瑪麗安疏遠的哥哥，打破多年來的沉默，出面恭喜妹妹和約翰·克羅斯成婚時，路易斯要是地下有知，可能會感到很厭惡——而瑪麗安幾乎是卑微的接受了兄長的道賀。瑪麗安·伊凡斯和珍妮·赫布特尼一樣，不甘於為人情婦，總想要成為合法正式的人妻。

但是，也就因為這段支持著她的戀情，讓她處在社會的敵意之下，飽受責難。因為瑪麗安深信，自己沒辦法離開路易斯而生活（對於之前的史賓賽，之後的克羅斯，她也是這樣認為的），她守在他的身邊，將外面這個傷害她的世界關在外面，對他盡心奉獻。她身心的穩定，與知識上的增長，全都取決於他。而因為嫁給路易斯為妻的希望破滅，迫使她做出不要孩子的決定。在她的小說裡，主角人物和孩子的關係都十分突出，而在現實生活裡，她對路易斯的兒子也付出相當心力，這就導出了一個看法：沒能生下自己的孩子，可能是她一生裡的痛中之痛。

雖然身為路易斯的情婦，吃了許多苦，瑪麗安卻認為她的人生幾乎圓滿，而且還與克羅斯共同經歷了一段短暫卻很明顯幸福美滿的婚姻；這段婚姻是她人生的苦樂參半完結篇，也是數十年來她遭到社會孤立的情況下，一直想要獲得的肯定印記。路易斯，這個二十多年來和她相互愛戀、敬重，在知性上與她並肩前行的伴侶，卻單單沒能在婚姻這件事情上滿足她。這兩位喬治擁有一段極其動人、互相扶持的感情關係。他是啟發她創作靈感的謬思，正如她也同樣扮演他的創作女神；而正如瑪麗安感受到（並且飽經考驗）的，他的愛情力量，就如同她小說作品的真愛那樣完整。

麗蓮・海爾曼的故事 48

一九三〇年十一月二十二日，在一場由好萊塢製片人達瑞爾・查努克（Darryl F. Zanuck）舉辦的派對上，時年二十五歲的麗蓮・海爾曼（Lillian Hellman）見到一名英俊的男子，並且為之驚艷。這個男子身材高大，面容憔悴，有一對黑色的眼眸，五官輪廓分明，還有一頭如茅草般蓬亂，而且過早灰白的頭髮。他穿著優雅的細條紋西裝，雖然喝醉了，神情卻蠻不在乎，細薄的嘴唇上叼著一根香菸。「那個男人是誰啊？」麗蓮問道。「是達許・漢密特（Dashiell Hammett），」一位同桌的客人回答。麗蓮起身離席，去找這位將來會與她分分合合多次、直到他死方休的男人。達許爾還沒走到他的目的地——洗手間，麗蓮就拉住他的手臂，開始和他談話了。這兩人在她汽車的後座說了通宵的話，或許到早晨的時候，就發生了性關係。

麗蓮・海爾曼是一位新手作家，在米高梅（Metro-Goldwyn-Mayer）電影公司擔任劇本審稿人，嫁給劇作家亞瑟・柯柏（Arthur Kober）為妻。達許比她大十一歲，是位有名望的作家，他創作的偵探推理小說，尤其是私家偵探山姆・史培德（Sam Spade）系列，為犯罪推理小說的書寫，樹立了新的標準。達許同時也是約瑟芬・多蘭（Josephine Dolan）的丈夫，約瑟芬是位護士，在他罹患肺結核住院時悉心照顧他。他之所以和約瑟芬結婚，是為了避免她遭受「未婚生子」的羞辱（當時，她懷了另一個男人的孩子）；她的女兒瑪麗從來就不知道，自己並不是達許的親生女兒。達許和約瑟芬在婚後短暫同居在一起，生下了女兒小約瑟芬。在達許自己出來創業以後，他在經濟上對約瑟芬和孩子們的支持就沒那麼穩定了。

從表面上看，麗蓮和達許似乎根本不可能成為靈魂契合的情侶。麗蓮是個任性而野心勃勃的獨生女，她富有的親戚特別強調麗蓮一直因為父母的失敗婚姻而耿耿於懷。麗蓮的成長背景很不尋常，充滿了異國經驗：她是個在美國南方出生的猶太裔女孩，小時候有部分時間在紐奧良，其他的時候則在紐約市度過。她受過大學教育，不過在從紐約大學畢業之前，她就辦了休學，然後到德國、法國長時間旅行。

麗蓮．海爾曼同時也具有強烈需索的個性特質，她無止盡的尋求浪漫的愛情，以及文學創作上的成就。她相信，愛情是隨著美貌而來的，但在她而言卻遙不可及。她的容顏並不是自己殷殷盼望的「一頭金色捲髮，藍色眼珠，小巧鼻子，絳紅朱唇」，[49]而是大鼻子，豐滿胸部，扁削的臀部，以及滿頭黑褐色的長髮。她哀嘆自己生得相貌平庸，努力的以化妝品與化妝技巧來彌補挽救。她將自己濃密粗重的頭髮染成紅色或金色，並且仔細做好頭髮造型，以遮掩自己的一雙大耳朵。她努力保持自己的苗條身材，穿著時髦服飾，突顯自己細長的雙腿，並且在言談之中，清楚展現出一個有自信女性的高貴品味。然而，她卻因為菸不離手，酒又喝得太多、太凶，因而使自己的這番努力大打折扣。

麗蓮能夠使男人為她著迷，這在於她鮮明直率的個性，她的聰明和詼諧談吐，她爽朗大笑的聲音，以及她任意縱情於感官世界的態度。她的丈夫直到兩人離婚之後，仍然愛慕著她，而大多數曾與她交往的前任情人，終生都和她維持著友誼。他們乾脆接受麗蓮就是個無可救藥的騙子，會對朋友背叛不忠，只為自己著想。

至於達許．漢密特，他就像自己筆下創造出來的偵探山姆．史培德，是個冷硬派的人物，以一種玩世不恭的姿態，活在這個充滿邪惡的世間。達許出生的時候，受洗為天主教徒，不過長大之後卻信仰馬克思主義。他曾經受雇於私家偵探社，後來改頭換面成為一位暢銷小說作家。他的兩本小說，《玻璃鑰匙》（*The Glass Key*）和《紅色收穫》（*Red Harvest*），劇情的重心都放在父親謀殺自己兒子的案件上。達許酗酒、是肺結核帶原者，身形病態地消瘦。他在感情上經常出軌不忠，而且受淋病所苦。他同時也是個揮霍無度的浪子。雖然在他保持清醒的時候可以很善良體貼，但是在喝醉時，達許就搖身一變，態度惡劣刁蠻，誰惹他生氣，他不但會惡言相向還會出拳揍人。這個經常在酒醉時激怒他的人，就是麗蓮．海爾曼。

在他們那次奇幻的初次邂逅之後幾個星期，兩人在一場派對上相遇，爆發激烈口角。達許出拳狠狠揍她一頓，將她摑倒在地。麗蓮的反應是站起身，對旁邊一位目瞪口呆的旁觀者說俏皮話：「你還沒見識到更厲害的呢。我連被碰一下都不能忍受的！」[50]她揭露出達許殘酷而邪惡的氣質，但這卻更突顯他的吸引力。很快她就學會怎麼預料他的情緒暴衝，有時還能提前預防。

麗蓮勇敢地對達許付出真感情，如果用達許的女兒，約瑟芬．漢密特．馬歇爾（Josephine Hammett Marshall）的話來說，這真是一場「浪漫的愛情」。[51]但是這段感情其實並不浪漫。對於她企求的那種感情——充滿情欲和奉獻、付出的愛情，達許反覆的打回票，告訴她不可能。相反的，達許給的愛，是一段根基在仰慕敬佩之情的長期關懷。但是他堅持，要麗蓮必須接受他在感情上的不忠，還有他的「暴躁易怒」；在他輕蔑的提及這些時，縱然他清楚自己的每一個缺陷，但哪怕是一瞬間透露出對其他女人的絲毫興趣，都讓她感到痛苦和折磨。

打從一開始，每當麗蓮和她生命裡的兩個男人——也就是她的丈夫與情人——一起出門的時候，亞瑟滿心悲哀，達許則公然盯著其他女人瞧，事情就很清楚的擺在眼前了：麗蓮的壓力是永遠不會減輕的。對於自己欠缺美貌，她很痛苦，而且不停逼問達許，她的陰道裡是什麼氣味，是臭的嗎？達許試著想要減緩她對自己的疑慮和恐懼，他說，她「人美心更美」。不過，他不會停止勾引其他女人。

用漢密特自己的話來說，麗蓮想要成為某種「女版漢密特」，也就是一個懂得賣弄風騷、到處都能吸引注目的浪蕩女。他和麗蓮建立起一段不穩定卻牢不可破的感情，性愛關係則充斥著不忠與背叛。麗蓮知道她自己正在做什麼，也知道為什麼要這樣做。她已經設計出一套能與漢密特共存的策略，好讓她能得到一樣除了愛情之外，她極度渴望從他身上學到的典範：怎麼成為一位像他這樣的大作家。

剛開始時，我們確實很難想像，麗蓮·海爾曼居然會貪婪的大量閱讀達許·漢密特的小說；不過當你設想，她必定是從山姆·史培德身上那些蛛絲馬跡，去分析這個角色的創造者有著什麼樣的性格，事情就不難推測了。在麗蓮邂逅達許的時候，他已經寫出生涯五部長篇小說的四部，而且是「好萊塢與紐約最炙手可熱的當紅炸子雞」。[52]他的文風簡約，字字精要。「你整個想錯了，」他筆下的私家偵探，對著一個無計可施之下，想要以美色誘他上鉤的俄國女子說：「你以為我是個男人，而你是個女人。錯了。我是個獵人，而你是個正在我面前奔跑的獵物。」[53]麗蓮希望這位才華洋溢的作家能夠教她，如何才能將文字寫得像他一樣精彩。

奇蹟出現了：達許無視於自己已經陷入無法持續寫作的悲慘境地，在接下來的數十年裡，他評論、修改、潤飾麗蓮寫的劇本，一直到它們受到評論界的一致欣賞、觀眾的喜愛，因而讓麗蓮躍居她一直渴望得到的文藝界注目焦點為止。在這場「浮士德的交易」裡，她忍受了無法忍受的遭遇：當達許的女人，成為達許的情婦，忍受達許的背叛不忠，面對達許拒絕她的愛慕，以及他辱罵與動手打人的老毛病，還有達許的酗酒與菸不離手——這一切，全部都值得了。正如麗蓮提醒她的朋友，別為了上面所說這些，而嚇得目瞪口呆，因為這段關係的本質是：「他讓我寫出了《小狐狸》（*The Little Foxes*）。」[54]

麗蓮與達許長達三十年的感情關係，是一段非常複雜的故事。麗蓮已經和丈夫離異，但是卻繼續和他上床。她和達許通常一起同居，住在旅社、公寓、海灘，或市區內的房子；他們早期定居在好萊塢，或是紐約市或紐約州的郊區，之後則住在麗蓮名下、位於紐約州的普林森維爾（Pleasantville），佔地一百三十英畝的瘠田莊園（Hardscrabble Farm）。

他們喝酒、抽菸，一同參加社交活動，激烈的互相爭論，特別是針對政治議題，以及各自抱持的左翼信念。他們彼此出軌，而且成功的瞞住對方。達許在自己滿心不情願，又酗酒的心理狀態之下，努力掙扎著寫完他最後一部長篇小說《瘦子》（*The Thin Man*）。《瘦子》在一九三四年出版，讓書中男女主角，有如夫妻檔的偵探尼克和諾拉成為經典不朽人物（很像是達許和麗蓮的寫照，不過他們彼此消耗對方的爭吵則不算在內），還為他帶來了超過百萬美元的收入。麗蓮也努力筆耕，而且產量比晚年苦於創作力下滑的達許還要豐富。他愈是苦思不出好的句子和想法，就愈發的酗酒、抽菸與嫖妓。他在情感上是脆弱無助的，是不知道自己為什麼還要繼續活在這個世上，他偶爾也嘗試想要離開。

達許時常生病。肺結核，這個奪走他母親生命的疾病，以及反覆出現的淋病症狀，一齊摧殘著他虛弱的軀體。有時候，他的體重直線滑落，只剩下不到五十七公斤。要是這時候剛好麗蓮離開他的身邊，就會央求她回來照顧他。

在麗蓮和達許交往的自保策略裡，有部分就是離開他身邊去別處旅行，或甚至是在別的地方住上一段時間。她的離去令他感受折磨之苦，而在信件裡，他會描述對她的深摯愛戀，這是當他們在一起時，他沒有表達出來，也沒有證明過，甚至她並未察覺到的愛情。《達許．漢密特書信選輯：一九二一至一九六〇年》（*Selected Letters of Dashiell Hammett 1921-1960*），就包含了大量這樣的信函：

一九三一年三月四日：「心中感到空虛。我本以為是想吃中式炒麵的腹中飢餓，但是後來明白了，原來是思念你的飢渴，所以也許我該喝碗牛肉湯……」一九三二年五月五日：「漢密特先生，在他接受訪問時，就這麼說了：『沒有麗蓮的床，就不叫做床了』；」一九三六年六月六日：「我思念你，思念得心慌；」一九三七年三月十三日：「耶穌在上，我是真的愛你；」一九三九年三月二十日：「天氣：晴朗而冷冽／心情：在思念著你／感覺：是愛；」一九五〇年一月二十七日：「今天下午，在電話聽到你的聲音，真是太好了太好了太好了！我們好像有好幾個星期沒這樣講話了。我們如果沒有這樣喋喋不休，好像就有什麼事情不對勁似的……我很愛你，我的小麗麗。」55

麗蓮同樣也愛著他，愛得愛恨交織，愛得高低起伏；而她也太需要他，以至於不能冒著失去他的風險。正是達許，給了她《童時》（*The Children's Hour*）的創作靈感，這部作品為她打開成為文學界明星的大門。他是在無意中發現了關於一群十九世紀女教師的人生遭到毀滅的故事，這些老師被一名心懷怨恨的小女孩誣告，捏造了一段故事，指控她們是同性戀，從而使她們的學校在最後遭到關閉。剛開始，達許覺得他可以自行改編這個故事，成為自己的下一部作品：一齣戲劇。後來，他改而將這個故事讓給麗蓮，因為她非常渴望能夠寫出一部作品，但是卻欠缺靈感。她感激地運用原有的基本故事前提進行創作，而《童時》也就因此誕生了。

這部小說的誕生相當緩慢。接連好幾個月，麗蓮隨達許到佛羅里達島礁群（Florida Keys）隱居，閉門寫作，達許會不斷批評她的初稿，直到麗蓮痛哭流涕，威脅說，要是沒辦法修改到滿意為止，她就要自殺。最後她還是完成了，而《童時》至今仍然是經典之作。

很遺憾的是，氣力耗盡的達許，沒辦法出席她的新書發表會。不過，之後他在好萊塢找到一份差事，要求麗蓮跟著他一起過去，以便能就近照顧他。但麗蓮卻選擇了能夠帶給她獎賞榮譽，以及光輝未來的事業道路。然而她還是將《童時》這本書題獻給達許，而且仍然相信自己的寫作，需要他的啟發與批評。

為他們兩人寫傳記的作家瓊安．米倫（Joan Mellen），在評估麗蓮與達許發展感情關係的動力時，描述了一段詭異的創造力轉移過程：達許這位身心都已衰頹崩潰的作家，將自己的天才灌輸到他的情婦身上，藉以使他的創造能力得以保存下來。米倫寫道：「達許．漢密特將他在創作上的進取心轉移給麗蓮．海爾曼；她持久的焦慮不安，既逗樂也刺激了他，現在全都集中進入她的寫作裡。他的精力因為她而耗盡枯竭。她承繼了他的語調，以及他的筆法，變成他的代理人。」56麗蓮．海爾曼將自己轉變成一個有如漢密特，十足冷硬的女子；一位採訪過她的記者推測，她能夠用牙齒將瓶蓋硬生生的給咬下來。

到了一九三五年，麗蓮向仍然愛著她的前夫亞瑟．柯柏吐露，她和達許．漢密特之間的關係，永遠也沒辦法獲得她一直企盼的浪漫愛情。他幫助她寫作，可是從來就不肯對她忠誠。更糟的是，他有時候還會誘騙她，和另一個相貌更標緻的女子，玩起略帶有女同性戀意味的男女三人性愛。對一個滿心嫉妒的女人來說，他們這樣的「安排」令人感到屈辱，而且痛苦。這也就是達許準備給她的感情：至少曾有過一次，麗蓮提議兩人結婚，但是他拒絕了。

麗蓮和達許之間分分合合，她離開他身邊，又回來，再離開，再回來。她拿和漢密特的關係作幌子，其實分手期間她和好幾名男人有過激烈的感情，而且這些男子大多是風度翩翩、出身名門的非猶太裔。有幾次，她發現自己懷了身孕，就去墮胎，把孩子拿掉。一九三七年，她懷了達許的孩子。他知道消息後，就匆忙跑到墨西哥，和約瑟芬辦理手續可疑的離婚，但是麗蓮突然將孩子拿掉，因此也失去了嫁給他的理由。她之所以這麼做，其實有部分的責任要算在達許的頭上，因為他故意安排，讓她撞見自己和別的女人在床上歡愛。

麗蓮離開美國，到歐洲散心，然後回到紐約，不理會達許。達許或許是為了彌補罪過，或至少是想要對促使她拿掉他們的孩子這件事情，自己扮演的角色有所補償，他改掉了喝酒習慣。當她仍然對他冷淡，不和他聯絡時，他就發起情書攻勢，寫給她許多語氣親密、用詞油滑的信函。接著他放縱自己，瘋狂酗酒，弄到他的朋友必須將他送到紐約住院接受治療。他出院以後，又恢復和麗蓮這種相互折磨的感情關係。

麗蓮覺得自己極度需要達許的幫助。她最近執筆的舞台劇《來日方長》（*Days to Come*），與《童時》大獲好評的情況完全相反，慘遭滑鐵盧。劇評家與觀眾劣評如潮，而達許在看過以後，也有同樣的評語。麗蓮對於這次的大失敗心有餘悸，更加確信自己如果要重拾構思情節的神奇本事，只能仰仗達許的幫助。

達許的確是願意幫忙，他對麗蓮最新寫出的文稿，批評個沒完沒了，有著如下的評語：「這齣戲，我期盼日後會是部好戲，不過，現在把它撕了吧，然後重頭寫過。」[57]她照辦了，而在一九三九年《小狐狸》出版後，重振她在編劇的聲譽。然而，她和達許的關係，卻無法因此而獲得修補；在一次微不足道的小插曲以後，他暗自立誓，以後絕不再和她上床，之後果然說到做到。

麗蓮用《小狐狸》一書賺到的錢，買下瘠田農場。由於他們兩人之間的財務狀況，就像他們的生活一樣，彼此牽扯糾纏在一起，再加上麗蓮習慣說謊，而且說得臉不紅、氣不喘，所以到底是誰付了哪一筆支出，而誰又擁有所有權，就變得非常難以確認。能夠確定的是，瘠田農場登記在麗蓮的名下；她買下這座農場，用的是《小狐狸》一書的版稅收入，而《小狐狸》是在達許的幫助之下才完成的，也許根本就是他們兩人的共同創作；因此他和她一樣，也將這裡看作是自己的家，儘管他們兩人此時已經不再同床共寢了。為漢密特寫傳的作家黛安．詹森（Diane Johnson）寫道：「這座農場畢竟是在麗蓮名下，不是他的（地方）。」[58]但是在最近，編輯達許書信的作家理察．萊曼（Richard Layman）則提出另一種看法，他認為瘠田莊園是兩人的共同投資，而且他們會在這裡各自招待各自的友人（通常是情人）。他們以一種強度勝似婚姻的關係來對待彼此，只不過在這段關係裡，各自立下了不同的誓言。他們在分開不同的人生道路上生活著，每隔一段時間就會交會在一起。而他們共同擁有的，就是這處莊園農場。59

瘠田農場讓麗蓮與達許過著開心幸福的日子。她成為一位認真的園丁，從黎明到黃昏，忙著餵養獅子狗、小雞，栽種蘆筍、玫瑰，替乳牛擠奶，烹煮甲魚和秋葵湯，以及採收野生的紅莓果。她在這裡招待自己的友人與情人。他繼續在她的創作之路上提供協助，但是信守暗自許下的承諾，決不再和她發生性關係，即使連她爬上他的床，他也沒有破例。他也制止、打斷她喜歡學小孩口齒不清，撒嬌說話的習慣，通常她這樣做，是為了要撒謊或圓謊。至於麗蓮，她照顧達許的身體健康，並且承諾要是「那一天」到來，她會負責照料他的後事。他們倆在一起時，經常喝酒喝到醉茫茫，接著而來的就是激烈的口角爭吵。

麗蓮和達許過的這種生活，曾經受過兩次嚴重的干擾：第一次是在一九四二年，當時他跑去投效陸軍，參加世界大戰；第二次在一九五一年，當時他被逮捕入獄。達許從軍的這段插曲，對他和麗蓮兩人來說，都是一件十足的好事，只不過她既震驚於他沒通知一聲，就跑去參軍，對於達許聲稱加入軍隊，是他「畢生最快樂的一天」這番話，心中更不是滋味。這位瘦弱憔悴、不住咳嗽，還戴著眼鏡的四十八歲新兵，成為同袍士兵們好奇注目的焦點。對於麗蓮，他寫了大量的情書，想要喚醒他們之間的情愛，包括一九四四年二月二十三日這一封：「我想……如果你沒有嫁給任何傢伙，而留在我身邊，會是一件好處多多的事情／我有一顆溫暖（雖然滿細小）的心房，而且已經播下了，我的豪放不羈。」60

到了他服役的後期（大部分服役期間，他都在阿拉斯加度過），達許・漢密特被一群罹患「共產黨恐懼症」政客掀起的政治浪潮吞噬。達許是美國共產黨的積極參與份子。不過，他在軍方報刊工作表現實在太傑出，雖然時常喝醉，偶爾遲到，但他為人和善，而且不擺架子，所以當他在一九四五年退役時，得到了一張褒揚狀。

一九四七年，眾議院「非美行動調查委員會」(House Un-American Activities Committee)將調查的矛頭對準好萊塢。這段故事裡，充滿欺壓、迫害的情節，現在已經廣為人們所知。一九五一年，達許．漢密特也成為「非美行動調查委員會」的受害者。他的罪名，與其說是拒絕指認為被告籌集保釋金的人士，這些人為遭到惡名昭彰、壓制言論自由的「史密斯法案」(Smith Act)起訴的被告爭取交保機會——或者倒不如說，他是因為拒絕說出「我不知道」這句話才獲罪的，但是他確實並不知情。麗蓮問他，為什麼不乾脆說出真相，也就是他其實並不知情？「我痛恨這種該死的約談，」他帶著一種緊張的情緒對她說：「不過也許我最好告訴你，要不是我的處境可能會比坐牢更慘，要不是為了保全我這條命，我會告訴他們，我認為的民主是什麼，我才不會讓條子或法官來告訴我，我認為的民主是個什麼東西。」61

達許在監獄裡服刑五個半月，包括在西維吉尼亞州一所聯邦感化院的一個月延長勞役。他在那裡負責打掃廁所，也和其他受刑人交談，但是他的身體狀況卻愈來愈衰弱。他出獄的時候，是個「身心受創的男人，體力江河日下，」62即便在這個時候，他已經很久沒有喝酒了；在經歷一次突然昏迷，以及胡言亂語、全身發顫的發作之後，醫師警告他，必須立刻戒酒。63

之後，麗蓮胡謅了一段自己在面臨達許關在牢裡時的英勇表現。實際上她拋棄了他，完全任他在可悲的環境自生自滅。她在達許下獄期間活的好端端的，而且比起他來並不怎麼擔心來自「非美行動調查委員會」的迫害。和他不同，她在參加美國共產黨兩年之後，就於一九四〇年時退出了；而且在其他各個層面，都讓自己不像達許那樣接近政治。64

一九五二年五月二十一日這天，帶著緊張焦慮、直想作嘔的心情，穿著一襲皮耶・包曼（Pierre Balmain）設計的新裝，頂著一頭微微發亮的金髮，麗蓮出席「非美行動調查委員會」作證。她被問到：曾是美共黨員嗎？如果曾經是，又是在何時停止參加該黨活動的？麗蓮拒絕答覆，但是做出下列聲明：「我不能、也不願意為了今年的各種風潮，而說出有違我良心的話語。即便長久以來，我業已得出一個看法，我並非參與政治的人物，在任何政治團體，也沒有政治地位。」65在六十七分鐘的緊張訊問之後，委員會將她飭回。66

然而，麗蓮就此列名在遭到封殺的電影劇作家黑名單當中，她的收入因此直線下滑，從原來年收入十四萬美元，一下銳減到一萬美元，差額裡的大部分都被國稅局以她這時或之後所無法理解的各種理由，從中攔截扣下了。她必須賣掉瘠田農場，而且經過多年之後，她與達許（這時和她分居，但是靠著他們共同的積蓄維持生活）必須省吃儉用，過著最基本簡單的生活。他降低開銷的金額，麗蓮回憶說：「只剩下悲慘的額度……除了食物和房租之外，他沒給自己買任何物品。」67

到了一九五五年，麗蓮有辦法買下另一處房地產，這是一棟漂亮的黃色老屋，位於麻州的馬薩葡萄園島（Martha's Vineyard）。她的收入，來自於改編法國舞台劇的劇本，所得的評價毀譽參半。對於其中一件作品，達許有這樣的聲明：「我沒有做出任何貢獻。」68

一九五八年，在意識到自己的健康處於非常不穩定的情形、可能命不久長之後，達許搬進麗蓮在紐約的住處。在他們長達二十八年的感情裡，這是頭一次他沒有其他的住所。麗蓮滿心不情願的照顧他，抱怨這一切多麼令人厭倦，而且對朋友提到達許就快要不行的時候，還一副事不關己的樣子。

但是她正在寫作一齣新戲《閣樓上的玩具》（*Toys in the Attic*），她需要這個既老且病男人的批評指教。對此，達許義不容辭。他看過後，宣稱這個劇本糟透了，要她重新寫過。在該劇首演後舉行的慶功宴上，他公開貶斥麗蓮，說她搞出這麼個「狗屎」出來。她靜靜的聽著他把話說完，一聲不吭；這完全不符合她的個性，也許她明白，他其實是在訴說自己內心的痛苦：因為她已經成為自己從前的文壇偶像明星，也因為自己就快要死了，而且還完全仰仗她的照顧。

到了最後，麗蓮比從前任何時候都還想要達許承認他們之間的愛情。在他們相識三十週年的紀念日，她以令人心碎的感傷情緒，擬妥一份聲明文件，擺在他的面前，要求他簽字。文件的部分內容如下：

> 在那天開始的愛情，遠勝過在其他任何地點、任何時間發生的愛，而任何詩歌都無法將其包含容納。
>
> 當時的我，並不了解自己擁有的珍寶，當時的我無法明白；因此，有時候我冒犯了這份莊嚴偉大的感情。
>
> 對此，我深表遺憾。
>
> ……是什麼樣一種未知的力量，將這個女人賜給我這樣一名罪人？讚頌上帝。

（簽名）

達許・漢密特

達許不但簽了字，還用顫抖的手，親筆補上這麼一段話：「如果它看來不完整，或許是因為在這個時候，我無法再想出其他事情了。達・漢。」[69]

雖然達許在她的文件上簽了字，麗蓮卻能看出，在他們的關係裡，沒有溫柔，或者任何跡象，可以顯示他們彼此之間還存在著摯愛，或是有任何的愛情存在。達許在生命的最後時刻，非常恐懼死亡，而且敵視麗蓮；不過儘管如此，他還是夠信任她，在遺囑裡將四分之一的財產贈與給她，並且指定她為遺囑執行人。他於一九六一年一月十日去世，麗蓮撰寫了一份令人感動的悼詞，但是在其中，對於達許的兩個女兒瑪麗與小約瑟芬，卻一字不提。即使到了這個時候，對於達許曾經關愛過的女性，她仍然心懷嫉妒。

如果麗蓮的內心深處，對達許並沒有真正的愛，她自然能夠以編造的回憶錄，對著世界大肆吹噓：如一九六九年的《一個未完成的女人》（*An Unfinished Woman*）、一九七三年的《舊畫新貌》（*Pentimento*）、一九七六年的《卑鄙年代》（*Scoundrel Time*），以及一九八〇年的《或許》（*Maybe*）等等。達許已經死了，阻止不了她。麗蓮經歷過這段壯闊又令人難忘的愛情故事，現在變成她最有價值的資產。為了突顯這段經歷，她在故事裡刪除了其他多位情人的戲份，例如，深愛著她的前夫亞瑟・柯柏，在她其中一本回憶錄裡，只出現一行字。

但是漢密特實在是太過知名，不是麗蓮一個人就能壟斷獨佔的。要替他寫傳的作家一個個冒出檯面，麗蓮痛恨他們。當她在《懸疑與偵探小說百科全書》（*Encyclopedia of Mystery and Detection*）關於漢密特的一段生平簡介裡，看到她被稱作他的情婦時，簡直氣壞了。「我絕不是他的情婦。我對情婦這個字眼表示抗議，」她這樣告知出版社。她和漢密特是什麼關係呢？「不關你們的事，」她冷淡的表示。[70]她強勢主導小說家黛安．詹森在撰寫一九八三年出版的漢密特傳記時，要如何探究與編排關於她的部分：除了麗蓮以外，他從來沒有真正愛過誰，而他是個「典型的酒鬼」。[71]在一定程度上，詹森照辦了，不過當麗蓮於一九八四年過世，也就是《達許．漢密特傳》出版上市一年之後，詹森寫道：在漢密特與海爾曼的關係裡，除了愛情，還要加上「控制欲、報復、憎恨與金錢」才算完整。這段補遺，清楚界定了麗蓮．海爾曼和達許．漢密特這段長達數十年的感情主旋律，是否有浪漫的愛情成份存在（或者更明確的說，是根本沒有）。麗蓮是一個男人的情婦，這個男人只有她不在自己身邊時，才會顯露出浪漫的愛情。當他們在一起時，彼此間的情感，就遭到他的殘酷、他的無情決斷，以及他的出軌不忠所侵蝕破壞。這兩位文壇上的巨擘，因為進行了一場「浮士德的交易」而結合在一起，創作是他們能找到的唯一出路。在這三十年，大部分的時間裡，一度曾聲名顯赫的作家達許．漢密特讓他的情婦，麗蓮．海爾曼，成為裝載他們共同文學才情的載具。他成為麗蓮的謬思，允許她自他的創造力裡汲取養分，灌注到她自己的文學創作之中。

凱瑟琳．沃斯頓的故事[72]

因為我們的愛來得如此殘酷，如此突然，

像是一場戰爭，
我不能想像愛情平和柔順的降臨，
而平息時又不帶任何創痕

——引自〈我不相信〉（I Do Not Believe）

英國小說家兼劇作家葛拉漢·葛林（Graham Greene）將〈我不相信〉這首詩，題獻給凱瑟琳·沃斯頓（Catherine Walston），她是他的情婦，啟發他靈感的謬思，並且成為他的摯愛。凱瑟琳也同樣愛葛拉漢，而且與他相同，即使是在他們戀情最熾烈的高峰，各自另外有別的情人。之後，她將會漸漸陷入對其中一個情人的癡戀，這個情人是湯瑪士·吉爾比（Thomas Gilby）神父，他是位專橫、佔有欲強的道明會教士。在這段戀情發生幾年之後，凱瑟琳不再能佔據葛拉漢的心，他跳過她，找上了另一個女子：依鳳·克洛伊塔（Yvonne Cloetta）。依鳳是個嬌小的法國女子，當他的情婦超過三十年，也是葛拉漢臨終時，在病榻邊緊緊握住他手的人。

可是，令之後許多作家和研究葛林的學者著迷的，並不是依鳳，而是身為英國最富裕、最具影響力上層社會成員的漂亮凱瑟琳。凱瑟琳之所以更加引人好奇，是因為她與聽話順從的丈夫哈利（Harry），似乎就是葛林筆下傑出的小說《愛情的盡頭》（*The End of the Affair*）裡，莎拉與亨利的原型。當然，莎拉的情人班德瑞克（Bendrix），也幾乎就是葛拉漢·葛林自己的寫照。

然而，儘管小說裡的角色很明顯的能夠對號入座，《愛情的盡頭》卻不是一本將凱瑟琳化名為莎拉的真人影射小說。莎拉這個角色，的確是從凱瑟琳身上得到靈感，而這部小說的細節與情節主線，也確實是由她人生裡的大小事件上獲得啟發；最明顯的，就是她與葛拉漢．葛林的感情關係。但是莎拉這個角色，其實和這部小說一樣，都是他的創作。正如葛拉漢寫信給與自己疏離的妻子薇薇安（Vivien），解釋為什麼自己的躁鬱症，會讓他對任何女人來說，都會是個差勁的丈夫：「我想，你可以看到，我的煩躁不安、各種情緒、精神憂鬱症，甚至我的人際關係，都屬於疾病的症狀，而不是疾病的本身……不幸的是，這個疾病也是構成我個人的一部分。要是治癒了這個疾病，我不知道自己體內這個作家是否仍舊存在。」73

同樣的道理，要不是葛拉漢與凱瑟琳邂逅，並愛上她，莎拉與亨利可能永遠不會出現，雖然如此，但凱瑟琳算是啟發他創作的謬思女神，而不是他用來創作的題材。她的確對他的創作有著重要的影響：《事情的真相》（*The Heart of the Matter*）、《愛情的盡頭》，以及《殷勤的情人》（*The Complaisant Lover*），這些作品遠超過她驚人的美貌，與令人稱羨的社會地位，為他們之間的交往帶來更強大的力量。

當這兩人在一九四六年初次邂逅時，時年四十三歲的葛拉漢．葛林已經是個知名作家，寫出《布萊登棒棒糖》（*Brighton Rock*）和《權柄與榮耀》（*The Power and the Glory*）兩部名作；葛林筆下的人物，反映出他的天主教信仰，他努力想遵奉宗教信條的掙扎，以及當自己違背信條時，內心感受到的深刻罪疚和悔恨。這時的凱瑟琳，是有政治企圖心的英國富商哈利．沃斯頓的美國籍妻子，她打電話給葛拉漢的妻子薇薇安，央求其向丈夫請託，當她受洗進入天主教會時，擔任她的教父。凱瑟琳解釋道，她之所以有此番請求，全是因為受到《權柄與榮耀》的感動，促使她改宗信仰天主教。葛拉漢對凱瑟琳的故事很感興趣。他送上道賀的花籃，但是建議由薇薇安代替他出席入教儀式。

薇薇安出席了。在一張照片裡，看得出她以質疑的目光盯著她丈夫新收的教子，這位五官輪廓酷似女星洛琳．白考兒（Lauren Bacall）的女子，有著一頭微閃著光芒的褐色捲曲短髮，豐滿鮮紅的嘴唇，以及苗條纖細的身材，彷彿她沒有生過孩子似的（此時她已經生下好幾個孩子了）。薇薇安日後告訴為葛林作傳的諾曼．薛利（Norman Sherry）：「我認為她想盡辦法要勾引他，而且成功了。我覺得這擺明了就是掠奪。」[74]薇薇安的懷疑是有事實根據的。凱瑟琳正一步步設法讓葛拉漢掉進她所編織的羅網陷阱之中。在她寫信給自己這位風采迷人的親愛教父，邀請他到沃斯頓家位於速利普洛（Thriplow）的莊園共進午餐時，他就此深陷情網。

在速利普洛，凱瑟琳以她丈夫的豪華莊園為背景，登台主演一場大戲；按照葛拉漢的朋友、作家伊芙琳．吳奧夫（Evelyn Waugh）的說法，當天的戲碼有：「十分富裕、劍橋畢業、猶太背景（沃斯頓這個姓氏，是由猶太姓氏沃爾斯坦（Walstein）變化而來）的社會主義份子、高尚教養、科學信仰、田園農耕……屏風上的畢卡索畫作……美酒佳餚和雪茄。」[75]這裡的一切，與葛拉漢原來居住的地方，有天差地別之感。他在週末時回去位於牛津的家，與薇薇安和兩個孩子共度，在週間時他居住在倫敦的公寓，在那裡包養朵樂茜．葛洛佛（Dorothy Glover）作為情婦已長達七年；對此，他們小心謹慎，但是並沒有對外隱瞞保密。

到了該告辭的時間，凱瑟琳提議葛拉漢改搭飛機，而不必搭火車返回牛津。她打點好這趟航程，付了機票錢，而且還陪他一起搭機。在他身邊，凱瑟琳放出她的手段，傾全力勾引葛拉漢。她的某任情人、前英國國教會修士兼劍橋大學研究員布萊恩．沃爾莫德（Brian Wormald）總結她的招數是：「說話，說話，說話，說話，說話（包括預先警告她要勾引的對象，不可因愛生妒），然後喝酒，喝酒，

喝酒，喝酒，喝酒。」76

身處高空之上，旁邊就坐著葛拉漢．葛林，凱瑟琳先是聽著他對她說著奉承的話語，然後坦率的向他告白，說自己有多麼喜歡他。有一度，她的髮絲輕輕撫過他的眼睛，葛拉漢為之著迷。「一絡髮絲輕觸那個人的眼睛，在一架正在高空飛行的班機上，下方是皚皚白雪，而那個人就陷入了愛河，」他回憶道。77

一九四七年初，凱瑟琳開著她的福特老轎車，陪著葛拉漢到阿基爾島（Achill Island）。她在島上擁有一間小農舍，作為招待情人的處所。事實上，她之所以買下這間農舍，目的是為了要接近爾尼．歐馬力（Ernie O' Malley），他是個風度翩翩，漂泊流浪的愛爾蘭共和軍知識份子，身兼詩人、作家與藝術收藏家。他在愛爾蘭內戰期間遭到下獄囚禁，曾經身中十七顆子彈，並且參與長達四十一天的絕食抗議而大難不死。葛拉漢花了一段時間才弄明白：爾尼其實是長時間在沃斯頓的各處宅邸裡居留，這其中包括了速利普洛莊園；他待在這些地方，並不只是一心一意的推銷自己的藝術收藏，同時也和可愛的凱瑟琳上床。

凱瑟琳與葛拉漢一樣，是個不忠的配偶與情人。她在十九歲的時候，嫁給哈利．沃斯頓，但並不是為了愛，而是婚姻能夠讓她擺脫原來在紐約州麥鎮（Rye）的貧窮人生。婚後不到幾個月，他們的性生活就極不美滿，迫使他們商量出一套妥協的做法：默認彼此的婚外情，以求使這段婚姻能長期持續下去。

哈利愛慕他的妻子，而凱瑟琳則很看重這位能縱容她在外胡來的丈夫。她同時也很懂得享用丈夫繼承得來的財富，就因為這筆財富讓她得以穿上貂皮大衣，以及設計師推出的最新款服飾，蒐集畢卡索與亨利．摩爾（Henry Moore）的作品，隨心所欲的去旅行，啜飲最好的蘇格蘭威士忌，然後把養育孩子的煩心事全都交給保姆處理。

凱瑟琳充分利用這項婚姻協議為她帶來的各種好處。她毫不掩飾自己的婚外情，盡情與各式各樣的男性交往，從爾尼．歐馬力到美軍將領洛威爾．魏克爾（Lowell Weicker），以及好幾位教士；在她結交的教士裡，除了一位之外，其餘全都來自天主教會，她特別喜歡勾引他們。凱瑟琳很難與女性發展出友誼，實際上，她與其他女性都處在競爭關係之中。

在阿基爾島上，她的這間小農舍裡，從大西洋海面上刮起的風呼嘯吹過屋門，凱瑟琳和葛拉漢喝著威士忌和柳橙汁，在泥炭爐上炒雞蛋、烤麵包來吃，到了夜裡就點亮蠟燭照亮屋內。他們不停談心，從他們自己說到在天主教信仰的脈絡底下，他們這段新關係的本質。之後，他們上床作愛。早晨，當凱芙琳（Cafryn，他替她取的暱稱）在隔壁廚房邊吹著口哨、邊洗碗盤時，葛拉漢則從事寫作。在這與世隔絕、兩人獨處的幾天過去之後，他們彼此都將自己的身體與真心交託給了對方——儘管，是按照他們各自具有的風格。

一九四七年四月底的一天下午，薇薇安．葛林探訪親友回來，赫然見到凱瑟琳和葛拉漢站在家門前等待著她。葛拉漢解釋道，凱瑟琳因為那趟遠赴阿基爾島的旅行，已經精疲力盡。薇薇安是否能讓她在家裡過夜，住上一晚？薇薇安感覺自己別無選擇，只能答應，不過她之後則回憶：「他竟然敢帶情婦到我家裡來，實在是讓我吃驚。」78那晚，凱瑟琳和葛拉漢分房睡覺，他們都覺得自己無愧於良心，因為他們在回到葛拉漢的家以前，已經先去教堂告解過了，而且決心不在薇薇安的房子裡發生性關係。實際上，隔天早晨凱瑟琳還不請自來，和薇薇安一同參加彌撒。在教堂裡，葛拉漢．

葛林的妻子與他（最愛的）情婦肩並肩，一起下跪禱告。

與葛拉漢態度迥異的是，凱瑟琳的內心對於自己出軌不倫，並不感到痛苦。儘管凱瑟琳表示，自己不會當個愛吃醋的女人，她卻視葛拉漢的妻子，以及他另外結交的情婦為自己必須擊敗的對手。很可能，葛拉漢之所以會用異乎平常的嚴厲態度對待薇薇安，就是出自她的挑唆，因為他很擔心失去凱瑟琳。比如說，只要凱瑟琳在場，他就會像要對情婦證明忠誠似的羞辱自己的妻子。葛拉漢的一名友人曾經評論她「有點像是螳螂。喜歡上她的人，最後都會被她吞吃落腹。」[79]

凱瑟琳同時還不斷暗示葛拉漢，要重新思考他與情婦朵樂茜．葛洛佛之間的關係；時年五十歲的朵樂茜，是一名身材矮胖短小的童書插畫家，她與葛拉漢密切交往，已經有七年的時間。他和朵樂茜一同經歷過納粹德國對倫敦的大空襲，到他生命結束的那天，都還愛慕著她的勇敢、活潑，以及她對他的深深依戀。即使冒著可能會讓凱瑟琳不高興的風險，他也無法和朵樂茜斷絕關係，他提到她的時候，都稱呼她「我的女孩」，或「我的女朋友」，又或者否認自己愛著她，不過在他內心裡認為對她的情感，無法與對凱瑟琳的激情相比。最後，他說服朵樂茜「一個人的心中，可以同時有兩份愛情！」然後送她搭上一艘開往西非的貨輪去度長假。[80]然後，他搬出原來兩人在倫敦同居的公寓，住進倫敦作家俱樂部（Author’ s Club）的招待所。不過，之後他和朵樂茜又恢復交往，兩人之間的互動友善，而且感情深厚，但或許已經不再上床。當朵樂茜於七十二歲時，身形佝僂，蓬頭垢面，模樣倒像是快八十歲，她不幸葬身於一場火災意外，在身受極大的痛苦後死去；據依鳳．克洛伊塔的回憶，葛林嘆息流淚，而且「極度的絕望」。[81]

在凱瑟琳的催促下，葛拉漢就此也和原來的婚姻關係做出了斷。不久之後，在一場彌撒裡，薇薇安將她手上的訂婚鑽石戒指取下，放進教堂的捐獻盤中。可是，分居和離婚是兩件完全不同的事。葛拉漢心中凜於天主教禁止離婚的規定，而且隨後他很快的發現，凱瑟琳毫無興趣結束目前舒適自在的婚姻，更不可能改嫁給他這個愛爭風吃醋、性情憂鬱、脾氣暴躁的作家，即使目前他正處在文學成就的頂峰，也永遠比不上哈利那樣有錢。雖然如此，他還是抱持著希望，期盼一紙婚姻無效的證明能夠解決他在婚姻與精神上的兩難處境，而且幫助他說服凱瑟琳離開哈利。到時，至少凱瑟琳可以和他同居，或者（這是他心中的第一志願）嫁給他。在寫信給她時，他通常會署名「你的丈夫，葛拉漢」，而他在心中想像，有朝一日，他的情婦凱瑟琳．沃斯頓會冠上他的姓氏，成為他的妻子凱瑟琳．葛林。

大致上，凱瑟琳掌控與情人之間的權力均衡關係。她確實深愛著葛拉漢，但是心裡並不只有他一個人，而且也沒有他那種狂熱的需索，與不顧一切的衝勁。他如雪片般的情書，裡面所透露出的狂烈感情，以及流暢的文筆，一定讓她內心竊喜，因為這再三證明，這位世界上頂尖的文學家，也成為她情網裡的奴隸了。「我狂野的，絕望的，瘋狂的愛著你。」[82]而他的內心還懷抱著特意的溫柔和付出：

親愛的，你對我而言無比寶貴……我信靠：

一、上帝

二、基督

三、其餘全部聖人

四、你的善良、誠實與愛情。[83]

然而有時候凱瑟琳必定會被葛拉漢激怒，因為他沒完沒了的請求她離開哈利，改嫁給自己為妻。他威脅說，要是她離他而去，就要自殺，這的確使凱瑟琳悚然而驚。「葛拉漢的憂鬱，就像一種真實存在的疾病，」凱瑟琳對一位密友如此透露：「在本性上，（他是個）抑鬱憂傷的人……而說真的，我做的一切，因為害怕拋下他而引發的後果，從長遠來看，只有讓事情變得更糟。」[84]她採取一項明智的舉動，鼓勵葛拉漢去見心理醫師艾瑞克．史特勞斯（Eric Strauss），在面談療程裡，史特勞斯醫師幫助葛拉漢，讓他的心神穩定冷靜下來。

在搬進作家俱樂部招待所以後，葛拉漢認為自己已經找到永久定居的處所；他住在招待所的五號樓，而沃斯頓夫婦則以六號樓作為他們在倫敦的住所。現在，碰上哈利不准這對情人見面的時候，凱瑟琳就可以輕鬆愉快的溜進隔壁的五號樓；而在丈夫與葛拉漢相處得比較好的時候，葛拉漢還能到六號樓串門子，與凱瑟琳見面。

當葛拉漢和凱瑟琳在一起的時候，他的情緒交替於合作配合與消沉憂鬱兩者之間；他們碰面的地方，包括倫敦、沃斯頓夫婦鄉間宅邸，以及在歐洲，特別是在羅薩歐（Rosaio）別墅裡，這是葛拉漢用出售《黑獄亡魂》（*The Third Man*）版權賺得的錢，在卡布里（Capri）島買下的。他們可以充滿激情的共度好幾個小時，討論天主教神學理論，並且上床歡愛，但是他們也會陷入可怕的爭吵，充滿了怒吼、刻薄惡毒的指控（通常總是由葛拉漢發出的）、用力摔門，以及哭泣流淚。

他們之間最劇烈的爭執焦點在於凱瑟琳不肯離開哈利，也不願意結束和其他情人的性關係。為了讓彼此之間的關係清楚明白，沒有隱瞞，她和葛拉漢都將自己的其他戀情向對方坦白。但是知道對方的情史，也沒能改善他們之間的關係。

無論他們身在何處，葛拉漢總會在行程中安排自己的寫作計畫。凱瑟琳會拜讀他剛寫出的手稿，而他在與她討論作品內容的過程裡，獲得很大的樂趣。這些作品裡，包括故事情節與他們本身戀情有許多類似之處的《愛情的盡頭》，他將這本小說題獻給她。（在英國版本裡，印的是「給C」；而在美國發行的版本，則是題上「給凱瑟琳」。）

儘管他的寫作非常要緊，但每當他們一起旅行或者度假時，葛拉漢的大部分時間卻都用在陪伴凱瑟琳，以及和她一起從事消遣活動，他甚至陪著她到巴黎看時裝秀。他在拜訪她的孩子時，總是裝成一副開心的模樣，但是她的孩子已經夠精明了，知道他是在強自忍耐，只是為了要討好他們的母親。

很諷刺的是，凱瑟琳竟然十分盼望能為葛拉漢生個孩子，不過，對於自己的孩子，她卻沒花什麼時間和他們相處。同樣忽略兒子和女兒的葛拉漢，開始想像他去寄宿學校探望他們這個虛構孩子的歡樂情景。也許他是在想，生下一個孩子，可以永遠讓凱瑟琳留在他的身邊。但是凱瑟琳的醫師警告她，最好不要再次懷孕。帶著心不甘情不願的懊喪，她聽從了建議。

在他們交往兩年以後，葛拉漢的詩〈兩年以後〉（After Two Years）以宗教性的語言，向她傾吐自己燃燒的愛情：「在我曉得現在我所處的境地以前／我是否曾愛過上帝／我現在棲止之地／連同我的雙手／如石般嵌入，不曾移動／因為這就是愛，而此為我所愛／而甚至我的上帝亦在此處。」[85]他們這段感情有一個最怪異的層面，就是凱瑟琳與葛拉漢雙雙將性愛經驗與宗教體驗兩者畫上等號。一次性高潮，既是生理上的興奮，也是對上帝恩賜他們的愛的一次致敬。宗教上的極致喜悅，將它的榮耀顯現到他們的感情之上，並且轉化成為受到福祐而愉悅的性愛體驗。

葛拉漢一直執著於想娶凱瑟琳為妻，這引發了一起插曲，從而讓他們的戀情產生變化，使得這段感情更難以維繫。一九五〇年春天，葛拉漢說服凱瑟琳，向哈利說自己要離開他。之後，哈利在一封給凱瑟琳妹妹彭緹（Bonté）的信裡，講起這件令人遺憾的事情。開始的時候，是凱瑟琳猛烈抨擊哈利。接著，她與哈利、葛拉漢三個人坐下來，討論她神經緊張的狀況。終於，在凱瑟琳對葛拉漢示意之下，他告訴哈利，「她不能下定決心，是否要和他脫離婚姻關係，是否要和我結婚。我們全都是安靜而有教養的人，但是在那晚，沒有人可以睡超過一或兩個小時。」[86]

哈利根本就睡不著。他沉默的流著淚直到天明，而凱瑟琳不忍心看他這樣痛苦。之後，她自然不曾離開過他的身邊。事情改變了，而且變得無可挽回。葛拉漢已經證明自己是個危險的男人，而不只是凱瑟琳結交的普通情人而已。從那時起，哈利就多方限制凱瑟琳與葛拉漢相處的時間。之後，她只撥出少得可憐的時間和葛拉漢在一起，通常是幾個星期才相聚一晚，或是一天，甚至一連好幾個月，兩人都沒見上一面。

葛拉漢為此深受打擊，在寫給他摯愛的凱芙琳的信函裡，既可以看得出他的憤怒，他的嫉妒，以及絕望的感受，也可以見到他的愛與重新啟動的許諾。在兩個人之間約定好的文字暗碼裡，他獲得一些寬慰：「洋蔥三明治」指的是愛或性愛，而單一的字母代表整個字，例如「I l y c」就是「我愛你，凱瑟琳」（I love you Catherine）；而「I w t f y」則表示「我想要幹你」（I want to fuck you）。他送給她一些日記本，上頭每一天的頁面裡，都寫有他的親筆題詞。

葛拉漢也投入可觀的時間，或是他獨自一人，或是與凱瑟琳通信，探討他與她這段不倫戀情的宗教意涵。他通常會達成令人感到欣慰的結論，著重在肉體歡愛的神聖本質。根據葛拉漢的詮釋，由於凱瑟琳和哈利並沒有嘗過這樣的愛情帶來的歡樂，在教會的眼中，他們就不算是真正的夫妻。他自己與薇薇安的婚姻，基於同樣道理，也名不符實。他甚至還在自己對凱瑟琳的愛裡，闡述出一種聖潔的情操。「我們擁有只有某些人才有的愛人使命與天賦，」他對著自己最喜愛的聖人里修・德蘭（Saint Thérèse of Lisieux）禱告：「請別讓我的這項稟賦白白浪費。」[87]更令人吃驚的是，他居然宣稱凱瑟琳是「守護戀人的聖者，我向她祈禱。」[88]

葛拉漢設想與凱瑟琳白頭偕老的情境：他或是與她結婚，或是一起同居，享受未婚之樂，並且得到教會的寬恕，赦免他們身上的罪過。他發誓永遠愛她，承諾永久與她共同擁有大筆財產，並且依她所願，與她一起陪伴孩子們。她甚至還可以偶爾出軌，因為這樣「微醺的逢場作戲」絕不會讓他離開她。但是，無論葛拉漢對凱瑟琳說了什麼，或是承諾了什麼，都無法動搖她留在哈利・沃斯頓身邊，繼續作他妻子的決心。

比起葛拉漢，凱瑟林甚至更加專注於與天主教相關的事務和神學理論。到她家作客的友人都會注意到，她床頭的小茶几上堆滿了神學類的書本。凱瑟琳閱讀能力不好，讀起書來非常吃力，但是她卻很有決心的將它們全部讀完，而有些賓客甚至感覺，她對此心存炫耀。不管以哪種標準來說，比起看書，她更擅長與人們討論相關議題，而誰又能比教士更適合與她談論這類議題呢？凱瑟琳確實在與神職人員相處時，看起來最是幸福快樂，而她也增進與他們的熟悉程度和友誼。她勾引容易受到誘惑的，因為有許多教士都很容易上鉤。然而，從哈利的觀點（當然也是她的看法）來說，這樣卻更好，因為與她有染的神職人員，不會想要徹底改變她的人生，並且與她結婚。

凱瑟琳和天主教內外的普通信徒也有幾段婚外情。她與前美軍將領洛威爾．魏克爾又恢復來往，還把這個消息對葛拉漢說，因而激怒了他，寫來許多痛心苦悶的信件。當她與葛拉漢一起去度假時，他們對於她「目前的敗德舉動」，也就是最近的婚外情，發生了激烈的爭執，而葛拉漢因此感到「痛苦，想要傷害」她。[89]兩人在羅薩歐別墅裡的鄉居生活，是他們最接近離世隱居的平靜日子，現在因為哈利的命令而縮短了。在別墅生活的時候，凱瑟琳裝飾房屋內外，而葛拉漢則專心寫作；而他們閒暇的時候，就和當地居民往來，並且出門拜訪朋友。

葛拉漢也鼓勵凱瑟琳自己寫一部小說。她接下這個挑戰，而且以自己的方法努力進行，不過關於這部小說，目前卻沒有留下任何蛛絲馬跡。既然如此，我們只能這樣推測：她對於自己無法成功的寫出一部好作品，必定是大惑不解，或者深感失望；她是這位傑出文學家的謬思，卻不能啟發自己。[90]

到了一九五〇年，結婚這件事已經成為他們兩人感情關係裡的大裂口。對於凱瑟琳要繼續留在哈利身邊的決定，葛拉漢無法接受。他們因此爆發口角，次數頻繁而激烈。此時哈利已經買下一座豪華大莊園，也就是牛頓宅邸（Newton Hall）。葛拉漢心知肚明：凱瑟琳一旦搬進這座宅邸，就絕不會願意離開那裡，來與他共同生活了。對於像她這樣重視物質、喜愛奢華生活的人來說，牛頓宅邸簡直是風華絕代之處：它擁有二十八間臥房、八套衛浴設備、六間客廳、馬廄、一處車庫與農舍。凱瑟琳有辦法抗拒它的魔力嗎？

她不能。甚至在她於一九五〇年十二月二日入住以前，就已經喜孜孜的一頭栽進裝潢新宅的奢侈採購行程了。她理直氣壯的質問葛拉漢：難道她可以放棄自己的家庭，與他另外開始一段人生嗎？接著發生的就是兩人劇烈爭吵，在吵架時，葛拉漢說出不少傷人的控訴——他恨她，恨她的朋友，恨她嫌貧愛富，恨她自私自利，恨她是個騙子。事後，他滿心悔恨的懺悔自己的行為，收回惡毒激烈的話語，吐露自己心中的憂懼：他正在揮霍他們僅剩的感情。

有一度，葛拉漢安排凱瑟琳與他的哥哥雷蒙（Raymond）見面談話，雷蒙是個醫師，他試著想要以醫者的客觀角度，為弟弟與凱瑟琳的感情關係把脈。雷蒙後來做出結論：首先，凱瑟琳絕對不會離開哈利；其次，儘管她覺得自己對葛拉漢有道義責任，不能和他分手，但是如果感情生活裡沒有葛拉漢，她相信自己會活得更加平靜，遠離是非爭端；最後，她很可能是個大騙子。

雷蒙這幾項觀察心得，因為太過在情在理，讓葛拉漢深受衝擊；但是，他對凱瑟琳的愛，已經超過一般常識能理解的程度，而他極度渴望她能給予自己一種充滿野性而樸拙的寧靜，好激發他的靈感，寫出偉大的小說作品。他無法和她分手，而凱瑟琳則是缺乏與他斷絕往來的決心。

葛拉漢試著更加努力來留住她。他買了一只卡地亞（Cartier）的大鑽戒送給她，上頭刻著兩人名字的字母縮寫「C和G」。更戲劇性的是，他還籌劃了一場類似婚禮的場面，在坦布里奇威爾斯（Tunbridge Wells）教堂望彌撒的早晨，與她互換盟誓。在經過多年之後，葛拉漢還是經常回憶起這場「婚禮」，而在凱瑟琳的餘生裡，她都戴著這只大鑽石戒指。

毫無疑問的，兩人各自令人訝異的不忠與背叛，是這段感情裡最關鍵的部分，他們就這樣彼此試探對方，逼使對方超過能容忍的限度。終於，他們都失去了維繫這段感情的心力。他們從來沒有停止對彼此的愛慕，但是葛拉漢就此不再是凱瑟琳最主要的情人，而她也失去他心中最顯著的位置。

說得更清楚一點，她並沒有放棄對他的愛情，只是藉由和其他男子談感情，沖淡自己內心對他的情愫。

他們開始交往四年之後，凱瑟琳與葛拉漢努力想要界定兩人的關係，並且重拾過往的歡樂時光。為了展望未來，葛拉漢一度短暫的自我流放到印度支那半島（Indochina，譯按：即中南半島）。在那裡，他寄了一首哀傷的情詩〈四年之後〉（After Four Years）給凱瑟琳，詩的結尾是這樣的：「我掙扎著找尋最後的辦法／為了忘記你，卻發現你無處不在。」[91]

小說《愛情的盡頭》在一九五一年九月出版，書中情節與凱瑟琳和葛拉漢之間的關係極度類似，因而引發了一場危機。哈利非常生氣，認為葛拉漢出版這部小說，是對他的公開爆料和羞辱。他同時也擔心，這部小說會使自己失去好不容易上下打點才得來的爵士頭銜，從那時起，一直到一九五二年四月，他禁止凱瑟琳再和葛拉漢見面。（這道禁令並沒有旁及她的其他情人，因為他們並沒有寫小說，或者想要娶她為妻。）

基於完全不同的理由，凱瑟琳決定，她不應該再和葛拉漢發生性關係。她之所以有這個決定與哈利沒有關係，倒是出自她新近結交的情人，湯瑪士．吉爾比神父的建議。湯瑪士神父對凱瑟琳循循善誘，說服她相信，過去和葛拉漢交往的這些年，都只是幻夢一場，現在她必須從夢裡清醒過來，重拾自己作為天主教徒妻子與母親的生活。她不必為此和葛拉漢切斷一切連繫，只要不再與他上床就行了。

凱瑟琳的妹妹彭緹到牛頓宅邸作客，回來後對她的丈夫說，湯瑪士神父實際上根本就常住在宅邸裡；彭緹還非常不以為然的補充道，當哈利不在的時候，湯瑪士居然扮演起一家之主的角色：

他不但在對待寶布絲（Bobs，凱瑟琳幼年時的小名）的時候，擺出一副最專斷的姿態，連性也表現獨佔的態度，她現在整個人都被他吸引過去，心裡容不下其他事情，或者其他人……的行為一點都不尊貴，還帶有一種遮掩住的殘暴本性。你會感覺到，他佔有我們可憐寶布絲的身體和靈魂，而且他還想讓我們知道這一點。92

葛拉漢・葛林現在有了一個強大的勁敵。

但是，即使是湯瑪士神父，也不能療癒或者恐嚇凱瑟琳，讓她只保持單一性伴侶。她的放蕩實在太過根深柢固，而在床上征服男性，讓他們紛紛愛上自己的那種快感，也實在太過強烈，使她難以捨棄。而她也以自己的方式，繼續愛著葛拉漢。

重建他們兩人的感情，花了好幾年的時間，中間還經歷過嚴重的考驗，包括凱瑟琳與湯瑪士神父發生關係，以及葛拉漢和瑞典女演員、寡婦安妮塔・布優克（Anita Bjork）的那段戀情。一九五一年過後，凱瑟琳與葛拉漢彼此間開始密集連繫，他們或是一起出遊，或是祕密到某地團聚，又或者透過信函、電報，以及電話聯絡。一九五五年，兩人一同到羅馬旅行的時候，凱瑟琳一度試著要和葛拉漢分手，而他花了「一整個晚上，和一整個早晨」才說服她不要這麼作。一九五六年，在一次兩人很罕見的歡愛過程裡，她喃喃地說道，「從某種程度上」，她想要結束這段感情，而即使將來哈利和薇薇安都離開人世，她也不會和他結婚的。

可是，當葛拉漢準備要和她分手的時候，凱瑟琳又動搖了。當他和一位越南女子相偕旅行回來之後（一個男性友人形容這名女子，是「最細膩婉約的小女人」），凱瑟琳對一位朋友說，她會盡一切努力，挽回葛拉漢的心。[93]等到他真的回心轉意，她卻欠缺意願和興趣，維繫葛拉漢一直盼望得到的熱烈愛情，也失去將他留在自己身邊、不讓他和其他女人發生真感情的動力。凱瑟琳和其他許多情婦不一樣，對於這個總是署名為「你的丈夫」，十年來也一直盼望成為她真正丈夫的情人，她並沒有下嫁的意願。

至少，在一封又一封的信件裡，一通又一通的電話中，甚至在許多草擬的文件上（他在這些文件裡承諾凱瑟琳，能夠共享他的收入與其他收益），他是這樣說的。但是，葛拉漢的另一個女人，年輕的澳洲畫家喬塞琳．瑞卡斯（Jocelyn Rickards）卻別有一番看法；喬塞琳和葛拉漢在一九五三年時曾有過短暫的交往，之後成為終生的好友，她認為「他極度嘗試著讓自己擺脫她，先是和我交往，後來找上安妮塔．布優克。」[94]就在葛拉漢看似一往情深的追求凱瑟琳，向她求婚的同時，他也正在和喬塞琳討論結婚。

對於凱瑟琳這樣顯眼的女子，套用她交往過的情人布萊恩．沃爾莫德筆下的敘述：她擁有「驚人的」美貌，社交上具備迷人魅力，而丈夫又兼具社會地位和財富，卻愛上了像葛拉漢．葛林這樣個性複雜而才華洋溢的男子，也被他深愛，這段感情算是怎麼一回事？是否他曾經帶著苦痛的提起她，認為她是促使自己創作若干最好作品的靈魂伴侶？而他不斷的向她求婚，對她來說，程度是否還不如一般讀者的緊迫盯人？這些問題的答案，其實相當明白。

凱瑟琳很看重葛拉漢的藝術天賦，正因為有她在，才幫助他明白自己的才能；對於這一點，凱瑟琳很是感激，而且感到榮幸。但是他的憂鬱，以及內心憤怒而絕望的情緒，驅使他一再的痛罵她，這也讓她心力交瘁。他可以很溫柔可愛，但是有時候卻嚴格挑剔，令人身心俱疲；而他對於她婚姻的危害程度，是其他戀人沒有的。到最後，她寧願與葛拉漢保持距離，直到分開的時間逐漸拉長，才和他重新聚首，通常是三心二意，試著想要重拾曾經熾烈的感情帶來的溫暖記憶。

凱瑟琳逐漸的與葛拉漢疏遠，這使得他與瑞典女演員安妮塔・布優克陷入熱戀，之後他就往返於倫敦和瑞典兩地。可是，即使是他和自己很喜歡的安妮塔在一起時，葛拉漢還是給凱瑟琳寫信，提醒她在坦布里奇威爾斯的「婚禮」，然後懇求她回到自己身邊。

一九五八年八月，安妮塔和他分手。一年以後，葛拉漢遇見之後與他共度三十年時光的女子依鳳・克洛伊塔，他最後也跳過了凱瑟琳・沃斯頓而選擇了她。依鳳的丈夫和哈利一樣，是個洋洋得意的庸俗人。葛拉漢與她在一九六〇年六月開始交往。他們之間的第一次爭吵，起因於葛拉漢宣布說，自己必須離開尼斯，回到倫敦去陪凱瑟琳參加畢卡索的畫展。依鳳很不情願的同意了，但是警告他：在她和凱瑟琳兩個人之間，他只能選擇一個。

依鳳終於等到葛拉漢與凱瑟琳徹底結束的那一刻，從一九六一年開始，沃斯頓夫人[95]就對兩人的關係猛踩剎車。當時，凱瑟琳得知，葛拉漢已經開始帶著依鳳到羅薩歐別墅，這個曾經專屬於她的地方，凱瑟琳為之震驚。更令她不堪的，是一九六三年八月，葛拉漢帶著依鳳回到倫敦，公開承認她是自己的新情婦。在十六個不尋常而耗盡心力的年頭之後，凱瑟琳・沃斯頓永遠被取代了。當葛拉漢向她提議，是否想和他的新情婦見面時，凱瑟琳拒絕了。

到了一九六〇年代中期，酒精、超過四十年的酗酒和抽菸，明顯對凱瑟琳的身體造成危害。在這個時候，她成了酒精成癮患者，在衣袋裡藏著威士忌酒瓶，而她的健康狀況也很差。她走進屋裡，男人不再盯著她直瞧，她也不再是吸引男人的性感磁鐵，儘管人們此時還是反覆說著傳言八卦，認出她就是《愛情的盡頭》裡女主角的原型人物。

凱瑟琳身體狀況走下坡，正好是她與葛拉漢．葛林結束感情的時候，但是她健康的急轉直下，則和一次在都柏林機場發生的意外有關，她在那裡摔倒，致使臀部骨折。一次又一次的開刀，沒能讓她復原過來，倒讓她長期遭受疼痛的煎熬，必須靠威士忌來麻醉自己。她的身體狀況持續惡化，到了後來被迫只能以輪椅代步。

一九七八年五月，當時六十二歲的凱瑟琳，距離去世只剩幾個月，她寫了一封充滿感情，某種程度上留戀不捨的信給葛拉漢。她哀傷的注意到，他正準備從卡布里島離開（依鳳這時候就陪在他的身邊，她卻沒有提起），那是他們從前常去的地方。「從我們第一次走進屋門那天起，我在那裡和你共度如此快樂的時光，我永遠不會遺忘，」她如此寫道。[96]這封信裡的其他片段，喚醒了更多過往的快樂回憶：在羅薩歐別墅的屋頂上玩拚字遊戲、下水游泳、抽鴉片煙。「我一生再也找不到像你這樣的人，非常謝謝，」凱瑟琳最後這樣說。之後她又短暫見他一次。沒多久，她於一九七八年九月七日去世，臨終之前她婉拒他前來探視。當時她已因癌症而病重，與其見到她現在的樣子，她希望他可以記得在很久之前，他們開心快樂的模樣。

凱瑟琳死後，哈利．沃斯頓寫了一封信，給這個曾經如此盼望與他妻子結婚的男人，他寫道：「有誰能誠實無欺的說，自己一生不曾帶給別人痛苦？而你也曾帶給她歡樂……但是你給了凱瑟琳某種東西（我不知道那是什麼），再沒有其他人給過她。」[97]這種難以捉摸、令哈利無法明白的「東西」，其實包含許多事物，其中有激情和肉欲的愛。從凱瑟琳個人的角度來說，為時最久的一項必定是一種心滿意足的心情，因為她已經成為情人的謬斯女神，讓他創作若干堪稱在英國文學裡最登峰造極的作品。

喬依斯．梅納德的故事[98]

老實說，出現在一九七二年四月二十三日的《紐約時報週日版》封面上，這個癟嘴而笑的女孩，看起來根本不像即將成為時年五十三歲知名作家情婦的模樣。這張照片裡的主人翁，是個骨瘦如柴、胸部平坦的淘氣女孩，她穿著一條喇叭褲，上身罩著一件圓領毛線衫，細瘦的右臂緊抓著拱起的右腳鞋子前端，左手上戴了一隻太大的錶，托著她傾斜的頭顱。但是，她臉上的表情是如此引人注目：一頭長而黏膩糾結的深色頭髮，前額上有些分叉的瀏海，襯托出一張素顏、別緻的臉蛋，大大的眼睛裡透露著疲憊，又帶有一種溫馴的促狹，直視著鏡頭。

喬依斯．梅納德（Joyce Maynard）的模樣很孩子氣，但是她執筆這篇題為〈十八歲少女回首人生來時路〉（An 18-Year-Old Looks Back on Life）的專題報導，對於她這個看著電視長大、討厭芭比娃娃的「後胡士托」（Post-Woodstock）世代，以流暢的文字，輕鬆寫意的加以分析，真是一篇傑出之作。這個未脫稚氣的青少年專家，談論民權運動、政治、披頭四樂團、大麻、女性解放，以及在這個性意識的革命年代，「尷尬困窘的童貞」。她帶著悔恨的承認，自己生命中的大量時間都花在電視機前面了：「要是我把看電視的時間拿來練鋼琴……我現在就會是個傑出的鋼琴家了。我浸泡在電視情境喜劇裡的美式文化中。看了這麼多年的電視，我發現自己對法國的美術館無動於衷，對義大利的建築，對英國的文學漠不關心……粗鄙和庸俗使我沉迷耽溺。」[99]

結果，反而是美國媒體和大眾對喬依斯‧梅納德，這個耶魯大學一年級新生感到著迷。雜誌編輯絡繹於途，到她家敲門拜訪，稿約源源而來，而她隨即寫出了一連串的文章，字裡行間都看得見一種飽經世故的質樸，以及無止無盡的活力。她的讀者群很明顯的無法滿足。她為好幾家主流雜誌寫稿，更令大多數人驚訝的是，她居然在《紐約時報》開了自己的專欄。

許多讀者直接和她連繫。有一封讀者來信寄自新罕布夏州的康沃爾（Cornish）小鎮，在所有來信裡顯得很突出。這封來信就出版界輕率出書的誘惑提出警告，然後敦促喬依斯發展自己的文學天分，因為毫無疑問，編輯將會試著去利用、開發。這封來信的作者，是一位名字已經被當作「偶像般崇拜」的重量級作家，他在信裡要求她，對這封信的內容保密，然後在信尾簽上自己的名字：「傑羅姆‧沙林傑」（J. D. Salinger）。無論喬依斯是不是少數從來沒讀過《麥田捕手》的耶魯新生，或者她看過沙林傑的任何作品，全都無關緊要。她知道他極度厭惡面對公眾，而且對於他居然會寫信給她，深深感到驚奇。

他們開始持續通信。這引發了一段為期九個月的強烈感情，影響了喬依斯此後的人生，而且多虧了她在一九九八年出版的回憶錄《家中看世界》（*At Home in the World*）裡，揭露了這段情，到今天還對文壇有所反響。在剛開始的階段，她幾乎每天都和傑瑞（Jerry，沙林傑在信裡開始這樣自稱）相互寫信給對方，通信這件事情，很快就主導了她的生活。這兩位沉浸在用文字談戀愛的作家，開始了一段互相勾引挑逗的過程。

到底是什麼樣的一位少女，竟然能引得文壇的偶像大師沙林傑，和她相互通信？在喬依斯‧梅納德刊載於《紐約時報週日版》的那篇專文，就已經足夠顯露她的特別之處，能吸引沙林傑的注意；

而她隨文刊登的照片，則挑起他的情感，以及男性的欲望。她是一對才華洋溢夫婦所生的小女兒。她的母親傅瑞黛兒．布魯瑟爾（Fredelle Bruser）是一對猶太夫婦最疼愛的孩子，為了躲避蘇聯的大整肅，舉家逃到加拿大定居。

傅瑞黛兒的學業優秀，她高中畢業時，在這裡獲得加拿大總督頒發的最高獎項，此後學術路上一帆風順，博士論文還得到雷德克利夫（Radcliffe）學院頒發的最高榮譽獎。（她的博士論文，以英國文學裡的守貞獨身觀念作為探討主題。）傅瑞黛兒的丈夫，是年紀比她大二十歲的非猶太裔麥克斯．梅納德（Max Maynard），他是新罕布夏大學的英國文學教授。他因為酒癮而間歇發作的暴怒，決定了家中的景象和氣氛，也讓家人感覺反感與厭惡。

傅瑞黛兒和麥克斯都很注重對孩子的栽培，對兩個女兒抱有很高的期望。喬依斯和姐姐羅娜（Rona）都曾多次贏得《教育雜誌》（*Scholastic Magazine*）的競試比賽名次，而羅娜又因為她創作的短篇小說獲獎而更勝一籌。雖然喬依斯不是很愛讀書，她卻每天寫作，按照母親「只能以這些作為題材」的限制，紀錄下自己的生活與觀察心得。不過，可能是因為她複雜的家庭生活，她心目中歡樂家庭的範本，來自電視影集《妙爸爸》（*Father Knows Best*）裡的場景。

這是在喬依斯準備入學耶魯的那年暑假，也就是這種競爭式教育的第三年，她得了厭食症，體重不到四十公斤；她每天按照嚴格的作息時間寫作、運動和工作，而且規定自己每天只吃一餐：一顆蘋果與一支冰淇淋甜筒。學校開學以後，她更是在心底吶喊：「誰來把我從這種疏離裡解救出去啊！」[100]當沙林傑闖進她年輕的生命之時，他似乎就是她日夜夢想盼望的具體化身：「我的解救者，我命中注定的歸宿。」[101]

喬依斯和傑瑞的組合，對比性非常強烈。她天真無邪，才華洋溢，受到內在企圖心的驅使，還有來自母親觀點的影響，認為生活經驗都能成為文學創作的素材。傑瑞則老於世故，兩次結婚都已離異，他是個才氣縱橫的男子，對於隱私的強烈要求，已經成為傳奇。和她一樣，他也有一半猶太血統；而和她父親不同的，是他的爸爸對待兒子和女兒時，是個典型的美國父親。他還有一種強烈的傾向（這是幾年以後，喬依斯發現的），喜歡非常年輕或者帶著孩子氣的女生，因為在她們身上，他可以看見自己筆下那個虛構的菲比・考菲德（Phoebe Caulfield，譯按：《麥田捕手》男主角之妹），暫時化身成活生生的女孩，出現在現實世界。

短短幾星期，傑瑞就要喬依斯打電話給他。他們之間通電話的次數，很快就和通信一樣頻繁，而在信尾，他現在的署名是「愛」。雖然喬依斯在這個時候已經敲定了一本書的寫作合約，還有好幾家主流雜誌的邀稿，她仍然將與傑瑞的對話，看成是最重要的事情。傑瑞開口邀她來自己家裡。這聽起來難道不會很嚇人嗎？喬依斯回憶：對她來說，不會。她寫道，在一九七二年，年紀大的男人和年輕女生的組合——像是法蘭克・辛納屈（Frank Sinatra）和米亞・法蘿（Mia Farrow）的銀幕夫妻檔，還有皮耶・杜魯道（Pierre Trudeau）與瑪格莉特・辛克萊（Margaret Sinclair）這對政壇夫妻檔——都已經是很稀鬆平常的事了。

但是，她這樣說是對事實的誇大，因為當時的人，對於上述這些命運乖桀情侶檔的感情關係，都抱持質疑的態度。*（沙林傑的女兒佩姬，年紀只比她父親的新女友小兩歲，對於如此年輕的喬依斯，也表示懷疑不解。「真的好奇怪……爹地等了這麼久，等到的人就是她……這種怪裡怪氣的年輕小妹妹？」她在自傳性質的回憶錄裡如此寫道。）102

然而，喬依斯的母親傅瑞黛兒．梅納德卻很高興見到女兒和這樣知名的男人談戀愛，不管這個男人已經五十三歲，而她自己才四十九歲，女兒更只有十八歲。這位母親不但沒有像一般父母那樣提出警告、表示懷疑，或者下達最後通牒，不准女兒和他交往，傅瑞黛兒反而積極想要撮合兩人，她熱心附和喬依斯的看法，認為沙林傑是個情感無所歸依的男人。身材高瘦，而且風采迷人的沙林傑，剛好就選在這個時間點上，回應他這位準情婦的感情。

沙林傑過的日子，和他的外表一樣樸素簡單。他研究順勢療法（homeopathy），不但到處推廣，還親身實踐。他吃得很少，通常只吃些水果、生菜和核桃，搭配一點精心烤製的羊肉餡餅。他很討厭冰淇淋，而這剛好是喬依斯偷偷吃上癮的食物。他們見面幾個小時後，他就吻了喬依斯，然後說：「以你的年紀來說，你知道的太多。如果不是這樣，就是我在這個年紀知道太少。」103

在這次兩人充滿感情張力的造訪以後，喬依斯回到自己原來暑假打工的平靜生活：她替《紐約時報》寫專欄，並且為人看家，住在紐約中央公園西側，一棟赤褐色石牆屋子裡。但是，她的心思完全沒有專注在工作上，反而不停的寫信給傑瑞，「他已經搬進我的心裡面了。」104沒多久，他就開車載她回新罕布夏，將她抱上床。

他們頭一次嘗試作愛，以失敗收場。五十三歲的沙林傑，將他十八歲情人的衣服拉過她的頭，脫下她的棉褲，露出她枯瘦的身體。她沒有穿胸罩，因為根本沒有胸部可以包覆。傑瑞很快脫掉自

＊ 譯註：辛納屈是歌壇、電影雙棲長青樹，杜魯道是加拿大總理（任內和台灣斷交），但兩人與年輕妻子的婚姻，都很快以離婚收場。

己的牛仔褲和內褲。他沒有提到要避孕，而喬依斯根本沒想到這件事。這時她滿腦子的念頭，全都是赤裸的他，她的第一個男人。

我愛你，傑瑞對她說。喬依斯重複著他的話，感覺自己已經歷經一場神靈顯現的奇蹟，已經獲得「解救、拯救、救贖，被開導啟蒙，被一隻神聖的手觸碰。」[105]可是，這場神靈降世的奇蹟，在傑瑞想要進入她的身體時，乍然結束：她的陰道肌肉緊繃得像銅牆鐵壁，擋住了他的陰莖往前進的路。喬依斯開始啜泣。傑瑞並沒有勉強自己硬來，反而起身披上浴袍，按摩喬依斯身上的穴道，以舒緩她突然感到的頭疼。然後，他給了她一些澆上日本醬油的蒸南瓜吃，配上一杯冷開水。

喬依斯原來的喜悅之情，已經變成羞恥，但是傑瑞的態度卻很和善，再三寬慰她，自己會查閱順勢醫療文獻，找到治療她症狀的方法。但是在隔天，當他們褪去各自身上的衣服，想要再嘗試一次時，相同的情況又發生了。「沒關係，」傑瑞說：「我會幫你解決問題。」而在幾天以後，他又說：「我沒辦法編造出一個女孩角色，能夠比你更討我喜歡的了。」[106]

這段有愛無性的情感持續加溫。傑瑞盛讚喬依斯在報上寫的專論和文章，還稱讚《葡萄乾與杏仁》（*Raisins and Almonds*）一書，這是她母親所寫，關於一個猶太孩子在加拿大的非猶太裔牧場上度過童年的回憶錄。可是，在他表達自己內心對於喬依斯馬上要回到耶魯念二年級的深深焦慮時，她就感覺到，並且試著去壓抑心裡陡然而起的警訊：他或許會對她施壓，要她放棄在紐海文（New Haven，譯按：耶魯大學所在地）棲身的小公寓。

首先而來的壞兆頭是傑瑞對待喬依斯，居然可以像對待許許多多其他人那樣尖酸刻薄。他一再對她說，自己有多麼的喜歡她的想法，可是當《紐約時報》刊出兩篇由她執筆的社論時，他卻冷嘲熱諷的挖苦說：「對一個在卡拉馬祖（Kalamazoo，譯按：密西根州小鎮）長大的女孩來說，能寫成這樣算很不錯了。我甚至不知道你的母語是立陶宛語呢。」[107]對於她撰寫的報導，他輕蔑的說成是「歇斯底里的搞笑……被打字機暗殺」，還警告她別變成「某種該死的女版楚門・卡波提（Truman Capote），*從一個沉悶空洞的場景跳到下一個。」[108]他還指控道布爾迪（Doubleday）出版公司要壓榨她的青春，因為喬依斯和道布爾迪簽了約，正試圖要寫完她的回憶錄。他繼續探索一種順勢療法，據說可以治好喬依斯陰道閉鎖的問題，而且（據她後來的結論），還可以改變她的個性。

喬依斯有早熟的聰慧與企圖心，她被一種罪惡感折磨侵擾，因為她身上種種和情人不相容的地方，傑瑞都已經替她指明出來了，而她又如此深愛著他，所以她選擇屈服在他的才華與性格結合而成的權威底下。在回到紐海文，準備開始大二新學期的時候，這個陰鬱難相處的情人對她說，如果她能在忙碌的行程裡，安插一段和他一起生活的日子，他會很開心的；她馬上就服從照辦。「過來接我，」她在電話裡這麼說。「差不多是時候了，」沙林傑回答。[109]

現在，喬依斯從耶魯辦了休學，成了和沙林傑同居的情婦，儘管沒有任何順勢療法，可以鬆弛她繃緊的陰道肌肉。但是她殷殷期盼，希望以自己放棄在耶魯受教育的犧牲（包括她無法退還的學費，以及喪失資格的獎學金）能換取到的奇蹟，愈來愈像是空中樓閣，難以捉摸。

喬依斯・梅納德和《麥田捕手》裡的菲比・考菲德不一樣，她是個喜歡浮華名聲的人，沒有辦法遏止內心到紐約過著璀璨文壇生活的想望；她津津有味的看雜誌，卻不怎麼讀文學作品；她烘烤香

* 譯註：楚門・卡波提（1924-1984），美國作家，著名作品有《第凡內早餐》、《冷血》等。

蕉麵包來吃，而傑瑞則討厭這種摻了人工製品的食物；她的生活習慣凌亂不堪，正好和他的整潔有條理形成對比。就在這一瞬之間，傑瑞已經找到挑剔她的口實了。

儘管他們之間的關係日漸惡化，喬依斯和傑瑞還是天天在一起生活。他們閱讀，她看《女性生活》（*Women's Day*）和《家庭天地》（*Family Circle*）雜誌，而他讀的是《老子》、維韋卡南達（Vivekananda）和艾卓瑞．許亞（Idries Shah）的作品。他們寫作，但是他躲起來自己創作；他寫出的手稿，連一次也沒讓她讀過，就鎖進保險箱裡。他們練習瑜珈，並且靜坐冥想。他們自己栽種蔬菜，搭配冷凍的豌豆，就成了日常的主食。每天他們都會收看電視裡的情境喜劇影集，通常還要再加上一部電影。星期六的時候，他們會在《勞倫斯威克秀》（*Laurence Welk Show*）的優雅樂聲裡跳起舞來。傑瑞要喬依斯為他口交，教導她如何讓他得到高潮，從而解決他性欲求不滿的挫折。「眼淚從我的臉頰流下，」喬依斯回憶道：「可是我還是不能停下來。只要我繼續作這件事（口交），我知道他就會愛我。」110

但是喬依斯卻不曉得該怎麼愛她自己。她寫出《回首來時路》（*Looking Back*）這本小書（或是一篇長文），履行了和道布爾迪出版公司的合約義務，不過在這本以講述她人生故事為主軸的書裡，刻意遺漏了一些關鍵部分，例如：她父親的酗酒、她本人嚴重的厭食症，以及她令人吃驚的現狀——就在撰寫自己人生故事的時候，她已經從大學輟學，還和一個年紀比她大三十五歲的男人同居，試圖取悅他，而這個男人是位知名作家，批評她是「一個俗氣、貪婪、貧瘠的人」。111

《回首來時路》的出版，加深了傑瑞的不滿。他嚴詞抨擊喬依斯，說她才只有這點知名度，就急著要寫書去賣。擔心惹得他不悅，甚至還可能會失去他，讓她驚嚇恐懼，導致她開始暴食，暗地吞下大量食物，然後又自行催吐。她的體重暴增，而且痛恨這樣的自己。

對於《家中看世界》的讀者而言，他們很早就能看出，喬依斯與傑瑞的戀情最後會以分手收場，這實在是再明顯不過的事情。但是喬依斯（或許傑瑞也是）卻對這些徵象視而不見。他們的性困境還是沒能解決。耶誕節的時候，他們彼此嫌棄對方送的禮物。傑瑞突然開罵，說傅瑞黛兒的《葡萄乾與杏仁》是一部「淺薄而虛偽」的作品。[112]

當一名《時代》雜誌的記者，從喬依斯的朋友那裡追蹤到傑瑞的電話號碼時，他簡直氣炸了。「你這個愚蠢透頂的小女孩！你到底知不知道，要這樣一直拉拔你長大，我有多麼厭煩？」他罵道。[113] 喬依斯沒等他罵完，就開始放聲大哭，而且她知道，有朝一日，傑瑞不但將不再愛她，甚至還會恨她。

他們戀情的最後一幕，是在佛羅里達州的戴通納（Daytona）海灘上演的。他們和傑瑞的兩個孩子一起去度假，不過這趟旅行並不是單純出來玩。傑瑞也希望此地一位很受到尊敬的順勢療法醫師，能夠為喬依斯「性的問題」開立治療處方。結果，喬依斯卻在她頭一次接受骨盆診察的時候，深感受辱，這項檢查沒能找出她任何生理上的毛病。接下來進行的針灸療程，對她也沒有任何效果。

回到海灘，傑瑞宣布，他倆這段感情正式結束。他的態度冷淡、厭倦，看起來變得很蒼老。他對喬依斯說，自己已經受夠了要照顧長不大的孩子這件事。「你最好現在就回家去吧，」他繼續說道：「你得把你放在我家裡的東西全部清理出去。」[114] 當喬依斯蹣跚的坐進一輛機場計程車時，傑瑞提醒她，離開他的房子後，要記得關上暖氣，而且要鎖門。在旅館裡和喬依斯睡同間房的佩姬，完全沒有察覺到，她的父親與情婦正上演著這戲劇性的一幕，她只感覺「好像她（喬依斯）根本沒和我們一起來似的。」[115]

幾十年過去了，這次分手對喬依斯造成的痛苦，仍然在她心裡迴盪。「我依靠他來告訴我，要寫些什麼，要思考什麼，穿什麼，讀什麼，吃些什麼，」她寫道：「他告訴我，目前我是什麼樣的人，而我又應該是什麼樣的人。隔天，他就消失不見了。」[116]他的決定來得如此突然，又這樣斬釘截鐵，她無法接受。她打電話給他，懇求他重新考慮。每天她都發瘋似的寫信給他。全都沒有用——這段感情真的結束了。

喬依斯在新罕布夏州一處森林裡，給自己買了棟小屋子，一個人搬了進去。她的暴食症發作了，不過她想辦法要到足夠的稿約，可以支撐自己的生活。有次她說服傑瑞來看她，可是他卻和兒子馬修一起來，而且只待幾分鐘就走了。當一位耳目靈通的記者，想要探詢她與沙林傑的同居生活時，喬依斯半個字也不肯透露，還引用一句話：「天才理當享有神聖之隱私」加以拒絕。[117]她認為，沙林傑絕對不會，或者沒有辦法像愛上她這樣，再與別的女子相戀，她也用這個想法來寬慰自己。

過了好幾年，她交了一個溫柔的男朋友，把初夜給了他，而且不怎麼感覺痛苦。這也就是說，喬依斯．梅納德的性能力完全正常。她過著活躍而忙碌的人生。她結了婚，生下三個孩子。她寫出一部小說《寶貝之愛》(*Baby Love*)，這是一個年輕女孩與一位比她年紀大很多的男人談戀愛的故事。這部小說得到約瑟夫．海勒(Joseph Heller)和雷蒙．卡佛(Raymond Carver)的讚美。*

喬依斯很為寫出這部作品感到自豪，於是寄了一本給沙林傑。他馬上就有回應，在電話裡，痛斥這是「滑稽可笑、廉價低俗的墮落作品」，一部「垃圾之作」，讓他感到「厭倦與作嘔」。[118]喬依斯深受打擊；她知道，之前自己還做著一個希望渺茫的夢：到傑瑞位於康沃爾的房子去，和他再共度一個下午，現在是絕不可能實現的了。

後來喬依斯離了婚，過程十分痛苦，她搬到加州定居。在她四十三歲的時候，也就是她當上沙林傑情婦的二十五年後，終於對編輯宣布：她準備要將關於他的故事寫出來。稍後，她更進一步在蘇富比（Sotheby's）的拍賣會上，賣出他寫給她的情書。

為什麼喬依斯．梅納德會突然打破維持了四分之一個世紀的沉默？原因很複雜。首先，她得知自己並不是沙林傑當時唯一交往的女朋友，這讓她深感震驚。和追求她的過程如出一轍，他已經被其他年輕女子吸引，並且用筆下的文字擄獲她們。當她發現沙林傑還與一名女子結婚時，便認為他已經背叛了他們的這段感情，而她必須維護他的理由，也就隨之消滅了。

另一個理由，是喬依斯人到中年，才能夠看清沙林傑的真面目：他是如何使用手段，操弄她的心情，並且用話語文字來勾引她。她回想起，他為了自己的需求而操控她，完全忽視自己應該保護她的責任，而當時的她是如此年輕，只比他的女兒大兩歲。

有了這樣的新認識，喬依斯就不再將沙林傑堅持要她保持沉默，看成是「他純潔個性的證明」了。相反的，「他之所以要求隱私……現在看來，似乎是這個男人很清楚自己的所作所為，如果攤在陽光下檢視，可能會產生對他不利的反應，所採取的藉口遁詞。」[119]她開始相信，自己不但有權利將整個故事公諸於世，之前保持緘默也是不對的。

然而，許多評論者都不願採信喬依斯對於她為何要說出整個故事的解釋。曾經在耶魯和喬依斯是同學的艾立克．賓姆（Alex Beam），在獲悉她的決定後立刻去採訪她，之後他就兩人的採訪對話內

---

* 譯註：約瑟夫．海勒（1923-1999），美國小說家，知名作品有《第二十二條軍規》（*Catch-22*）。雷蒙．卡佛（1938-1988），美國詩人、劇作家兼短篇小說家。

容，寫出一篇毫不留情面的專訪報導。「沙林傑的故事，是喬依斯的文學優勢之地，整段都是值得珍藏的紀錄，但不包括她正在廉價大放送的生涯經歷，」他接著寫道：「可是就在她編造出（與沙林傑的）悲傷故事之前不久，我去請她發表意見的時候……她居然告訴我，沙林傑和聖馬丁（St. Martin's）出版公司簽下的書約，是她催促才完成的。而她還抱怨預付版稅的金額。」120

賓姆這番奚落，預告了評論界對於《家中看世界》，還有喬依斯拍賣沙林傑寫給她的信件之舉，即將出現的憤怒反應。而雖然沙林傑寫的情書，實際上都在喬依斯手中，但是法院禁止她轉載、複製信中的內容。喬依斯受到各方抨擊，她被認為是一個心懷仇恨的惡毒女子，因為她揭露了所謂與沙林傑這段情的諸多平凡、無意義的細節（這樣說是不正確的），也因為她將迄今仍與世隔絕的文學大師，拿出來供大眾消費。

在這本回憶錄出版前夕，喬依斯以親自向沙林傑說聲再見為名，鼓起勇氣去找他。沙林傑帶著憤怒與怨恨接待她。「你已經寫出一本空洞、沒有意義、得罪冒犯人，又讓人厭惡的八卦閒話，」他對她說：「你是個可悲、像寄生蟲一樣靠搬弄是非過活的人。」他還憤怒的補上一句：「我知道你最後的下場。你一無所有。」121

沙林傑在如此嚴厲責備喬依斯的時候，他已經破除了很久以前，在她身上施加吸引力魔咒的最後殘餘部分。她和他一樣，愛上的都是想像中的幻影：她愛的是一個睿智而親切體貼的父親般男子，他喜歡的則是令人眼花撩亂的小女孩。她對他的愛情，是一種虔誠而寧願捨棄自我的激情，她視這樣的情感為一種天賦，也足以戰勝不公道的批評。他把她引誘過來，在開始的時候，是試圖要佔有一個有真實血肉的人，因為在最初，她實在太類似他筆下創造出的角色，而他利用喬依斯陪在自己身邊，作為啟發他神祕新創作的謬思。

有一段時間，他將她和自己小說裡的角色比較，也確實比較喜歡她；如果他筆下的角色能化身成活生生的人，都將會成為她的同伴。在對喬依斯的幻象消散破滅之後，沙林傑沒有浪費時間，立刻將她從自己的生活裡驅逐出去。當時她聽話的離去了，但是在他下驅逐令二十五年之後，即使在長期與他不通聞問的情形下，她還是見到他的身影；他就像是一位法力無邊的謬思之神，鼓勵她（假如不是許可）必須說出自己的聲音。

第三章

法律與秩序之外的情婦

幫派份子的姘婦

匪徒惡棍有多種面目，從只聽從黑社會號令的罪犯，到有權發號施令的統治者、頭目領袖人物，都可以包括在內。而這些暴徒的行徑（無論他是罪犯還是官府）有一項共通之處，就是對於社會常規與道德倫理，都只是空口應承敷衍，其實卻任意違反冒犯；他們裝作尊重女性的模樣，但是在實際上，只把她們當作發洩性欲的對象。

然而，有些女性受到這些暴徒惡棍自然流露出的魅力，以及公然蔑視法律與秩序的態度吸引，她們眼中見到的是這些人的特權與財富，以及陪伴這些傳奇人物帶來的興奮刺激。這些女子或許就會成為惡棍暴徒的情婦，試著將她們心中的空想，在真實血肉的生活裡付諸實現。

維吉妮亞·希爾的故事[1]

最為知名的惡棍姘婦，或許非巴格西·賽格爾（Bugsy Siegel）的情婦維吉妮亞·希爾（Virginia Hill）莫屬。賽格爾是美國猶太裔黑手黨組織裡的高層份子，他一生的事蹟裡，以在拉斯維加斯引進高檔大型賭場最為人們所知。維吉妮亞·希爾則影響了往後好幾個世代的年輕姘婦，她們競相模仿她強悍又迷人（對她們而言）的生活方式。好萊塢也在一九九一年的大成本製作電影《豪情四海》（*Bugsy*）裡，拜服在維吉妮亞的魅力底下，這部電影主要描述巴格西帶有災難性後果（但是有先見之明）的努力，將本來貧瘠的小鎮拉斯維加斯，轉變成為內華達沙漠裡的超級賭博、娛樂綠洲城市。他和維吉妮亞動盪起伏的感情，是這個故事不可或缺的一部分。

真實生活裡的維吉妮亞，像是某種扭曲變形版本的何瑞修·艾爾傑（Horatio Alger）。*一九一六年，她誕生在阿拉巴馬州的一座小鎮上，在十個兄弟姐妹裡排行第七，他們的父親酗酒而凶暴，會毆打孩子，工作所得大多都拿去買醉。維吉妮亞小時候，因為行為舉止畏縮膽怯，像隻小虎斑貓，所以得到「小貓」（Tab）的綽號；她首當其衝，時常遭到父親施暴。但是她年紀僅僅七歲時，就開始反抗。某次，當「該死的醉漢懶鬼」爸爸搖搖晃晃的朝她走來，準備要施暴時，她抓起一只煎鍋，當頭就砸過去。他鞭打她的母親作為報復，不過從此以後，再也沒敢碰維吉妮亞一根寒毛。

維吉妮亞的母親最後終於離開丈夫，而且讓這個當時就讀國中二年級的女兒輟學幫助家計。維吉妮亞做過各式各樣收入微薄的工作，負擔家事，並且照顧比她小的手足。沒多久，她就得出一個結論：靠賣淫賺錢更加輕鬆，而且賺得更多。「小貓」十四歲的時候，已經是個性經驗豐富、渾身上下散發成熟性感魅力的金髮小美女，對於經濟大蕭條，以及禁酒令時代阿拉巴馬鄉下壓抑的日子，她感到煩躁不耐，嚮往到大城市生活。

她不想去紐約，因為那裡充斥外國移民和街頭幫派。而芝加哥有著眾多工作機會，同時也是「進步世紀國際博覽會」（Century of Progress International Exhibition，一九三三至三四年）的舉行地點，似乎友善得多。但是最吸引維吉妮亞的，是像她這樣的漂亮女子在艾爾．卡彭（Al Capone）操控的幫派世界裡發展的巨大可能性。卡彭之前因為涉嫌犯下一九二九年震驚全國的「情人節大屠殺」一案而急速竄起，** 此時已能牢牢掌控芝加哥的黑社會。

十七歲的維吉妮亞到芝加哥尋求刺激、金錢和更好的生活。父親的凶暴行徑使她心腸冷硬，而且讓她深信：男人都是不可以信任的。這樣的態度，為她日後成為惡棍姘婦的人生打好基礎。

維吉妮亞在芝加哥找到的第一份工作，是在「聖卡羅義大利村」（San Carlo Italian Village）的餐廳裡當女侍應，「聖卡羅」是卡彭一手創立的複合生意，裡面有好幾家昂貴的高檔餐廳，供幫派份子光顧。她在這裡工作不到一年，就得到掌控整個芝加哥賽馬賭盤的喬伊．「艾普」．艾普斯坦（Joey "Ep" Epstein）青睞。她長得非常漂亮，身高約一六三公分，性感撩人，一頭長而濃密的金棕色頭髮，和一雙能穿透人心的灰色眼眸。雖然她太過濃妝豔抹，艾普斯坦卻很賞識她的冷靜沉著與自信的性格。

---

* 譯註：何瑞修．艾爾傑（1832-1899），十九世紀美國多產小說家。

** 譯註：「情人節大屠殺」一案發生在二月十四日當天。當時芝加哥有兩大主要幫派，分別是由「瘋子莫蘭」（George Moran）領導的北幫（North Side Gang），以及卡彭帶領的南幫（South Side Gang）。此案被認為是因爭奪私酒利益而起，七名北幫份子在一處車庫裡，遭到行刑式處決。案發時卡彭在佛羅里達州度假，但是被認為是幕後主使者。本案迄今無法偵破，成為世紀懸案。

卡彭的弟媳咪咪・卡彭（Mimi Capone）也這麼認為，她與維吉妮亞交上朋友，邀請她參加派對。

一九三四年六月十二日，在進行一整晚的狂歡派對之後，艾普斯坦開始讓維吉妮亞參加他的洗錢計畫，她在其中扮演信差角色，並且身兼他的紅粉知己。他教導她如何保存、整理錯綜複雜的帳目紀錄，以及如何和國稅局打交道。他向她解釋幫派社會裡攸關生死的行規守則，為她添購女性設計師推出的服飾，讓她住進一間雅致的公寓，每星期有三千美元的零用錢。他資助她舉辦奢華的派對，藉以吸引芝加哥黑白兩道的有錢人前來參加，他還鼓勵她與其他幫派的成員上床。他本人並沒有和她發生性關係。艾普斯坦很可能是個未出櫃的男同志，他讓維吉妮亞充當身邊最重要的女人，不但能給予他稱頭的地位，還能平息懷疑他性向的質疑謠言。

維吉妮亞現在身為艾普斯坦的主要助手，具有足夠的高度，可以觀察其他的黑手黨老大是如何對待他們的女人。她很輕蔑的貶低這些女人，認為她們都是「該死的蠢妞兒。」這些女人的丈夫通常會虐待、毆打她們，而且像多了一件廉價貨品，炫耀自己的情婦。「我就是在我爸造成的垃圾婚姻環境底下長大，好不容易才逃出來，」她對一個艾普斯坦的友人說：「為什麼我還要把自己搞回那種環境？尤其是現在我根本不必這麼做了？」[2]十九歲的維吉妮亞，將發生性愛關係看成是權宜的手段，而不是為了真愛。

到了維吉妮亞二十歲生日的時候，她已經是芝加哥勢力最大敲詐勒索集團的親密友人，她手上握有足夠的情報資訊，知道他們的祕密圖謀，也清楚要毀滅他們的刺殺計畫。然而她很清楚，洩漏機密的後果就是被處死，所以她絕不鬆口。

可是，維吉妮亞這種「守口如瓶」的謹慎態度，並沒有包括她的性觀念在內，因為她和一大群幫派份子都發生了性關係。在一次惡名遠播的耶誕節派對上，她聲稱只要有錢可拿，她就願意彎下身子，跪在地上幫男人解開褲子拉鍊，一個個的為他們口交。在場有個女人聽了這話非常反感，稱她是個娼婦。維吉妮亞一把扯住這個女子的頭髮，摑她幾個大耳光，然後吼道：「整個芝加哥最他媽會吹喇叭的女人就是老娘，我手上多少顆鑽石就可以證明。你們做的那些事情老娘都沒少做，我可沒見到你們身上有什麼鑽石！」[3]這起事件讓她得到「（芝加哥）黑手黨皇后」的稱號，她的強悍也贏得更多的尊敬。

下一個拜倒在維吉妮亞裙下的男人是喬伊·亞東尼斯（Joey Adonis），他是個劣跡昭著的紐約幫派份子，控制著東岸的賭場和大量的討債集團。帶著芝加哥同夥的祝福（他們正在和紐約黑幫談判結盟），維吉妮亞搬往紐約，很快就當上「喬伊的女孩」。維吉妮亞做什麼事情都和喬伊在一起，包括作愛和犯罪。他們激烈的吵架，也搞到了大把的鈔票。

有一個夜裡，維吉妮亞陪著亞東尼斯到一家酒吧，遇見了巴格西·賽格爾。巴格西決定要勾引她，藉此好好羞辱亞東尼斯一番，因為他很看不起這個男人。巴格西是另一位闖蕩江湖多年的幫派份子，他英俊瀟灑的程度，與維吉妮亞的美貌不相上下；他有一雙藍色的眼眸，臉上有酒窩，頭髮梳得滑順妥貼。雖然巴格西為人自負又虛榮，還很自以為是，不過他卻很有魅力，而且對待盟友出了名的忠誠。他的暴躁脾氣像鞭炮一樣，一點就著，對他的姘頭與幫派對手們動輒拳打腳踢。只有他青梅竹馬的妻子艾斯塔·克拉科維爾（Esta Krakower），才沒有領受過他的拳頭滋味。

巴格西·賽格爾是頭一個在維吉妮亞層層保護封閉的心裡留下痕跡的男人。在他們初次邂逅的隔天，兩人就在一起過夜，維吉妮亞不但向他交出自己的身體，還交出了她的真感情。但是在幾天之後，巴格西就被派往好萊塢，集中管理西岸各式各樣的賭場生意。

維吉妮亞被單獨留下，而艾普斯坦為了懲罰她未經允許，和賽格爾搞出這段不受歡迎的感情，就降低她的零用金，減少她負責的業務。維吉妮亞非常生氣。沒多久，她就跑到母親位於喬治亞州的房子去躲起來。這裡可不是她在五年以前逃離的破屋。這是間豪宅，母親是用她定期從北邊寄來的錢買下來的。

維吉妮亞在這裡休生養息，和艾普斯坦和解，並且為母親這棟房子添購最上等的家具、拉著母親去買衣服、帶她上館子吃大餐，給她買珠寶首飾。然後，在返回芝加哥以前，她和弟弟齊克（Chick）出發去墨西哥玩，這是最後一次盡情享樂狂歡。墨西哥男人令她著迷，在床上，她對他們的胃口彷彿無窮無盡。

維吉妮亞帶著齊克回到芝加哥，也重新回到黑幫世界。然後，在假期短暫回家鄉期間，維吉妮亞很輕率魯莽的和一位十九歲的美式足球校隊球員、阿拉巴馬州立大學學生歐斯古德．葛瑞芬（Osgood Griffin）結婚。六個月過後，這場婚姻就報銷了，而在這半年期間，維吉妮亞時常把老公拋在腦後，頻繁的到芝加哥、加州和墨西哥「出差」。

維吉妮亞接下來又嫁給米蓋利托．卡羅．岡薩雷茲．瓦德茲（Miguelito Carlos Gonzales Valdez），他是墨西哥一家夜店的老闆，與她成婚以後，就能取得身分移民美國。瓦德茲很顯然不清楚妻子在做什麼勾當，居然還期待她能在家裡當個賢妻良母。維吉妮亞愈來愈瞧不起他，沒過多久，他們也以離婚收場。

到了她二十五歲左右時，維吉妮亞已經成為黑手黨裡權力最大、也最受信任的女性成員，和芝加哥、紐約、洛杉磯等地的黑幫老大們關係很好。她和許多男性幫派成員一樣，在權力結構裡深具影響力，其他的黑幫女性，再也沒有人能像她這樣，擁有呼風喚雨的本事。

她擁有這樣地位的時候，正是一九三九年的春天，當時她在影星喬治・拉夫特（George Raft）豪宅舉行的派對上，與巴格西・賽格爾重逢。維吉妮亞採取主動，那個星期接下來的幾天，她和巴格西都在床上度過。從那時起，這兩個人就像鴛鴦大盜一樣形影不離，他們倆結合性愛與生意，和電影明星來往——例如賈利・古柏（Gary Cooper）、克拉克・蓋博（Clark Gable）、卡萊・葛倫（Cary Grant）等人，盼望能和富有魅力、放浪形骸，又明顯擁有無盡資金的人們建立交情。

實際上，巴格西的奢侈到了不可思議的地步，以至於他總是處在阮囊羞澀的破產狀態之中。在維吉妮亞之前，他交往的幾任姘婦都必須想辦法養活自己，通常也得照顧他。但是她卻與她們不同，是他此生的摯愛，有著特殊待遇。巴格西買下一棟上等豪宅，裝潢一新之後，將兩把黃金打造的鑰匙，給了維吉妮亞一把。甚至在極度浮華奢侈、無邊無際的花花世界（Tinseltown）好萊塢，維吉妮亞與巴格西同樣一擲千金：給小費、買禮物送人、花在自己身上，毫不手軟，出手比任何人都來得大方。他們同居的房子，經過精美的裝潢布置。兩人的服裝行頭令人吃驚：維吉妮亞擁有超過一百雙鞋、百件以上設計師剪裁的長衫、喀什米爾羊毛衣，以及十多件毛皮大衣。她總是以一輛簇新的凱迪拉克代步。而每個月她也勻出幾百美元來，寄給她的母親補貼家用。

儘管兩人是如此親暱，維吉妮亞與「藍眼睛寶貝」（她喜歡這樣叫他，因為他討厭被這樣叫）卻相互背著對方偷情。面對墨西哥的炮友、舊情人，甚至他們倆的共同友人喬治・拉夫特，維吉妮亞沒辦法抵擋他們的誘惑。巴格西發誓，要殺光和她上床的男人，可是他卻從來沒有設法捉姦在床，將她逮個正著。令人意外的是，無處不在的記者也沒逮到什麼蛛絲馬跡，儘管他們到處跟蹤她，而且急迫的發表關於巴格西．賽格爾姘婦的報導。

維吉妮亞做了巴格西五年的姘婦，這五年過得動盪混亂。他們之間的性關係美滿無比，是維吉妮亞之前從來沒有體驗過的。他們激烈爭吵，而當巴格西像她父親那樣毆打她時，維吉妮亞就還擊。然後，她以濃妝來遮掩傷口，巴格西也是如此。可是，他令人不敢領教的壞脾氣，他的嫉妒和（合理的）疑心病，他在金錢上無窮盡的需索（而且從來沒有償還），還有他拒絕和妻子離婚、改娶維吉妮亞為妻，都慢慢的腐蝕了她對他的愛。

在一次兩人因為他拒絕和艾斯塔離婚而起的劇烈爭吵以後，巴格西出手將維吉妮亞揍昏，把她拋到他們的床上，然後霸王硬上弓，強姦了她。過了一會兒，他邀請她一起到拉斯維加斯去同居。他已經買通市政當局，上下用錢打點妥當，準備要興建一座的豪華賭城酒店，定名為「法拉明哥」（Flamingo），這是他稱呼她的暱稱。維吉妮亞回說，自己絕不會原諒他強姦她，冷笑著搭機飛回紐約，然後與喬伊．亞東尼斯恢復激烈的性愛關係。她還將巴格西的各種活動細節，鉅細靡遺的報告給敵對幫派的老大聽。

巴格西仍然繼續對她求愛。維吉妮亞很少到拉斯維加斯去，不過他們會在她到洛杉磯的時候碰面，他會盛情款待她，席間說著許多事情：建案成長失去控制、成本飆漲，還有他本人從其他幫派的投資金額裡竊取款項（大約兩百萬美元）等。維吉妮亞做了大量筆記，詳細記下每一個細節，然後回去說給擔心巴格西亂搞胡來的幫內同夥聽。

「法拉明哥」酒店的開幕夜是一場大災難。幾個星期前，維吉妮亞就已經入住，因為她認為這座酒店是為她而建的。她和巴格西喝得爛醉，然後劇烈爭吵。酒店一團糟的開幕夜後，她就整個從拉斯維加斯和法拉明哥抽身。之後只要提到這兩個地方，她都會勃然大怒。有一次，維吉妮亞和巴格西在洛杉磯幽會時，她咒罵他是「雙料輸家，一個該死的蠢貨，讓朋友賺進大把鈔票，但是他自己的口袋裡居然連搭計程車的錢都沒有。」[4]為了報復，巴格西再一次毆打、強姦她。

在此同時，雖然法拉明哥慢慢開始獲利，巴格西的合夥人卻認為他實在太不可靠，因此在一九四七年五月，決心除掉他。維吉妮亞答應與他們合作，不過她還是和巴格西維持密切的關係，而且她的情緒似乎很不穩定，吞服大量安眠藥，顯然是嘗試自殺。結果，決心除掉巴格西的人，幾乎也要下令將她一併做掉。好在喬伊．亞東尼斯出面，才救下她的性命。

六月中旬，艾普斯坦打電話給維吉妮亞，要她馬上離開洛杉磯。六月二十日，在她離開幾天之後，巴格西．賽格爾正懶洋洋的靠在長沙發椅上讀著《洛杉磯時報》，他的黑手黨「朋友們」開槍將他打死。「害蟲已經除掉，」喬伊．安東尼斯對紐約這邊如此回報。[5]

事發時維吉妮亞人在巴黎，正和一位多金的二十一歲法國男子交往，她答應接受《紐約時報》的專訪。「我總是叫他『班』，他人真的很好，」她哭著說：「我沒辦法想像，是誰開槍打死他，又是為了什麼原因。」[6]之後不久，她又吞下過量的安眠藥企圖自殺，因而被送進醫院治療。

身心受創的維吉妮亞回到美國之後，和弟弟跑到佛羅里達躲起來，企圖想逃開記者將巴格西的死和她連在一起。她再一次試圖自殺，這已經是四個月以來的第四次了。隨著悲傷憂鬱情況愈來愈嚴重，她的酗酒、暴衝憤怒，和情緒不穩問題也每下愈況。喬伊．艾普斯坦因為擔心她手上的帳冊曝光（裡面記載著幫派裡的敏感祕密），持續幫助著她。

一九五〇年二月，維吉妮亞與曾被懷疑是納粹同路人的奧地利滑雪教練漢斯．豪瑟（Hans Hauser）陷入愛河，並且和他結婚。九個月以後，他們的兒子彼得誕生。一九五一年，她被傳喚到參議員凱佛維爾（Kefauver）主持的聽證會上，就組織犯罪一事作證。她之所以出席，是因為她沒辦法不來，但是對於訊問者，她不但說謊，而且故意誤導；她否認自己涉入過任何幫派組織犯罪之中。她掩護喬伊．艾普斯坦，將自己經手的鉅額金額，都說成是歷任男友的慷慨贈禮。

維吉妮亞並沒能全身而退。財政部緊接著盯上她的逃漏稅，迫使她將房子、家具、還沒有讓朋友夾帶到墨西哥的珠寶首飾，以及她的衣飾（包括一百四十四雙鞋子在內），全部都賣掉。之後，她用一本奧地利護照出境到墨西哥，發誓再也不回到美國，「以免被華盛頓那些鼠輩起訴。他們才是這個世界裡真正的幫派惡棍，我心底絕不會原諒他們對我的傷害。」7

那些「華盛頓鼠輩」沒有放過她。一九五四年，當維吉妮亞與丈夫豪瑟在歐洲生活時，她被控短少申報八萬又一百八十元的所得稅。通緝她的海報到處張貼，而即使是身在歐洲，她也遭到排斥。

在這些年裡，維吉妮亞的情況變得愈來愈糟。她與豪瑟分居，和兒子彼得搬到薩爾斯堡（Salzburg）一棟簡陋的出租房屋。回首她之前身為黑幫情婦的人生，維吉妮亞氣憤的對正在撰寫巴格西．賽格爾報導的狄恩．詹寧斯（Dean Jennings）說：「我知道美國有好幾百個女人被男人包養。為什麼她們就不用繳稅？如果他們要把我關進牢裡，為什麼不把其他人也關進去？」8

到了一九六六年，住在歐洲的維吉妮亞，貧窮而且景況淒慘，靠十五歲的兒子彼得供養；她試著和國內談判，以回國面對司法交換從寬處理。她也向之前的黑幫老夥伴們要錢，威脅著如果他們不給，她就將手上記載著他們犯罪事證的筆記交給當局。

維吉妮亞人生的最後歲月是在義大利的那不勒斯（Naples）度過的，她去那裡對喬伊．亞東尼斯施壓，催促他再給自己一大筆錢。亞東尼斯事後宣稱，她提議兩人上床，而他同意了，於是他們整晚都在作愛。在他們共進早餐之後，他交給她一萬美元，全都是美元一百元紙鈔，然後親吻她道別。隔天，兩名驚惶失措的登山客，發現了維吉妮亞的屍體。當地警方表示，她服食了過多劑量的藥物，而且留下表明自殺意願的遺書。

近年來，有一本維吉妮亞．希爾的傳記卻質疑她的死因並不單純。作者安迪．愛德蒙斯（Andy Edmonds）採訪了大量相關人士之後推論：她是遭到亞東尼斯的兩名手下殺害的，而在紐約，喬伊．艾普斯坦也對此知情。殺手開車將她帶往一處鄉間小徑，強灌安眠藥使她陷入昏迷，不久之後，她就魂歸恨離天。這是一起黑幫策劃的謀殺，以除掉這位一度呼風喚雨的姘婦。

維吉妮亞．希爾的名頭實在太響亮，以至於在她死後也不得安寧。她的死去激起媒體與社會大眾的好奇，他們記起她曾經叱吒風雲的模樣：她迷人美麗的衣著、強悍而出言不遜的談吐、旺盛的性欲，以及對於金錢無窮盡的渴望。最重要的是，他們想起在這個野蠻而危險的黑幫世界裡，她曾經是多麼的呼風喚雨、叱吒風雲。

上述這些回憶都是正確的，特別是維吉妮亞身處在若干美國最邪惡、最無法寬恕的罪犯身邊，擔任他們的心腹，參與他們的活動。在很多層面上，她已經慢慢找尋出一條獨立自主的道路，用墮落的生活方式，來作為自己和黑幫世界之間的緩衝。但是她的獨立自主生活，其實完全操控在喬伊．艾普斯坦和其他黑幫老大的手上，以至於她一動反抗的念頭，代價就是死亡。維吉妮亞明白這個道理，所以她只在小事情上忤逆。當她後來忘記了這條規則，還試著威脅她的舊日兄弟與情人時，就遭到殺害。

在維吉妮亞的大部分人生歲月裡，她成功的幸福快樂與悲慘的境遇交替出現，而她無數次試圖自殺，或許正顯示出她內心極深的挫折與憂鬱。她飽受嚴重的憂鬱症折磨，而任何人處在像她身處的危險環境之中，要想感受到幸福光明是很難的。因此，維吉妮亞具有迷人魅力而刺激的生活方式，其實只是虛有其表罷了。

維吉妮亞的後半輩子，活在對艾普斯坦的激烈怨恨之中，她責怪當初都是他，將自己帶入這個充滿罪惡的人生。然而最主要的原因，她是為了他沒有正確建議她該繳多少稅才發火動怒的。對於一個有著獨立自主名聲的女性來說，這是個多麼平庸、老掉牙的抱怨。

維吉妮亞在貧窮之中死去，她的死是遭到昔日情人的出賣（她從來沒有真心愛過他），或許還是被她的老友與往日同盟夥伴下令殺害。對於一個日後激勵許多年輕女性，在犯罪黑社會裡成為幫派份子的姘婦、以尋求財富的女子而言，這就是她的人生故事。

雅琳．布瑞克曼的故事[9]

一九三四年，雅琳．懷斯（Arlyne Weiss）生於紐約下東城，她從小讀著報紙上關於維吉妮亞．希爾的事蹟長大，有家報紙還稱呼維吉妮亞是「美國最成功的女性」。[10]雅琳的父親是個人脈關係良好的討債集團成員，他試著讓女兒遠離黑社會。但是從雅琳十二歲那年起，她就下定決心要像維吉妮亞．希爾成為黑幫老大的女人。

雅琳的祖母伊達．布魯（Ida Blum）開了一家殯儀館，很鼓勵孫女往這個方向發展。雅琳清楚這要有什麼條件：好看的外貌、懂得守口如瓶的聰明腦袋，以及床上的性愛技巧，好讓看上她的「聰明小子」離不開她。她能得到的回報是金錢和禮品的餽贈、地位和尊敬。

雅琳長成一個高挑苗條、胸部豐滿的年輕女子。她失去童貞的初夜，發生在祖母開設的殯儀館裡，對象是一個年輕的表親，兩人偷偷摸摸，而且感覺痛苦。在這之後，她就專找年紀較大的男性作愛，看看是否會感覺更加愉快。每到傍晚，她和另外三個女性朋友就開車到處溜達，挑選她們看得上眼的男人。

雅琳沒念過多少書，她閱讀的全都與維吉妮亞．希爾有關。「在我看來，」她對替她執筆傳記的泰瑞莎．卡本特（Teresa Carpenter）說：「這裡有個婆娘，混得真的很不錯。」雅琳相信，維吉妮亞最讓人印象深刻的成就，就是獲得接納，被看成是這些黑幫小夥子的其中一員。

雖然雅琳是猶太裔，她卻喜歡找義大利黑幫份子交往，因為她覺得這些人更加浪漫、讓她感到刺激興奮。她結交的第一個黑幫混混，是波南諾（Bonnano）犯罪家族裡的打手東尼．米拉（Tony Mirra）。剛開始，一連好幾個星期，東尼連正眼也不瞧她一下，讓她感覺很氣餒。終於，東尼邀她坐進他那輛黑色車身、黃色車門的凱迪拉克去兜風，他的手一直在她大腿和胸部上遊走，接著將她的臉往自己沒拉上拉鍊的褲檔湊過去。她想要抗拒，他就開罵說：「你這個女人除了空口說白話戲弄男人，你還會什麼？」為了反駁這個指控，雅琳張開嘴巴，將他的陰莖含進嘴裡，學會了如何為男人口交。

十四歲的雅琳，就此成為東尼的姘婦。他給她錢，叫她將信封或包裹轉交給他的同夥。只要是她在「執勤」的時候，就會精心打扮一番，披上一條維吉妮亞．希爾穿著風格的狐毛披肩。東尼不討雅琳父母的喜歡，更讓她想和他在一起；爸媽盡了一切努力，想要讓她離他遠點，也遠離那些聲名狼藉的幫派份子，可是雅琳全都置之不理。

東尼之後，她的下一任男友是艾爾．潘尼諾（Al Pennino），他們兩人是在她與前途看好的拳擊手洛基．葛瑞奇安諾（Rocky Graziano）在一起時相遇的。在一場重要的比賽之前，雅琳的父母強迫女兒搬離艾爾的旅館房間。這起意外突然發生，影響了艾爾的心情，最後讓他輸掉比賽。雅琳對此非常自責，她從父親的錢包裡偷錢交給他，以彌補他在這場該贏而未贏比賽的損失。但是艾爾的兄弟和母親都不喜歡雅琳，而艾爾本人則開始指望她的接濟。過不了多久，雅琳就確定自己受夠了艾爾，也受夠了「義大利佬的屋子」。

雅琳接下來交往的情人是她父親的朋友，人稱「納提」（Natie）的納森尼爾．尼爾森（Nathaniel Nelson），他是個成衣製造商，與黑社會也有關係。納提比雅琳大三十幾歲，穿著浮華，全身上下佩帶的首飾珠寶閃爍發光，而他的樣貌俊美，也可以和巴格西．賽格爾媲美。直到有次她在海邊小屋陽台上勾引他之前，納提對她試著要吸引自己不屑一顧。

這次在陽台躺椅上的天雷勾動地火的情挑，至少對納提來說，引出一段熱烈狂野的戀情。他送給雅琳大量的禮物和金錢。但是他愈來愈強的佔有欲，和談到要和她結婚，都讓雅琳心生驚恐，因此決定和他分手。納提靠著一串鑽石手鐲當禮物，以及她祖母的支持，贏回她的芳心。他也住口不再談到結婚的事。

雅琳輟學，成為一位時裝展場的模特兒。她通常在納提裝潢奢華的公寓裡過夜。一個星期六的早晨，她在公寓裡和知名的幫派份子吉米．道爾（Jimmy Doyle）擦身而過。然後，她赫然發現納提頭部中彈，倒在玄關。驚慌之餘她趕緊離開，什麼也沒有說。吉米．道爾傳話過來，要她去與他見面。雅琳把自己打扮得像維吉妮亞．希爾一樣，帶著必死的勇氣去見他。但結果吉米只是想要打炮，解決生理需求。雅琳滿足了他。完事之後，吉米點了根香菸，然後說：「現在給老子滾出去，我會打電話給你。」[11]

從那時起，她就成了吉米的性奴隸，他還讓幫裡的兄弟一起享用她。雅琳默默承受這一切，害怕這件事被父母知道。但是她的體重暴跌，而且頻繁哭泣，她的雙親帶她去找心理醫師，這位醫師勸誘她，將心裡的祕密告訴父母。她的父親去找吉米談條件。他向吉米擔保，雅琳絕對不會透露納提．尼爾森的死因，換得吉米同意，停止和她見面。

終於安全了，雅琳慢慢恢復過來。很快她遇上諾曼．布瑞克曼（Norman Brickman），並且嫁給他，諾曼是個有魅力的男人，年紀比她大上許多，才剛和妻子離異。雅琳之後回想，相信自己之所以會接受他的求婚，是因為她想要趕在作風保守、卻發展順遂的妹妹之前，先把自己嫁掉。雅琳的婚姻生活並不快樂。諾曼似乎非常固執，挑剔他的衣服、食物，還有家裡該如何保持整潔。雖然雅琳盡了最大努力，還是無法讓他滿意。他們分居了，她帶著他們的小女兒萊絲莉（Leslie）一起生活。她開始和幫會流氓約會、上床，包括東尼．米拉在內的前男友，還有新結交的男人。

雅琳對這些關係抱有期待。「有一些長得還不錯的幫派份子，你會和他們出去約會幾次。你會在車子裡幫他們吹喇叭。他們也許會買件首飾送給你。或者他們會給你個幾百塊錢，說：『拿去，給你買件新衣服』。」[12]

但是她最新結交的男人，知名的黑手黨成員喬．可倫坡（Joe Colombo），卻只要和她作愛，不給任何回報。「他是這個世界上最糟的渾球！」雅琳憤慨的對另一個體貼得多的幫派小子這麼說。[13]

隨著時間過去，雅琳成為重量級犯罪世家都能信任的姘婦，這些家族，包括了甘比諾家（Gambinos）、吉諾維斯家（Genoveses）和波南諾家。她和這些幫派份子在一起過的生活，徹徹底底屬於雲霄飛車般高低起伏的恐懼（有一次，三個幫派在一家夜店辦公室輪流強暴她），穿插點綴著大筆大筆湧入的現金。

雅琳就這樣過了好幾年，直到她遇見幫派份子湯米．路卡（Tommy Luca）。雖然他是個反猶太主義者（他曾經公開稱雅琳是「該死的猶太賤貨」），卻要雅琳作他的女人，還將她和女兒萊絲莉安置在一處公寓裡。但是，湯米在家時候的日子很折磨人，雅琳得幫忙煮義大利食物，招待來家裡的幫派份子，他們高聲喧鬧、討論電話詐欺，根本無視她的存在。湯米送她大量的珠寶首飾，但是每當他急需周轉用錢時（這時常發生），他就把送出去的禮物收回來，拿去典當換取現金。

湯米也會毆打她，發生的次數頻繁，而且愈來愈凶暴。有一次她被打得渾身青腫，倒在地上不能動彈，他竟然壓上去強暴她。之後他責備說，都是因為她，自己才會做出這樣可怕的行為，然後保證她可以永遠依靠他。雅琳是個典型受到家暴的婦女，她將他的暴力錯看成激情，事後的懊悔則當成愛情。她使盡渾身解數，想要取悅他，甚至讓自己增肥、把頭髮染黑，好讓自己更像義大利女人。

這段感情愈來愈熱烈的同時，也在逐漸惡化。雅琳對湯米的「生意」幫助實在太大，所以她不認為他能離得開自己。在此同時，她又受人誤導，暗中幫著與湯米敵對的幫派監視他，還自以為是某種「替自己買保險」的自保手段。當兩人因為地下簽賭雙雙被捕時，湯米要她先行招供好保住他，因為她的罰則比他輕微。雅琳坦承犯行，達成認罪協議，被判處緩刑，外加兩百元罰款。

又過了幾年，雅琳落入一家黑手黨高利貸錢莊的魔爪之中，她沒辦法償還。當知道高利貸業者準備要殺死她時，雅琳便投靠警方，轉為祕密線人。在接下來超過十年期間，她一面經營地下賭盤生意，還參與湯米的海洛英毒品買賣，一面在手提包裡安放竊聽器，錄下黑幫份子的對話。一九八六年，在一場冗長而艱困的審判裡，她出席為檢方作證，從而突破了可倫坡幫派運作最重要的部分。然後在聯邦政府的保護之下，她離開東岸到佛羅里達展開新的人生。

雅琳・懷斯・布瑞克曼從少女時代起，就受到維吉妮亞・希爾的啟發和影響。然而，無論從哪個角度來看，雅琳都沒有維吉妮亞達到的成就。她從來沒有坐擁過大筆的金錢，也沒能得到幫裡兄弟（他們也都是反猶份子）的尊重。維吉妮亞在黑幫裡積極活躍的時候，並沒有和幫內份子生下孩子，雅琳則不一樣，她將自己的孩子置於充滿暴力的生活環境裡，導致有一次，女兒萊絲莉竟然拿著菜刀，想要攻擊一個對雅琳施虐的姘頭。後來在萊絲莉吸食海洛英成癮時，雅琳卻拒絕停止毒品買賣。雅琳活了下來，對於自己的人生並沒有徹底失望。可是在她之後的日子裡，成天擔驚受怕，手頭現金短少，而且沒得到尊敬。她的人生故事最終證明：維吉妮亞・希爾是一則錯誤示範。

珊蒂・沙道斯基、喬治婭・杜蘭特與雪莉・萊絲的故事[14]

珊蒂・沙道斯基（Sandy Sadowsky）和喬治婭・杜蘭特（Georgia Durante）這兩名女子和雅琳一樣，都是與黑幫份子約會的女模特兒，最後也嫁給黑社會小混混。珊蒂是拉斯維加斯的歌舞女郎，非常崇拜維吉妮亞・希爾。在她還是個少女的時候，就在黑白電視的八吋螢幕上，看過維吉妮亞・希爾出席凱佛維爾調查聽證會的場面。「她出現在那裡，穿著低胸黑色套裝，頭戴一頂寬邊女用羽毛帽，配著太陽眼鏡，肩披銀狐毛大衣。大名鼎鼎、優雅迷人、神祕莫測……我覺得她真是太厲害了，」珊蒂如此回憶。[15]

珊蒂和喬治婭兩人都經歷過，身為黑幫姘婦高低起伏的瘋狂人生。她們的情人都會不斷對她們餽贈服裝和珠寶首飾，然後在他們需要周轉的時候拿回去。有一次，珊蒂正和一家夜店的老闆伯尼・巴頓（Bernie Barton）吃飯，這時，黑幫超級大角頭麥爾・蘭斯基（Meyer Lansky）手下，一個開地下簽賭站的傢伙加入他們倆的飯局。伯尼小心翼翼的把一張簽好名的文件，連同他們的汽車鑰匙，一起交給這個人。「你身上有錢搭計程車回去，對吧？寶貝？」他問珊蒂。[16]他剛剛簽下的，是一紙讓渡同意書，將他們名下的汽車拿去償抵賭債。

缺乏現金是許多黑幫情婦與妻子的共同遭遇，而財政經濟上的保障，就和她們生活的其他層面一樣，薄弱而且轉瞬即逝。（伯尼必須先得到他假釋官的同意，才能夠和珊蒂結婚。）

珊蒂和喬治婭兩人都見證了多起暴力刑案，這是她們情人生活的重要部分。有次珊蒂回到家，赫然發現有個陌生人，肩膀上有一道槍傷彈孔，他身上流出來的血，不但浸濕她的針織提花墊緯凸紋布白色床單，還滲到淺藍色地毯上。伯尼要珊蒂幫忙，把子彈從他身上取出來。他說，送這個人到醫院是行不通的。害怕得渾身發抖的珊蒂幫著伯尼，他拿著一把廚房菜刀，在受傷男人尖叫聲中割開他肩上的傷口，取出子彈丟進馬桶沖掉。之後，伯尼平靜的吃下一份烤焙果麵包，配上奶油、番茄和紅椒。

喬治婭的情況更糟。她最終下嫁的夜店老闆喬・拉曼多拉（Joe Lamendola），長得英俊瀟灑，但是個性殘暴。喬治婭親眼看見他和同夥猛踹一個倒地哀求放自己一條生路的男人，然後將他塞進汽車後車箱。當喬治婭流著淚問喬，這到底是怎麼一回事的時候，他連續不斷的掌摑她，直到她答應，自己什麼都沒有看見，也什麼都不會說出去的時候，才肯停手。「永遠不准你這樣質疑我，永遠不准！你是個什麼貨色，敢這樣懷疑我？」喬吼道。[17]

和維吉妮亞、雅琳的遭遇相同，珊蒂與喬治婭也是反覆遭受毆打暴力的受害者。喬治婭是個典型的受暴人妻。當珊蒂頭一次為她這位有時顯得很迷人的情人準備晚餐，結果不幸煮出烤焦的牛排，與半生不熟的番茄時，情人對她咒罵道：「你這個笨蛋、賤貨、婊子。討人厭的蠢貨！」他將食物和盤子往牆上砸去，接著把桌子掀翻，大聲辱罵她。

這兩個女人的生活，都被她們的男人牢牢掌握，即使是最細微的層面，包括化妝、髮型、服裝、交友、活動，全都不能例外。珊蒂發現，黑幫混混很討厭姘居的女人懷孕。在暗中試過各種方法（包括灌入消毒藥水），想要拿掉腹中胎兒不成之後，珊蒂只好對伯尼坦承自己懷有身孕。他責備她的愚蠢墮胎行為，然後哀嘆自己實在歹運，怎麼每個和他上床的女人都會懷孕。珊蒂替自己辯解，說她一向都按照天主教徒的做法，行房之前會計算安全期，伯尼吼回去：「你難道不知道每個天主教徒都會生出二十個小孩嗎？」[18]

在一九六〇年代，加拿大女子雪莉·萊絲（Shirley Ryce）的遭遇有許多地方與珊蒂、喬治婭兩人相同，雪莉之後成為警方的祕密線人，這一點又與雅琳類似。但是和上述這些女子不同之處在於，雪莉是個已婚婦女。身為一個年輕母親與無聊人妻，她踏入「江湖」的年紀比較晚：二十三歲。有一晚，她在家鄉漢彌爾頓（多倫多市郊的一座工業城）的酒吧裡流連時，瘋狂迷上帕帕利亞罪犯家族的掌門人，洛可·帕帕利亞（Rocco Papalia）。她在兩人第三次「約會」的時候，在他兄弟的公寓裡發生關係。他想要保持自己的住處不受「玷汙」，因為他的未婚妻經常會到那裡。

帕帕利亞家族對性的態度相當保守傳統。和許多美國黑道份子不同，他們厭惡口交，認為那是變態而令人作嘔的怪癖。雪莉有時會在作愛時，將法蘭克．帕帕利亞的陰莖含進嘴裡（洛可在厭倦雪莉以後，把她「轉讓」給哥哥法蘭克），法蘭克之後拒絕與她接吻，因為他「覺得這樣很糟」，感覺被汙染了。他甚至沒辦法在女性做出這樣「離經叛道」的事情後，還能與她同桌共餐。雪莉後來得出一個心得：對於這些義大利黑幫份子而言，性愛解放運動彷彿從來沒有發生過。

他們對婚姻大事的態度，同樣也十分傳統守舊。當雪莉發現洛可最近明顯變胖的時候，她就推斷他一定是結婚了，而妻子的廚藝很好。她知道，別去問任何有關他妻子的問題，也別問他（以及之後的法蘭克）是否愛她，或者表現出吃醋的樣子。她必須接受自己身為黑幫姘婦的身分；她必須有漂亮的容貌，讓人感覺愉快，而且（這是洛可要求的）願意和他幫內的兄弟上床。有次開會，雪莉得知，她竟然已經和出席九名幫派成員裡的八個上過床！洛可開玩笑說：「現在是怎麼回事？表兄弟大團圓嗎？」19

為了回報她對帕帕利亞家族的「付出」，雪莉得到禮物、金錢的餽贈，而在她離開丈夫的時候，帕帕利亞家族讓她在自家開設的「金鑰匙」酒吧上班。身為酒吧女經理，她扮演資深的姘婦前輩與心靈導師的角色。她教導年輕的「學妹」，「公司」希望女人的外表要雅致有品味，尤其注重穿著。她們在許多人的場合裡，不許罵三字經，不過在一對一的時候則可以。她們應該努力讓自己高雅大方，啜飲葡萄酒而不是牛飲啤酒，穿戴高尚的珠寶首飾，而不是俗麗的便宜貨，而且絕對不要期待在上床辦事時，會得到任何樂趣。「我必須想像（作愛）是件有趣的事情，」她之後回憶：「在和這些江湖兄弟上床時，我連一次高潮都沒有；我和他們在一起的時候，完全不識高潮的滋味。」[20]

黑幫情婦在接受訪問，或者將她們不為人知的過往寫出來時，通常會承認她們在本質上其實是弱勢，無能為力的一群。雪莉．萊絲試著為自己那段放蕩雜交的過往，做出某種女性主義式的分析觀點；她主張，藉由做那些呼風喚雨的男人會做的事情，她試著為自己取得某些事物，她視這些事物為權力的象徵。喬治婭現在則明白，自己完全是受暴婦女症候群底下的典型受害者——當然，雅琳和維吉妮亞也是如此。許多這類女子將佔有欲與愛情搞混，錯將暴力看成熱情，因而一而再、再而三陷入惡夢般的關係裡，完全無法脫身。

一名即將成為黑幫情婦的女子，如果要將自己的命運和黑幫的男人結合，致力於顛覆主流社會，必須有一個先決條件：她必須無視法律秩序的存在，也必須蔑視社會道德標準。她也必須把和主流社會相當不同的黑社會價值觀放在心底，並且忍受、奉行。在黑社會的世界裡確實有許多機會，對於女性而言，是在白道社會裡沒那麼輕易得到的：金錢和用錢能夠買到的物品，當然列居首位，接著而來的是危險與暴力帶來的興奮和刺激。但是這些黑幫姘婦為此也付出很高代價：她們的尊嚴崩毀，她們的家庭破碎，而極度惴惴不安的感覺，在她們有生之年一直如影隨形揮之不去。

克林姆林宮的玩伴女子[21]

極權主義的政府，通常採取類似幫派份子行徑的統治模式，令人和制度化的黑社會組織聯想在一起。這樣的情形，在高層官員濫用權力，近乎完全控制他們想要得到的女人時，尤其明顯。有一個惡名昭彰的案例，發生在拉夫連季・帕夫洛維奇・貝里亞（Lavrenti Pavlovich Beria）這個男人身上。貝里亞出身喬治亞農家，在蘇聯共產黨權力體制裡一路爬升，在一九三八年出任內務人民委員，也就是祕密警察頭子。貝里亞在完成對警察內部的清洗整肅之後，頒行一套惡名遠播的恐怖制度，也就是被稱為「古拉格群島」（Gulag Archipelago）的嚴刑拷問和勞動改造集中營。

在史達林死後，貝里亞遭到逮捕審問，之後被處決。在他接受審問時，審訊者一度向他提示九份名單，上頭總共列有六十二名女子的姓名，審訊人員問道：這些女子是否都是他的情婦？是的，貝里亞回答，她們大部分都是。他是否罹患梅毒？是的，但是他聲稱，此病已經治癒了。有一名十四歲的女學生懷了他的孩子，是否遭到他的性侵？那不是強姦，貝里亞堅持：那名女孩是甘心情願與他發生性行為的。

貝里亞的眾多情婦裡，有一位年輕的喬治亞女牙科醫師，名叫薇拉（Vera）。薇拉是個嚴肅的女子，身材高挑苗條，面色蒼白，有一雙暗色的眼眸。她在盧比揚卡（Lubyanka）監獄裡執業，也住在監獄區內的一棟小公寓裡。無論何時，只要貝里亞心情好，就會到薇拉的公寓去找她，而他也強迫她參與對監獄受刑人的拷問。受害人會由一名警衛押送到薇拉的辦公室，此時他還以為只是要做例行的牙齒檢查。但是一等這名男子張開嘴，警衛就立刻將他綁在診療椅上，在薇拉對他的牙齒鑽孔時進行訊問。直到這名痛苦不堪的人犯點頭回應訊問，並且同意立刻招供之後，薇拉才會停止鑽孔。一位反對史達林專制主義的作家，在點頭承認所有針對他而來的罪名時，才撐了十五分鐘。22

臉上永遠沒有笑容的薇拉，除非內心和她的情人一樣扭曲，否則她與貝里亞的關係，必定就像她拷問貝里亞的人犯那樣，折磨著她的內心。她或許認識其中一部分受刑人，甚至可能還同情某些人的「異端邪說」。他們遭受拷問時發出的痛苦尖叫，想必日夜在她的腦海盤繞，而她在盧比揚卡監獄裡的住處，也無法使她得到慰藉。薇拉永遠無法擺脫貝里亞，或者，她永遠不能擺脫自己的記憶。

拉夫連季・貝里亞是政治強盜行徑的最惡劣示範。由於貝里亞得到史達林的信任，他愈是大權在握，就愈是危險可怕，因為他會施展權柄，迫使他想要的女人屈服。這個以無比熱誠，流了無數鮮血才確保一切公民權利與女性平等的黨國體制，現在成了他上下買通、教唆犯罪的場域；他使用這樣的體制來物色女人，滿足個人的性欲。貝里亞就是史達林主義的化身，他背叛了共產主義核心理念裡的性別平等，也背叛了許多堅守兩性平等信念、一度對黨國滿懷希望的女性。

卡斯楚的女同志們[23]

在經歷了將近二十餘年的統治，以及和南北美洲兩片大陸隔絕之後，古巴國家主席費德爾・卡斯楚（Fidel Castro）施行了一種更加純粹的共產主義政治，不過，卡斯楚早期的施政作風，是借鏡史達林主義的策略：使用基層鄰里幹部作為全國性的監視網；鼓勵學生告發父母和老師的「反動」言行；同性戀者成為施暴凌虐的目標。人權遭到踐踏。反對卡斯楚政權的異議份子，無論只是受到懷疑或是貨真價實，一概遭受嚴刑拷問，並且長期關押拘禁。上述這些令人髮指的措施，玷汙了卡斯楚在種族、性別、住屋、教育、醫藥，和社會福利等各個層面，謀求全面平等所達成的成就。

卡斯楚剛從軍事獨裁者富亨希歐・巴提斯塔（Fulgencio Batista）總統[24]手上解放的古巴，是一個貪汙腐敗、充滿壓迫的社會，與這樣的社會同時愉快並存的，是一小撮養尊處優的古巴菁英階級，這群人決定了古巴的社會基調。巴提斯塔總統也邀請美國黑幫在哈瓦那設立賭場。於是麥爾・蘭斯基和其他黑手黨老大紛紛在這裡開設極為豪華的賭場和夜店，使得古巴的夜生活，以其多采多姿、充滿活力、放浪形骸而享有國際聲譽。

古巴的甜酒香醇滑順，香菸味道純厚，舞者活力四射。當地的娼妓，成員來自社會低層生活艱困的農民，既年輕又風騷。其他已就業的古巴女性（佔已登記勞動人口總數的百分之九點八），大部分都是傭役或者貧民。至於其他女性，要不是擔任無酬的家庭主婦，就是在檔案上沒有紀錄留存的兼差小攤販、包工頭。

卡斯楚接掌政權之後，在改善這種情況上取得重大進展，這是因為平等均權是卡斯楚政權的核心意識型態，同時也因為卡斯楚本人敬重女性，通常也信任她們。一九七四年，古巴召開為期五天的全國婦女大會，他全程出席參加。[25]在一年之後的婦女節當天，卡斯楚政府正式通過《家庭法》，宣布各種女性娼妓行業和女傭為非法，今後所有古巴公民，無論男女在法律面前一律平等。[26]

從社會面來說，卡斯楚對女性的期待仍然是傳統思考。在他與瑪爾塔・狄亞茲—巴拉特（Mirta Díaz-Balart）的婚姻裡，卡斯楚要求妻子近乎封建式的忠貞，但是為了革命事業，他卻毫不猶豫的犧牲家庭生活。他相信安定穩固的婚姻，對於離婚也抱持寬恕的態度。然而自從他和瑪爾塔離婚之後，卡斯楚寧可結交情婦，也不願意再婚了。

納蒂・瑞伏爾塔的故事

對於和卡斯楚長期交往的女性而言，愛上卡斯楚這個男人，就等於是和「偉大領袖卡斯楚」談戀愛。從卡斯楚投身革命的那天開始，他就將自己的政治生涯與個人生活合而為一了。納蒂・瑞伏爾塔（Naty Revuelta）是他最為外界所知的情婦，關於這一點，她知道得很慢，了解得很痛苦；之前她為他生下一個孩子，還指望著能靠這個孩子永遠留住父親的心。

納塔莉雅・瑞伏爾塔・克羅斯生於一九二五年，比同年出生的費德爾・卡斯楚早了四個月。她的母親娜蒂卡（Natica）來自一個顯貴而富裕的家庭，祖先有英國血統。娜蒂卡對自己的容貌相當自信，又受到情欲的驅使，違抗父親的嚴命，嫁給英俊但有酗酒毛病的曼諾羅・瑞伏爾塔（Manolo Revuelta）。納蒂四歲的時候，她的雙親就離婚了。她的父親遷居到偏遠的東方省（Oriente Province），幾乎完全從他女兒的生命中消失。

納蒂有一頭金黃中帶著深褐色的頭髮，綠色的眼眸，姿態豐滿撩人；她的母親以美貌自豪，她更是有過之而無不及。她的學歷包括費城的法律預科學校，以及哈瓦那最頂尖的美國學校。所有與納蒂熟識的友人，都期盼她將來在社會上發光發熱。「她不只是美麗而已，她已經登峰造極，」她的畢業紀念冊上如此宣稱。

納蒂嫁給德高望重、年齡大上很多的心臟病科醫師歐蘭多・費南德茲・佛瑞爾（Orlando Fernándo Ferrer），兩人也是極其般配的一對。當時納蒂因為一次危險的盲腸破裂與組織壞死而住院，佛瑞爾醫師對她一見傾心。她很快也當上母親，結婚一年之後他們有了小納塔莉，小名叫做妮娜（Nina）。

可是，儘管有勤勉的僕役為納蒂維持豪華的宅邸，為她照顧可愛的小女兒，儘管她身兼哈瓦那高檔名店的常客，與維達多（Vedado）高級網球俱樂部的會員，儘管她在埃索標準石油（Esso Standard Oil）公司裡有一份令人感興趣的職位，納蒂卻很不滿意自己的生活。

這並不全是因為忙於工作、性格保守的丈夫，令她覺得無聊的緣故。不知道是怎麼回事，這位古巴貴族階層的嬌嬌女，居然發展出對革命運動的同情態度。一九五二年，當富亨希歐・巴提斯塔將軍發動政變推翻政府，中止即將舉行的選舉，而且居然還因此獲得美國外交承認，以作為獎勵，納蒂便冒著可能會激怒她的同儕與家人的危險，毅然和革命運動的學生站在一起，致力於打倒巴提斯塔。

納蒂的態度認真，決心堅定。當卡斯楚發動的鬥爭運動需要金錢資助時，她毅然捐出自己的儲蓄。她參加了由荷西・馬蒂（José Martí）創辦的婦女追隨者大同盟（League of Women Followers），為卡斯楚和他的手下縫製相同的軍裝，以達成偽裝效果。納蒂還膽大包天的複製了三把她家的鑰匙，其中兩把送給兩位反對運動陣營的政客，第三把，裝在一只用法國香水薰香的亞麻小布袋裡，交到卡斯楚的手上。

納蒂將自己家的鑰匙交給卡斯楚，也交出了自己的一顆真心。卡斯楚在收到這位堅定熱情的高層社會名媛支持者寄來的信物之後，在某天穿著乾淨而且漿燙畢挺的貝雷軍服，出現在她家門前。關他們說著話，或者其實只是卡斯楚一個人滔滔不絕，一直到歐蘭多下班回家了，都還沒有結束。關於當前進行的被動消極抵抗，卡斯楚抱著反對態度，他的言詞充滿煽動力，讓歐蘭多將皮夾裡的錢全掏了出來，連同當日的所得全部捐獻出去。納蒂送告辭的卡斯楚到門口。「如果你有需要，請儘管來找我，」她很懇切的說。[27]她的女兒阿琳娜（Alina，這時還沒出世）後來寫道，納蒂自己並不曉得，「她的臉龐，她纖細的腰肢，她的高社會經濟地位，全都會令男人心跳加速……（她與費德爾）立刻就心靈相通，而外界世間的一切，彷彿都不再存在似的。」[28]

納蒂當然已經墜入愛河，而卡斯楚多多少少也看得出跡象。納蒂的丈夫深愛妻子，而且為人善良，但是他的個性穩重無趣，而且又是個工作狂，忽略了活力十足妻子的苦悶與無聊。而且，無論納蒂怎麼避免，不拿丈夫和高挑俊帥、充滿領袖魅力的卡斯楚對比，歐蘭多都顯得無可救藥的矮小，而且充滿書呆子氣。

在表面上，納蒂和費德爾兩人以政治合作夥伴的關係面對外界。她邀請他到維達多俱樂部，但被他婉拒了；不過當他約她一起參加抗議示威遊行時，她卻接受邀請而前往。為了回應學生狂暴的熱情，他努力找尋登上講台、發號施令的路線。當他在群眾之中穿行經過的時候，他將納蒂的手緊緊攢在自己的手心，讓她緊隨在自己身後。那晚，她一直到了深夜才躡手躡腳的回家，不過並不要緊。歐蘭多還在工作，而妮娜的保姆已經將女兒哄睡了。

很快的，卡斯楚幾乎每天都會用上納蒂送給他的鑰匙，將她的家變成他的戰略總部，計畫對蒙卡達軍營（Moncada）的進攻行動。他臨走之前，告訴納蒂說，要離開她實在很困難。「我想要你知道，我把你擺在我心中的聖壇上，」他說。[29]

在進攻發起日的破曉時分，納蒂將費德爾寫好的革命宣言分送給政客、記者和出版界。但是廣播電台隨即播送出一條可怕的消息：卡斯楚這支拼湊的烏合之眾軍隊，已經遭到擊潰。卡斯楚本人逃往山區躲藏，但是他的人馬有半數遭到俘虜囚禁、拷問和處決。納蒂感到痛苦煎熬。但是，她卻不敢將自己的痛苦說出口，而且當歐蘭多提議到畢爾摩（Biltmore）鄉村俱樂部午餐，飯後到海灘散步的時候，她也不敢表示抗議。

費德爾後來被逮捕入獄。納蒂是革命運動領導群之外，唯一一位對進攻蒙卡達軍營事前知情的人，她與這次事件有極大的牽連，以至於很擔心自己在任何時候都可能步上卡斯楚的後塵而遭到逮捕。她將這件事情透露給母親知道，她的母親焦慮到快將一頭濃密的頭髮都給扯掉。但是，所有在牢裡的人，都沒有將納蒂曾經參與謀劃的事情說出來，卡斯楚當然包括在這群人之內，而她雖然內心並不快樂，卻也能繼續平安無事的生活著。

費德爾被判處十五年徒刑。對納蒂而言，他實際服刑的二十個月是兩人感情的一段黃金歲月，因為鐵窗將其他女人也隔絕在外。這是第一次，也是最後一次，費德爾滿心依靠著她，毫無保留的與她相愛。

納蒂的新任務，是提供一切費德爾想要的物品，進而讓她成為他不可缺少的幫手，她希望就此能永遠將他留住。她為他找到好幾箱的書籍，還有食品，通通寄送給他，這些東西全是他急切需要的。費德爾貪婪的把食物吞下肚，看完所有書籍，他感謝她雪中送炭，稱讚她既深且廣的聰明才智。隨著他們相互通信，感情愈發親密，愛苗也日漸滋長，這位本來沉悶度日的美麗人妻，現在因為人生有了目的而重新振作，而且因為這段感情而為之歡欣鼓舞。「你給我的信，為我的靈魂提供養分……幫助我了解自己的情感……而且平撫我的恐懼，」她如此傾吐。[30]

才情洋溢的費德爾，提議兩人一起閱讀世界著名文學作品，而且孜孜不倦的著手進行。從薩克萊（Thackeray）的《浮華世界》（*Vanity Fair*）、馬克思的《資本論》，到薩默塞特．毛姆（Somerset Maugham）的《刀鋒》（*Tha Razor's Edge*），他們一起閱讀、討論與分析這些作品。「在每一頁，每一段，每一個字裡行間，都有你的位置，」費德爾充滿熱情的寫道：「我想和你分享每一個我在書中得到的愉悅。這豈不表明了，你正與我緊密相依，我從來不是孤寂一人的嗎？」[31]而「有部分的你，一如往常陪伴著我，也屬於我，也將永遠如此。」[32]他開始在信上寫道：「我非常愛你。」

他們繼續相互通信，費德爾將這段期間知性與獨創見解的大幅增加，都歸功於和納蒂的意見交流，而她則以滿腔真心真情來回應。但是等她發現，自己並不是費德爾唯一的通信對象時，她回信的筆調（其實是用埃索辦公室裡的史密斯牌打字機打出的）就充滿了尖酸刻薄的惡毒醋勁。「我不知道當自己並未被愛時，要如何去愛，」她憤怒的寫道：「有誰還比我更懂你？自從我開始寫信給你，就不曾對你有保留。我的靈魂為你敞開。」[33]

兩人之間魚雁往返的熱情愈是熾烈，納蒂就愈是討厭自己過著這種雙面人生。可是，她為自己找理由。她宣稱，自己的心夠寬廣，能夠同時愛著費德爾、歐蘭多、妮娜，還有她那位難相處又保守反動的母親。費德爾可不需要這樣為自己找藉口。他盡責的寫信給全心愛著自己，但是毫不關心政治的妻子瑪爾塔·狄亞茲—巴拉特，當時她正辛苦的獨自撫養年輕的兒子小卡斯楚，她的丈夫身陷囹圄，完全無法提供任何經濟援助。他在遠方遙控著兒子的進食、生活起居，還有其他家居細節，而且持續對瑪爾塔灌輸自己對於古巴政治的最新見解。

他並沒有和納蒂分享（或者是感覺到）任何矛盾的情緒，對於兩人之間的關係也沒有什麼罪惡感；在給納蒂的信中，他只是順帶提及瑪爾塔。比如，當瑪爾塔和他的姐妹莉狄亞（Lidia）口角時，費德爾會對納蒂訴苦：他想要譴責判自己入獄的法官，因為法官只判了十五年徒刑，而沒給他二十年的清淨歲月。

納蒂從來都不覺得瑪爾塔對她造成威脅。實際上，她的存在，和費德爾身陷牢獄之中，具有同樣的意義——都能讓他免於受到那些沒有丈夫和孩子的潛在競爭者的誘惑。納蒂特地出了一趟遠門，去拜訪瑪爾塔，與她交換意見，然後寫信給費德爾，說他的妻子真是個好人。納蒂還去討費德爾的母親與弟弟勞爾（Raul）的歡心。

兩人靠著書信往來傳遞感情還不到一年時間，有一位獄政官員，可能是蓄意，也可能是粗心大意，錯將費德爾要寄給納蒂與瑪爾塔的信顛倒寄送，原本寄給納蒂的信，到了瑪爾塔手上，給妻子的信，則到了納蒂那裡。納蒂只是把寄錯的信退還給費德爾，但是瑪爾塔卻感覺氣憤而受傷，她打開費德爾寫給納蒂的信，發現這個令自己陷入苦境的丈夫，竟然愛上了別的女人。[34]

瑪爾塔憤怒的去找納蒂，警告她如果還堅持繼續和費德爾保持聯絡，將會為他製造出醜聞。剛開始的時候，納蒂完全無法理解這件事情對她本人或費德爾帶來的危險，還要他幫忙開導瑪爾塔的恐懼與痛苦。「別擔心，人生裡的任何事情，都有解決之道，」她寫道。[35]

費德爾的解決之道，就是停止寫信給她。他提醒她，自己對個人瑣事不感興趣。納蒂的心裡充滿了對費德爾的愛，她發現很難把自己看作是「個人瑣事」。她同樣也不能明白：費德爾在對她做的這一切表達謝意的同時，也正是在澆熄撲滅他們熾烈的愛火。

但是，費德爾在獄中還是需要看書，於是他透過妹妹莉狄亞，將書單寄給納蒂，信裡語氣冷淡、態度強硬堅決。不過，他盼望能夠避免的婚姻醜聞，終究還是爆發了，但並不是因為納蒂的緣故。一九五四年七月十七日，他在廣播中聽到，內政部解雇了瑪爾塔。這是費德爾第一次得知，他的妻子竟然為他鄙視的巴提斯塔政府工作。他的反應是大怒而不肯相信。這則新聞報導是「一項針對我而來的陰謀，最為惡劣，最是懦夫行為，最卑鄙下流、最無恥，也最令人難以忍受，」他在給一位友人的信裡如此寫道：「我內人的名聲，以及我身為革命志士的榮譽，全都因此遭受衝擊。」[36]

他的妹妹莉狄亞很快就證實：新聞報導說的是事實。幾天以後，身心長期飽受煎熬的瑪爾塔提出離婚。費德爾反過來也要求離婚。「你知道我有一顆鋼鐵般的心，我應當要維持尊嚴，直到生命的最後一天為止，」他向莉狄亞鄭重宣告。37瑪爾塔同樣也要尊嚴體面，她改嫁他人，並且從此離開古巴，之後只有每年回國一次，探視兒子小卡斯楚；後來她和費德爾激烈爭奪兒子的監護權，一直到他終於獲勝為止。

在此同時，費德爾因為一次大赦而即將獲釋，納蒂相當緊張的在等待著。「或許費德爾這時還不清楚，對他來說，納蒂的吸引力，就在於他在獄中時，仰仗她擔任對外聯絡管道，是他的信差——而且確實還做得相當起勁、十分稱職。費德爾利用她取得自己想看的書；那是他對她感情僅剩的部分，」作家溫蒂．金貝爾（Wendy Gimbel）如此寫道；溫蒂在撰寫《哈瓦那之夢》（*Havana Dreams*）時，花了很長的時間陪在納蒂的身邊，這是一部關於納蒂家族四代的故事。

在他獲釋當天的黎明，納蒂穿著一條有束腰的紅色裙子，上身一件無袖襯衫，悄悄溜出她的屋子，跳上歐蘭多那輛綠色賓士轎車。但是以勝利者姿態出獄的費德爾，身旁由他的妹妹們簇擁，根本沒注意到站在大群支持者裡頭的她。

在兩人的關係最終決裂以前，納蒂和費德爾在他棲身的狹窄公寓裡，暗中幽會了好幾次，而且還情不自禁的上了床；對費德爾而言，他們的感情早在他還在監獄裡蹲著的時候，就已經結束了。納蒂必定是盼望，透過性愛、她美麗的外貌，以及兩人都還記憶猶新的愛情，能夠挽回他的心，但是費德爾卻維持客氣的禮貌，在情感上和她保持距離。而在這幾次幽會之後，幾乎是立刻，納蒂就懷了他的孩子。

納蒂心裡有一個很傳統而特別的想像：一個小嬰孩能夠挽回破碎的感情；她期盼自己懷的是兒子，一個小費德爾，這樣縱使他的父親在即將到來的革命中喪命，也有他來繼承香火。費德爾在不久之後被流放出國，他約她一起去墨西哥結婚，在那裡，他每個月的生活開銷只有八十美元。納蒂保護自己的本能直覺救了她，選擇和生活無虞的醫生丈夫與女兒一起生活。

然而，納蒂與丈夫之間的關係，已經有了劇烈的變化。一時良心發現，她鼓起勇氣向丈夫坦白，她愛上了費德爾。她甚至拒絕和歐蘭多同床，藉此來表示對費德爾的忠實。「在我和費德爾有了性關係之後，我別無選擇，必須離開我的丈夫，」她對溫蒂．金貝爾如此表示。[38]歐蘭多的反應很平靜，他沒有提議分居；或許他是認為，納蒂將費德爾這個人，與他的政治抱負弄混了，男人與自己的使命之間，同樣也難以區分。一九五六年三月十九日，納蒂生下一個女嬰，她本來期望，這孩子會是個翻版的費德爾。歐蘭多不疑有他，認為小女嬰阿琳娜是他的親生女兒。

納蒂將阿琳娜受洗儀式所穿長袍上的一條銀色緞帶送給費德爾；而新當上爸爸的費德爾，在墨西哥舉杯遙祝女兒的誕生。之後，他差遣妹妹莉狄亞去查看小阿琳娜，確認自己是否真是她的父親。莉狄亞把小嬰兒從頭到尾仔細看過一遍。「這個小女嬰絕對是卡斯楚家的人，」她宣布。[39]然後，她開始分送費德爾的禮物：銀色浮雕耳環和手鐲給納蒂，鑲有小碎鑽的白金飾釘耳環則是阿琳娜的禮物，後來，她把這件父親送的寶貴禮物給弄丟了。

費德爾不定期的會寫信給納蒂，要她幫忙重振自己的革命運動。他並沒有假裝自己還愛著她，而納蒂已經得知，謠傳他正和一個名叫伊莎貝．庫斯托迪歐（Isabel Custodio）的年輕女子談戀愛。一九五六年十二月二日，卡斯楚和五十名古巴革命志士，瞞過巴提斯塔政府的邊境守衛，在東方省成功登陸，從此展開了兩年的游擊戰爭。

在這段期間，卡斯楚的生活與感情都和席莉雅・桑切斯（Celia Sanchez）緊密結合在一起，席莉雅也將自己的人生，全都奉獻給他和古巴革命。這時候還對席莉雅一無所知的納蒂，繼續供給費德爾想要的物品：金錢，以及他最愛吃的法式糕餅，這是在哈瓦那著名的麵包烘焙店買來的。偶爾，他也會贈送她報廢的點七五口徑子彈殼充作回禮。

阿琳娜快要滿三歲的時候，巴提斯塔終於收拾細軟，流亡出國。費德爾重返哈瓦那，這次他是凱旋歸來的英雄，身穿橄欖綠軍服，嘴上還叼根雪茄。「費德爾！費德爾！費德爾萬歲！」群眾簇擁夾道，為他歡呼喝采。納蒂・瑞伏爾塔就在這些人當中，她想盡辦法在費德爾通過時，親手遞給他一束白花。「明天我會派人去找你，」他告訴她。他其實只是隨口說說，而她並不感到意外。

但是古巴人卻感覺意外。卡斯楚的翻譯員胡安・阿克查（Juan Arcocha）對美國記者兼作家喬琪・安・蓋爾（Georgi Anne Geyer）回憶起納蒂。「費德爾愛她愛得難以自拔，」阿克查說：「而在元旦那天，她已經準備妥當，在等待他了……她期待能嫁給他。她雍容華貴，比任何時候都還要美麗。每個人都在說，費德爾會和她結婚。」[40]但是費德爾在很久以前，就已經不再愛納蒂了；不論怎麼說，他已經將自己獻身給革命事業了。

到了一九五九年，卡斯楚的名字已經掛在所有古巴人的嘴上了：對於產業面臨國有化、特權即將終結的人來說，他的名字是個詛咒；對於終於開始感覺獲得解放的人民群眾來說，他的名字正是祝福與恩賜。這時的納蒂，是古巴菁英階層極少數仍然支持費德爾革命的人，她向歐蘭多坦白：阿琳娜是費德爾的女兒，而不是他的，因而要求要與丈夫離婚。

對歐蘭多來說，這個消息是革命政府將他的診所充公之後，緊接著而來的可怕打擊。失去了妻子和診所的歐蘭多，悄悄的加入逃離古巴的專業人員難民潮。他帶走妮娜，將阿琳娜留給納蒂。納蒂答應讓妮娜離開，因為歐蘭多說，一年之內就會讓她回國。這是歐蘭多第一次對妻子說謊。他心裡根本不打算將女兒交給納蒂。妮娜和他就此一直待在美國，之後的二十年都沒有再和納蒂見面。

之後有幾次，納蒂和費德爾兩人私下碰面。阿琳娜記得，在這幾次幽會之後，母親回來時，「整個人放出光采，臉上帶著發自內心的笑容，眼睛籠罩在一股謎樣的迷濛之中。」[41]有幾次，納蒂徹底放下自己的尊嚴，渾身上下打扮得招蜂引蝶似的：特意梳理的髮型、亮眼的服裝，像是在委婉的提醒他，兩人過往曾有過的承諾——然後到哈瓦那的希爾頓飯店，加入排隊的人龍，等著晉見將臨時辦公室設在二十三樓的古巴第一公民卡斯楚。輪到她晉見的時候，費德爾通常身著睡衣接見，毫不掩飾自己的冷淡，他對她的綽約多姿絲毫不為所動，只希望見到她早早離開。

要不是納蒂身為阿琳娜的母親，費德爾對她已經完全沒有一點興趣。他有時候會在深夜裡探視女兒。「她看起來像隻蜷曲成一團的小羊，」有一次，他這樣喃喃的讚嘆。他離去前送給阿琳娜一尊小娃娃玩偶，是按照他的形象作的：滿臉大鬍子，穿著草綠色軍服。費德爾上樓和孩子玩時，納蒂在旁看著，阿琳娜記得父親收起他的雪茄菸，身上沒擦古龍水，有著「男子般的氣味」。

突然，事前毫無預兆，費德爾不再前來探視；或許是因為他必須面對癡心愛慕自己的納蒂，內心感到氣餒或惱怒的緣故。同時，他也拒絕讓阿琳娜改姓卡斯楚。他說，在法律上，阿琳娜是歐蘭多的女兒。

納蒂這位卡斯楚的前任情婦，終於面對現實：費德爾不再愛她了。彷彿這對她的打擊還不夠，埃索決定結束在古巴的分公司營運，納蒂因此失去了工作。失去了情人、家庭和工作，納蒂的體重一下子掉了近十六公斤，成天哀傷流淚。

在無產階級化，全民立即陷入均貧式平等的古巴，她卻重新振作起來。電力斷斷續續，自來水供應也成問題。日常食品消失蹤影。人們持有糧票，才能領到少得可憐的食物，而納蒂出於愛國情操，拒絕向黑市購買糧食。納蒂的廚子，為她烹煮菜色單調的餐食：沒加鹽的水煮扁豆，或者菠菜泥。他哀嘆說：「沒有食材，我不曉得該怎麼料理食物。」[42]有一次，費德爾很罕見的前來探視她們，在見到孱弱的阿琳娜之後，他責備納蒂沒有照顧好女兒，而且馬上送來一大罐新鮮牛奶。

但是，此時滿心熱誠投入革命大業的納蒂，實在太過忙碌，沒有時間注意家裡的事。可是，現在已經太晚了——自從她拒絕和費德爾一起到墨西哥，就失去了與他在一起的最後機會，所以，現在她決心要支持一切革命所需的簡樸緊縮。她丟棄自己大量的時髦外衣，改穿青綠色陸軍野戰服，頭戴西班牙貝雷帽。在一張照片裡，她驕傲的站在田野裡擺弄姿勢，袖管捲起，襯衫的第一顆鈕扣沒有扣上，撩人的敞開著。她一頭濃密的頭髮，現在紮在貝雷帽下；她的兩手握著一把來福槍，纖細優雅的手指握住槍托的模樣，更像是拿著一把小提琴。

納蒂還認定，她目前和母親、女兒同住的房子，實在太過奢華。用阿琳娜的話來說，「她決定將整棟房子奉獻給革命大業。」[43]對此感到困惑不解，而且大為不滿的娜蒂卡，很鄙視卡斯楚和他的革命事業，她趕緊搶救家裡的水晶燈飾、骨瓷餐具，還有能喚起「舊日美好生活」回憶的剩餘銀製飾品，將它們送往新住處，是靠近海邊的一棟公寓。阿琳娜記得，在那裡，女傭會將骨瓷碟子和銀碗擺在餐桌上。然後，在納蒂「狼吞虎嚥」的吞吃玉米糊或其他滋味貧淡的食物時，娜蒂卡會教導阿琳娜進餐時的優雅禮節，並且尖刻的發表長篇大論，嘲笑卡斯楚治下古巴遭受的浩劫災難。

根據阿琳娜的回憶，這段住在小公寓裡的克難時期，並沒有持續太久。費德爾給她們安排另一處更好的住處，還指派一名僕人來幫女管家塔塔（Tata）的忙。這個新住處還設有一座車庫，以便讓納蒂停放她現在還在駕駛的綠色賓士轎車。

到了一九六四年，由於費德爾盼望能改善前任情婦與女兒對他的怨恨（溫蒂・金貝爾如此認為），他安排納蒂到古巴駐巴黎大使館任職，她將在那裡研究法國的化學工業。「這一定是席莉雅的主意，」納蒂冷冷的說。44

席莉雅・桑切斯和費德爾一樣，是個狂熱而博學多聞的革命志士；自從他在墨西哥策劃入侵古巴階段起，她就成為決策小組極為重要的成員。當他們在墨西哥山區開始發動這場漫長而艱鉅的戰役時，席莉雅與費德爾就已經同床共寢了。回到哈瓦那後，她更是他不可缺少的護衛、助手和軍師。席莉雅不只一次出面阻止納蒂和費德爾見面，這很可能是奉了他的指示。不過，納蒂卻認為席莉雅這麼做是出自她的嫉妒。

阿琳娜用惡毒的字眼，形容這個她認為阻撓父親與自己見面的女人。在她心目中，席莉雅不但荒謬可笑，而且令人厭憎。席莉雅那頭「無法控制」的亂髮，被攏成一條馬尾，擺在她「糟透了」的頭顱側邊；她上衣下穿的蕾絲裙邊，總是拖得長長的，而「為了修飾遮掩皮包骨的腿，她穿著一雙少女短襪，足蹬細高跟鞋。」45阿琳娜（也許是納蒂本人？）一定不明白，這個衣著毫不時髦、相貌土俗平庸的女子，憑什麼能打敗漂亮迷人的納蒂。

既然納蒂被放逐到巴黎（她如此認為），她就一頭栽進如旋風般忙碌的新生活。她的新生活包括從哈瓦那海運過來的綠色賓士轎車。納蒂在大使館工作，試著寫出卡斯楚指定她完成的報告，而她之前對化學工業一無所知。為了空出時間完成報告，也為了自己與外界日漸增多的社交生活，納蒂送滿心不情願的阿琳娜，到距離巴黎十六公里遠的一所寄宿學校上學。

當有謠言逐漸傳開，說納蒂正在計畫叛逃時，她為了平息謠言，將自己絕對不能失去的親人（也就是女兒阿琳娜）送回古巴。阿琳娜返抵國門當晚，費德爾就前來領取納蒂帶給他的禮物（裝滿一整個行李箱的法國起司，以及單一麥芽蘇格蘭威士忌），然後探望阿琳娜。

五個月以後，納蒂回到哈瓦那。費德爾又等了八個月，才私下前來為她洗塵。他來的時候，她劈頭對他抱怨了一連串事情，包括她求職到處碰壁——沒有費德爾點頭，誰也不會雇用她。隔天，費德爾就任命她出任國家科學調查中心的檔案資訊主管。

這個時候，納蒂終於對阿琳娜說出真相：她的親生父親，不是早已逃亡出國的歐蘭多．費南德茲，而是費德爾。然後，納蒂拿出自己珍藏的書信，這些信函都是費德爾被關押在派恩斯島（Isle of Pines）監獄時寫給她的。納蒂要阿琳娜好好保存這些信件，因為它們都是革命時期的重要史料，同時也記載了當時兩人之間的熱烈情感。

納蒂解釋說，阿琳娜的名字，是來自費德爾母親的名字「琳娜」。她還表示，自己之所以沒有答應費德爾的邀請，和他一起去墨西哥，是因為當時她不能離開妮娜，而無論如何，他都不可能一面照顧一個女人和新生的嬰兒，一面進行革命。

終於，阿琳娜知道了這個在哈瓦那人盡皆知的事情：費德爾．卡斯楚是她的親生父親。可是，他仍然將許多她寫過來的信件束之高閣，置之不理。「我沒辦法讓他把心思放在我身上……也不能讓他對我媽回心轉意，」阿琳娜回憶道。[46]接下來的兩年裡，他只找她來見過兩次面，但是卻向她提起，等到某條法令修改以後，她就可以將姓氏改回卡斯楚了。他還提起納蒂，順帶地說道：「你媽有個問題。她人實在是太好了。千萬別對任何男人這麼好。」[47]

納蒂和費德爾的關係本來就已經走下坡，還一再遭受冷落。阿琳娜（和納蒂？）直接怪罪到席莉雅・桑切斯的頭上。據阿琳娜的說法，席莉雅在她的有生之年裡（她於一九八〇年去世），一直騷擾、阻撓著納蒂。至於卡斯楚的家人，從前稱納蒂是費德爾的「娼婦」，後來稱她是他的前任情婦，表現更有敬意了。

邁入青春期的阿琳娜，出落得和她的母親一樣美麗，和她認定的席莉雅一樣惡毒刁蠻，和她的父親一樣固執，而且就像受到忽視的孩子，不肯聽話且敏感多疑。從十七歲起，阿琳娜多次結婚又離婚。「結婚這件事對我來說，有效期限是一年，可不是永久有效，」她這樣自我解嘲。[48]

剛開始，費德爾對女兒承諾，如果她放棄這些瘋狂的舉動，他願意做個更稱職的父親。到後來，他索性大起反感。「你竟然因為一個芭蕾舞者而離開安哥拉戰爭的英雄？我真是不敢相信！」在她和第一位丈夫離婚，和第二任再婚時，他如此責備她：「如果他是個跳舞的，一定是個娘娘腔。」[49]

比起費德爾，納蒂對阿琳娜紊亂感情生活的不滿，更是有增無減。當阿琳娜對她宣布自己懷孕的消息時，納蒂把她趕出家門。在物資缺乏、侷限重重的古巴，想要為人母，真是難上加難。阿琳娜生下女兒穆琳以後，費德爾致送的禮物，是一件給女嬰的衣服、一件給阿琳娜穿的家居長袍、痱子粉，以及可以買一台冰箱的現金。阿琳娜用盡一切方法，取得足夠的食物，包括向一名愛撫過她乳房的老男人索討蔬菜。她隨後又嫁給一名富裕的墨西哥男人，能夠提供她更好的生活，但是費德爾拒絕簽發離境許可。過了一段時間，這個墨西哥人就從她處處受限而一成不變的生活裡完全抽身了。

阿琳娜搬回去和母親納蒂、外婆娜蒂卡住在一起；母親與外婆，就像她和母親一樣經常吵架。娜蒂卡是個冥頑不靈的反卡斯楚人士，堅決捍衛自己的菁英價值觀，包括根深柢固的種族歧視看法。而隨著時間過去，阿琳娜也變得愈來愈蠻橫不可理喻。她對外國記者批評父親的政權。她成為一名患有貪食症的時裝模特兒。她對家人、朋友破口大罵，藉以發洩積鬱內心的怒火。阿琳娜雖然不能使父親愛她，不過她知道自己的身分，無論她怎麼胡來，絕對不會有事。阿琳娜在四十歲時逃離古巴，在國外譴責卡斯楚，拍賣他寫給母親的情書，並且撰寫回憶錄，描述自己身為他女兒的人生。

阿琳娜已經逃走了，而納蒂卻還忍受著、苦苦堅守著她的居所，待在這座鍍金裝飾的監獄裡。由於卡斯楚曾經愛過她、信任她，讓她參與重要機密，而且使她懷上身孕，也因為她的驚人美豔（現在已經褪色）和女兒的各種惡劣行跡，納蒂因而過著和其他古巴人都不同的生活。

表面上，她住在一棟豪華大宅裡，有著稱頭的工作。但是私底下，她忍受著心懷怨憤同事們加諸在身上的侮辱、費德爾拒絕回信的痛楚、害怕席莉雅陰謀對付她的恐懼、古巴物資短缺這個一直讓她苦惱的現實，還有和娜蒂卡一起生活的折磨。娜蒂卡鄙視她信仰的一切價值觀，而且在她們共住的宅子出現短缺和不方便的時候，就毫不留情的嘲弄、責罵納蒂。

費德爾．卡斯楚和女人之間的特殊關係，和他性喜女色一樣廣為人知。因為他信賴、仰仗這些女子，女性因此在他的革命鬥爭中扮演極為吃重的角色。他喜歡美女，但是美女對他造成的影響很短暫。正如卡斯楚的政治親密盟友密爾巴．費南德茲（Melba Fernandez）告訴《紐約時報》特派記者泰德・蘇爾克（Tad Szulc）所言：費德爾最看重的，還是聰明才智。

蘇爾克認為納蒂・瑞伏爾塔是「一小群不凡女性」的一員，「這群女子或者外貌美艷，或者聰明過人，又或者兩者兼具；她們將人生都奉獻給卡斯楚與他的革命事業——要是沒有她們的協助，他的事業可能無法成就。」[50]納蒂自願加入，而且一直留在她們的行列之中，她的內心受到革命信念的驅策，但同時也懷抱著一個渺茫卻不肯放棄的希望：或許有一天，她可以重新贏回費德爾的心，或者至少重新點燃一部分兩人之間曾有過的激情。

在納蒂的故事裡，她不屈不撓的犧牲與奉獻，遠比她和費德爾・卡斯楚之間這段感情的本質要來得顯著。他只在單獨一人被拘禁在牢裡時，愛過她短短幾個月；只有這段時間，她沒有情敵競爭，可以充分運用自己手上一切資源，來撫慰、影響她受難的情郎。費德爾出獄之後，她實際上只做了他兩個月的情婦。身為一個不忠的妻子，她偷偷摸摸的溜出家門，趕往與他幽會的地點，和他溫存，與他上床，這是她的最後機會，想挽回日漸疏遠的費德爾。「我之所以出生，就是為了要提高我母親在費德爾心目中的地位，」阿琳娜反覆這麼說。[51]

而事情的發展很快就能證明，這麼做或許能發生效用，但是納蒂還不能做好準備，接受真正的費德爾：他是一個赤貧而狂熱地獻身於革命的男人，他沒有個人生活，圍繞在他身邊的，全都是仰慕他、致力於革命大業的女性。

席莉雅・桑切斯的故事

席莉雅・桑切斯達成卡斯楚前任情婦沒能辦到的成就，直到她於一九八〇年過世為止，她一直都是卡斯楚生命中最重要的人。席莉雅生於一九二七年，是曼紐爾・桑切斯・席爾維拉（Manuel Sanchez Silveira）五個女兒的一位；她住在東方省的西南邊，長期參與政治。

在所有受過良好教育、出身高貴，也同樣投入革命運動的女性，席莉雅從一開始就顯得與眾不同。她才智過人，精明幹練，而且意志堅決。她完全認同革命運動的哲學內涵，以及它具體的政治目標。對於東方省在地的民情、政治局勢、地方領導仕紳與地形，她所知甚多。在卡斯楚和他的同志計畫要入侵此地時，席莉雅就成了最重要的戰略策劃人。她提供導航地圖，組織一群農村地下革命黨人，以及都市裡的響應團體，還為登陸的反抗軍收集和遞送食物、彈藥等補給品。等到席莉雅與費德爾兩人終於見面時，她已經是他革命事業裡的關鍵人物了。

席莉雅第一次見到費德爾，時間是一九五七年二月十六日，地點在游擊隊活動區的一處牧場裡。當時他滿臉鬍子，渾身骯髒，穿著破爛襤褸的衣服，頭戴一頂綠色的帽子，或許是因為在山區裡爬了好幾個月，他全身散發惡臭。席莉雅和同伴在山區步行一整晚，和反抗軍取得連繫；凌晨五點剛過，她們遇見費德爾與他的人馬。他們在那裡進行幾個小時的談話，互相向對方簡報目前情勢的發展，並且計畫下個階段的起事行動。晚間時分，他們在附近一處甘蔗田裡進食，然後繼續討論直到深夜。

從各種角度來看，席莉雅都是費德爾理想中的完美女人。從他們在山區打游擊時開始，她對戰略的傑出理解、她對使用武器的嫻熟專業、她有本事爭取民眾成為盟友，而且還能提供叛軍迫切需要的食物、彈藥，甚至是卡斯楚個人所需的一切人、事、物——她找來一位牙醫治療他的牙痛，一名《紐約時報》特派記者紀錄他取得的進展——這一切都讓他感到，她是上天賜予他的禮物。

席莉雅唯一的缺憾，就是她欠缺費德爾欣賞、在別的女人身上具有的美貌。席莉雅沒有瑪爾塔的迷人魅力與嚴肅認真的氣質，沒有納蒂的風騷撩人，或者像費德爾曾經在墨西哥短暫愛上的伊莎貝・庫斯托迪歐身上那種年輕美麗，她的相貌非常平凡。她有很明顯的鷹勾鼻，一張長臉，橄欖色的皮膚，還有一頭有彈性的黑髮，有時她會將頭髮向上盤起，不過更常攏在後腦勺，梳成一條馬尾。她的四肢枯槁，雙腿細瘦，完全沒有納蒂・瑞伏爾塔知名的柔軟身材曲線。

當時她三十歲，已經不年輕了。52但是她隨時把笑容掛在臉上，而且有沙啞、令人悸動的嗓音。尤其她的口才好，也願意傾聽別人。阿琳娜說席莉雅穿得像個男裁縫一樣，話雖然說得惡毒，卻很準確，不過席莉雅會在自己嚴肅樸素的妝扮上，添上一些簡單的裝飾品。照片上的她，戴著耳環與耳墜。在古巴偏遠山區，也就是軍事起義的心臟地帶，她穿的是游擊隊的草綠色上衣和野戰長褲，但總是悄悄在靴子上掛著一條黃金腳踝鍊。53

從他們頭一次相遇開始，席莉雅和費德爾就成為一對靈魂伴侶。席莉雅來來去去，帶來情報和物品，接受指令和名單。當兩人分開的時候，她和費德爾用信件保持密切連繫，他們之間來往的信件是重要的紀錄，不僅是因為信件裡呈現出兩人親密而無拘束的感情關係，更由於信件裡保存了一場戰役的重要史料，這場戰爭即將把腐敗而專制的古巴，從巴提斯塔手中解放出來。

隨著戰役進展，當局開始得知席莉雅的各種舉動。當她知道他們想要逮捕她時，就逃往反抗軍的營區躲避。席莉雅和費德爾開始形影不離。她搬進費德爾居住的那棟迷彩偽裝小木屋，也就是他發號施令的處所。她與他同房共枕。在費德爾到屋頂陽台上處理公務的時候，她就把屋裡另一間小房當作自己的辦公室。這對情侶從來沒停下手邊的工作，他們總是沒完沒了的談話與計畫。在巴提斯塔政府倒台的時候，反抗軍在山區裡已經建立起幾所設備原始的醫院，能夠生產輕武器彈藥、子彈和皮革設備的工廠與一家印刷廠，還有最重要的廣播電台。

席莉雅偶爾必須離開營區，到各處去督導，費德爾深深的思念著她。「你不在這裡，真是留下一片真空。當有個女人在我們山區根據地裡四處走動，即使是她手上握著一柄來福槍，總是能讓我們這些男人更能度過難關、更像樣、更紳士派頭，甚至更為勇敢。」接下來，是兩個人之間的體己話：「而你，何不過來這裡一趟呢？考慮看看，過幾天就來吧……一個大擁抱。」後來，有一個錯誤的新聞報導，指出席莉雅遭到當局逮捕，於是費德爾起草一份聲明，宣稱她和另一位反抗軍份子是「我們的基本支柱。如果他們兩人安然無恙，我們所有人才會放心平靜。」切．格瓦拉也高度評價席莉雅，說她是反抗軍「現有唯一且安全的聯絡管道。」[54]

席莉雅沒能激發的，是在費德爾給納蒂．瑞伏爾塔的信件裡隨處可見的浪漫華麗詞藻（有時候是尖酸忌妒語句）和思念渴慕之情。而席莉雅是如此一位聰明敏銳的人，她必定知道，自己和費德爾在山區相處的這段時光，是沒有辦法輕易重溫的。幾年以後，席莉雅和費德爾與幾名美國記者一起回憶那段特別的日子。「噢，那時是最好的時光，對吧？我們那時都非常開心。真的。我們永遠不會再那樣開心了，是不是？永遠不會了。」[55]

一九五九年一月，席莉雅在瑪埃斯特臘山區（Sierra Maestra）這段美好到不真實的平靜時光，在反抗軍接管多座城市，而遭受打擊的巴提斯塔政權崩潰之後，正式宣告結束。現在，整個古巴都需要費德爾。在他朝著哈瓦那凱旋進軍的時候，等在歡迎群眾裡的納蒂．瑞伏爾塔，以及其他許多同樣歡欣鼓舞的女性，全都忌妒席莉雅靠著自己的本事，就能與費德爾維持特別的關係。

席莉雅一定清楚，她沒辦法像別的女人那樣，爭奪費德爾的感情，或盼望與他踏入婚姻，期待他對她忠誠。在解放以後，江山換了新面貌的哈瓦那，她必須要重新調整自己的生活方式。她要找出一種永遠和費德爾能產生關聯的生活方式，這樣一來，在其他女性介入的時候（她們無可避免的一定會介入），她們也永遠沒辦法干涉費德爾這部分的生活，因為席莉雅老早就將他的這塊區域劃歸給自己了。

席莉雅必定已經設計出一套屬於自己風格的工作策略，在革命期間，她能冷靜有效率的處理各種事情，並且注意所有的細節。大致上，她會讓自己像在瑪埃斯特臘山區進行游擊戰時一樣，成為費德爾不可或缺的助手。她對革命的熱情，與費德爾不相上下，這點對她也大有幫助。

打從新政權建立之初，席莉雅就確立了自己的優勢地位。卡斯楚入城後的第一個總部，位在之前哈瓦那希爾頓飯店頂層的三層閣樓裡，同時作為辦公和起居之用，就交給她掌管。

之後，她位於維達多住宅區第十一街，那棟窄小昏暗的公寓，就成為他的主要活動範圍。席莉雅是最獲他信任的助理兼軍師，她還是個工作起來永遠不知道疲倦的人，甚至會在自己的迷你廚房裡為費德爾準備餐食，無論他當時人在何處，她都會將餐點送到他手上。

費德爾生活中的每一個層面，都要仰仗席莉雅。只有她可以當面批評他，指出他的錯誤，然後建議改正。然而，對這個世界的其他所有人，席莉雅還是維持一貫的口徑：「費德爾永遠是正確的。」[56]

席莉雅身為費德爾的心腹與左右手，這使她成為古巴非官方的「第一夫人」。在此同時，她也位居權力高層，身兼最高國務委員會的不管部委員，以及古巴共產黨的中央委員。她管轄的業務範圍既深且廣，納蒂．瑞伏爾塔發現，席莉雅甚至負責歷史古蹟的維護，以及革命時期口述歷史的編纂。席莉雅規畫列寧公園的建設，這是一處壯闊的公共公園與休憩區域。對於環境空間議題，她有十足的熱情與興趣。

席莉雅實在是一個太過聰明幹練的女子，所以不願意將自己的生命犧牲在愛情上頭。她之所以為了費德爾犧牲奉獻，是因為她的血液流著與他相同的革命信念。早在與他相遇之前，她就已經投身於社會公平的政治活動。她對費德爾具有熱誠的信仰，和他對自己的信心不相上下：有卡斯楚在，因為有他，古巴就能夠脫胎換骨，成為一個理想國。

席莉雅關心許多人，而且經她接觸之後，通常都能起到撫慰的作用。在山區打游擊戰時，許多與反抗軍配合的民眾，遭到巴提斯塔軍隊殘忍的虐殺，每一位反抗軍戰士都本能的想要報復，席莉雅悲憫的開導他們不要這樣做。可是，當卡斯楚取代巴提斯塔執政，也施行殘酷的暴行時，席莉雅中道溫和的影響力，似乎並沒有從山區帶下來。

許多年過去，席莉雅的地位無可動搖。即使是和費德爾處於熱戀之中的女子，也沒辦法罷黜或取代她的位置。不過，她仍然得和卡斯楚的許多女人打交道，其中有些是情婦，其他則是卡斯楚短暫迷戀過，但很快就被他拋諸腦後的對象。根據作家喬琪．安．蓋爾充滿戲劇性的描述：費德爾身邊，有「一條河流般，深深愛著他、被他吞噬的女子……像水銀，快速而充滿變動的，從他的生命裡流淌經過……有些女人甚至還像古代君主特權的現代革命變奏版，爭相向他獻上自己的初夜；與此同時，席莉雅則盡可能勇敢的擔起護衛卡斯楚的任務，對許多古巴美女大聲吼叫，把她們從卡斯楚的床上和臥房趕出去。」57

德國少女瑪莉塔・洛倫茲（Marita Lorenz）在攫獲卡斯楚的目光時，年僅十七歲。應他的邀請，這個漂亮女孩與他住進同一間旅館套房，就位在他下榻的哈瓦那自由大旅社附近。在很長一段時間裡，她是卡斯楚懷裡摟抱的固定對象；但是她最終還是離開古巴，到美國到處兜售她的回憶錄。

通常，卡斯楚會給他喜愛的對象送上祝賀生日的鮮花，他還擅長另一項絕招，讓她們的母親既驚且喜：隨花附上的禮品，是龍蝦佐西班牙肉菜燉飯（paella），在實施食物配給制度的古巴，這可是不得了的珍饈美味。由誰來負責遞送這些禮物呢？正是席莉雅・桑切斯，她甚至得替費德爾打理他的女人，從而使人們感受到她的存在。

在卡斯楚的眾多情婦裡，有一位與席莉雅同時存在，直到後者去世為止。這名情婦是迪麗亞・索托・迪爾・瓦勒・荷黑（Delia Soto del Valle Jorge），她為卡斯楚生了六個兒子。卡斯楚一直把她當成「檯面下」包養的情婦，除了身為費德爾的情婦之外，迪麗亞從來沒有得到任何正式的身分或頭銜。

席莉雅介入和影響卡斯楚生命的程度，比其他女人都來得深遠；儘管她沒能為他生下一兒半女，卻能與費德爾在瑪埃斯特臘山區，耳鬢廝磨的度過一段最為快樂幸福的時光。一九八〇年一月十一日，她因為肺癌過世。費德爾一如在她生前，給予席莉雅死後哀榮，他下令豎立多座她的紀念雕像，並且確保她能永遠活在古巴的革命傳奇裡。

席莉雅・桑切斯終生未婚，她將自己的生命和一個男子結合在一起，兩人之間開展出一段後來被許多人稱為「歷史性的友誼」；她愛慕、敬重和信任這個男子，超過任何人。席莉雅愛著費德爾，也知道該怎麼作，才能永遠擁有他。她已經做好準備，接受他對自己絲毫不感「性」趣，而且一直和其他更有吸引力的女子來往。但她獲得的回報是得到了古巴中央政府的高層終身職位，她得到公開承認、受到敬重，並且終其一生都待在費德爾的身旁。席莉雅和其他與卡斯楚交往的情婦（與前任情婦）不同，她並不擔心感情無法持久或者失去尊嚴。她的愛是為了費德爾而量身訂做的，然後調整自己的需求、適應他的需要，並且使自己得到滿足。

第四章
身為炫耀品的情婦

許多有權有勢的男子包養情婦，作為他們成功的象徵，這已經是司空見慣的事情了；這些男子以情婦作為對外炫耀、裝飾和發洩性欲的對象，突顯出他們高人一等的地位。美貌，通常還伴隨著年輕，是成為情婦的前提條件。但是，對於野心勃勃而不安分的大亨來說，光是年輕美女無法滿足他們，還得再加上名聲才行。早在十七世紀中葉、王政復辟的英格蘭，國王查理二世開放女性登上舞台演出之後，知名女演員和歌手就成為挑選情婦的熱門人選。而隨著大眾電影的問世，在大銀幕上魅力四射、受到許多熱情粉絲崇拜的電影女明星，就正式進入情婦候選人的行列，而且更加的顯眼、有吸引力，也更能滿足權勢顯貴人士的美夢。

瑪麗詠・戴維斯的故事1

距今好幾個世紀以前，教宗亞歷山大六世劃定勢力範圍，將美洲新大陸一分為二，輕鬆的解決了西班牙和葡萄牙兩國之間激烈的衝突；無獨有偶，美國出版家、億萬富翁威廉・蘭道夫・赫斯特

（William Randolph Hearst）同樣將美國劃分成兩塊勢力範圍：東岸歸妻子米莉（Milly），西岸給自己的情婦瑪麗詠・戴維斯（Marion Davies），從而避免了兩個女人之間的衝突。在他於一九五一年去世的時候，瑪麗詠與他的感情，已經發展成為一種同盟關係，在這段感情裡，至少它的開放直率，比起美國本土，要更加接近、類似歐洲的情婦模式。他們這段關係，與歐洲情婦模式之間主要的差異之處，是赫斯特公然把家庭拋下，與瑪麗詠同居；不過，出於財產的考量（以及裝腔作態的偽善），他在招待例如前總統卡爾文・柯立芝（Calvin Coolidge）這樣的貴賓時，就選擇帶著他的妻子，而不是和情婦在一起。在這種場合，他要不是在米莉的房子裡招待貴賓，就是將妻子帶往他位於加州的城堡式豪宅聖西蒙莊園（St. Simeon）。這個時候，瑪麗詠就必須退居到她自己的華廈。

除此之外，赫斯特都算得上是瑪麗詠的忠實伴侶。他在金錢上毫不間斷的對她慷慨資助，還接濟她那些胡攪蠻纏的家人。他公開帶她出遊。無論什麼時候，只要他感覺自己和情婦共同招待貴客，不會冒犯他們、引起他們的敏感忌諱，他就會這樣做，而寬宏大量、不拘小節的溫斯頓・邱吉爾，就接受過他們倆的招待。基本上，赫斯特運用自己的財富權勢、顯貴的社會地位，以及他強烈的個人風格，建構起他與瑪麗詠之間的關係，以便順應他的需求，滿足他的欲望。在此同時，他也清楚認知到自己的缺憾不足之處，特別是他的年齡比她大幾十歲，通常相當忙碌，總是不在她身邊，而且永遠不會與她結婚；他想盡辦法，用能力所及的一切來彌補上述的缺憾。

瑪麗詠・賽希莉亞・杜拉斯（Marion Cecilia Douras），取藝名為瑪麗詠・戴維斯，她的父親是個性好漁色的律師，母親是事業心強的妻子，她是這對夫妻四個女兒裡的老么，也是長得最漂亮的一個。[2] 對赫斯特來說，很幸運的是瑪麗詠的母親蘿絲將一套很特別的價值觀，灌輸給她的女兒，教導她們如何和男人打交道。蘿絲自己的婚姻不順遂，作為母親，她訓練女兒如何魅惑男人，可是要避免陷入浪漫的感情關係，她本人就因為動了真情而踏入婚姻，之後很後悔。

蘿絲關於如何征服男人（有錢的年長男人更好）的看法，算是離經叛道的異端。她推廣音樂廳的表演，並且組成歌舞團，將她們的歌聲推銷到二十世紀初期優美小旅社接待廳，而瑪麗詠、愛賽兒（Ethel）、蘿絲、萊茵（Reine）四姐妹，在很小的年紀就登台表演了。[3]「似乎很明顯，」為瑪麗詠寫傳的作家佛瑞德．勞倫斯．桂勒斯（Fred Lawrence Guiles）因此得出一個結論：蘿絲和處處合作、但已分居的丈夫「以各式各樣的手段和管道，處心積慮培植他們的四個女兒……讓她們被男人包養，或者娶走。」[4]

瑪麗詠第一次在舞台上嘗到受觀眾歡迎、喜愛的滋味時，年紀才十歲，當時她在萊茵表演剛結束的時候，悄悄溜上舞台。為了要取悅台下喧鬧的觀眾，她一再彎腰鞠躬行禮，結果被氣急敗壞的家人給拖下台。三年以後，瑪麗詠長成一個苗條而明艷動人的少女，有著一頭金色捲髮，和一雙湛藍的眼眸，她和姐姐跳舞的「小馬芭蕾舞團」簽約，[5]在裡面當個新進歌舞女郎。之後，她成為齊格菲歌舞團的女郎，並且從聖心女修院的學校輟學，不過還是繼續學芭蕾舞。瑪麗詠熱愛氣氛熱烈的舞台與喧囂的觀眾，熱愛舞台上、戲院裡化妝油的氣味，還有被熱情粉絲奉承叫好的感覺，他們不停的拍發賀電，還大量送給她小首飾。

威廉．蘭道夫．赫斯特就在這群瘋狂粉絲裡，[6]與他熟悉的朋友都喊他「威蘭」，他是個極為富有的出版業者，一手創立美國規模最大的連鎖報業，以及專門挖掘羶腥色新聞的媒體。一九〇三年，威蘭曾經在紐約市當選聯邦眾議員，但是在兩年後，他與民主黨的總統提名失之交臂。一九〇五與一九〇九年，他兩次參加紐約市長選舉，一九〇六年競選紐約州長，全都以敗選收場。雖然他沒辦法贏得夠多的選票，但是他創辦的報紙，卻能將他的巨大影響力帶給美國民眾。

在歌舞團員裡被叫做「孤狼」的威蘭，很自然的就注意到外型亮眼、天資聰穎的瑪麗詠，當時她十八歲。一九〇三年，威蘭以近四十歲的年紀，迎娶當時才二十二歲的歌舞團員米莉森・威爾遜（Millicent Wilson）為妻，他們兩人從她十六歲起就開始約會。米莉接連為他生下三個兒子，然後又懷孕了，這一次，她生下的是一對雙胞胎兄弟。可是，威蘭在婚後過得並不開心順遂，因為米莉已經把自己變成讓他避之唯恐不及的女人：她要僕從穿上制服，熱衷地帶著他們出席各種威蘭痛恨的社交派對。「她喜歡社交圈，而且是大寫的『社會』（Society），」她的兒子比爾回憶。

威蘭喜歡和歌舞女郎嬉混，不但次數頻繁，在齊格菲歌舞團的觀眾耳裡，也早就不是新聞了。但是直到他無可救藥的愛上瑪麗詠以前，只是把她們當作一時風流貪歡的對象，他用蒂芬妮的鑽石和金錢來作酬禮。瑪麗詠在一九一五年音樂歌舞劇《停！看！聽！》（*Stop! Look! Listen!*）的演出，迷住了威蘭，而雖然他知道她身邊已經交了個有錢的男朋友，他還是展開追求。

「他有一雙最能穿透人心的眼睛——坦率，但是能看透人心，」瑪麗詠在回憶錄裡如此說：「他沒有一丁點想要傷害別人的意思。他就是喜歡一個人靜靜的，看著女孩們在舞台上跳舞，」她補充說：「我覺得，他是個非常孤單的人。」[7]威蘭追求這位桀驁不馴的少女，送給她金錢和非常貴重的禮物，例如，他送了一只用碎鑽鑲飾表面的蒂芬妮金錶，結果她很快就在雪堆裡弄丟了，他二話不說，立刻又補送一只。他還非常善良體貼，再三寬慰她說，令她深感困擾的口吃毛病，其實很迷人。「我知道，你的天分才華將會被認可，」在劇評家稱讚她在一部電影中的演出表現後，他拍發上述賀電。[8]

幾年之後，蘿絲去世了，威蘭安慰瑪麗詠，問她：「我能代替媽媽照顧你嗎？」[9]

早在瑪麗詠能夠回報威蘭的感情以前，他就已經愛上她了。他會這麼說：「我就是愛上你了。我還能怎麼辦？」而說話直率的瑪麗詠會回答：「好啊，就任它去。隨便，我不在意。」[10]瑪麗詠的父母，對於這段感情樂觀其成。他們認為威蘭是個「正直」的人，自欺欺人的，假裝他和瑪麗詠只是好朋友關係，而不是一對戀人。

在將近兩年的時間裡，瑪麗詠似乎對於他們之間的關係感到矛盾和猶豫。威蘭是個忌妒心重的情人，瑪麗詠在電影裡演出的感情戲，還有她在舞台下可能結交別的男人，都讓他感到痛苦折磨。為了牢牢掌握住她，他進軍電影業，以每週五百美元的天價（漲了四百二十五元），和她簽下合約。（瑪麗詠很高興的接受了，但同時也表示，自己並不值這麼高的價碼。）然後，他便禁止瑪麗詠再演出任何激情場面。

從一開始，瑪麗詠就不怎麼配合威蘭。她背著他和其他男人約會。她收受他不斷送來的贈禮，當成是自己應得的賞賜，因為他這類情願供養藝人的有錢老頭，出手就應該要這樣闊綽大方。當他惹她生氣時，她會大吼大叫、砸摔東西；她也會語帶諷刺的稱呼自己是「小公主」，被幽禁在城堡裡。不過，威蘭為她進行的宣傳造勢成果令人滿意，而他對她毫不放鬆的追求，也開始打動了她。

瑪麗詠從小就被灌輸，人生以嫁給有錢的老男人（或者被他們包養）為目的，她慢慢的臣服在威蘭強烈的愛之中。不過，雖然她時常宣稱「愛情不是在結婚禮堂創造出來的。愛情並不需要婚戒，」[11]不過她仍然盼望成為他的妻子，而不只是他的情婦。

威蘭對這件重要議題的看法並不明確。他的兒子比爾堅持認為，父親「從來沒有開口向我母親要求離婚。從頭到尾，一個字都沒提過。」[12]另一方面，瑪麗詠卻很肯定「他努力嘗試了好幾年……而因為他辦不到，所以很痛苦……他不但雇用偵探（去蒐集任何米莉不名譽的事證），還試著推動一條法律修正案：夫妻分居達十年者，婚姻自動失效……但天主教會插手干預，封殺了這條法案。」[13]瑪麗詠的傳記作者相信，早期威蘭曾向米莉提過離婚，但是被她拒絕了。在這之後，她提起瑪麗詠都稱「那個女人」。

實情是，威蘭的人生安排，完全是順應自己的需求而定。他和米莉已經不住在一起，但是兩人之間並沒有不光彩的離婚，或者最為切中要害的，避免了離婚帶來的後果：財產重新分配。「加州的夫妻共同持有財產法，對他來說是個大麻煩，」他的兒子比爾委婉的點出問題所在：「他也不想再生孩子了，因為有另一個家庭，會使他的財產分配變得複雜。」[14]所以，威蘭繼續出現在米莉和五個兒子的生活，與此同時，他公開和瑪麗詠同居，他樂於與這個女子共同作樂，但是不會犧牲一切和她結婚。有一次瑪麗詠逼問他，要他承認自己要是沒有她就活不下去，他只是淡淡的回應，要是沒有她，自己還是活得下去，只不過他盡量不想這樣罷了。

有時候，尤其是在他們交往的初期，威蘭會從瑪麗詠的身邊抽身離開，可是他從來沒想過要徹底斬斷兩人的關係。這種情形，發生在他正考慮要重新回到政壇時，因為他的競爭對手艾爾．史密斯（Al Smith）嘲弄他：「包養了一個金髮女演員。」[15]一九二四年，他收到尾隨瑪麗詠私家偵探的警告之後，又離開瑪麗詠身邊，這次情況更加嚴重。他對於瑪麗詠等於半公開的和演員查理．卓別林（Charlie Chaplin）交往，特別感到芒刺在背：卓別林是當時的頂級電影明星，財富足以和威蘭匹敵。對於威蘭居然派人跟蹤她，瑪麗詠非常憤怒，但是她也警覺自己有可能會失去他。

後來，他們言歸於好。兩人經過這番考驗，都不想要失去對方。他們經過協調，達成平衡，知道如何繼續兩人之間的關係。兩人都各做出困難的讓步。威蘭接受瑪麗詠對交際、社交活動的狂熱需求，也容忍她幾段地下戀情，以及她愈來愈嚴重的酗酒問題（這點最是困難）。瑪麗詠則必須接受，米莉將永遠是他妻子的事實，她在提到米莉的時候，總是毫不留情的叫她「黑寡婦」。

這個事實在威蘭有一次必須帶米莉與兒子到歐洲旅遊時，變得再清楚不過了。但是在英國，身旁有家人圍繞，威蘭卻突然非常想念瑪麗詠，所以他拍電報給她，要瑪麗詠到這裡來陪他。她不情不願的出發了，然後在英國度過一段心情低落的時光，因為他實在沒什麼機會，可以偷溜出來探望她。出乎意料的是這段短暫的插曲，竟然觸動、引燃了瑪麗詠內心深處的情感，從而標誌著她終其一生與威蘭之間愛情的開端。

正在這個時候，瑪麗詠正在享受事業成功帶來的順遂，受人欣羨。「瑪麗詠，我會把你捧成大明星，」威蘭對她承諾，而且就在她的喜劇天分、驚人的表演能量，以及他努力的宣傳行銷，瑪麗詠穩步竄紅，成為頂級電影明星。她努力工作，而且成績斐然。她的搞笑演技更是享有盛名。每部電影裡，她都以優雅但能引得觀眾哄堂大笑的惡作劇馳名影壇：她要不是穿著貞潔的公主長袍，腹部卻突然隆起，佯裝懷孕，就是把牙齒塗黑，模仿缺牙的樣子。

瑪麗詠陶醉在自己的演藝事業裡，可是她內心深處卻強烈缺乏自信，以及根深柢固的認為，自己的事業之所以成功，全都是拜威蘭之賜，這都加強了她對威蘭的需要和依賴。她在回憶錄裡反覆的說：「我不會演戲。」但是她其實能演戲，而且還演得很好。很快的，電影製片廠的老闆就承認：「觀眾都認為瑪麗詠是個明星了，她不再只是製片人的女朋友、被製片人強塞給電影觀眾的角色了。」16

儘管如此，瑪麗詠認為自己身為情婦，令她難堪煩躁，於是她向強迫自己接受這樣身分的男人，索求代價回報。當著威蘭的面，她稱呼他「爹地」，但是在私底下，則叫他「無精打采邋遢男」，或是「老頭子」。她曉得他不會離她而去，因此冒著可能觸怒他的危險，和許多（幾乎是全部）與她合作的男主角上床。「電話總機找不到你，你在哪裡？給我解釋清楚，」威蘭在一封電報裡這樣命令。17可是，瑪麗詠沒給他任何交代。

就這樣，這對戀人度過了他們在一起之後的頭兩個十年。他們對彼此有基本的敬重。瑪麗詠很敬畏威蘭有如百科全書般博學的見識。威蘭則承認她在電影和房地產都有精明的頭腦。兩人在事業上的攜手合作，成效顯著。威蘭為她審查劇本、挑選導演、監督布景和拍攝，偶爾甚至親自下海執導若干場景。瑪麗詠則演出電影，展露明星風采，關懷並且娛樂這位喜歡她的男人，然後協助他經營旗下的柯夢波丹影業（Cosmopolitan Pictures）。不久後，他就提名她出任該影業公司的主席。「我想要成為瑪麗詠．戴維斯，擁有至高榮幸，可以了解威廉．蘭道夫．赫斯特先生，」她在回憶錄裡如此宣稱：「這是我全心全意想要得到的。」18

但是，她想要得到的，當然不止於此。在加州，這個威蘭已經劃歸給她的半個世界，他正在建造一處巨型城堡莊園，取名叫聖西蒙。至於瑪麗詠，威蘭為她買下一處奢華的白色灰泥外牆豪宅，位在比佛利山萊辛頓路一千七百號，就在日落大道的山坡腳下。他還建造「海洋屋」（Ocean House），這是一處濱海的豪宅，屋裡總共有三十七處壁爐，還有太多臥房（外加一間以金箔鑲貼的房間），以至於瑪麗詠從來沒有算出房間的總數。在片場，他建造一棟如皇宮般壯闊、內含十四間房間的「小木屋」，供她休憩之用。

威蘭一直周旋在瑪麗詠與米莉之間，他一面和米莉與兒子去度假，一面焦慮的試著確定瑪麗詠在他缺席時，能夠保持心情愉快，而且沒和別的男人亂搞；在他停止這麼做以前，瑪麗詠以舉辦盛大的派對宴會來報復。「電影界的人享受了一段有如天方夜譚般的歡樂時光，」查理・卓別林回憶：「每星期有兩或三次，瑪麗詠會舉辦大型宴會，邀請上百位賓客，其中有男女電影演員〔包括卓別林本人、魯道夫・華倫鐵諾（Rudy Valentino）、約翰・巴里摩（John Barrymore）和瑪麗・畢克馥（Mary Pickford）等人〕、參議員、馬球選手、合唱團男童、外國當權者，以及赫斯特集團，還有編輯部門的主管。」[19]晚餐後的遊戲牌局通常持續到天濛濛亮為止，但是瑪麗詠不知是怎麼辦到的，總是能在狂歡之後，拖著疲憊的身軀去工作，她的愉快心情與熱誠也絲毫沒有減退。

瑪麗詠結交的一連串情人，讓她一遂報復威蘭的心願，同時還滿足她在性與愛情的需求，這是威蘭沒辦法提供的。瑪麗詠與極為富裕的查理・卓別林此時或許已經相互鍾情。他們兩人肯定合起來愚弄威蘭，因為他們指示片場的場記，在威蘭出現的時候警告他們，好讓卓別林可以從片場的後門溜走。

瑪麗詠對男影星狄克・包威爾（Dick Powell）更加傾心。在兩人發生地下戀情的時候，她是個三十多歲的成熟女性，已經和其他十幾位男性有過親密關係。包威爾起初對勾引赫斯特的情婦感到緊張，但是瑪麗詠主動引誘他，到後來，他便愉快的拜倒在她的石榴裙下。在她的堅持下，他聲稱自己愛上了她。然後，他將兩人關係的所有細節，反覆對朋友一講再講。對於他這種毫無紳士作風的洩密行為，瑪麗詠不屑一顧；他們之間的友誼，一直延續到她去世為止。

有幾次，瑪麗詠很可能不慎懷上身孕。在她對朋友不經意的談話間，透露出要是她發現自己懷孕，就去找一位醫師將孩子拿掉。她在回憶錄中，對於自己膝下無子並不遺憾後悔。然而，她特別疼愛自己的一對外甥和外甥女，當她的外甥女在一九三四年自殺身亡時，她大受打擊，從此以後就更加和外甥親近。

威蘭的兒子，除了一位之外，全都感受這個女子的敵意，並且以相同的態度回敬；他們認為這個女人破壞母親的婚姻，搶走她的丈夫。威蘭將瑪麗詠介紹給他們認識，但是沒有解釋他和這個女人之間的關係。威蘭的兒子小威廉・蘭道夫・赫斯特（也就是比爾）形容自己終於得知瑪麗詠是父親的情婦時，產生的反應：「我落淚哭泣……因為我們兩個人都感到羞辱，我從來沒主動向母親提起這件事……我覺得自己被冒犯了，有時，更覺得自己被這段關係傷害。因為我母親為父親生了五個兒子，丈夫應該要在她身邊才對。他應該留在兄弟們和我身邊才對。」[20]

比爾・赫斯特寫道，父親威蘭和著名的范德堡世家（Vanderbilt）、政壇新星約瑟夫・甘迺迪（Joseph P. Kennedy）在內的其他美國政客，有一項最大的不同，就是他們「在檯面下」包養情婦，「活在謊言之中」，而「（與此同時）……我父親卻將母親撇下，公然與瑪麗詠廝混……雖然如此，所有這些關係的本質，卻全都是一樣的。」[21]瑪麗詠和這些關係的情婦一樣，只是個「令人愉快的消遣」，一個「昂貴但有助放鬆的裝飾品」，他父親的「性感小貓」。[22]

威蘭的兒子裡，只有老大喬治一直對瑪麗詠友善，這個長期體重過胖的錦衣玉食公子哥兒，被威蘭認為沒有擔當，不能接掌他的出版事業帝國。瑪麗詠在回憶錄裡，表達了自己對於喬治堅定友誼的感激，他這樣始終保持善意，和弟弟們那種沉默的敵意，簡直有天壤之別。

身為威蘭的情婦，瑪麗詠的生活有幾個常見的模式。在聖西蒙莊園，她和威蘭舉辦晚宴、泳池畔的派對、化裝舞會，以及海灘派對。開始時，瑪麗詠陶醉其中，但是過了幾年，她開始覺得籌備這些活動，以及背後許多的繁文縟節，真是令人厭煩透頂。威蘭要不是和來賓一起游泳、打網球，或者用餐，就是把大部分時間都用在督導他的出版帝國，他或者撰寫社論，或是閱讀旗下的報紙。

瑪麗詠很討厭他總是這樣一心忙著自己的事業，正因為如此，她對待他的態度粗暴，公開對他無禮。查理．卓別林回憶起有一次在她舉行的派對上，威蘭三句不離本行，和手下的報社主管又談起公事，這惹怒了喝醉的瑪麗詠。「嘿、嘿、嘿！你、你！」她大吼。威蘭覺得很難堪，於是小聲的問：「你在對我說話嗎？」瑪麗詠又大喊：「對、對啦，給我過來！」因為不想在眾人面前更加出醜，威蘭起身到他情婦那裡，問她想要什麼。「要談、談公事去、去城裡談——別、別在我的派對上談！我的客、客人等著要喝酒。去幫他們倒酒！」威蘭默默的照辦了。23

威蘭之所以乖乖聽話，有下面這幾個原因：第一，他害怕丟人現眼；第二，他知道瑪麗詠已經喝醉了；第三，因為他相信，她並不時常覺得自己是個有趣的伴侶，他必須得遷就、配合她才行。而即使在瑪麗詠清醒的時候，雖然口吃結巴，講起話來卻直接坦率，毫不含糊。如果喝了酒，她的口齒就伶俐起來，而且還尖酸刻薄。這一切，威蘭全都承受了。

在赫斯特豪奢無度的生活裡，他的藝術品收藏和私人動物園絕對凌駕其他一切開銷。他完全沒有量入為出的起碼責任感（縱然他原來坐擁金山銀海，在他的揮霍之下，已經逼近破產的境地），買進巨量的藝術品。他還因為喜愛動物，而豢養了三百多隻，其中包括羚羊、美洲野牛、美洲豹、獅子、山貓、一頭獵豹、一頭花豹、熊、一頭黑猩猩、猴子、一頭貘、綿羊、山羊、駱駝、袋鼠、一隻澳洲小袋鼠，以及一頭名叫「瑪麗安」的大象。他養了幾十隻德國獵犬，有一段時間，狗舍裡的獵犬數量甚至超過五十隻。另外，瑪麗詠的愛犬甘地，以及甘地的孩子海倫，是與兩人形影不離的貼身寵物。

他們疼愛各自的德國獵犬，將牠們當作自己的孩子一樣對待，這種情感後來逐漸成為瑪麗詠和威蘭關係最重要的連繫。在海倫與甘地相繼過世以後，兩人相互分擔對方喪失愛犬的深切悲傷。海倫是躺在威蘭的床上、在威蘭的懷中去世的，他替牠出版了一本紀念集。「他不停的哭，」瑪麗詠回憶道。24 威蘭安葬愛犬之後，豎立一塊墓碑，上頭刻著：「海倫，我最忠實的朋友，長眠此處。」25

甘地過世的時候，對瑪麗詠的打擊更大。甘地會把打出去的網球叼回來。牠睡在瑪麗詠的床上，溫暖她的雙腳。在牠十五歲時，病得很重。瑪麗詠將牠抱到自己床上，這時甘地腹瀉拉稀，弄髒了她的腳。她將床單和雙腳洗乾淨，試著隱瞞牠的狀況。她失敗了：威蘭帶著獸醫與護士前來，在威蘭拉住她的時候，護士為甘地注射，執行安樂死。

在這之後，「我把家裡砸爛了，」瑪麗詠回憶：「我摔壞所有能夠拿在手上的東西。我幾乎想要殺了所有人，我氣瘋了。要是他們別這麼做，我可以照顧牠的。」她找來一位愛爾蘭天主教神父，為甘地主持了一場葬禮。「我不認為我可以放下，」她寫道：「你會感覺到：不但你失去了最好的朋友，你生命的一部分，也隨之而去了。」26

威蘭和瑪麗詠不只是喜愛獵犬而已，他們對其他的動物也很敬重。威蘭在歐洲時，買了一輛車送給一名農婦，因為他的司機開車撞死農婦養的一隻鵝。瑪麗詠在拍攝一部電影的過程裡，因為見到同片演出的聖伯納犬，抓死一隻用來讓牠追逐的貓，而主動向動物保護協會通報這起意外。她和威蘭都反對動物活體解剖，瑪麗詠在她捐款數百萬美元的醫院裡，禁止執行動物活體實驗。

在戴維斯、赫斯特兩人的生活裡，歐洲也具有重要地位。他們每年在歐洲待上好幾個月，住在旅社，或者是法國聖多納（Saint Donat）的城堡裡，通常有一大群朋友隨行，他們的開銷支出，全部由威蘭買單。瑪麗詠尊重威蘭對博物館和美術藝廊的熱愛，也盡責的陪他一起去參觀。不過，他們這些深具教育意義的行程「（對我來說）無聊得要命。我只想喝杯冰淇淋汽水或冰可樂，」她寫道：「這就是我對歐洲的印象。就像是有人手上拿著榔頭一直敲打你的頭。當它停下來的時候，感覺真的很好。我想回去，想看到自由女神像。甜蜜的家在這時候意義真的好重要。」27

威蘭在歐洲帶著瑪麗詠四處誇耀，遠比在美國時自在。在他們位於聖多納的城堡，米莉從來沒在那裡待過，瑪麗詠站在威蘭身邊，擔任女主人，招待像喬治・伯納・蕭（George Bernard Shaw）、洛合・喬治（Lloyd George），以及蒙巴頓家族之類的名人貴賓。在歐洲，威蘭和瑪麗詠不會像在美國那樣被人反對，被看作是一個男人和情婦的組合。約瑟夫・甘迺迪是位非常富有的美國銀行家，這時候和瑪麗詠成為朋友，他很同情瑪麗詠的遭遇。老甘迺迪自己的情婦葛蘿莉亞・史旺森（Gloria Swanson）是電影界片酬最高的女星，同樣也受到這類的流言蜚語困擾。諷刺的是，正因為老甘迺迪對葛蘿莉亞・史旺森的態度十分傲慢輕率，他反倒能在威蘭即將過世時，就如何維護瑪麗詠的利益這件事情，提供許多建議和幫助。

進入一九三〇年代，三十多歲的瑪麗詠，仍然保持著頂級電影明星的地位。在威蘭的鼓勵之下，儘管瑪麗詠很害怕失敗，她在終身的口吃陰影底下還是成功轉型，演出有聲電影。她仍舊美艷動人。在演藝事業上，威蘭很內行的遵從她的意見，他很清楚她了解這個行業，而且是個絕佳的決策主管。她同時也是好萊塢最有錢的女人和最熱心公益的慈善家，對洛杉磯的兒童醫院特別照顧。

在這個時候，瑪麗詠酗酒的毛病成為嚴重的問題。威蘭不准她在屋裡擺酒，但是瑪麗詠把杜松子酒和蘇格蘭威士忌藏在廁所的櫥櫃裡。偶爾，他會逼她戒酒，只是這種清醒而節制的時期，通常都維持不了太久。「我還能怎麼辦？」威蘭無奈地對朋友說。28

在屢戰屢敗的情況下，瑪麗詠接下來的人生，都在和自己酗酒的毛病對抗。「我爸爸可能感覺到，」威蘭的兒子比爾認為：「瑪麗詠嚴重的酗酒問題，也許要算是他的責任，因為他沒有和她結婚。這讓他在過世前幾年不斷的反省，而且陷入悲傷的情緒。」29幾乎可以確定，他的婚姻狀態帶給瑪麗詠哀傷和憤怒的情緒，而她試著靠酒精來排除它們。

瑪麗詠的幾次講話，大概是想要確認自己情婦的身分，實際上顯示了她內心的痛苦。「這聽起來很老套，或者很傳統，也很引人注意，（甚至）還可能是傷風敗俗——你包養了一個愚蠢的女孩，你把金髮電影女明星當作情婦。看看路易十四、查理二世和希律王（Herod）的例子吧！」雖然瑪麗詠如此虛張聲勢，她內心對於婚姻名分的渴望，還是傷害了她與終身相伴男人之間的關係。

一九三七年對瑪麗詠和威蘭兩人來說，都是重要轉折的一年。在演出四十六部電影（有許多是賣座大片）之後，瑪麗詠宣布息影。這個決定十分睿智。瑪麗詠這時已經四十歲了，她還在電影裡扮演二十歲的角色。她明白，自己要是繼續演下去，就必須開始扮演中年婦女的角色了。這樣做的風險（或是她內心的疑慮），將讓當時已經七十四歲的威蘭看清她的真實模樣，而不是當年的金髮尤物，如果是這樣，她可能會失去他。

對於工作，瑪麗詠也深深的感到疲乏厭倦了。二十多年以來，她沒日沒夜的埋首工作，有的時候同時軋拍兩部電影，犧牲睡眠時間，但是從來沒有放棄參加派對活動。雖然她已經設法在有聲媒體上克服口吃結巴的毛病，卻還是無法輕鬆應對。在片場，當年她聘雇樂隊演奏熱門金曲的地方，現在是一片寂靜。她說，現在拍電影已經變成「工廠生產事業了」，30她想要退出。年老色衰、心力耗竭又酗酒成性，瑪麗詠的健康和自信都大不如前，她宣稱，現在起要把心力全放在威蘭身上。「我想，終於能為這個如此不凡又偉大的男人做點什麼了，就是陪在他身邊，」她賢慧的表示。31

她想專心照顧他，卻很快就遭遇到考驗。原來極為富有的威廉·蘭道夫·赫斯特，現在竟然在破產的邊緣搖搖欲墜。這樣的事情，怎麼可能發生呢？原來，赫斯特有「花錢如水」的毛病，讓他每年都要揮霍一千五百萬元在個人開銷，還要加上每年百萬以上的花費，用來購買藝術品和古董。另外，他的大部分資產都拿去抵押貸款了。「我想，我大概是完蛋了，」他對瑪麗詠這樣哀嘆道。

瑪麗詠立刻開始行動。在一星期之內，她就結清了足夠的股票和房地產，交給她的情人一張面額一百萬美元的保付支票。剛開始時威蘭拒絕接受，後來他答應了，但是堅持要以報業持股的形式，給她公司的債券。但是，她的贈與還遠遠不夠。銀行要求至少再兩百萬元，才能阻止破產的到來。現在，瑪麗詠變賣自己的珠寶首飾，將自己名下的地產拿出來抵押，並且說服她的朋友艾比·洛克菲勒（Abby Rockefeller）提供一筆鉅額貸款，正好湊足需要的金額。瑪麗詠因為自己驚人而大手筆的慷慨之舉，取得道德上的成就感，這種成就感只有在米莉毫不出手相助卻尖銳批評時，才稍微和緩收斂一些。

威蘭的事業持續走下坡。債主已經接管原來屬於他的帝國，並且將其中的大部分賣掉。他停止興建在加州的各處莊園豪宅。《時代》雜誌在一九三九年報導，飽經磨難，並且更加貧窮的威蘭只能寄望「一、保住若干（他的事業帝國），以讓他能撐下去；二、保住他的飯碗……在七十五歲的高齡，這位從前美國報業的叛逆少年，現在成了撰寫報紙社論的作家，而且還被減薪。」[32]

瑪麗詠和威蘭展開新的簡樸生活，二十多年來嘈雜熙嚷的賓客上門分享他們的奢華，減緩瑪麗詠的無聊，現在全沒有了，兩個人開始大眼瞪小眼。他們一起度過每一個漫漫長日。威蘭會做早餐，之後由她收拾乾淨，「他們家居生活裡最親密的時刻，」瑪麗詠的傳記作者認為，「就是在做家事時培養出來的。」[33]威蘭全面主導新生活的節奏，而且比瑪麗詠更加樂在其中。「我知道你還年輕，活力充沛，想要開心的玩，」他會這麼說：「但是我對於和這麼多人攪和在一起，已經很厭倦了。你何不試著安靜下來？」[34]她確實試了，拿酒精和食物讓自己平靜，使她身材豐滿，外貌卻略顯威嚴福態。在這個她從前通宵達旦舉行派對的屋子裡，現在她從事編織。「他所有的領帶都是她縫製的，」一名友人回憶：「所有的領帶，都是上好絲質的手工貨。」[35]

第二次世界大戰爆發了。在希特勒蹂躪歐洲的同時，威蘭則更加從這個先前熟悉的世界引退。五年以前，他和德國這位「元首」曾經有過一次為時五分鐘的私下會晤，他同意希特勒對於德意志民族優越性的見解，不過對於猶太人是次等民族這種觀點，並未贊同。在米高梅影業的老闆路易斯·梅爾（Louis B. Mayer）催促下，威蘭在這次與元首的短暫會晤中，嘗試著質疑希特勒對猶太人的迫害。瑪麗詠並沒有受邀參加這次會見。「我居然被剔除在這次會見之外，」她回憶：「足足有兩天，我不跟任何人說話，我氣炸了。我就是想見見那個傢伙。」[36]

與此同時，赫斯特繼續主張對希特勒採取安撫政策，即使是在一九三八年的「水晶之夜」後也仍然如此提倡。*在大戰爆發以後，他開始承認自己對於希特勒這個人和歐洲局勢的嚴重誤判，並且帶著極度的哀傷，終於明白自己為什麼成為公眾輿論如此輕蔑與厭惡的對象。

對他和瑪麗詠而言，更糟的事情才正要到來。一九四一年，當時二十五歲的英國青年奧森・威爾斯（Orson Welles）自編、自導、自演了《大國民》（*Citizen Kane*），這部電影實在太過經典，所以到現在都還列名為影史裡的最佳作品。可是，對於電影明星、喜劇女演員的瑪麗詠・戴維斯而言，這部電影卻是惡意的人格謀殺。在《大國民》裡，神似赫斯特的反傳統男主角支持、供養的第二任妻子蘇珊・亞歷山大，是個沒有才能、酗酒且反猶太思想的女人，也是對非常有才華、酗酒，但沒有反猶太思想的瑪麗詠・戴維斯的蓄意模仿。男主角還建造一棟名為「仙能渡」（Xanadu）的豪宅，影射聖西蒙莊園。這部電影推出之後轟動一時。

赫斯特的朋友看了電影之後，深感震驚。他旗下的專欄作家盧拉・帕森斯（Louella Parsons）稱《大國民》是「一部殘酷、不實的拙劣模仿之作」。米高梅的老闆路易斯・梅爾看完電影後，哭著離開放映廳，並且提出價碼，要買下這部電影的底片，好讓他將它銷毀。儘管如此，奧森・威爾斯還是成功了，《大國民》至今也還在影史最佳作品的名單上。不過，在二十多年之後，為了補贖這部電影對瑪麗詠造成的傷害，威爾斯在一九七五年版的瑪麗詠回憶錄《我們走過的時光》（*The Times We Had*）前言之中，寫了一段文字。除了少數幾處例外，「在《大國民》這部電影裡，所有情節都是原創……蘇珊（・亞歷山大）的身上，與瑪麗詠・戴維斯完全沒有相似之處，」威爾斯如此宣稱：

＊譯註：「水晶之夜」（Kristallnacht）發生在一九三八年十一月九日夜間到十日凌晨，納粹黨員和黨衛軍襲擊全國各地的猶太人，此次事件被認為是納粹德國有組織迫害、屠殺猶太人的開始。許多猶太商店的玻璃櫥窗被打破，碎片在街燈映照下閃閃發光，有如水晶，這是此事件名稱的由來。

片中的妻子（蘇珊）是丈夫的傀儡和囚犯；片外的情婦（瑪麗詠）過著不亞於王妃般的生活……這位情婦絕不是赫斯特名下的一項財產；他永遠是她的佳偶良配，而在三十多年的時間裡，她都是他心中的珍寶，直到他嚥下生命的最後一口氣為止。他們的人生確實是一段愛情故事，而愛情並不是《大國民》的主題。37

威爾斯急切的想要補償，所以過度誇大了威蘭和瑪麗詠．戴維斯之間的故事，在他們兩人的關係裡，儘管並不缺愛情，但主要是威蘭對瑪麗詠的愛。瑪麗詠這位美麗、才華洋溢、愛好娛樂的女子，為什麼會將自己的一生交託到赫斯特這位老邁、保守的已婚男人手上？為什麼在他這位年邁的獨裁者，即將失去自己媒體帝國的大片江山時，她還願意為他犧牲奉獻呢？

這些問題的答案，在於瑪麗詠對於自己的才華過分低估；在於她需要待在他的身邊來證明自己人生的意義；在於她的感覺，因為她在他最困難的關頭，不由分說，拿出一百萬美元救急，她有權利得到他的庇護和引領；而最後，她需要認定：沒有她，他就沒辦法活下去。就這樣，在瑪麗詠人生裡的黃金時期，都處在單調沉悶的生活裡，除了做威蘭的情婦，她什麼也不是。

大戰結束後，這對戀人短暫的返回聖西蒙莊園，但是在一九四六年，由於威蘭日漸衰退的身體狀況，瑪麗詠內心劇烈的苦惱、孤獨隔絕的感覺，還要加上維持這座豪華莊園的鉅額開銷，最後他們搬離這裡，再也沒有回來。瑪麗詠找到了新住處：她在比佛利山買下一棟地中海風格的豪華別墅。要離開自己深愛的城堡，威蘭非常痛苦，可是瑪麗詠卻歡欣鼓舞。

多虧了瑪麗詠，這棟新房子登記在威蘭的名下。買下這棟房子後不到六個星期，她就將房子過戶給他，好讓他在屬於自己的房子裡走完人生的最後一段路。但是，在這裡的生活通常是辛酸的。瑪麗詠的兩位姐姐愛賽兒和萊茵在最近過世，原來她的大群「朋友」圈子逐漸流失、縮小，現在只剩下少數幾個堅定支持她的摯友，包括綽號「大喬」的老甘迺迪，老甘在瑪麗詠餘生裡時常登門探望，邀請她參與知名的甘迺迪家族所有活動。除此之外，她和威蘭很少受邀外出。

在好幾年不顧一切的到處求醫問卜，試圖延長壽命的努力以後，赫斯特終於明白，他是個非常年邁的老人，已經是日薄西山了。他變得愈來愈無法信任自己的兒子和高層主管幹部，認為照目前情況，他們會將瑪麗詠從他的出版事業帝國趕出去（他的研判是正確的）。在威蘭的健康狀況隨著時間過去而逐漸惡化時，他時常授權委託她，和眾多編輯交換意見；任何時候，只要他得知有人拒絕她的介入就會大發雷霆。在他臥病不起的時候，就想在兒子們無可避免的憤怒情緒，以及其他的事情裡試著保護瑪麗詠，這位他深愛的情婦。

威蘭八十九歲時，也就是他過世的那年做了幾項規定，保障瑪麗詠能像他在世時做的那樣，對於赫斯特企業集團有建議之權。但是威蘭的幹部背著他，並沒有做到所有他囑咐要完成的安排。

瑪麗詠在這個時候，非常害怕會失去他，以至於又陷入酗酒的泥沼裡，損害了身體的循環系統。由於她的腿通常會失去控制、無法站立，所以也需要看護。她一天會探望威蘭三次，並且靠著擔心她狀況的員工煮的咖啡，讓自己清醒過來。

瑪麗詠因為害怕面對威蘭即將到來的死亡，已經到了接近發狂的程度，而威蘭的兒子正在暗中計畫，要在父親死後將她排擠出去。比爾和赫斯特企業集團的高層主管「碰面聚會，商討最後死亡和葬禮的計畫。他們的計畫，並沒有將瑪麗詠・戴維斯包含在內。我們確定，舉行喪禮時，她和母親兩個都不邀請，以免母親難堪。」[38]威蘭的家人聲稱蒙受羞辱，因為他們的大家長死在他的情婦家裡。

在威蘭彌留的那晚，瑪麗詠和他兒子之間的緊張關係已經無法遮掩。有一度，她問其中一個兒子，赫斯特現在怎麼樣了？他怒喝一聲：「你憑什麼問？你這個娼婦！」[39]按照瑪麗詠的說法，接下來發生的，是威蘭的兒子和她的醫師串通，趁她彎腰拿取一封電報時，在她的臀部猛地注射鎮靜劑。在她昏睡時，威蘭過世了，陪在身旁的只有他飼養的獵犬海倫納（海倫的繼承者）。他的兒子不久後來到，很快將遺體運走。瑪麗詠醒來以後，發現自己身在一座空屋之中。「他的遺體，『咻』一下，就這樣不見了，」瑪麗詠忿忿地說：「老威蘭走了。他的那群兒子走了。只剩下我一個人。你明白他們幹了什麼好事嗎？他們把屬於我的東西偷走了。他是屬於我的。我愛他三十二年，現在他走了，我甚至沒能和他道別。」[40]

瑪麗詠沒有出席喪禮。「我為什麼要去？」她說：「為什麼我還要去經歷那些他還在世時就已經上演過的爛戲碼？」她把自己關在臥房裡，足不出戶，但透過一位友人提醒米莉・赫斯特：「別忘記穿上她該穿的遺孀喪服。」[41]突然之間，瑪麗詠・戴維斯變成赫斯特家族與企業的不受歡迎人物，只剩下友善的長子喬治還是她的朋友。

財產分配聲明與其他遺囑都被當眾宣讀。威蘭稱瑪麗詠為「我忠誠的友人，瑪麗詠・杜拉斯小姐，在我面臨經濟大危機時，慨然伸出援手，拿出一百萬美元給我。」[42]他的確保護了她。他讓瑪麗詠掌控整個赫斯特帝國，這使得所有人都感到挫折。比爾・赫斯特說得很簡單。「老頭子走的時候，留給我們一個兩難困境：他對瑪麗詠的掛念，和他對公司的責任相互抵銷。」赫斯特家族決定發動逆襲。他們雇用律師，和瑪麗詠的律師展開激烈攻防。六個星期後，瑪麗詠放棄她對公司決策的投票權，但是同意扮演「赫斯特企業的正式諮詢顧問人，有權向公司電影事業在內的任何行動，提出建議和意見。」43

現在，威蘭的遺願大致上都獲得實現了。隔天，瑪麗詠．戴維斯宣布一個令人震驚的消息：她結婚了。她嫁給何瑞斯．蓋茲．布朗三世（Horace Gates Brown III），他是商業貨輪的船長，比她小八歲。何瑞斯之前與她的姐姐蘿絲相戀，但是蘿絲卻一再拒絕他的求婚。瑪麗詠與他成為朋友後，發現他說的那些海上黃色故事，與自己非典型的幽默感很合拍。朋友對她閃電結婚大惑不解，他們推測，她認為何瑞斯很像威蘭。

這段婚姻並不美滿，才短短幾個月，瑪麗詠就提出離婚訴請（之後又撤回了）。不過何瑞斯很有吸引力，又相當重視感官肉欲，而瑪麗詠很滿足於婚後的性生活。上述這些對於她做出留在何瑞斯身邊的決定，必定扮演吃重的角色。同樣的，她必定也下定決心，要讓自己的人生回歸常軌；她長期擔任情婦，有時受人誣衊，卻從來沒有獲得完全的接納，現在她想要品嘗結婚後受到敬重、體面的愉悅。

瑪麗詠時常設法戒酒，這麼做產生了體重減輕的副作用；她保持清醒的時候，看起來幾乎沒變，就像從前那樣年輕美麗。儘管她有酗酒的毛病，還是做了幾筆重大的房地產交易，從而獲得巨大的利潤；她將許多賺得的財富都轉移到慈善事業。她欣然參加老甘迺迪為兩個孩子舉行的婚宴，而且還慷慨出借自己的豪宅，供約翰．甘迺迪與新婚妻子賈姬度蜜月。之後，她驕傲的出席甘迺迪總統的就職典禮。

一九五九年，瑪麗詠罹患下顎口腔癌。她拒絕手術治療，只接受鈷射線照射。可是，她深受持續疼痛的煎熬，以至於想要靠鴉片來舒緩痛苦。為了遮掩變形的下顎，她在頸部披了條白色圍巾。老甘迺迪請三位癌症專科醫師飛到加州，而她終於同意接受手術。剛開始時她的情況好轉，但在一九六一年九月二十二日，她就不治過世了。她離世的時候，何瑞斯和僅存的幾位親屬陪伴在病床旁。就在她陷入最後一次的昏迷之前，她告訴何瑞斯，此生沒有遺憾。

瑪麗詠的喪禮辦得非常盛大成功，她本人如果見到了，應該也會讚美。為她抬棺的人，有她的老朋友喬．甘迺迪，與她合演電影的賓．寇斯比（Bing Cosby），她很久以前的老情人狄克．包威爾，以及威蘭的大兒子喬治．赫斯特。這幾個男人，分別代表她一生複雜的各個面向：情人、朋友、同事，而喬治．赫斯特則象徵她作為其父長達數十年情婦的事實。

瑪麗詠．戴維斯的情婦人生，從許多層面來看，都頗為理想。她是威蘭金山銀海、不可思議的巨額財產的受益人，他終身的愛都在她身上，身後還以遺囑保障她的權益，她也坐享與他生活帶來的社交成就。但是她也遭受不安全感的折磨，知道情人一直維持著和另一個女人的婚姻關係，而且因為當人情婦，受到社會的輕蔑鄙視。因為沒有孩子，她必須養德國獵犬來彌補膝下無子的空虛。她相信自己在演藝生涯取得的重大成功，都是拜威蘭的協助之賜，這使她很看重他的幫助與保護；其實，在瑪麗詠身處的時代，她幾乎比其他任何女性，都還可能靠自己的力量，取得很高的成就。結果，她為了成為威蘭的情婦，犧牲了自己作為獨立自主女性的地位。瑪麗詠的回憶錄《我們走過的時光》裡，表露了她的信念，認為這段感情使她的人生有了意義。

葛蘿莉亞・史旺森的故事[44]

一九二七年時，葛蘿莉亞・史旺森是美國最受歡迎的電影明星，她是個嬌小、性感的二十八歲女子，有一頭閃閃動人的深色秀髮、線條柔和的鷹勾鼻，和一雙藍色的大眼睛。這時她已經結了第三次婚，丈夫是法國男爵亨利・德庫得拉耶（Henri de La Falaise de La Coudraye），[45]生下女兒米榭兒，領養男童約瑟夫。她聰明伶俐，同時也雄心勃勃，就算不是放蕩濫交，對性愛也抱持著自由開放的態度；她是個獨立自主的女性，在個人生活與事業上都甘於冒險。而早在女性主義出現之前，她就是個女性主義者了，認為宇宙中的全能主宰是位女上帝。在葛蘿莉亞事業的頂峰，她拒絕了一部百萬片酬的電影約，離開派拉蒙影業的安全保護，自行創立「葛蘿莉亞・史旺森電影製作公司」，製拍電影。

但是葛蘿莉亞也有一些麻煩的問題。她的歷任丈夫總是背負債務，亨利同樣也不例外。麻煩的是，他決定搬回法國定居，試著自食其力過生活。

更令人不安的，是片酬達到天文數字的葛蘿莉亞・史旺森，居然瀕臨破產的境地。她的私人開銷高得驚人，每個月高達一萬美元。她的房子位於比佛利山，是棟擁有二十二間房間、五套衛浴設備、兩層樓的華廈，還設有一座車庫，停放她的皮爾斯銀箭、凱迪拉克轎車。「大眾希望我們過著像國王和皇后一樣的生活，」葛蘿莉亞在多年後解釋道：「所以我們就照辦了。不行嗎？」[46]

確實沒什麼不行，但是葛蘿莉亞的銀行帳戶這時已經接近掏空，只能期盼她的電影票房告捷，才能再有進帳。她選擇這樣過生活的結果，是將奢侈豪華的日子，全部寄託在她擔任電影製片人能夠順利成功。在此同時，她擔任製片的處女作《桑雅的愛情》（*The Love of Sunya*）並未能回收所有投資在製作、拍攝的金額。她自製、自演的第二部電影《神女生涯恨事多》(*Sadie Thompson*)備受好評，這部電影是根據薩默塞特．毛姆的爭議故事改編，描述一名神職人員本來想要改變一個煙花女，卻愛上了她；葛蘿莉亞親自出馬，在片中飾演浪蕩而苦惱不安的妓女莎蒂。但是，這部電影卻因為葛蘿莉亞的律師在法庭上，與倫理法條和扣住影片的電影審查官員打官司，而延遲上映時間。這好像還不夠，國稅局也來湊一腳，質疑她從一九二一到二六年的所得稅退款。

葛蘿莉亞的財政困境，正是她的顧問將老甘迺迪介紹進入她人生的原因。「葛蘿莉亞需要有人來幫她整頓，提供適當的理財周轉，然後讓她的公司步入正軌，」她的朋友、派拉蒙影業的高層主管羅伯特．坎恩(Robert Kane)在寫給老甘迺迪的信中如此說道。[47] 甘迺迪立刻熱情回應。葛蘿莉亞的身上，有一切他欣賞、喜愛的條件：名聲、才華，以及美貌。她的所作所為，正是他一直鼓勵孩子們去做的：「大膽嘗試」。

一九二七年時，約瑟夫．派翠克．甘迺迪既是個非常富有的銀行家，也是一位出身名門的電影製片業高層人士，身兼「電影製作工作室」影業(Film Booking Office Inc.)的主席與董事長，旗下擁有多家電影院。老甘迺迪當時正是四十歲的盛年，外表像個大男孩，臉上掛著開朗笑容，他娶蘿絲．費茲傑羅(Rose Fitzgerald)為妻。蘿絲是約翰．法蘭西斯．費茲傑羅(John Francis Fitzgerald)的女兒，他有「蜜糖費茲」(Honey Fitz)的稱號，或許算是波士頓最具實力的政治人物。老甘迺迪一家日後聞名的政治王朝，這時正在順利發展茁壯之中：一九二七年時，蘿絲懷了他們的第七個孩子。

身為一位經驗豐富的電影明星，葛蘿莉亞帶著沉著自信，出席與他的初次見面。老甘迺迪擺出一副威嚴的姿態來面對她，不過他似乎對於她如此嬌小的身材，以及點餐的內容而感到吃驚：她吃了燉芹菜、青豆和南瓜。葛蘿莉亞覺得老甘不像銀行家：他的西裝顯得太過笨重，領帶則打得太鬆。「配上他的眼鏡和顯眼的下頦，他看起來很像個工人階級的大叔，」她回憶道。

電影明星和銀行家討論大銀幕這個行業，然後老甘就她公司的財務狀況，提出幾個問題。她決定信任他，授權讓他查閱公司生意往來的紀錄。在仔細研讀過這些紀錄後，老甘打電話給葛蘿莉亞，告訴她對於公司財務狀況的悲觀分析。她的公司狀況一團糟，她聘用的軍師、顧問和職員「全是廢物」。簡單說，「葛蘿莉亞電影製作」完全就是一家經營不當的公司，而老甘對於這樣一位客戶，毫無提出諮商的興趣。

一段時間後，或許是由於老甘對她逐漸眷戀的緣故，他改變心意，給了葛蘿莉亞一個被她形容為「極其單純的建議」。[48]「讓我接手所有事情，」葛蘿莉亞記得他如此提議：「我會帶來幾個我的人馬，然後我們會開一場緊急手術……我們接管的時候會解雇一些人。」[49]

老甘和被葛蘿莉亞暱稱為「騎士」的同事們，就此進駐她的生活，他們以認真的態度，仔細研讀她的業務往來紀錄，在她的家裡待上好幾個小時。他們非常體貼，甚至「每回我一伸手要拿香菸，才剛起身，就有兩個以上的人，搶著劃燃火柴為我點菸。」[50]到了這個時候，葛羅莉亞相信自己可以信賴這群嚴肅又有效率的人，以及讓這群人明顯服氣的老闆，約瑟夫．甘迺迪。

首先，他們解散「葛蘿莉亞．史旺森電影製作」，另外成立「葛羅莉亞電影製片公司」。在此同時，老甘會協助葛羅莉亞經營公司，而她則集中心力在自己的強項，也就是電影製片。葛蘿莉亞心中憂慮不安，但是又確信老甘清楚如何挽救她的公司，於是同意將她製拍的頭兩部電影一切權利，轉讓給一家她積欠大筆債務的金融公司；這麼做不但能為她免去債務，還能提供若干周轉資金。「我所知道的，」葛蘿莉亞在之後寫道：「就是我在過去犯了一些錯誤，而到目前為止，他（老甘）在處理我公司的事情時，還沒有犯過錯。所以我有些猶豫的告訴他，可以進行這項交易。」[51]

對葛蘿莉亞來說，很不幸的是，這次交易將是老甘犯下的第一次錯誤，而且為此付出了高昂的代價，因為他不喜歡、抱有疑慮（很諷刺的，是在道德層面）的電影《神女生涯恨事多》，成為橫掃票房的賣座佳片，為它的新買主帶來一大筆錢，而葛蘿莉亞除了演技獲得讚美之外，什麼也沒有得到。不過，那是以後的事。在當時，葛蘿莉亞回憶道：「在這兩個月裡，約瑟夫．甘迺迪就接管了我的整個人生。」[52]

從某種程度上來說，葛蘿莉亞也接管了他的人生。老甘被這位活潑的客戶兼夥伴吸引，而儘管葛蘿莉亞仍然愛著自己的丈夫，卻沒有拒絕老甘的情意。沒有說出口，但明顯感覺得到異性相吸開始瀰漫在兩人的關係。可是，葛蘿莉亞有許多不能陷入婚外不倫戀情的理由。好萊塢的電影與明星，全都受到道德規範的約束，而葛蘿莉亞之前曾有一次違背了這些限制個人行為的嚴格規定。不管怎麼說，她都不能承受「行為放蕩不檢」的質疑。另一個問題是她的婚姻。雖然葛蘿莉亞感覺自己沒辦法和丈夫心心相繫，她卻仍然愛著這個英俊迷人的男人。

老甘這邊的情況，卻截然不同。他和蘿絲婚姻的基礎，在於逐漸成長的孩子們，也就是日後的甘迺迪政治王朝，而不是夫妻之間的感情關係，所以兩個人相敬如賓但是卻很疏遠。就感情層面來說，他們的婚姻是一片荒土。蘿絲設下若干門檻，要老甘不得逾越：他必須謹慎理財、遵守信仰、履行家庭義務等，而她自己也將內心對於老甘在性的背叛而產生的憤怒昇華、放下。因為老甘滿足了蘿絲的這些要求，還放任她價值不菲的衣著品味，他知道蘿絲不會提出令人難堪憤怒的問題，或者是掀起一場誹聞風暴，因此在他身上的限制要比葛蘿莉亞少得多。

老甘把葛蘿莉亞弄上床，現在只是時間早晚的問題，還帶有一點蓄意為之的味道，則是他的拿手好戲。老甘相當圓滑熟練，帶有強烈「將心比心」的情緒，給葛蘿莉亞的丈夫亨利一個她形容為「非凡的職位」：百代影業（Pathé Pictures）的歐洲公司主任，從而將他從葛蘿莉亞的身邊帶開。亨利很高興，葛蘿莉亞也是。她的臉上「對約瑟夫．甘迺迪掠過一絲意味深長的微笑，帶著深深的感謝。」老甘和亨利很快的達成一份口頭協議，寫在書面上，雙方都簽了名。「在這短短幾段時間裡，我們已經將世界重新安頓過了，」葛蘿莉亞寫道。53

隔天，老甘要他手下一名「騎士」帶亨利去遠洋釣魚，他自己則以需要工作為名，沒有隨行。葛蘿莉亞也有類似的託詞，說是要為孩子們買禮物。當亨利出海釣魚，老甘就來到葛蘿莉亞下榻的旅館，大步流星的朝她的房間走來。他一句話也沒說，就將自己的嘴唇封住了她的，兩人接吻起來。他一手環抱著她的頭，一手愛撫著她的身體，扯下她的睡袍。有一段很長的時間，他的嘴裡反覆的發出喃喃的呻吟：「不等了，不等了。現在就要。」「他就像一匹被綑綁束縛的駿馬，費勁的掙扎，想要甩脫束縛，往前衝刺，獲得自由，」葛蘿莉亞細說從頭：「在一陣匆忙的高潮過後，他躺在我身旁，輕撫著我的頭髮。」

葛蘿莉亞回憶，約瑟夫．甘迺迪，「這個躺在我身邊的陌生男人，他不是我的丈夫，卻擁有了我。」54

葛蘿莉亞．史旺森現在成了約瑟夫．甘迺迪的情婦。老甘自己也在比佛利山安頓下來，在羅德歐大道（Rodeo Drive）租了一棟房子，他的妻子和孩子們從來沒造訪過這裡。反過來，只要任何時候他覺得方便，就會回到東岸去探望他們。他在比佛利山的房子，可不是一處臨時將就的住宿處。屋裡配備兩名女傭、一名男管家、一名園丁和一名廚子，才能使整座宅子運轉順暢，而他也在自己的住處邀請賓客，舉行晚宴，回報葛蘿莉亞的殷勤好客。

這些晚宴從來不是私人性質。老甘手下的「騎士」們通常都會出席，而餐桌上的對談，內容都與生意有關。飯後，葛蘿莉亞和老甘上床作愛，然後由一名「騎士」開車送她回家。白天的時候，她和老甘很少見面，從來沒有獨處過。

老甘一如往常，繼續監控他孩子們生活裡的每一個枝微末節，同時和亨利保持密切連繫（老甘總是用英文拚法的「亨利」（Henry）來稱呼他）。他還對葛蘿莉亞施壓，要她帶養子接受洗禮——想到這個未受洗的靈魂，老甘的宗教敏感意識就大拉警報。

在亨利定期往返於歐洲和美國的期間，沒有跡象顯示他起過任何疑心。葛羅莉亞意有所指的認為，或許這樣的沉默，是出於他這份新工作的感激之情，或者「是出於歐洲良好教養下的態度，讓這樣的感情關係順其自然，尤其對於這一段幾乎可以確定不可能和婚姻扯上關係的感情，更是如此。」而可能性更高的原因，是亨利在巴黎也包養情婦。

老甘這邊的處境，則困難得多了。有次他帶著驕傲，明白的告訴葛蘿莉亞，他為了保持對她的忠貞，千方百計的避免和妻子蘿絲同床共寢，所以在那一年，甘迺迪家族沒有新寶寶誕生。[55]可是，老甘希望葛蘿莉亞為他生一個孩子。葛蘿莉亞把話說得很直接：假如他再這樣提起這類事情，她就收拾行李回去加州。「你沒辦法操縱輿論，約瑟夫，明天我就會完蛋，」她斬釘截鐵的說道。[56]然而，隨著時間過去，她得出一個看法：電影圈的人都知道他們的地下情，而且把這兩人看成是「修改版的威廉．蘭道夫．赫斯特與瑪麗詠．戴維斯，正因為我們都有堅固的婚姻關係，也都有孩子，所以無可指責；因此，除了那些小道耳語，受到更加嚴厲抨擊指責的可能性，幾乎完全能夠避免。」[57]

私底下，老甘與葛蘿莉亞相處愉快，不過他們之間的性關係則流於敷衍，因為老甘沒有花太多心思顧及葛蘿莉亞的欲望，或是她是否滿足。但是他們之間的共同事業則蹣跚挫敗。《凱莉王后》（*Queen Kelly*）其實是老甘硬要葛蘿莉亞接拍的電影，結果是部投資八十萬美元的失敗之作。老甘感到既憤怒又痛苦。「我一生當中，從來沒有失敗過！」他如此怒吼。[58]與此同時，葛蘿莉亞因為《神女生涯恨事多》獲得奧斯卡金像獎的提名，而先前他則預測這部電影不會成功。

對葛蘿莉亞來說，《凱莉王后》在情感、身體健康，以及財務上，都對她造成嚴重的打擊。當她了解情況有多麼嚴重之後，心煩意亂到甚至必須入院治療。「對於葛蘿莉亞認為，她因為這部電影積欠我可觀的金錢，她個人有什麼反應，此刻沒有探究的需要，但是這個反應，絕對不會令人愉快，」老甘在寫給亨利的信上這麼說。他在信中還提起，葛蘿莉亞與他在討論的過程中，已經面臨「極其嚴重的攤牌時刻」。[59]

然而，老甘通常是感情用事且任性，又經常破壞葛蘿莉亞的平靜心情。最為極端的一個例子，就是他們不智的倫敦之旅。老甘一直央求葛蘿莉亞和他搭乘同一艘郵輪，而他的妻子蘿絲與姐妹也會在船上。「拜託你，葛蘿莉亞，她（蘿絲）想要見你，」他懇求道。[60]

他們這趟歐洲之旅頗為順利，[61]不過葛蘿莉亞一直不能肯定，蘿絲究竟知道，或者猜到多少內情。老甘全程都陪在葛蘿莉亞身邊，可是蘿絲仍舊以不變的慈祥和善，來對待她丈夫的情婦。有一次，當船上一名旅客失禮的癡癡望著葛蘿莉亞，老甘頓時大怒，蘿絲也立刻高聲開罵，聲援丈夫。葛蘿莉亞心裡納悶：「她究竟是個傻瓜，還是個聖人呢？」[62]

亨利也來和他們會合，蘿絲對於葛蘿莉亞這位「不得了」的丈夫，極盡稱讚之能事。老甘的佔有欲太強，讓亨利感覺很不高興，但是他忍住脾氣沒有發作，以免損及自己極為重視的工作職位。「亨利正在為約瑟夫工作，而我則名符其實的是他的人，」葛蘿莉亞回憶：「我的整個人生，都掌握在他的手上。我信賴約瑟夫，之前從來沒信賴過別人到這樣的程度。」[63]老甘也令她著迷，但是在她的心裡，亨利才是真愛。

葛蘿莉亞回到美國後，在紐約參加電影新作《侵入者》（*The Trepasser*）的首映會；她先前已經正確的預測，這部電影會獲得老甘製拍的《凱莉王后》沒能達成的成功。這時她突然接到召喚，到一家旅社去和一位身分不明的人士見面。結果，這位要和她見面的人士，是波士頓樞機主教歐康諾（O' Connell）。歐康諾樞機是甘迺迪家族的友人，他說，希望能和葛蘿莉亞討論她與約瑟夫．甘迺迪的關係。葛蘿莉亞聽後感到震驚而憤怒，她回應，自己和老甘只是生意上的夥伴。但是歐康諾所知更多。「我來這裡，是要求你不要再和約瑟夫．甘迺迪見面了，」他向她如此說：「每回你和他見面，對他來說，就是一次犯罪……約瑟夫．甘迺迪不可能一面堅守住信仰，同時又能繼續與你來往。」葛蘿莉亞拂袖而去。「您說這些話的對象，應該是甘迺迪先生才對，」她堅決的回應。之後她發覺，這場令人不安的對談，老甘一無所知。是否是蘿絲或是甘迺迪家族的友人在幕後促成樞機主教和她的會面？葛蘿莉亞無從得知。但是樞機主教的介入，和天主教會處理「不恰當」情感關係的做法相符，總是譴責女性，將過失的汙名加諸在她的身上。

老甘現在已經從《凱莉王后》失利的挫折打擊裡恢復，他買下另一套電影劇本，相信這部作品能夠重振他電影大亨的聲威。葛蘿莉亞對此持非常保留的態度，不過還是勇敢地同意主演《寡婦情》（*What a Widow*）。《寡婦情》是曾獲普立茲獎的劇作家席尼．霍華德（Sidney Howard）取的片名，而他也為此獲得約瑟夫．甘迺迪致贈的謝禮：一輛凱迪拉克轎車。

就在電影即將開拍前夕，亨利平和地與葛蘿莉亞結束兩人的婚姻關係。「我們的愛情，這座美麗的殿堂，已經遭到大火焚毀，」他寫道：「在焚後餘燼裡，已無多少剩餘可堪拯救。但是，且讓我們試著維持美好的友誼，對彼此的敬重，以及我們的體面吧……我們之間的橋梁業已斷絕，再也無可修補，對此，我們兩人都心知肚明。」在這封哀傷的信結尾，他寫道：「再會了，吾愛，現在一切皆成往事。」64 葛蘿莉亞．史旺森與約瑟夫．甘迺迪的婚外情，代價是賠上了她的婚姻。亨利很快就開始辦理離婚手續，以便與漂亮的美國金髮電影明星康絲坦．班尼特（Constance Bennett）再婚。

過了沒有多久，《寡婦情》就被證明是一次慘痛的失敗。老甘顏面無光，這次甚至比《凱莉王后》受到的打擊還大，因為他的名字，出現在《寡婦情》的片頭畫面上。

有天，葛蘿莉亞的會計師向她報告，送給席尼．霍華德的那輛凱迪拉克轎車，已經算在葛蘿莉亞的個人帳戶支出項目。這筆開銷，不是該由電影預算來支付嗎？確實應該要這樣才對，葛蘿莉亞回應道。之後某晚，她在老甘住處與他共進晚餐時，提到他辦公室的人記錯了帳，然後半開玩笑的補上一句：「車子你送給了席尼．霍華德，不是我。他感謝的人是你，可不是我。所以我覺得，你來付這筆帳才算公平。」65

令人吃驚的，葛蘿莉亞發現老甘瞪著她，一個字也沒說，接著，他被嘴裡的食物給哽住了。等到緩過一口氣來，他就站起身，離開了餐廳。半小時後，葛蘿莉亞還在等著他再次出現，有個機靈的「騎士」過來，提議開車送她回家。

過了幾天，葛蘿莉亞還在苦等道歉的電話或信函，但一切有如石沉大海，她終於明白：約瑟夫．甘迺迪已經斬斷了與她的這段戀情，她不再是他的情婦了。接下來的那個月，他正式撤銷兩人的事業合作關係，也包括她簽署轉讓的委任書。

就這樣，約瑟夫．甘迺迪從葛蘿莉亞的生活裡蒸發了。小道消息和新聞報導指出，他靠著賣出電影製片公司的資產，得到五百萬美元，而且正打算從電影界抽身，以便集中全力在政界發展。「我又再一次的完全得靠自己了，」葛蘿莉亞回憶：「沒有了愛情，沒有了安全保障。」66

葛蘿莉亞還發現，儘管她名下還有幾處不動產，以及許多物品的所有權，她手上的現金卻少得可憐。怎麼會發生這種事？她把自己的人生都託付到老甘的手上，他卻撒手不管，任她重挫受傷。帶著震驚而痛苦的心情，她還得知，除了那輛凱迪拉克轎車，還有一件老甘送給她的毛皮大衣，以及他為她在片廠裡建造的小木屋，費用全部由葛蘿莉亞電影製片公司支出！不但如此，公司的帳目亂成一團，而甘迺迪的辦公室拒絕提供任何協助或澄清。

《命運的人質：約瑟夫．甘迺迪書信選》（*Hostage to Fortune: The Letters of Joseph P. Kennedy*）的編者亞曼達．史密斯（Amanda Smith），在看過葛蘿莉亞的回憶錄之後，對於老甘為什麼要向葛蘿莉亞電影製片公司收取這些，很明顯屬於私人餽贈禮品的費用，提供一個稍有不同的說法。老甘迺迪的檔案裡包含「枯燥的契約和法律文件……上面都有史旺森的親筆簽名……（詳細列舉）她對他個人，以及和他有關的公司行號應盡的義務──也就是償還的保證……對於現金挹注的急切需要（以目前的利率計算），以及一項建造符合史旺森大明星身分的豪華更衣間……給付酬勞的協議。」67很顯然，老甘從來沒有被這位迷人的情婦給迷昏頭，忘了自己其實是個商人。他甚至設計好，在法律上讓她為他錯得離譜的判斷和決策背負責任。在他致贈禮物給她、接受她的感激和道謝時，從來沒有提醒過她，出錢買這些禮物的，是她自己，而不是他；儘管事實擺在眼前：他讓她簽下許多她並不了解內容的文件。

老甘斷然絕情的離開葛蘿莉亞，讓她在維持自己的情緒與資金周轉上苦苦掙扎。有一段時間，她因為健康情況惡化而躲起來，體重突然暴跌，身體狀況瀕臨崩潰。但是，她身為一位單親媽媽背負的許多責任、她原來過著的豪奢生活，以及她必須繼續發光發熱的演藝事業，很快的讓她從病床上爬起，又一次迎向這個世界。

葛蘿莉亞很草率的再婚了，而且很快又有一個孩子。然後她反覆的離婚、匆匆結婚，再次離婚。這些短暫而結局悲慘的感情，都不能夠阻擋她全心投入電影的拍攝；不過，到了一九四二年，她的資金短缺，必須急遽、大幅的縮減開支，並且找尋各種謀生的方法。她嘗試演出電視劇，之後又回歸大銀幕。一九四九年，以五十歲的年紀，她極為成功的以《日落大道》（*Sunset Boulevard*）一片東山再起，這部電影講的是一個年輕男人向一個好萊塢過氣老女星求愛的故事。她再次翻紅，在包括百老匯等地持續演出，直到她把心思轉向雕刻藝術為止（這件事她也做得很成功）。她的第六段，也是最後一段婚姻，是嫁給六十歲的比爾・達夫提（Bill Dufty），當時她已經七十七歲高齡；婚後兩人非常幸福。

在約瑟夫・甘迺迪突然甩掉葛蘿莉亞一年半之後，他打電話給她。在電話裡，他告訴她，自己正和即將接任美國總統的富蘭克林・羅斯福在一起。葛蘿莉亞非常氣憤，沒想到他竟然敢如此厚顏無恥的打電話過來，於是掛掉電話。在這之後，她容許自己在一種輕鬆、疏遠的和解氣氛裡，接受恭維和讚美。從那時開始，一直到老甘過世為止，他都在對人們吹噓自己和她的關係。當他因為中風而臥病在床時，她給他拍發了一通慰問的電報，上頭署名「凱莉」。如果說，她挑選這個他進入電影界最大失敗之作的主角姓名，沒有一點報復、懲罰的意思，是很難讓人相信的。

葛蘿莉亞在成為約瑟夫．甘迺迪情婦五十年之後，寫出了她自己的回憶錄。隨著時光流逝，她的演藝生涯，令人驚異的東山再起，她極佳的健康狀態、個人的幸福晚年，以及她非凡而自然的美麗——她七十多歲時，上電視談話節目《卡蘿．伯奈特秀》（*Carol Burnett Show*）錄影，穿著貼身服裝跳起舞來，展現出屬於三十歲女子般的柔軟身體——凡此種種，都有助於澄清、沉澱她本人對多年前那段感情的看法和評價。當然，老甘已經去世了，而且在他的晚年，還因為一次嚴重的中風而深受多年的病苦。葛蘿莉亞．史旺森不是不能選擇原諒，但是半個世紀的時間，還是無法抹去她受到的對待帶來的痛苦：這個男人承諾要拯救她，結果卻遺棄她，將她的人生弄得一團混亂。她成為他溫馴聽話的炫耀洋娃娃，容許他在所有人面前炫耀誇示，刻意讓人留下深刻印象，包括他自己的妻子在內。她已經成為他和自己設下的種種騙局裡的共謀，是個熱切的參與者，用種種策略來糊弄與他們熟識的友人，以及面目模糊、讓她成為明星的大眾。到了最後，葛蘿莉亞．史旺森最感到後悔遺憾的，就是她曾經做過這樣一個糟糕的交易。

瑪莉亞．卡拉絲的故事

「我為藝術而生，我為愛而活」，這是女高音瑪莉亞．卡拉絲（Maria Callas）在普契尼的悲情歌劇

《托斯卡》(*Tosca*)的一聲哀嘆。她自己的人生,將劇中飽受折磨的女主角佛蘿莉亞.托斯卡這句台詞,變成令人心碎的執著信念。當佛蘿莉亞登台唱出這句絕望哀傷的台詞時,她的情人正在遭受折磨。然而,真實生活裡的瑪莉亞,則正為了她與希臘船王亞理士多德.歐納西斯(Aristotle Onassis)那段激情四射、耗費心力的感情突然中止,而黯然神傷;歐納西斯拋棄了她,以便和世界上最夠格被稱為遺孀的賈桂琳.甘迺迪(Jacqueline Kennedy)結婚。

瑪莉亞.卡拉絲,這位將歌劇推向新成就高峰的女歌唱家,是美國希臘裔移民的女兒,一九二三年十二月二日誕生於紐約曼哈頓,她出生時的名字是瑪莉.安娜.卡洛傑羅普盧(Mary Anna Kalogeropoulos)。她的母親,被叫做「麗斯塔」(Lista)的依凡潔麗亞(Evangelia),把自己遭受的痛苦,全都發洩在這個肥胖、近視眼、毛髮長而舉止又笨拙的小女兒身上。但是等小瑪莉五歲的時候,靠自己的天分情況稍微改善。當瑪莉跟著廣播裡的歌曲唱起歌時,麗斯塔在心底暗自祈求,女兒如此美麗動聽的歌喉,能夠讓她擺脫美國和丈夫這兩個痛苦的深淵。瑪莉十三歲的時候,麗斯塔通知丈夫:兩人的婚姻已經走到盡頭。他聽後,雙手合十歡呼道:「終於啊!我的上帝,您終於垂憐開恩了!」[68]麗斯塔讓瑪莉從學校輟學,然後母女二人動身前往希臘,她疼愛的大女兒潔姬,已經在那裡等候了。

在雅典,瑪莉現在被人們叫做瑪莉亞,她獲得國立音樂學院的獎學金,之後更得到排名頂尖的雅典音樂學院的入學許可。她練唱、排演,努力學習,除了音樂,她對其他事物都不感興趣。二次大戰期間,在危險處處、慘遭蹂躪的雅典城裡,有超過三萬名的市民餓死;潔姬的有錢男友,在一棟公寓裡為她們母女三人提供一處棲身之所。麗斯塔靠著當一名義大利軍官的情婦,取得若干生活必需品。她還逼迫瑪莉亞和敵軍士兵廝混，據說，瑪莉亞並不是靠與男人上床，而是用她迷人的歌聲來誘惑他們。不過對她而言，倒是很享受與年紀較大的男性仰慕者之間，那種親密而充滿關愛的友誼關係。這些仰慕者裡，有一位是住在附近地區的醫師，可能是頭一個與瑪莉亞上床的男人。

戰爭結束後，歌劇院落入左派手中，瑪莉亞被禁止登台演唱。她回到家鄉美國，但是同樣也找不到工作。一九四七年，她渡海來到義大利的維洛那（Verona），用借來的錢參加四場歌劇的演出，所得的報酬，只有兩百四十美元。這個時候，她遇上一位有錢的歌劇愛好者巴提斯塔．梅內吉尼（Battista Meneghini），他剛剛從建築業退休，決心以捧紅瑪莉亞．卡拉絲（這是她姓名的新拚法）作為畢生的職志。

巴提斯塔當時五十三歲，比瑪莉亞大了整整三十歲，他是個矮胖、感情外放的男人，只會說義大利語。歌劇是他們兩人共同的愛好，不過隨著時間過去，他們也愈來愈關懷對方。他們初次邂逅，是在一家餐館裡。「我動了惻隱之心，」巴提斯塔回憶：「她的四肢末端都扭曲變形了。她的腳踝腫脹，像小腿那麼粗。她移動起來很笨拙，而且吃力。」[69]可是，這個高挑、豐滿而有雙下巴的女人，竟然是個極為傑出的女高音。巴提斯塔提供她一段為期六個月的試用期，在這段期間裡，他會負擔她的生活需求，以便讓她全心放在音樂。試用期順利結束，瑪莉亞帶著感激之情，嫁給這個矮小圓胖的義大利男子，他發掘出她的天分，將她從旁人的冷漠與貧窮的生活中拉拔出來。

他們的婚姻很美滿。巴提斯塔很喜歡他的歌劇女主角，也佩服她賺取銀子的本事；而瑪莉亞也喜歡他對她的仰慕欣賞，以及他對歌劇的奉獻。兩人的性生活也還算滿意，不過在瑪莉亞與巴提斯塔共同生活的十一年裡，她從來沒有過性高潮，這種「缺席」的感受，只有在她初次體驗的時候才會明白有多麼美妙。

在演唱表現上，瑪莉亞・卡拉絲不斷受到肯定。她的聲音在高音領域極為純淨厚實，而且即使在這個時候，「在高音部分，無論聲音是否尖銳，她閃現出一種刀劍般銳利的能量，現在已經成為傳奇。」[70]瑪莉亞在戲劇上的本領，以及她事事追求完美的名聲，同樣也是傳奇。她背下樂譜的速度，比所有歌手都還要快。她樂於向困難挑戰，灌錄成唱片的歌劇曲目，甚至很少演出過。她無情的鞭策自己，也用同樣的標準要求同儕。她的座右銘是「我工作，所以我存在。」《美國歌劇》（*Opera in America*）一書的作者約翰・狄賽克斯（John Dizikes）認為，她的人生與婚姻「以斯巴達式的刻苦家庭經濟，嚴格的自律和勤奮工作作為基礎。十年來，她的野心、意志力、力求更上一層樓的熱情，全部灌注在她的表演藝術。沒有任何事情可以阻撓、干擾。」[71]

上面說的「任何事情」，也包括她的肥胖問題。瑪莉亞身高將近一百七十六公分，體重達一百公斤，她這麼聰明的人不可能不知道，以這樣的扮相登台演出歌劇裡「弱不禁風」的女主角，看起來有多麼怪誕。在一九五三年，她開始進行減重計畫。她的減肥策略非常特別。瑪莉亞先吞下一條蛔蟲，讓牠吞噬自己吃下肚的食物，她的體重隨即開始逐漸下跌，直到她將蟲子排出身體為止。到了一九五四年初，她已經減下近三十公斤。又過了幾個月，她照減肥餐忌口，將體重降到五十三公斤；現在她成了身材苗條的女人，徘徊在罹患厭食症的邊緣，她後來又增胖幾公斤，以使自己更加圓潤光滑。

她擺脫過度肥胖的問題。之前有位劇評家，曾經尖酸的抨擊她的身材：「象腿和在舞台上唱《阿依達》的瑪莉亞・卡拉絲的腿之間，實在不可能分辨出差別。」[72]在瑪莉亞大而明亮的眼睛襯托之下，透露出優雅和自信。她的打扮穿著開始時髦起來。她買了好幾櫃的衣服，並且蒐集珠寶首飾。她還開始與國際上流社會互動，突然變得很想和那些風采迷人的歌劇女歌手交際往來。

慢慢的，瑪莉亞對自己的婚姻不再這麼滿意了。瑪莉亞的朋友納蒂雅・史坦席歐夫（Nadia Stancioff）注意到，瑪莉亞被巴提斯塔「在專業領域上的佔有欲，以及……他把卡拉絲當成搖錢樹的執著」激怒。當她聲稱，在他為她安排的繁重行程下已經筋疲力竭時，他告知說，要是將速度慢下來，她絕對無法承受後果。他承認，除了她目前賺進的金錢之外，他們就沒有別的錢可用了。史坦席歐夫相信，就是這一點使瑪莉亞的感情危機加速爆發。「當她終於得知（他一直愚笨的揮霍著她的錢），她的脾氣就像蒸氣閥被打開一樣爆發了……現在，她看待這個原來被自己當成『聖本篤』的男人，已經不再有光環了，他成了挺著大肚子、舉止粗俗的怪漢。」[73]

巴提斯塔本人就紀錄過一次她最猛烈的脾氣爆發：「你活像個看守我的獄卒……你從不放我一個人獨處。你什麼事情都要控制我。你像個可恨的警衛，而且你已經困住我這麼多年了。我快窒息了……你不愛冒險，你不會講各國語言，你的頭髮總是沒有梳理亂蓬蓬，你的衣著沒辦法跟上潮流。」[74]

到了一九五九年，瑪莉亞開始和亞理士多德・歐納西斯交往。他是郵輪客運與一家航空公司的創辦人，曾經說過下面這一句妙喻：「郵輪是我的妻子，不過航空公司是我的情婦。」而這時候的他，婚姻已經觸礁。介紹兩人認識的，是他們都熟識的友人，捷克出生的美國名媛兼莎士比亞與喜劇演員艾莎・邁克斯威爾（Elsa Maxwell）；她先前已經帶瑪莉亞和英國溫莎公爵夫婦、巴黎羅斯柴爾德家族、阿迦汗親王（Prince Aly Khan）以及其他名人見面。一九五七年，她介紹瑪莉亞與亞理士多德，這兩位「目前世界上還在世的最知名希臘人」互相認識。[75]他們這次見面，促成亞理士多德很快的採取動作，邀請瑪莉亞、艾莎和巴提斯塔與他一起搭乘心愛的豪華客輪「克莉絲提娜號」出海遊覽，和他們同船的，還有包括前首相溫斯頓．邱吉爾夫婦在內的一小批英國貴賓。

「克莉絲提娜號」這艘船的內部擺設，奢華到無法想像；彷彿是品味出了差錯，船上酒吧的板凳全都以鯨魚的包皮裹覆，而歐納西斯很喜歡故意驚嚇女乘客，提醒她們正坐在世界上最巨大的陰莖上頭。歐納西斯手裡支配著無數設計師的衣服，與多到令人驚訝的珠寶首飾、美食品嘗、富麗堂皇的住家，還有大量的休閒娛樂時間。但是吸引瑪莉亞的，並不是這些奢華的設備，而是亞理士多德．歐納西斯這個人。這位矮小、結實、精力充沛的魔術師，主導著和多位政界、藝文界與國際上流社會的交情（如果不是友誼的話）。而亞理（Ari，這是歐納西斯的好友對他的稱呼）也熱烈回報她這番激增的感情，以至於登上「克莉絲提娜號」的人，全都曉得有某件失控的麻煩事已經發生了；這些人也包括他的妻子提娜（Tina）在內。

雅典娜．「提娜」．李瓦諾斯．歐納西斯（Athina “Tina” Livanos Onassis）的年紀，甚至比瑪莉亞還小，她在十七歲的時候，就違背父親希望和另一個希臘郵輪家族聯姻的意願，而嫁給歐納西斯。提娜是個嬌小的金髮美女，她受過良好的教育，有整個歐洲的寬闊眼界，而不是僅限於希臘一地；她為丈夫生兒育女，而且為他生下期盼已久的男性繼承人，兒子亞歷山大（另外有女兒克莉絲提娜）。這時的提娜，已經不再與亞理相愛（如果她曾經愛過亞理的話）；她投向其他男人的懷抱，尋找亞理沒有能夠給她的情感滿足和性愛慰藉。

亞理心不甘情不願的接受「洋娃娃妻子」的婚外情，這不只是因為他本人從這段婚姻的早期，就已經不忠、在外偷吃。還有一個更讓他煩惱、難堪的原因：最近，他在床上突然性無能，難以行房；他的這個毛病已經被她說給歷任情夫聽過，尤其是最近結交的二十二歲委內瑞拉花花公子萊納多．何瑞拉（Reinaldo Herrera），她非常盼望能嫁給他。

這就是亞理遇見瑪莉亞時，他的婚姻狀況：提娜與萊納多．何瑞拉熱戀，而亞理斷然拒絕和她離婚，並且繼續與她同床共寢（雖然他時常雄風不振）。瑪莉亞的婚姻狀況稍好一點，她當時因巴提斯塔將她辛苦賺來的錢任意花光而震撼。與丈夫的房事，她從來沒有享受或者是投入過，正如她告訴美國友人瑪麗．卡特（Mary Carter）的話，這是因為「我們做妻子的，必須定期盡到妻子的義務。」76

但是，就在這趟宿命般的海上巡遊旅程裡，亞理對瑪莉亞產生無比的激情遐想，性愛不再是日常瑣事，而變成有如天啟般的重大發現。除了溫斯頓．邱吉爾爵士之外，亞理的賓客裡，沒有人能夠受得了毫無幽默感、說話直率的瑪莉亞，眾人都認為她粗俗沒有教養，而且還妄自尊大。「我喜歡和溫斯頓．邱吉爾一起旅行，」她對眾人說：「這樣可以減輕我太受歡迎而帶來的負擔。」另一位同船的賓客回憶：「我們全都討厭她。」77而歐納西斯這時已經被她迷得神魂顛倒，什麼都沒有察覺。

他們的戀情從熱烈的對談裡展開，瑪莉亞與亞理講起希臘語，分享彼此對戰爭的回憶。兩人在大戰時都吃過苦，瑪莉亞受的煎熬更深，她有一度還被迫靠拾荒找尋食物。瑪莉亞和亞理會聊到深夜，吃點希臘宵夜小菜，互相傾訴衷腸。從那時起，一直到她生命結束為止，「除了她熱愛的表演藝術之外，她只為了一個人而活，那個人就是歐納西斯。」她的朋友亞瑪麗雅．卡拉曼莉絲（Amalia Karamanlis）如是說：「他讓她頭一次感覺到，自己是個女人。」78

即使亞理也陷入愛河，他還是對瑪莉亞說，雖然提娜在外面有了情人，也想要和情人結婚，可是他為了孩子，絕對不會和妻子離婚。瑪莉亞聽後很震驚。「我不明白，」她說：「一個希臘女人，怎麼能假裝還愛著一個男人，卻和另一個男人上床？」[79]好個老派的瑪莉亞，說出這番道德高尚的話！在這句自以為是的話裡，她否認自己與歐納西斯串通共謀，破壞他的婚姻；為亞理士多德被指控拋棄妻子辯護；還譴責提娜，認為她是個偽善而通姦的女人；最後，也解釋她自己婚姻結束的原因。

身為一個爹不疼娘不愛、遭到壓迫剝削的孩子，希臘東正教的信條給瑪莉亞家庭沒能給予的支持與滋養。她的信仰非常虔誠，嚴格遵守教規（不過很顯然的，這些教規在和她的情況牴觸時，可以變通調整）。她在每一次登台演唱之前，都會乞求上帝的庇祐，每天都會在一座聖母雕像前下跪祈禱。在很大程度上，歐納西斯與她有類似的宗教信念，這是希臘民族性的一部分，吸引著他，而這些在教養已經英國化的提娜身上，很明顯是找不到的。瑪莉亞的友人、希臘親王邁可（Prince Michael of Greece）回憶：「這是命運的安排，她和歐納西斯有共同的希臘人性格。她徹徹底底是個希臘人。」[80]

瑪莉亞身上希臘性格的另一個部分，是她可以自在而流利的，說著提娜無法理解的希臘語。亞理用希臘語滿口胡謅自己在床上的「光榮戰史」，哄得瑪莉亞既興奮又陶醉。在士每拿（Smyrna），一家亞理最愛光顧的妓院裡，有個年華老去的娼妓曾經對他說：「不管怎麼說，寶貝，女人做這檔事都是為了錢。」亞理把這句話牢牢記在心底，反覆對瑪莉亞提起金錢與性愛之間彼此糾結纏繞的關聯。

兩人之間用希臘語互訴衷曲，這讓他們走在一起，也造就他們的感情格局。亞理也很看重瑪莉亞的名聲、她強烈的個人特質、（對他）付出的心力，還有他因她而燃起的熊熊欲火，而她很愉快的有所回應。在亞理的懷中，在「克莉絲提娜號」這趟命中注定（這是瑪莉亞的觀點）的海上旅程，她經歷有生以來第一次性高潮。亞理已經將性愛轉化為兩個充滿愛情軀體之間的愉悅結合，而且同時重振他在性事上的自尊。（他大概不會在意，瑪莉亞至少對一名女性友人提起，在床上，他是個擁有了不起本事、超乎想像的情人。）和笨拙的巴提斯塔不同，亞理很有耐心的確定她的身體在一陣快感中蜷曲之後，才開始衝刺他自己的高潮。

亞理在床上的天賦，以及他浪漫的挑逗，引燃瑪莉亞內心激烈的感情，以至於她在將兩人的關係（還有他）提升到接近神聖的位置，這段真愛將取代藝術原來在她心中的核心地位。對她而言，未來的方向已經很明顯了。她與亞理將會和各自的配偶離婚，然後兩人結為連理。接著，她會從舞台引退，全心全意為丈夫奉獻餘生。但是，現實人生並不這樣清楚明確。雖然亞理的妻子提娜同樣認為丈夫的新戀情，有助於讓她得到一直遭到拒絕的離婚同意書，不過她並不喜歡自己的風頭被搶走的感覺。提娜以貴婦的優雅身段，制定一個計畫，對付這個魯莽闖入她婚姻的第三者。她成功的策動了對亞理有影響力的妹妹亞緹米絲（Artemis）與她站在同一邊，共同對抗瑪莉亞。提娜在提起瑪莉亞時，稱她為「那個娼婦」，而且確信，狂熱的媒體無可避免的會瘋狂報導卡拉絲與歐納西斯的緋聞，然後在她的兩個孩子眼中，自己就會成為委屈的妻子。

這趟海上之旅的一天早晨，瑪莉亞和亞理跳了整晚的舞之後，她回到自己的特等艙房。在房裡，她告訴痛苦不堪的巴提斯塔：「我們之間結束了。我愛上亞理了。」巴提斯塔在之後對這段讓他失去妻子的激情有如下的評語：「這就好像一把熊熊大火，同時吞噬了他們兩人。」[81]

海上之旅結束後，瑪莉亞回到米蘭，公開宣布自己的婚姻以失敗收場。亞理士多德用電話和親身發動雙重追求攻勢。他還去找巴提斯塔談判，想要將他的情婦從婚姻的枷鎖裡解脫出來。「你要多少錢才願意放瑪莉亞走？五百萬？一千萬？」他質問道。82

對於巴提斯塔聲淚俱下的苦苦哀求，瑪莉亞冷淡以應。「我和你在一起十二年，」她說：「已經足夠了。」她帶走夫妻共養兩條小狗的一隻，以及他們的女傭布魯娜。巴提斯塔在新聞媒體上對於這對情侶口誅筆伐，他幾乎每天都會生出一些名言佳句，逗樂了不少品味低下的新聞記者：「如果每件事情都要一刀切兩段，而我們必須切開那隻一起養的小狗，瑪莉亞會拿走前半段，最後我只能留住後半截尾巴。」83

除了巴提斯塔拒絕配合，歐納西斯也沒辦法按照自己的意願安排人生：他想和提娜繼續維持夫妻關係，而讓瑪莉亞當作他的情婦。提娜抓住這次機會，向法院提出離婚訴請；亞理士多德懇請她打消念頭，在她堅持要離婚時，他先是挫折的怒吼，之後又哀傷的痛哭起來。儘管在這個時候，瑪莉亞全心期盼亞理士多德娶她為妻，他卻盡全力想維持自己有名無實的婚姻。為了讓提娜稱心如意，他甚至提議，讓她與情夫萊納多．何瑞拉在法國同居，他會在暑假時去探望他們。但是提娜已經下定決心，要擺脫這段婚姻，好讓她可以和萊納多結婚，而不只是同居生活。他們終於離婚。

瑪莉亞的情人從婚姻裡解脫了，但是她卻沒有。巴提斯塔拒絕簽字離婚。84瑪莉亞不但因為自己「妾身未明」的情婦身分而感覺苦惱，也認為目前的情況違反她信仰關於婚姻的聖潔，所以覺得尷尬羞愧。她期盼成為亞理的妻子，專為他一個人奉獻。然而，亞理卻拒絕讓她放棄演唱事業，因此瑪莉亞只好同時對音樂與情人付出。但是她已經疲乏，很少得到充分排練的機會。她的聲音在唱到高音領域時愈來愈不穩定，有時候還唱不上去。聽眾非常了解原因，一九六〇年，她突然中止演出，以便休養恢復。

事實上，根據為她寫傳的作家尼可拉斯・蓋吉（Nocolas Gage）的描述，瑪莉亞・卡拉絲其實是懷孕了。之前和巴提斯塔在一起的時候，她從來沒能成功懷上孩子，她相信懷孕可以提升嗓音，改善膚質。現在和亞理士多德在一起，奇蹟就發生了。在懷孕期間，瑪莉亞幾乎婉拒和一切外人見面，在一九六〇年三月三十日，她產下一個小男嬰，但是幾個小時之後，就不幸夭折了。但是，她是個情婦，因此小嬰兒的誕生與夭亡，這個代表她罪孽深重的產物，必須要繼續隱藏掩蓋起來。85

在這之後，瑪莉亞進入她身為亞理士多德情婦九年時間裡，最幸福快樂的一段歲月。這位雍容華貴的女高音，細心侍奉她的情人，讓亞理深受感動，也以同樣的態度回報，因為這是他多年以來，從提娜身上得不到的待遇。夜裡，趁她睡熟以後，他悄悄的送給她一大束玫瑰花。但是有時候，當他感覺自己的情婦知名度太高，反倒遮掩他在社交場合上的光彩時，就會打發她離開。

亞理曾經開玩笑說，歌劇聽起來活像是義大利廚師扯開嗓門，大聲報出燉飯裡的佐料，他也不能領略瑪莉亞在音樂和戲劇上的天分。即使當她動人心弦的詮釋著貝里尼（Bellini）的《諾瑪》（*Norma*），令觀眾如癡如醉時（《諾瑪》這齣歌劇說的是一位德魯伊女教士，其實是羅馬總督的祕密情婦的故事），他甚至沒有辦法強迫自己留在位置上，以欣賞完整齣歌劇。接著，在他舉行的慶功派對上，他很明顯的將這些特地前來向她道賀、慶功的賓客，看得比接受道賀的這個女人來得重要。

可是，瑪莉亞卻樂於滿足她這位嚴苛情人的要求，順服他的意願。她剪了新髮型，戴上隱形眼鏡，只因為他希望她這麼打扮。她放任自己，違反先前練唱歌劇時立下的規定。她在「克莉絲提娜號」的泳池游泳、在池邊跳舞、喝酒，並且和她深愛的亞理士多德聊天直到深夜。她答應演出的次數愈來愈少（有一次是應邀在約翰．甘迺迪的生日宴會上演唱，在會上，瑪麗蓮．夢露為了要壓過她的鋒頭，穿了一件幾乎透明的禮服赴宴），也愈來愈少練習，她的歌喉退步、惡化的速度，也為之加快。

儘管她犧牲自己奉獻情人，但財務卻不依賴情人：她不屑於拿亞理的錢，而且堅持自費買進大量的珠寶和衣服，甚至連搭乘亞理創辦的奧林匹克航空，她也自行買票付費。亞理的家人，由他的妹妹亞緹米絲和兩個孩子領軍，將亞理和提娜離婚的責任，全怪罪在瑪莉亞的頭上，並且痛恨她。亞歷山大和克莉絲提娜提起她時，會故意取笑她是「大醜女」和「大屁股」。

其他令人不愉快的事情，也紛紛出現。賈桂琳．甘迺迪年輕漂亮的妹妹李．拉德茲薇爾（Lee Radziwill）加入邱吉爾的海上遊覽之旅，而瑪莉亞竟然被排除在這趟旅程之外，她得知後怒目而視，心懷怨憤。亞理士多德對李非常著迷，他很高興能透過她，和美國總統攀上關係；瑪莉亞相信，她一定和他上床了。一九六三年，亞理把瑪莉亞打發到巴黎，以便他可以招待賈姬．甘迺迪搭乘「克莉絲提娜號」出海遊玩。

然而，縱使瑪莉亞因為自己被撇在一旁受冷落而深感痛苦，她還是盡心盡力扮演亞理的情婦角色。她只答應少數演出邀約，包括悲劇《托斯卡》，這齣歌劇在倫敦演出時，她以狂烈的感情風靡台下觀眾；當她唱起「我為藝術而生，我為愛而活」的時候，那是劇中女主角佛蘿莉亞．托斯卡的人生，也是女高音卡拉絲自身的故事。

甘迺迪總統於一九六三年遇刺，開啟了瑪莉亞和世界上最有名氣的寡婦，賈姬．甘迺迪爭寵的噩夢。亞理機關算盡的對賈姬姐妹大獻殷勤，為他贏得一張邀請函前往白宮，站在甘迺迪的兩個弟弟羅伯、泰德，以及小甘的心腹友人身旁，追悼甘迺迪前總統。之後，他很明顯的對瑪莉亞更加苛刻。

他輕蔑的說起她衰退的嗓音，覺得像是壞掉的哨子。有時候他還會掌摑她，雖然她總是馬上回敬他耳光。隨著他們之間衝突愈發激烈，她對朋友提起，很擔心就這樣失去他，失去這個讓自己第一次覺得身為女人，以及讓她嘗到性愛美妙滋味的男人。

一九六六年，因為情人對她的關愛日漸減少，於是瑪莉亞擺脫和巴提斯塔的牽絆，她放棄美國國籍，入籍希臘成為公民，這是因為希臘只認可在東正教會舉行，而且夫妻都是希臘公民的婚姻為合法。可是，儘管她終於恢復單身，也適合婚配了，而且急迫的想要將感覺罪惡又不穩固的感情關係，給予正式的名分，但亞理還是拒絕娶她為妻。不過，彷彿是為了要減輕某個傷神的內疚，或者是更令人感到害怕的，是要對她做最後的交代，他買下一棟雅致的公寓（而且總是打理得很好），送給瑪莉亞。在此同時，八卦小報指出，人們頻繁的見到他與賈桂琳．甘迺迪出雙入對。

瑪莉亞競爭不過這位舉世注目的寡婦。一九六八年，亞理設計讓瑪莉亞離開「克莉絲提娜號」上岸，然後立刻帶賈姬上船，兩人之間開始了複雜的談判過程，最後雙方達成協議：結成一對不協調、沒有愛情的夫妻。亞理這位六十四歲的新郎，想要從三十九歲寡婦賈姬身上得到的，是她的知名度和強大的政商人脈關係；賈姬想在亞理這裡找尋一個安全的避風港灣，讓她的孩子們免於被刺殺的恐懼，她準備用自己做籌碼，換取能使得孩子們不會受傷害的財富。

瑪莉亞要怎麼辦呢？即使在她發現這個難堪的事實之後，還是順從於亞理的懇求，在他沒有與賈姬在一起時，陪在他的身邊。可能他是期盼瑪莉亞能夠在他和賈姬結婚之後，還能不計較的繼續愛著他，並且服侍他；或者，許多亞理的好友們相信，他其實沒有真正打算和賈姬結婚，只不過是想對外界炫耀兩人的親密關係。

正當亞理和賈姬正在討價還價、打情罵俏的同時，瑪莉亞去拜訪朋友，然後等待著亞理的電話。電話鈴聲始終沒有響起，她陷入深深的沮喪情緒裡。在《達拉斯新聞早報》（*Dallas Morning News*）特約樂評家約翰·奧多恩（John Ardoin）對瑪莉亞進行的專訪中，她傾訴自己的不幸遭遇。她的芳心寂寞，而且無人疼愛。她的家人和情郎都已經背棄她而去。有九年的時間，她就忍受著這種「見不得人」，而且「令人羞恥」的情婦生活。

與此同時，亞理這邊也有麻煩。賈姬愈是要盡快促成和亞理的婚姻，他對結婚這件事就愈是猶豫躊躇。慌亂之餘，他央求瑪莉亞在雅典高調炫耀兩人的關係，以便讓他「解套」：如此會激怒賈姬，讓她回到美國。瑪莉亞拒絕了。「你自己惹來的麻煩，你得自己解決，」她說。[86]稍後，瑪莉亞從報紙上看到，他已經同意婚事。

在亞理娶了賈姬·甘迺迪一個星期後，他跑到瑪莉亞住的公寓樓下，在窗外吹口哨找她。剛開始時，她不想理會，但是沒過多久，她就因為心軟而和他見面，不過還是拒絕和他上床。她反過頭來全心重振自己的歌唱事業。她在電影版的歌劇《美狄亞》（*Medea*）裡擔綱演出的角色，獲得影評界的一致好評。

亞理一直纏著瑪莉亞，想要恢復兩人從前的關係。在一場晚宴上，他握住她的小腿，說自己有多麼喜歡「瑪莉亞的肥大腿」，寧可不要賈姬這個「瘦皮猴」。他和瑪莉亞又恢復熱烈交往，只不過兩人在縱情擁抱、接吻之外，並沒有發生性關係。亞理在和瑪莉亞碰面，以及與她長時間的電話聊天裡，都在抱怨賈姬。一九七〇年，他公然對瑪莉亞大獻殷勤，這可能只是故作姿態，但也可能是他希望藉著媒體對兩人又重新談起戀愛的報導，能激得賈姬提出離婚。但是賈姬很清楚他打的算盤，想要讓她知難而退，所以不願配合。

有一次，瑪莉亞絕望沮喪的情緒再次發作，心煩意亂，舉止失常，擔心亞理可能會再次拋棄她，以至於吞服了過多平常賴以入睡的安眠藥，一度短暫入院治療（這對她來說，相當的丟臉）。

但是亞理其實無意離開她，因為除了他的母親與妹妹之外，這是唯一真正愛著他的女子。他的婚姻是一場滑稽的鬧劇，但是在希臘法律裡，找不到可以和賈姬離婚的理由；雖然他可能也已經如此嘗試了，仍舊無法與她離婚。如果他真的曾經如傳聞說的那樣付給賈姬一筆鉅款，讓她同意離婚，那麼同樣沒能成功。

一九七三年，亞理摯愛的獨生子亞歷山大，在一場空難中罹難，他悲痛欲絕，孤苦伶仃。幾天以後，他在瑪莉亞的公寓裡，聲淚俱下的回憶起兩人早夭的兒子。回到史柯匹歐斯（Skorpios）島，他在晚間出門散步，對著一條走失的狗，訴說自己滿腔的傷悲。在亞歷山大的墳前，他喝著大茴香酒，對死去的孩子說話。根據幾位瑪莉亞的好友回憶，他還央求瑪莉亞嫁給他，但是他沒能讓自己再簽下一紙結婚證書。

除了性，瑪莉亞總是能夠撫慰情人受傷的心。而瑪莉亞為了滿足自己的情欲需求，甚至更加是為了重振衰頹的自尊心，她公然與身材健壯的知名歌劇男高音朱賽佩．德．史蒂法諾（Giuseppe di Stefano）發展出一段戀情。他們之間的關係，至少包含工作和性愛這兩個層面。兩人的合作非常失敗，歌聲相當糟糕，粗暴激烈，苦苦掙扎，有時聽來令人困窘尷尬；他們的登台演出，因為瑪莉亞吞服太多處方藥而被迫取消。在他們這趟痛苦的巡迴演出裡，亞理雇用的人員全程打理瑪莉亞的生活起居，而每天他都會和她講上好幾個小時的電話，無止無盡的向瑪莉亞抱怨賈姬的揮霍無度、她那些

「脂粉味過重」的友人、賈姬的冷淡態度及她的冷酷無情。

亞理的生活瓦解衰敗速度，遠比瑪莉亞快得多。亞理的餘生都受到亞歷山大死去的哀痛折磨，而且已經病入膏肓（他的身體機能日漸衰弱失調，甚至得用膠布貼住眼皮，才能保持眼睛睜開），他把生命剩餘的時間，都用在重整自己的金融帝國，並且訓練他性情不穩定的女兒克莉絲提娜，以便接手亞歷山大遺留下的位置。

他寫一份新遺囑，目的是為了保護克莉絲提娜，以及限縮賈姬繼承他遺產的權利。遺囑裡沒有提到瑪莉亞的生活居住支出，由他永久提供，因為他曉得她的財務狀況相當健全。社會道德規範還是起了作用——瑪莉亞不過是他的情婦而已。儘管如此，他大可以學習威廉・蘭道夫・赫斯特和瑪麗詠・戴維斯，大方承認瑪莉亞是自己的親密友人，她確實很合適充做他鉅額財富與收藏品的象徵。

一九七五年初，亞理飛到巴黎，進入一家醫院動手術，這是他在絕望之中試圖延遲死亡的最後一搏。在他彌留的時候，瑪莉亞拚了命的試著想見他最後一面。她每天打電話到醫院，懇求她的朋友想辦法。但是，克莉絲提娜仍然認為瑪莉亞介入父母的婚姻，導致他們的離婚，因此不准她前來。

在亞理死前幾天，瑪莉亞離開巴黎，到美國佛羅里達州的棕梠海灘。三月十五日，她在當地聽到情人已經去世的消息。她公開表示哀悼，許多民眾紛紛寄給她慰問卡片或電報。「突然之間，」瑪莉亞帶著感傷和痛苦發表她的感想：「我就成了寡婦。」87

瑪莉亞不能參加葬禮，或者到歐納西斯家族位於史柯匹歐斯島上的家族墓園，看著亞理和兒子終於在此重聚。她回到巴黎，過著幾乎與世隔絕的生活。當她從亞理離世造成的衝擊裡調適過來時，就帶著玩票性質、漫不經心的考慮要復出演唱的計畫。有一陣子，她繼續和德・史蒂法諾談起兩人斷斷續續的戀愛，因為，她說那個「真正的男人」已經不在了，她沒有更好的人選。她是個偉大的歌唱家，也是有吸引力的女性，當她發現已經不需要向亞理證明這一點時，就將歌劇和史蒂法諾同時捨棄。

亞理死後，瑪莉亞的大部分生活都侷限在她的公寓裡，看著電視播出的西部牛仔電影、玩牌，和她的兩位僕從布魯娜和佛魯奇歐說著沒完沒了的話、吞服劑量大得危險的安眠藥片，以及逗弄她養的小狗。大部分的時光，她沉浸於和亞理一起度過的歲月。「他是真的愛我，」她對朋友法蘭索瓦·瓦勒里（François Valéry）說：「男人在床上的表現，是騙不了人的。」88

一九七七年九月十六日，瑪莉亞·卡拉絲去世。她的死因至今不明，但是她的傳記作者尼可拉斯·蓋吉注意到，瑪莉亞去世前不久才剛表示自己減去大量體重，所以他認為，她可能是採取激烈的減重方法，從而使身體機能敗壞，甚至導致死亡。

「卡拉絲，享年五十三歲，如流星般璀璨的劃過天際，很早就燃燒殆盡。但是在那些年，是何等的光輝燦爛！」《紐約時報》樂評家哈洛德·熊伯格（Harold C. Schonberg）如此讚頌。89熊伯格推崇這位歌劇天才，已經對歌劇世界的各項水準與預期，造成永久性的改變。而對於自己的人生，瑪莉亞卻有不一樣的評價。她承認自己的藝術天賦主導、塑造往後的人生。但是，她卻更加看重自己身為亞理士多德·歐納西斯情婦的角色，她深信在他生命的最後時刻，已經感到她才是此生的摯愛。

瑪麗蓮·夢露的故事

歐洲的皇室包養情婦，在美國，與他們地位相對應的民選總統，也是當今世界上最有權勢的男人，通常也會結交情婦。但是，民選官員抱持的道德標準比皇室成員來得高。這使得他們必須小心謹慎，就算是面對想要對外張揚、炫耀的迷人女性時，也是如此。直到最近，歷任總統都能藉著免受媒體的報導，避免讓自己行為不檢的醜事曝光，從而不必受到美國選民的評判。當然，豁免的範圍，並不包含政壇上敵人與盟友的謠言與小道消息，也不能瞞過朋友和心懷不滿的親戚，以及封住離職僕從的嘴巴。出軌偷情的總統都知道，歷史記載不同於新聞報導，不會放過他們在床上犯下的這些細微過錯。

比爾·柯林頓在他與白宮實習生莫妮卡·呂文斯基的關係一事上說謊，象徵了媒體與民選官員串通，為他們遮掩私生活醜聞的時代，已經宣告結束。很諷刺的是，呂文斯基並不是可以拿來向人炫耀的美女名媛，而只是個愛傻笑又多話，讓人尷尬不知如何處理的人物。她的情況，正如菲利浦·羅斯（Philip Roth）小說《人性汙點》（*The Human Stain*）一個角色的評論：「這不是深喉嚨。這是大嘴巴。」90

在柯林頓之前的歷任總統之中，備受愛戴的約翰·甘迺迪是個性愛獵食高手。其父約瑟夫·甘迺迪對於兒子的責難，「只要他們辦得到，就會把女人搞上床」，令他耿耿於懷。小甘迺迪和電影女明星牽扯不清，和他上床者還包括政府同僚的妻子、社交名媛、民主黨黨工、祕書、空姐、模特兒、歌舞女郎和應召女。在華盛頓郊區的社交、生活重鎮喬治城，甘迺迪在性愛上的需索無度，已經成為傳奇。「沒和女人搞過，我睡不著，」他如此對克萊兒·布絲·魯斯（Clare Booth Luce）說。91

甘迺迪想要「搞女人」完全出於性欲驅使，沒有情感因素，這是一種靠著射精來舒緩壓力的迫切需求；而時常發作的後背疼痛，則從孩提時期就困擾著小甘，迫使他只能平躺在性伴侶的身體下方。

他對於女性是否得到快感毫無興趣，而且在床上的本領，是「出了名的糟糕」。92小甘以和女星安吉・狄金森（Angie Dickinson）發生關係而感到自豪，但她卻挖苦的表示，與約翰上床，算是「我一生中最值得紀念的十五秒。」93

甘迺迪就任總統的時候，也是性觀念發生革命的開端，正是男性施展其性愛癖好的大好時機。作家妮娜・伯利（Nina Burleigh）形容甘迺迪時代的華盛頓，是個「男性統治的世界」。睪丸的狀況，為華府政客提供比喻和表達想法的方式：「剁去睪丸」或「閹割」，男人被「踢中卵蛋」，侵略者「被抓住卵蛋」。在甘迺迪時代的白宮對話裡，「捅」(prick)、「幹」和「瘋子」、「私生子」這種字眼，成為標準常用字彙。

在這個「性趣」至上的世界裡，甘迺迪要的不只是性高潮而已。他與父親老甘一樣，對於只有好萊塢浮華世界裡才有的迷人丰采相當著迷。甘迺迪想要到手的，不多不少，就是像葛蘿莉亞・史旺森這樣有知名度的情婦。在一九六〇年代，符合這樣標準的女性，是極為性感而且才華洋溢的電影女星瑪麗蓮・夢露。94

這對美國總統與性感女神的結合，是欲望驅使之下的大勝利，其虛矯浮誇的程度，也超出人們常識認知所能想像。總統的心態與女神同樣堅決，都決心忽視橫亙在兩人之間的顯著差異。他是位相貌英俊而備受愛戴的總統。她是個豔光四射又受各方仰慕的大銀幕紅星。如果他的妻兒對他來說不成問題，那麼對她而言肯定也不算是麻煩。他把心思放在征服整個好萊塢最引人注目的對象。她也抱著相同的心思，想要擄獲這個對她大獻殷勤的男人，他手握大權，能夠為她帶來其他男人無法辦到的事情：使她的存在具備價值。

在約翰・費茲傑羅・甘迺迪與藝名為瑪麗蓮・夢露的諾瑪・珍・貝克（Norma Jean Baker）之間，有一條社會與經濟地位上的巨大鴻溝，分開了兩人各自成長的世界。一九二六年，諾瑪・珍生於加州靠近好萊塢的地方，母親是離婚女子葛蕾黛絲・夢露（Glady Monroe）。葛蕾黛絲生下諾瑪・珍之後，就陷入哀傷的絕境。孩子的生父史丹・基佛（Stan Gifford）拒絕和葛蕾黛絲結婚。因為社會對於未婚媽媽的歧視很高漲，葛蕾黛絲只好以每星期五元的代價，將小諾瑪・珍寄養在之前的鄰居那裡。每到星期六，她都會去探視女兒，但是據瑪麗蓮・夢露回憶，葛雷蒂從來沒有擁抱或親吻她，或者承認自己是她的母親。

事實上，瑪麗蓮・夢露是葛蕾黛絲的第三個孩子。葛蕾黛絲在十四歲的時候，就懷了第一胎，拒絕將孩子拿掉，之後在母親的默許之下，嫁給孩子的父親，也就是年紀比葛蕾黛絲大、態度又很猶豫的賈斯培・貝克。葛蕾黛絲腹中的胎兒在兩人婚後誕生，是個兒子；不到兩年，又生下一個女兒。

這段婚姻很短暫，而且令人痛苦。正值青春期的新娘是個懶惰的家庭主婦，新郎則酗酒成性，而且經常下重手毆打妻子。在兩人離婚以後，他挾持兩個孩子出走，而且像從前虐待葛蕾黛絲那樣，粗暴對待他的兒子。葛蕾黛絲找到他的下落，試著爭回孩子的監護權，但是以失敗收場。

葛蕾黛絲回到加州，成天在威尼斯海灘（Venice Beach）參加派對，以逃避內心的情緒波動，並且和史丹・基佛陷入熱戀。她很盼望能夠再婚，但是離過婚的史丹決心不要再承擔義務，所以葛蕾黛絲離開他，很快下嫁給挪威工人愛德華・莫坦森（Edward Mortensen）。她想和莫坦森過著穩定的生活，但是得到的卻是無法忍受的沉悶單調。四個月以後，她就離開莫坦森，又和基佛在一起。史丹在葛蕾黛絲懷孕之後與她分手。葛蕾黛絲讓諾瑪・珍姓莫坦森，以遮掩這個女兒其實是非婚生子女的事實。

過了幾年，還是靠派對狂歡來逃避現實的葛蕾黛絲，接到一個讓她大受打擊的消息：她十四歲的兒子被孩子的父親活活折磨而死。據一個和她接近的友人回憶，「導致葛蕾黛絲身心狀況惡化的原因，就是她的內疚與自責。」[95]葛蕾黛絲改信基督教科學教派，有一天，她對當時八歲，還在別人家裡寄宿的諾瑪・珍宣告，她將打造一棟不錯的房子，好讓她們都能住在一起。

有兩個月的時間，諾瑪・珍和她美麗的母親一起，住在她們美麗的白色房子裡。為了幫助償還貸款，葛蕾黛絲將房子的二樓分租出去。有一天，她的房客對諾瑪・珍毛手毛腳，由於實在無法忍受，諾瑪・珍試著告訴母親這件事。可是，母親卻憤怒的制止她對這個「明星房客」的抱怨。諾瑪・珍哭著入睡，她感覺很想去死。她最後沒有尋短，但從此開始口吃結巴。

之後不久，葛蕾黛絲的身心狀態大崩潰，被送入療養院治療。（幾年以後，她被診斷罹患妄想型精神分裂症。）美麗的白色屋子被賣掉，來償還她積欠的債務。諾瑪・珍被帶走，送往洛杉磯的孤兒院，她尖叫、口吃，領到孤兒編號「第三四六三號」。

母親的朋友葛瑞絲一直想說服她的新婚丈夫，將諾瑪・珍接來和他們同住。在葛瑞絲成功以前，孤兒院的院長建議諾瑪・珍先尋找寄養家庭同住。於是，她再一次又成為寄人籬下的孩子。之後在孤兒院的轉介和限定下，她一共在九個家庭裡寄宿過，一直到她將自己法律上「孤兒」的身分去除為止。

就這樣，諾瑪・珍在折磨人的貧窮之中成長。收養她的家庭全都是窮苦人家，藉由收留孤兒與經濟大蕭條搏鬥。諾瑪・珍每週只能洗一次澡，她是最後一個使用洗澡水得人，要是出了什麼差錯，她是第一個被怪罪的人。她有兩套一模一樣的外出服：褪色的藍色裙子和白色襯衫。她被人取了綽號「老鼠」，但是在她的夢中，她卻穿著鮮紅、金黃、藍綠的各色衣服，光彩四射，美麗動人，走過眾人身邊的時候，讓所有人的目光全都離不開自己。

終於，葛瑞絲想辦法將她接來一起住，諾瑪・珍相信自己終於找到一個家了。五個月後，喝得酩酊大醉的丈夫，強迫葛瑞絲把諾瑪・珍送到葛瑞絲的阿姨安娜那裡。安娜阿姨很窮，可是人卻很親切，諾瑪・珍很喜歡她。可是，在歡樂而信仰虔誠的屋子外面，是更加嚴峻的生活。學校裡的孩子取笑諾瑪・珍兩套一模一樣的孤兒院服，男孩叫她「廢物人渣諾瑪珍」（Norma Jean the Human Bean）。[96]她沒有朋友，痛恨上學。

在教堂時，諾瑪・珍的心裡不斷糾纏著一個離經叛道的驚人想法：她想脫去身上的衣服，赤裸裸的站在上帝與男人的面前。這個狂想並沒有引起「任何羞愧或罪惡感……想像人們對著我看，讓我感覺沒那麼寂寞……我對於身上穿的衣服感到丟臉羞恥，那件永遠不變的褪色藍衣服，代表貧窮。赤裸，讓我感覺自己和平常女孩沒有兩樣。」[97]

之後的某一天，諾瑪・珍便與其他女孩更加不同了。她沒有注意到自己的白襯衫底下，胸部正在隆起，變得圓潤豐腴。她向一個年紀較小的朋友借來一件毛衣穿在身上，然後到學校去。那是最後一天學校裡的孩子喊她「廢物人渣諾瑪珍」。身體已經成為她「某種神奇的友軍」，她懂得用口紅和睫毛膏來妝扮自己。她走到哪裡，人們都癡癡的對她張望，而她明白，自己已經不再是孤兒院出來的諾瑪・珍了。

可是諾瑪・珍的麻煩還沒完。安娜阿姨沒辦法繼續再照顧她。這就表示在她滿十八歲以前（還有兩年），除非她的男朋友、洛克希德（Lockheed）工廠的二十一歲雇員吉米．道賀提（Jimmy Dougherty）和她結婚，不然她就得回孤兒院。葛瑞絲向吉米提出這門親事，他接受了。當上吉米妻子的諾瑪．珍很喜歡性愛，任何時間、任何地點，只要欲望來襲（次數相當頻繁），她隨時都能愉悅的開始作愛。甚至「脫衣服上床睡覺也總是能激起性欲，而……如果我正在洗澡，她開門進來，接下來發生的，永遠都是同一件事：馬上作愛，」吉米回憶道。98

諾瑪．珍也很喜歡有家的感覺，她把家裡整理得一塵不染。她為吉米做三明治，在午餐飯盒裡貼上愛妻叮嚀的字條，還試著煮出像樣的晚餐：菜色通常是青豆和紅蘿蔔，因為她喜歡這兩種強烈對比的顏色。她把自己的填充動物玩具和洋娃娃掛在家具的頂端，這樣他們就能夠看見在這個快樂幸福的家庭裡，發生了什麼事情。「她沒有童年，現在想要彌補，」吉米之後這麼說：「你會隱約感覺，有人已經沒人疼愛太久，也有太多年不受歡迎。」99

這時候正是大戰時期，有一天，吉米決定去當兵。諾瑪．珍知道後心急如焚，不知如何是好，但是吉米還是按照自己的打算去參軍了。她搬去和丈夫的母親同住，並且在飛機製造廠找到一份差事。穿著連身工作服，在裝配線工作的諾瑪．珍，被空軍士官大衛．康諾瓦（David Conover）「發掘」出來；康諾瓦是個攝影師，想要紀錄戰時美國的平民生活。她之前夢想受到人們充滿愛慕眼光的注視，現在開始要成真了。

吉米放假回家，但是等到他收假時，諾瑪．珍又陷入憂鬱哀傷。之後，她決定打電話給從未謀面的親生父親，之前她想盡辦法，才拿到他的電話號碼。基佛在掛電話以前告訴她：他沒什麼好對她說的，要她以後別再打電話來了。諾瑪．珍在之後傷心的哭了好幾天，一直沒能從沮喪裡恢復過來。

身為丈夫從軍的「戰爭寡婦」，諾瑪．珍展開日後著名的模特兒生涯，並且將她帶往好萊塢電影片廠之路，一開始她只是個小演員，後來終於成了明星，而且還是超級巨星。她學會如何穿著與化妝打扮，怎麼將蓬鬆的淡褐色長髮梳理妥貼，如何表現出陽光般的笑容和性感風騷的韻味。她賺到生平第一筆親眼見到的收入，並且從不贊成她進入演藝界發展的婆婆家裡搬出。當吉米對她下達最後通牒，要她在當模特兒和婚姻兩者之間二選一的時候，她選擇了前者。

諾瑪．珍從來沒有停止思念哀傷、生病的母親。她把葛蕾黛絲接來同住。一直到葛蕾黛絲的身心狀況加劇，迫使她必須回醫院治療之前，她與諾瑪．珍之間試著想要建立一種之前從未有過的親情關係。

諾瑪．珍開始主導自己的演藝事業。她向業界要求她轉型成金髮美女的壓力屈服，後來也發現這種外型扮相效果更好。她和二十世紀福斯影業簽下週薪一百二十五美元的基本演員合約。之後她配合公司要求，挑選一個更響亮的藝名，於是諾瑪．珍就成了瑪麗蓮．夢露。她研究演技，帶著她養的寵物狗安靜坐在課堂裡，全心全意的努力進修。在家的時候，基於同樣的理由，她認真的閱讀；就像之前，她在那段短暫身為全職家庭主婦的時期一樣，吃力的念著百科全書。

帶著堅定的決心，諾瑪．珍逐漸蛻變成為瑪麗蓮．夢露。她參加過好幾部電影的演出，在一九五〇年時，終於獲得重視，在約翰．休士頓（John Huston）執導的懸疑片《夜闌人未靜》（*The Asphalt Jungle*）裡擔綱重要角色，飾演一名貪汙律師的情婦。一九五二年，在演出由芭芭拉．史坦威（Barbara Stanwyck）領銜主演的《瓊宵禁夢》（*Clash by Night*）裡，為了自己、也為了片中的角色，煥發出蓄積已久的眩目光彩以後，夢露躍居成為電影明星。

就在她耗費心力受到觀眾歡迎的同時，夢露卻和職棒巨星喬・狄馬喬（Joe DiMaggio）發展出一段衝動不智的戀情。雖然狄馬喬有非常重的嫉妒心和佔有欲，而且極度反對瑪麗蓮・夢露的生活方式，他們還是在一九五四年一月十四日結婚。狄馬喬時常對她破口大罵，在克制不住自己嫉妒和挫折的情緒時，還會出拳毆打她。這段短暫而且極度不幸福的婚姻，最後在一九五四年十月三日以離婚收場。

瑪麗蓮・夢露的下一任丈夫是劇作家亞瑟・米勒（Arthur Miller），他是個傑出的才子，但至少和狄馬喬一樣，不適合夢露；令人好奇的是，他到底如何壓下自己心底關於這場婚姻遲早會完蛋的正確念頭，而在一九五六年六月走進結婚禮堂？但是，創造著名舞台劇《推銷員之死》（*The Death of a Salesman*）裡威利・羅曼（Willy Loman）成功角色的作家米勒，顯然是被瑪麗蓮・夢露性感之美迷倒。「她就像一塊渾然天成的磁鐵，將他身上雄性動物的質素全都吸引出來，」他如此讚嘆。[100] 他的妹妹發現瑪麗蓮・夢露身上散發著歡喜的光彩，而這必定是發自內心的。在婚禮會場上的合照背後，她寫著「希望，希望，希望。」

在夢露與米勒的這段婚姻裡，希望就像幸福一樣轉瞬即逝。婚後不久，夢露發現這位她暱稱為「爸」或「把鼻」的新婚丈夫（她叫首任丈夫吉米・道賀提「爹地」，第二任丈夫狄馬喬「爸」），對自己娶她為妻的這項決定發生懷疑。他原來憐憫這個帶著孩子氣的女性，後來更被她身上的魔力迷惑，但是她對於情感的無盡需索，卻扼殺了他的創作能力。他在提到她的時候，稱她為「娼婦」，而且對她說，關於勞倫斯・奧立佛（Lawrence Olivier）對於她的評論：「她是個麻煩的賤貨」，他覺得大概是真的。*

如果你只從夢露拍過的電影來評價的話，此時的她，已經處在演藝事業的最佳狀態。與她合作的導演和劇組人員發現，她的狀態愈來愈不穩定，總是遲到，有時候乾脆曠班不現身，她的態度粗暴傲慢、失去判斷力，連簡單的台詞都沒有辦法記住。在拍攝電影《熱情如火》（*Some Like It Hot*）的片場，男主角東尼・寇蒂斯（Tony Curtis）每天都要苦等夢露好幾個小時，在一場親熱戲重來十四次之後，他愁眉苦臉的表示：親吻瑪麗蓮・夢露，好像在和希特勒拍吻戲。

瑪麗蓮・夢露的婚姻冒險，在這個時候已經呈現無可挽回的緊張關係。她好幾次試著尋短。她流產過一次，而且心懷巨大的悲傷。她和其他男人之間有過好幾段半公開的緋聞，包括約翰・甘迺迪在內。儘管她接受精神治療，夢露卻陷入更深的泥沼，受到酗酒和藥物濫用的絕望折磨而無法自拔。在一次難堪的自殺未遂之後，當一位友人詢問她近來如何時，夢露帶著酒意，醉茫茫的回說：「糟透了……居然還活著。」[101]在約翰・甘迺迪就任總統的同一天，瑪麗蓮・夢露飛往墨西哥辦理離婚。

瑪麗蓮・夢露開始把注意力擺在剛剛才在白宮安頓下來的甘迺迪總統身上。她與小甘在一九五〇年代中期，透過甘迺迪的妹夫，同時也是好萊塢男星彼得・勞福（Peter Lawford）的介紹而認識；勞福是個業餘的皮條客，專幫甘迺迪與一大群能夠到手的性感女星之間媒介性交易。甘迺迪喜歡「掀

* 譯註：勞倫斯・奧立佛（1907-1989）是英國著名影星，也是電影、舞台劇雙棲的長青樹。奧立佛的第二任妻子，是著名女星費雯麗（Vivien Leigh）。他曾在一九五三年來到好萊塢，自任導演，與瑪麗蓮・夢露共同主演《遊龍戲鳳》（*The Prince and the Showgirl*）。但是此時的夢露身心狀況不佳，時常與劇組失聯，耽誤拍攝進度，所以奧立佛對夢露的評價很差。

名牌」，因為不但這麼做本身就具有刺激興奮的感覺，更可以感受他父親經歷過的那種愉悅快感。小甘已經「掀」過珍・泰尼（Gene Tierney）、安吉・狄金森、潔恩・曼思菲（Jayne Mansfield）、李依・瑞米克（Lee Remick）等知名女星，令人印象深刻，但是他「掀」了瑪麗蓮・夢露這個可能是世界上最知名的女性，就贏過他父親征服葛蘿莉亞・史旺森的戰績了。

從某些角度看，夢露與小甘真是天生一對。他們同樣都已經攀上各自事業生涯的最高峰。他們都是勇於冒險的傑出人士。他們兩人身上同樣散發迷人丰采、受人仰慕，成為媒體寵兒。兩人對於性的態度，同樣的放縱隨便，毫不害臊，都盼望從感情關係裡找到相似情感的回報，藉以寬慰和肯定自己。他們都渴望受到注意，也成功的吸引目光聚焦。而他們兩人透過性的相互征服，來滿足自己受肯定的需要；他們急切的需要彼此，也以擁有對方而虛榮誇耀。

可是夢露是個心態上有偏差的女人，她需要的情人必須兼有丈夫與父親兩種角色，這種要求是不可能被滿足的。她的情緒不穩，神智難以長期維持清醒，還有仰賴處方藥的習慣。對甘迺迪來說，這些全都已經不是祕密了。

在一九六〇年，甘迺迪和他的選戰操盤手都知道，如果瑪麗蓮・夢露公開談論兩人之間的地下情，將會對他的選情造成危險。她還不是唯一可能會走漏風聲的來源——在白宮，在紐約的嘉麗酒店（Carlyle Hotel），以及在他妹妹帕特・甘迺迪與妹夫彼得・勞福位於加州聖塔摩尼卡的住所，甘迺迪根本就是肆無忌憚的公然與女人偷情。當時擔任內閣祕書的佛瑞德・杜頓（Fred Dutton）便哀嘆道，甘迺迪「簡直就像上帝一樣，不管對方是任何人，只要他感覺一來，不論任何時候，都非要上了人家不可。」[102]

總統仰仗的是新聞媒體謹慎自制的文化，以及服務生、駕駛、餐廳小弟，與其他服務人員受到威嚇之後的順從封口；他手下的幹員會讓這些人明白，「你會見到一些事情，但是你不會說出去；你會聽聞一些事情，但是你不會說，聽聞過。」103

這種隱瞞封口作業，也包含瑪麗蓮．夢露的行蹤。如果她想和甘迺迪見面（她的確非常想），她必須到約定好的幽會地點與他碰頭，通常是搭乘空軍一號前往，她會戴上淺黑色假髮，或者是紅假髮搭配印花手帕與墨鏡，偽裝成一個女祕書，手上拿著速記本和鉛筆（還真的用上了！）在彼得．勞福不安好心眼的對她說著話時，她就隨手在簿子上塗塗寫寫。她打電話到白宮找情郎的時候，分配到的代號是「格林小姐」（Miss Green），她的來電會立刻轉給受到她崇拜、愛慕的「總統先生」（the Prez）接聽。

有好幾位作家提到，夢露期待甘迺迪和賈姬離婚，然後娶她為妻，這種說法，實在難以令人置信。以她時常受到男人的蠱惑誘騙，以及她自暴自棄的個性來看，她一定了解兩人這段感情的侷限之處。甘迺迪總是精心安排兩人的幽會地點。在與他的其他賓客交際應酬之後，兩人會一同退席，來上一場小甘最擅長的快速性愛──「像隻雞舍裡的公雞。砰！砰！砰……我還經常提醒他，『拉鍊要記得拉上啊』。」104

無論是在白宮（有好幾位訪客在此見過夢露），或是在嘉麗酒店，又或是在兩人幽會最頻繁的勞福住家，瑪麗蓮．夢露總是和甘迺迪以及他的好友或同僚們在一起。在事後的描述裡，她總是處在喝醉的狀態，或者正用高腳酒杯喝著香檳，想把這個世界拋諸腦後。她會故意穿著挑逗的衣服，裡面很明顯的沒穿內衣；她的頭髮蓬亂，但總是性感而美艷，這位性感女神的一切用心，都是為了陪伴她的情人：美國總統。

令人吃驚的是，儘管甘迺迪心中已經有相當合理的擔憂，她可能會將兩人的私情洩漏出去，或者早已經洩漏給外界了，他卻仍然繼續維持著和她的關係。在兩人私通的這些年，夢露對於此事從來就沒有謹慎保密過；這一點，已經得到許多人的證實，包括她的朋友、記者與同事。在甘迺迪競選總統期間，約束控管夢露的言行，是他的重要工作事項。在他就任總統之後，風險為之升高，可是他似乎沒有做好處理這些問題的準備。

一九六二年，在拍攝電影《愛在心裡眼難開》（*Something's Got to Give*）期間，讓瑪麗蓮．夢露回神過來，掌握現實狀況。她遭到一連串打擊，其中最重的一擊，是前夫亞瑟．米勒娶了一個被她懷疑在婚姻後段就已經偷偷和丈夫來往的女子，而且這名新婚妻子當時已經懷有身孕。那年，夢露買下一棟價格中等（三萬五千美元）的房子，位於全方位監控她身心狀況的羅夫．葛林森（Ralph Greenson）醫師診所附近。雖然她已經大名鼎鼎，而且努力工作，但是買房子的錢，還是她向前夫喬．狄馬喬分期付款借來的。

《愛在心裡眼難開》在四月開拍，全劇的演員、劇組成員，以及導演喬治．丘克（George Cukor）全都緊張的在觀察，看夢露是否有辦法，或者能不能配合拍攝進度，她是否能管好自己、記住台詞、準時抵達片場，或者按照日期現身拍攝。他們的擔憂是有道理的。就算她出現在片場，也是遲到，而且還時常在演出前大吐特吐。她大量吞服葛林森醫師開立的藥片，來對付摧殘她身心的憂鬱症狀，整個人看起來迷茫困惑，而且沒做好準備。她突然生病，醫師確認她受到喉嚨發炎的折磨。有時候她試著想要上工，但是很快就倒下，或者從片場早退。

丘克想盡辦法，拚命拖延時間，他先拍攝與她無關的戲份，然後和全片演員，以及其他一百零四名劇組工作人員等待大明星現身。五月十四日，瑪麗蓮・夢露身心狀態充分恢復，返回片場拍攝。但是整個劇組好不容易才鬆了一口氣，新的焦慮又隨之而來：有傳言說，夢露打算離開片場前往紐約，參加甘迺迪總統於十九日舉行的慶生派對。

二十世紀福斯公司的律師們一窩蜂的跑來勸阻夢露，要她待在片場。他們提出警告，如果不聽勸阻，將會構成違約。夢露尋求一名律師的建議，這位律師不是別人，正是羅伯・甘迺迪（Bobby Kennedy），聯邦司法部長。羅伯老早就在煩惱，擔心民主黨的高層可能會反對她出席生日派對，所以要夢露不要現身。在這個時候，媒體記者雖然還沒報導，但都已經在談論他哥哥與夢露這段遮掩得很拙劣的地下情。

羅伯身為甘迺迪家族的智囊，也是甘迺迪正派而可靠的弟弟，他看出這是進行危機管控的絕佳時機。但是甘迺迪堅持要讓夢露參加，而瑪麗蓮・夢露也拒絕失去這個在紐約麥迪遜花園廣場，當著一萬五千名民主黨人的面，唱〈生日快樂歌〉給美國總統聽的大好機會。[105]

先前沒辦法起床、台詞也念得亂七八糟的瑪麗蓮・夢露，這時候卻精心計畫著出席情人生日宴會的穿著扮相。她指示自己的服裝設計師尚—路易（Jean-Louis），替她設計一套令人嘆為觀止的肉色薄紗絲綢晚禮服，全身上下鑲滿大尺寸的水鑽，這套禮服剪裁非常貼身，她在裡面不能再穿任何衣物。（這件禮服要價一萬兩千美元，正好符合一隻手掌大小。）她穿上這套禮服，外搭從二十世紀福斯公司衣櫃裡拿來的白色貂皮大衣，並且將濃密的金髮整理妥貼蓬鬆，又帶有迷人的捲翹彈性。

即使是這樣重要的場合，瑪麗蓮・夢露還是遲到了。當她終於姍姍來遲的時候，彼得・勞福在對眾人介紹她入場時，開玩笑的說她是「已故的瑪麗蓮・夢露，」（the late Marilyn Monroe，譯按：late字一語雙關，也指遲到，此處作者暗示夢露的結局。）她盈盈走上台，身姿明艷動人。有張從她背後拍攝的照片顯示，甘迺迪正獨自一人站著看向她，而第一夫人賈姬（她修長而瘦削的身體，穿著一件以簡單優雅著名的設計師訂做的禮服）拒絕在這個夢露向她丈夫示愛的大場面裡同台，淪為陪襯的小角色。《時代》雜誌的記者休・席狄（Hugh Sidey）回憶說：「你可以嗅得到欲望的味道。我是說，甘迺迪大概是軟腳了，或者是別的什麼。我們全都目瞪口呆，定定的望著這個女人。」[106]

瑪麗蓮・夢露唱完特別編曲的生日快樂歌，全場來賓瘋狂鼓掌。甘迺迪上台，站在她的身旁。「在聽過這首專為我唱、唱得如此甜美、讓人神清氣爽的〈生日快樂歌〉以後，現在我可以從政壇退下來了，」他說。[107]那晚，夢露陪在甘迺迪身邊兩個小時，但此後，她再也沒見過他了。

夢露回到《愛在心裡眼難開》的拍攝片場。她拍攝那段日後有名的泳池畔裸戲場面，這使她再一次躍居輿論注目的焦點。接下來幾天，她的拍攝進度很順利。然後在一個星期一早晨，她看起來心煩意亂到了極點，所有人都在猜想，在週末的時候一定發生什麼可怕的事。

的確有可怕的事情發生。傑克・甘迺迪，這位先前否決弟弟羅伯「取消夢露現身」的請求，還為彼得・勞福安排一架直升機，好讓他去《愛在心裡眼難開》片場接夢露到機場的情人，終於接受警告，要結束兩人的關係。

讓他悚然心驚的，是一次令人難忘的會面。在他舉行生日宴會的五天後，聯邦調查局局長埃德加・胡佛（J. Edgar Hoover）求見。胡佛向總統提出警告：他與瑪麗蓮・夢露的關係，特別是與黑手黨姘婦茱蒂絲・坎貝爾・埃克斯納（Judith Campbell Exner）的地下戀情，在冷戰與古巴飛彈危機的高峰期，將會陷總統於非常危險的境地之中。

就在同一天，甘迺迪打電話給茱蒂絲，結束兩人之間的關係。他還切斷原本用來與瑪麗蓮・夢露聯絡的專線電話，並且指示白宮電話總機，以後不要再接聽她的來電。他並不打算親自處理和夢露分手的事情。這件不愉快，甚至還可能會有危險的麻煩事，就落到彼得・勞福頭上。

此時的瑪麗蓮・夢露，還陶醉在這場盛會的成就感裡，她對自己的美麗，以及無可比擬的身材散發出的魅力充滿信心：修長的美腿、豐滿的胸部，以及曲線婀娜、特別受到甘迺迪欣賞的臀部——「好棒的屁股！」他給了如此評語。這個「好棒的屁股」的主人，不能明白為什麼會遭到拋棄。

據彼得・勞福的最後一任妻子派翠西亞・席頓・勞福（Patricia Seaton Lawford）敘述，彼得決定把殘酷的實情坦白說出來。「她（夢露）被告知，永遠不能再和總統說話，她永遠不可能當上第一夫人。」瑪麗蓮・夢露聽完後淚如雨下，彼得還補上一句：「聽好了，瑪麗蓮，你也不過就是一個被約翰上過的女人罷了。」108

整個週末，瑪麗蓮・夢露都在吃了安眠藥之後的昏睡裡反覆昏沉。星期一，她回到片場。儘管她此時連站著都有困難，而且看起來「精疲力盡」，卻整整連續拍了九天的戲，一直到六月一日，她的三十六歲生日為止。導演丘克禁止舉行任何慶生活動，可是劇組人員卻違抗他的命令，買來五美元的蛋糕和咖啡讓夢露驚喜。而她的老搭檔，男配角狄恩・馬丁（Dean Martin）則帶來香檳酒。之後，夢露按照排定的行程，在道奇球場參加一場為肌肉萎縮症患者舉行的義演。

現在聯絡不上甘迺迪了，他也不理會夢露寄來的信。彼得・勞福顯然是讀過這些信的，他形容這些信「實在讓人感覺可憐」。夢露向勞福抱怨，可能也對甘迺迪本人抱怨過，甘家兄弟「利用過你，然後就把你當成垃圾一樣丟掉。」[109]那個星期，她的身心狀況太差，以至於無法繼續工作。片廠此時再也無法忍受，於是在六月八日開除夢露，並且對她提出告訴，求償一百萬元。瑪麗蓮．夢露現在一面要維持神智清醒，一面要為自己的事業前途而戰。她聯絡好幾位電影界有影響力的片廠高層，得到足夠的支持，對興訟的片廠提出反控告。經過一個月的媒體連番轟炸，她接受《時尚》、《生活》、《生活紅寶書》與《柯夢波丹》等雜誌的專訪、拍攝照片，還提供包括《愛在心裡眼難開》劇組與參演明星在內的圖片，給眾多媒體報導使用。

在夢露為了自己的合約與求償奮戰期間，她頻繁的與羅伯．甘迺迪碰面，羅伯是甘迺迪總統派來的密使，目的是要讓她立刻閉嘴，而且說服她別再試著和約翰聯絡。夢露和羅伯最後達成一個協議，她可能承諾，對與甘迺迪總統交往的事情保持沉默，而羅伯則為她向一位片廠朋友進行疏通。於是，在與夢露解約十六天後，二十世紀福斯公司以更高的片酬，恢復和她的片約。然而，在這次事件過後一段時間，羅伯就不再接聽她的電話了。夢露感覺憤怒而受傷，試著想把他給揪出來。她打了八通留下通聯紀錄的電話到司法部，然後直接打到他家裡。「羅伯對於瑪麗蓮竟然如此放肆，覺得非常憤怒，」彼得．勞福的女兒派崔茜亞回憶道。[110]

夢露同樣氣壞了，而且還感到深深受到傷害。「我乾脆開一場記者會算了。反正我已經有夠多事情可以拿出來說了！」她告訴朋友羅伯特．史萊澤（Robert Slatzer）：「我要揭穿這整件該死的事情！對我來說，事情已經很明顯了：甘家兄弟從我身上得到他們想要的東西，然後就撒手不管了！」[111]

可是，在她揭穿整件事情的內幕之前，八月四日，瑪麗蓮．夢露就因為服下過量的安眠藥而去世了；究竟她是自行服下安眠藥，還是遭到他人強制灌藥？到現在仍然是個謎。令人好奇的是，許多關於瑪麗蓮・夢露之死的證據，不是遭到銷毀，就是消失無蹤。不過，這無法阻止人們對於真相的探求。有太多作家和記者繼續追查她的死因、發掘新的資訊，提出各種新的假設與解釋。到目前為止，他們提出的各種理論，包含大量可信的資料足以佐證一個推論：無論是蓄意還是意外，夢露是遭到某人注射過量的安眠藥而致死的。但是在缺乏直接關鍵鐵證的情況下，我們仍舊無法清楚知道，那一夜究竟發生什麼事。

前夫喬・狄馬喬出面安排她的喪禮，他不准許彼得・勞福夫婦、法蘭克・辛納屈、山米・戴維斯二世（Sammy Davis, Jr.），以及其他藝人來瞻仰她的遺容；他認為演藝界要為夢露的死負最大責任。另一位前夫亞瑟・米勒則認定，夢露是自殺身亡，他表示，這種結局是無法避免的。只有賈桂琳・甘迺迪講出那句絕對正確的老生常談：「她將永垂不朽。」

瑪麗蓮・夢露在和甘迺迪交往時，自以為找到一個出身高貴而手握大權的男人，足以滿足她的心願。她很難明白，甘迺迪其實只是在玩弄她、利用她；他對於女性抱持的一貫輕蔑態度，也將她包含在內；她更無法了解，如果連小甘那位有教養、出身名門、為他生下許多孩子的妻子，也無法約束他的行為，那麼她就根本沒有機會了。瑪麗蓮・夢露甚至還不是甘迺迪最重要的「小三」。在她離世的幾天前，夢露才頭一次見到甘迺迪的真面目。

茱蒂絲・坎貝爾的故事

在甘迺迪最頻繁往來的情婦，茱蒂絲・坎貝爾是唯一活得比他久的一位。貌美的她，有諸多迷人之處，包括一頭光澤動人的黑髮，面目清秀，身材窈窕。她長得酷似當時的玉女紅星伊莉莎白・

泰勒，以至於和泰勒處於分居狀態的悲傷丈夫艾迪．費雪（Eddie Fisher），還和茱蒂絲約會，因為她簡直就是泰勒的苗條修長版。

茱蒂絲的第二個吸引人之處，在於她的社交圈，這是一個黑幫與電影紅星的奇怪混合體。她與法蘭克．辛納屈約會，替傑瑞．路易斯（Jerry Lewis）工作，和山姆．加恩卡納（Sam Giancana）與強尼．羅斯禮（Johnny Roselli）混得很熟，認識彼得．勞福夫婦，還和勞勃．韋納（Robert Wagner）約會，也就是因為韋納的介紹，她才會認識第一任丈夫，當時正在星途中掙扎的男演員比利．坎貝爾（Billy Campbell）。茱蒂絲的朋友群，還包括娜妲麗．華（Natalie Wood）、卻爾頓．希斯登（Charlton Heston）夫婦、洛伊．布里吉（Lloyd Bridges）夫婦等人，當然也有蓋瑞．摩頓（Gary Morton），他是茱蒂絲姐姐潔姬的前夫，後來和女星露西兒．鮑爾（Lucille Ball）結婚。最後，因為母親的家世背景，茱蒂絲是個信仰天主教的愛爾蘭裔女孩，生在一個龐大而富有的家族裡。

一九五二年，茱蒂絲以十八歲的年紀踏入婚姻，在六年之後離婚，她改頭換面，成為流連於單身男子派對的女孩。靠著祖母留下來的大筆遺產，她不必工作，卻可以奢華度日，成天參加狂歡派對，並且在紐約、比佛利山，以及她經常停留的拉斯維加斯之間來來去去。她也到加州大學洛杉磯分校選讀進修課程，學習素描和水彩畫，然後縱情於血拚購物，這是最能夠讓她得到存在感的活動。

茱蒂絲深受反覆發作的憂鬱症狀之苦，她靠著喝下濃烈的「傑克丹尼」威士忌，以及泡上好幾個小時的熱水澡，與沮喪的情緒搏鬥。一九五九年，法蘭克．辛納屈在一家義大利餐館發現她。兩人開始交往；有一段時間，她和「鼠黨」（Rat Pack）的人混在一起，之後擴大成「家族幫」（Clan），成員有辛納屈、路易斯、狄恩．馬丁、山米．戴維斯等人，有一陣子，伊莉莎白．泰勒和艾迪．費雪也是他們的同夥。

一九六〇年二月七日星期六的晚上，彼得．勞福將茱蒂絲介紹給他的兩位妻舅認識，也就是約翰與泰德．甘迺迪兄弟。這對兄弟對她大獻殷勤，泰德更是熱烈，但是茱蒂絲卻不怎麼看得上他，覺得泰德只是個「在哥哥陰影下的小弟弟。」[112]約翰則不同，他「既年輕又有成熟男子氣概，真是幹勁十足」，所以茱蒂絲接受他的約會邀請，兩人共進午餐。之後他們又約會很多次。

早在他們交往的初期，茱蒂絲就對約翰提起，泰德對她還是窮追不捨。「那個小壞蛋啊，」甘迺迪笑得很開心。當他們的來往變得很熱烈時，約翰說要是泰德知道他們已經上了床，他一定會很傷心的。茱蒂絲注意到約翰從來沒有說過甘迺迪家族其他成員的壞話。他的這份體貼敬重之情，也將賈姬包括在內。他唯一願意說的，就是他在婚姻中過得並不快樂，因為事情並沒有朝著他和妻子期望的方向進行。

茱蒂絲明白，她和約翰．甘迺迪正在開展一段長期的感情關係。她閱讀他寫的兩本書《英國為什麼沉睡》（*Why England Slept*）、《當仁不讓》（*Profiles in Courage*），也看了能夠找到的所有與甘迺迪家族有關的書籍。就連報紙、雜誌、電視新聞的相關報導也不放過。「我沒辦法把他從心頭抹去，我想盡可能知道一切和他有關的事情。」[113]約翰建立起與她聯絡的習慣，無論他身在何處、有多麼疲倦，他幾乎每天都會打電話給她，還經常送她一打紅玫瑰。

在兩人分開一個月以後，他們在紐約的廣場飯店聚首，這時正是新罕布夏州初選的前夕。*約翰

* 譯註：新罕布夏州是美國民主、共和兩黨總統提名初選的第二站。

想要、也期盼與她發生性關係。茱蒂絲卻不肯，而當他爭論說，來這裡接下來會發生什麼事，她一定早就知道，也必定有所期待時，她也沒被說服點頭。「我一直盼望能在你身邊，和你作愛，然後兩個人躺在床上，聊些作愛後男女之間會講的話，」他這麼說。於是，很快的，他們就上床歡愛了，這是兩人之間數十次作愛的第一回。

茱蒂絲和其他甘迺迪的女人一樣，發現與他上床，總是草草了事，而且他只顧著自己愉快。不過她這位新情人的魅力、自信和幽默感，蓋過了他拙劣的床上功夫。除了擔心衣著搭配不好看之外，他從來沒有對她表露過自己的焦慮與不安。可是對茱蒂絲而言，她的心情卻在悲喜兩端擺盪來去，而且一直緊張不安。

這段感情已經建立起常軌了：兩人經常打電話互相問候，在全國各地的旅館匆匆幽會，並透過甘迺迪的私人祕書伊芙琳．林肯（Evelyn Lincoln）傳話。茱蒂絲注意到，約翰對她與法蘭克．辛納屈的關係很吃味，他總是不停的質問她關於辛納屈的事情，而且對關於她那群好萊塢朋友的小道消息很是著迷。每當他打電話找茱蒂絲，而她沒有接聽時，他就要知道她到哪裡去，和誰在一起。其實，這時候她的心思，早都放在和山姆．加恩卡納之間牽扯愈來愈深的關係，辛納屈介紹她和加恩卡納認識的時候，說他的名字叫山姆．福洛德（Sam Flood）。

加恩卡納是個黑幫殺手，他奮力往上爬，成為這個行業裡一等一的翹楚。茱蒂絲認識他的時候，他手裡掌管一個一萬五千人的犯罪王國，裡面包括竊盜、收受贓物的黑市買賣、謀殺勒索犯，以及拿黑錢的政客、警察和法官。雖然他因為被診斷為「先天精神偏差」，帶有「強烈反社會傾向，無法適應社會的人格」，以至於遭美國陸軍拒絕入伍，儘管他稱非洲裔美國人為「黑鬼」，而且以讓人吃驚的輕蔑態度對待服務業的員工，茱蒂絲卻覺得他很善解人意、有情有義，還兼著聰明機智。在她那本全講自己好話的刪改版自傳《我的故事》（*My Story*）裡，茱蒂絲仍然聲稱自己對加恩卡納真正的職業一無所知，而且在聯邦調查局的探員找上門，告訴她山姆·福洛德在做什麼買賣時，她還大吃一驚。可是，就在茱蒂絲於一九九九年去世前不久（她罹患了骨癌與乳癌），接受《浮華世界》專欄作家麗絲·史密斯（Liz Smith）的訪問，人之將死，其言也善，她承認自己在《我的故事》裡掩蓋部分事實。

比茱蒂絲大二十六歲的山姆，頻繁的送她五打黃玫瑰，在茱蒂絲與約翰·甘迺迪交往期間，她經常在同一天裡，收到來自甘迺迪的一打紅玫瑰，以及山姆·加恩卡納的六十朵黃玫瑰。茱蒂絲接受《浮華世界》訪問時，承認她在成為山姆情婦的同時，也是約翰的女人。

有一晚，賈姬出門不在家，約翰·甘迺迪就約了茱蒂絲到他位於喬治城的家裡。她臨時抓了件黑色針織衫罩在身上，外面搭配一件黑色貂皮大衣，這樣的穿著得到約翰衷心的讚美。一進門，她就覺得賈姬的室內裝潢平凡無奇，雖然漂亮但顯得雜亂無章。不過，她已經麻木的良知，這時確實有過一小段時間的掙扎：她來到賈姬的房子，和賈姬的丈夫上床，突然之間，她覺得這樣是不對的。

稍後，兩人翻雲覆雨完事之後，躺在賈姬和約翰家裡一頂淺綠色的雙人床上，他在她耳旁低語：「你覺得你能夠愛我嗎？」「恐怕是可以的，」茱蒂絲回應。賈姬的存在感（茱蒂絲就在她的臥房裡），仍然令她感到緊張。她在心底安慰自己，既然約翰與賈姬的婚姻並不美滿，那麼她與甘迺迪的婚外情，也就比較不那麼罪惡了。

性行為很快就忘卻了，但是茱蒂絲卻很喜歡歡愛後的擁抱，以及完事之後躺在床上的枕邊絮語。

約翰會環抱著她，讓她躺在自己的胸膛上，她的臉頰能感受到他的心跳，就這樣聊上好幾個小時。

有幾次約翰都在幻想，要是沒能贏得黨內總統提名，他就要帶著她到一座熱帶度假小島過一個月。他還暗示，如果他輸了，賈姬和他的婚姻也就走到終點了。

茱蒂絲交替陪伴約翰和山姆，不過約翰腳不點地的忙碌行程，意謂著她待在芝加哥山姆身邊的時間要比甘迺迪多。許多年後，茱蒂絲承認自己知道，由於她和甘迺迪的戀情關係，山姆才會對她大獻殷勤。不過，儘管有這樣不安好意的動機，「我知道他後來還是深深的愛上我了，」她如此寫道。115

在各式各樣的時機，茱蒂絲能在棕櫚海灘同時見到山姆和約翰。令人啼笑皆非的是，他們兩人的房子模樣實在太相似，弄得她很難辨認清楚。有時，茱蒂絲在幾個小時之內，先後和山姆與約翰上床。當她入院接受手術，取出卵巢囊腫時，山姆送來五打黃玫瑰，約翰也送來十二朵紅玫瑰，上面還附了張卡片：「祝早日康復——伊芙琳．林肯的朋友們敬上」；茱蒂絲用這些花來妝點自己的病房。

民主黨在洛杉磯召開全國代表大會期間，甘迺迪與茱蒂絲在一家旅館裡幽會，他提議來場三人性愛：由他、茱蒂絲，以及一個高瘦的女子（他並沒有介紹這名女子是誰）一起上床。茱蒂絲聽後勃然大怒。「我真的很抱歉，」約翰連忙道歉：「這是個愚蠢的錯誤。」茱蒂絲沒有買帳。「我本來以為你夠聰明，不會弄出像這樣的東西。」約翰笑得很僵硬：「這並不容易。」116

茱蒂絲還是原諒他，於是兩人又恢復他們巡迴全國各地幽會的婚外情。然而，就在這個時候，她明白約翰正在切割他的生活，和情婦們廝混是一個區塊，他的妻子、孩子、事業與家庭，則是另一個區塊。

一九六〇年下半年，兩名聯邦調查局的探員找上茱蒂絲，就她和山姆・加恩卡納的密切關係問話。他們對她說，山姆是個黑道老大，問她的房租是否由他來支付，還問了其他罪案的事。（他們沒有提及的是，中央情報局已經和山姆約定，要交由他進行刺殺費德爾・卡斯楚的任務；而卡斯楚之所以到現在仍然活著，是因為黑幫刺客一再搞砸刺殺他的機會。）對於不速之客找上門，山姆倒是很冷靜。他建議茱蒂絲，對付他們最安全的方式，就是別理會他們，然後什麼也別說。

幾天後，茱蒂絲的另一個情人，以極微小的票數領先，贏得了美國總統大選。「要不是因為有我，」山姆對茱蒂絲吹噓說：「你那個男朋友甚至沒辦法進白宮，」[117]這表示這位黑幫老大是如何運用自己在芝加哥的影響力，力挺甘迺迪的競選活動。

甘迺迪邀請茱蒂絲出席總統就職晚宴，但是她並沒有參加，主要的原因，是她不願意因為自己的現身，讓賈姬感到難堪。不過，當賈姬不在華府的時候，她偶爾會到白宮去見總統。約翰總是催促她一起下泳池和他共游，這座白宮泳池現在已經醜名在外，因為池裡有許多一絲不掛的年輕女子陪總統一起游泳。可是，茱蒂絲因為擔心自己燙好的髮型走樣，拒絕了總統的邀請。

在那年夏天，茱蒂絲一共到白宮陪了約翰五次。有一次，他質問她，是否把他提議一起來場三人性愛的事情說出去了？她起先非常憤怒的否認，但隨後就恍然大悟：在她對幾個好友吐露這件事時，聯邦調查局想必竊聽她的電話。

這對情人言歸於好，而茱蒂絲接受了他「醫治良心不安的靈藥」：一條鑲嵌大鑽石、紅寶石的十八K金胸針。約翰說，他很少送人禮物，而這件首飾能夠提醒她，儘管他偶爾會犯錯，他的一顆真心還是在她的身上。

兩人在白宮幽會，一直持續到一九六二年春季。有一次，約翰到茱蒂絲的公寓找她，但是到了這個時候，卻使得茱蒂絲對這段感情產生嚴重的質疑和沮喪。約翰一心只想要上床激怒了她。「他期待我爬上床，直接辦事……那種『我在這裡全是為了要服務他』的感覺，確實開始困擾我。」118

茱蒂絲也察覺約翰的言行舉止，發生一些細微的改變，他「愈來愈給人一種印象：他現在是總統了。」119 他在電話裡的口氣，愈來愈專橫傲慢。如果她婉拒他見面的提議，他會直接掛掉電話。她開始衡量這段關係，覺得搭機飛過整個國家，只為了和他共度兩個小時，並不值得。慢慢的，事情以難以察覺的速度，一步步的演進，她已經不再愛他了。

茱蒂絲強烈否認埃德加．胡佛關於她（還有瑪麗蓮．夢露）找上甘迺迪的那番談話，使得這段感情宣告結束。從她的角度，這段感情是慢慢畫下休止符的，一直到有一天，她與約翰完全不再相互聯絡為止。

茱蒂絲在一九九九年接受《浮華世界》訪問時透露一個祕辛：在她與約翰的這段婚外情結束後沒多久，她就發現自己懷了他的孩子。這位信奉天主教的總統，問她是否想留下這個孩子，然後就催促她尋求山姆．加恩卡納的協助，因為山姆能安排墮胎。一九六三年一月，她在芝加哥的綜合總醫院順利完成墮胎手術。（茱蒂絲對訪問者麗茲．史密斯出示這次墮胎的繳費收據。）「當時……我戀愛了。而比起美國總統，難道要更加理智、更有判斷力的人應該是我嗎？」她字斟句酌的質問。為什麼她不在《我的故事》裡提起這一段呢？「我擔心自己的生命安全，」他說。120 她最後決定把這段祕辛說出來，是因為她相信甘迺迪的傳奇，現在需要解開神祕的面紗了。

這場流產墮胎，並不是茱蒂絲和總統這段婚外情帶來的唯一後遺症。她一旦不再是白宮的「親密友人」，聯邦調查局立刻就針對她展開行動。「我受到跟監、煩擾、騷擾，被人搭訕、監控、威脅恐嚇、家裡被闖入、被人羞辱、輕蔑、侮辱……被聯邦調查局逼到死亡的邊緣，」她在回憶錄如此控訴。[121]但是，「有人暗中施展魔法」，她免於因涉入黑幫活動而遭受大陪審團審判。

茱蒂絲往後的人生，繼續往下沉淪。她和包括艾迪．費雪在內的其他男人約會，歷經藥物成癮的「奇幻之谷」，靠著能改變情緒的處方藥片入睡，或者是讓自己喝得爛醉如泥、不省人事。她又懷孕一次，之後將她生下的兒子送給別人領養。一九七一年，已經和茱蒂絲沒有瓜葛的山姆．加恩卡納，就在出庭聯邦「黑手黨活動」大陪審團的幾天之前遭到謀害喪命。

一九七五年，茱蒂絲與比她年輕的職業高爾夫球選手丹恩．埃克斯納（Dan Exner）結婚，而在她冠上夫姓、成為茱蒂絲．坎貝爾．埃克斯納以後，因為她受到傳喚，出席參議院「情報行動委員會」聽證會，而立刻變成知名的醜聞人物。新聞媒體頭一次開始大肆宣揚關於茱蒂絲的報導：十多年以前，她同時是美國總統約翰．甘迺迪與黑手黨重要人物山姆．加恩卡納的情婦，而且可能知情，或者和她的兩位情夫討論過刺殺費德爾．卡斯楚的失敗嘗試（這是基於已知事實的謹慎版本）。

身為男人的戰利品，茱蒂絲．坎貝爾是一位傳奇情婦，這個女子身上除了美貌以及和黑幫的牽扯關聯之外，幾乎別無他物。茱蒂絲和國際知名的瑪麗蓮．夢露不一樣，她的人生毫無目標，成天充斥著購物、喝酒，以及和美國演藝界與黑道的重要人物開派對。甘迺迪對於像法蘭克．辛納屈這類演藝紅星的著迷，伴隨著他對於迴避黑道牽扯的毫不在意，以及他結交美女以對外誇耀的需求，都讓茱蒂絲成為情婦的絕佳人選，尤其是她既不吃醋挑剔，行事也小心謹慎。

從茱蒂絲的角度來看，美國總統對她極具誘惑力。他英俊迷人，大權在握，備受尊崇，而且很明顯的對她的私生活與內心世界（雖然不怎麼有深度）抱有興趣。他在床上的表現拙劣，但是他在完事後對她吐露的體己話，還有枕邊的談天說地，對她的吸引不是只有一點而已。他的婚姻並不幸福，他和其他女人廝混，這卻讓茱蒂絲能擺脫罪惡感，在他與山姆．加恩卡納的床上輪番交替出現，還把他與山姆在佛羅里達的度假別墅給弄混。如果茱蒂絲是約翰．甘迺迪拿來炫耀的情婦洋娃娃，那麼他自己就是茱蒂絲手上的男偶娃娃。

薇琪．摩根的故事[122]

打從一開始，亞佛瑞．布魯明岱（Alfred Bloomingdale）與薇琪．摩根（Vicki Morgan）的這段婚外戀情，就是希臘神話《皮格馬利翁》（*Pygmalion*）故事的扭曲版本。*一九六八年，當這位百貨公司的繼承人與薇琪．摩根邂逅的時候，她正值青春年少，是四十九歲的厄爾．連姆（Earle Lamm）娶來對外誇耀的嫩妻；連姆為她租了一輛賓士轎車代步，提供她好幾張信用卡，任她瘋狂購物消費，觀看她與一名黑人女性發生性關係，帶著她縱酒狂歡，還向人驕傲的誇耀自己的美麗嫩妻。

薇琪十六歲的時候，從學校輟學，生下兒子陶德，交給她的母親撫養。她後來嫁給厄爾，藉以逃脫故鄉加州一處窮鄉僻壤小鎮的孤寂荒涼。可是，厄爾很快就令她感覺厭倦和反感。當亞佛瑞．布魯明岱在洛杉磯日落大道附近的一家餐館注意到她時，薇琪很輕易的就被說動，拋下她的丈夫。

薇琪的身材高挑苗條，配上一頭滑順的金髮，雕塑般稜角分明的顴骨，以及豐滿、性感的嘴唇。可是，除了年輕貌美之外，她談不上有什麼別的本領。她居家活動就是採購家裡的擺設；她不會做飯，甚至連找齊餐點的食材都不會。厄爾是個雙性戀者，他要的就是一個能夠拿得出去炫耀、公開讓他進行性愛實驗（尤其是集體性交）的妻子。在他看來，薇琪簡直就是完美人選。

亞佛瑞．布魯明岱的需求，說來也沒什麼不同，不過他期盼的性愛方式更加扭曲，同時他還寄望剛滿十八歲的薇琪能有更好的社交手腕，能夠擁有超過她年齡的優雅。亞佛瑞不同於厄爾，儘管他對妻子有怨言，而且還滿口承諾要和妻子離婚，好娶薇琪為妻，可是實際上，亞佛瑞從來不把薇琪當成結婚對象，他只將她看作極為美艷的情婦，供他作為炫示自己男子氣概與財富的活證明。

薇琪第一次參加布魯明岱的性愛活動，就讓她乍然闖入他怪異扭曲的情色世界。她不但只是三個女子其中一人，還被他剝個精光，全身赤裸、面頰朝下的綁在床上，他接著開始猛力拍打她的屁股。其他兩名女子也被皮帶綁住，狠狠抽打，直到她們的背上鞭痕斑斑為止。這種暴力行徑，只是布魯明岱性愛派對的前戲而已，之後，他進入薇琪體內，在另外兩名「受害」女子的觀看下，使他達到猛烈而狂亂的高潮。

這兩名應召女拿到酬勞，被他打發走人，但是布魯明岱卻想要緊緊抓住薇琪，和她談妥長期的協議。當她抗議說，自己已經是有夫之婦時，他很不耐煩的回應道，她從此不再是厄爾的妻子了，而是他布魯明岱的情婦。他詳細的對她說明：包養情婦是一項具有悠久歷史的傳統，也能提供女性長期的安全感。「在任何時候，只要你想要，任何你想要的東西，你都可以到手。我就是那麼有錢，」

＊　譯註：在希臘神話裡，皮格馬利翁是塞浦洛斯的國王，善於雕塑，他以自己心目中完美女性的形象，創作一座象牙塑像，並且愛上自己的創作。

他對她承諾道。123

布魯明岱不只是非常有錢而已，他在財經界和政壇上更是呼風喚雨的人物。他繼承布魯明岱家族的產業，又共同合資創辦全球第一個主要信用卡，大來卡公司（Diner's Club），以及各種商業企業的涉入經營。布魯明岱擔任過紐約市財政局長，後來一躍而為隆納．雷根的心腹幕僚，在雷根於一九八一年當選總統之後，他又獲得任命，成為總統的顧問委員會成員。他的妻子貝蒂．布魯明岱是第一夫人南茜．雷根的密友之一，她們之間的友誼，是連結布魯明岱與雷根政治結盟的穩固保障。

當兩人初見面的時候，薇琪從來沒去過紐約，也根本沒聽過布魯明岱的任何事蹟。在她對丈夫解釋，她即將成為亞佛瑞的情婦時，厄爾警告她：對於像他這種男人，她只不過是他搞過的女孩裡，比較漂亮的一個罷了，他很快就會為了另一個女孩而拋棄她。「厄爾，我不只是漂亮而已，我可是美麗佳人哪，」薇琪糾正他。布魯明岱試著付給厄爾一筆錢，打發他走，但是薇琪的丈夫流著淚拒絕了。「我愛那個女人，我絕不會為了她收錢，」他可憐兮兮的說。124

薇琪成了布魯明岱的情婦。他租了一間房子供她居住，房裡家具與裝潢一應俱全，還聘了廚師與管家各一位替她效勞。他出錢讓她去添購「像樣」的服裝。他要求她改善社交技巧，好讓他能帶她去見朋友，而不至於尷尬難堪。他經常打電話給她，查問她的狀況。然後，每個星期有三次，他強迫她參加充斥著虐待、鞭打和綑綁的集體性交，她必須鞭笞那些趴跪在地上、稱呼她為「女主人」的女子。

時間久了，他的要求也隨之提高。薇琪必須替他打電話找應召女，為這些雜交性虐待派對預約時間，而且還得和這些妓女討價還價。他還替她媒介性交易，不論任何時候，只要他認為生意上各種夥伴值得，或者喜歡這樣刺激的「招待」，他就會要求她陪睡。「這是工作的一部分，」他會這樣說，而他可不是說著玩的。

薇琪開始明白，亞佛瑞．布魯明岱要在她這個情婦的身上，取得可觀的回報。而在他那種貧民窟等級的性愛癖好，與要她「融入上流社會」的期待之間，她實在沒辦法找到平衡。為了平息內心日漸增長的痛苦，她借酒澆愁，還服用一種抗憂鬱藥物和各種「鎮定劑」。靠著服用這些藥物，她熬過漫長的白天，在漫漫的長夜裡睡去。

雖然布魯明岱時常批評他的情婦，對於她的表現，他其實還算是滿意，所以他帶著她一起出門旅行，向人介紹她是個年輕有錢的女共和黨員，不過大概沒有人會真的受騙上當。她陪著他與朋友見面，討他們的歡心，他的這些朋友全都是美國工業界的領導人物。她和這些人的妻子較勁，心裡暗自滋長起一個野心：她想要成為這些有錢人太太的一員，成為洛杉磯上流社會裡舉足輕重的名女人。

首先，是購物血拚。每天白日，她都在比佛利山的街道上閒逛，貪婪地盯著各種商品：衣服、針織布料、碗盤、水晶玻璃、紅酒、食物、家庭用品等等，然後出手，將它們一掃而空。每天晚上，她守在家中，等待亞佛瑞在九點整準時打來的電話。

這樣不到一年，薇琪就陷入深深的沮喪情緒裡。她酗酒，靠著藥物來麻痺自己，無法控制的哭泣，然後另外有了幾段為期短暫的戀情。她懷上身孕，而雖然亞佛瑞表示，要她把他們的孩子生下來，她還是去墮胎了。「看吧，」在十餘年後，薇琪對她的傳記作者解釋：「我有錢……不缺東西。我擁有的東西，是大多數人作夢也不敢想的。這樣的話，我應該要開心才對啊。但是我就是不開心。

我困惑茫然得一蹋糊塗，我甚至神經質到不曉得自己到底是不是困惑茫然……我是個情婦。我正在血拚購物，我和亞佛瑞交往，我就是那個滿街亂花他的錢的女人。」125

然而她又覺得，自己是愛著他的。亞佛瑞有權有勢，年紀可以當她父親（而她是在沒有父親的環境下長大的），他聰明、機智、有趣、詼諧——「我們對於彼此扮演的角色實在太多了……朋友、情人、父母、孩子，還有，該死的，幾乎所有事情。」126她說如果他愛她，是真心的愛她，就會買一棟房子送給她。於是他們一起去看房子，但是這樣的出遊，每每都以激烈的爭吵告終，弄得接待他們的房屋仲介業者尷尬不已，最後房屋也沒賣成。

他承諾的安定生活，其實也不穩固。有一回，貝蒂見到薇琪在一家美髮沙龍門前親吻亞佛瑞，布魯明岱家庭裡原有的和諧關係，現在宣告破碎。亞佛瑞用一具公共電話來電，向他的情婦轉述自己新近發生的倒楣事。貝蒂已經更換了他的電話號碼，他沒辦法再打給薇琪了，而他們之間也得暫時停止來往。在兩人斷絕音訊好幾天後，薇琪氣勢洶洶的衝進亞佛瑞的辦公室，拿著一柄玻璃紙鎮威脅他。他們爭吵，她大聲怒罵，他敷衍推託。最後，薇琪手上拿著一張兩萬元的支票，走出他的辦公室。

薇琪收拾行李到英國，但是很快又回到洛杉磯。在這個時候，亞佛瑞對於沒辦法和薇琪一起生活的擔憂，勝過對妻子貝蒂的恐懼。他找到了她，痛哭流涕，懇求與她和好。薇琪接受了。亞佛瑞再一次為她租下一間房子，她也再一次去採買家具，裝潢室內。在亞佛瑞進行心臟血管分流手術恢復期間，薇琪為了滿足自己的性需求，就和一個搖滾歌手在一起，她對亞佛瑞說，這個歌手是位同志。

與此同時，薇琪決定要在演藝界發展，為了預做準備，她已經去做了隆乳。接著，經由亞佛瑞的介紹，她被收入一位天才經紀人的旗下，這位經紀人推薦薇琪尋求精神醫師的治療，以解決她在試鏡時目瞪口呆、心神不寧的問題。薇琪還向一位年邁的導演討教演技，不過無論她鑽研有多深、排練有多勤，依然是個無可救藥的呆滯女演員，演技生硬笨拙，沒有人會想要找她擔綱演出。

不過，她勾引知名男性的本事，可是絲毫不減。薇琪認識了年紀比她大得多的男星卡萊．葛倫，而且迷戀上他一小段時間。隨後，她捲入葛倫與前妻黛安．坎農（Dyan Cannon）之間爭奪女兒的監護權官司。兩人開始約會，薇琪通常會在他家過夜，不過在葛倫的要求下，他們分房睡覺。葛倫對於約會的想法，可以說和布魯明岱完全相反。他和薇琪會待在家裡，津津有味地一邊吃著加熱的冷凍食品，然後一面聊天。葛倫不許她在室內抽菸，要她將臉上的妝粉全部卸掉，穿著更簡便的衣服。他在與她上床之前，等候了很長一段時間。而他完全不知道，她其實是亞佛瑞．布魯明岱的情婦。

但是亞佛瑞在知道薇琪和卡萊．葛倫交往的事情以後，和她大吵一架。她借題發揮，算起一些舊帳，尤其是亞佛瑞的性怪癖。亞佛瑞要在薇琪參加這類性愛雜交派對時，才有辦法達到高潮，他拒絕放棄。於是，這對情侶第二次分手。亞佛瑞停開支票，並且收回原本給薇琪代步的賓士轎車。

薇琪對亞佛瑞提出告訴，聲稱他曾經對她立下承諾，現在要求履行。過了一段時間，因為服食抗憂鬱藥和古柯鹼成癮，她打電話向他要錢。亞佛瑞答應給錢，條件是要她撤銷告訴。

這對摩擦不斷的情侶，終於擱置彼此的歧見。薇琪撤銷告訴，再一次成為亞佛瑞的情婦。亞佛瑞答應她，不必再參加或是旁觀他的性愛雜交派對，也不必把這種事情當作是她的「工作」；同時，他也恢復對她的經濟資助。

這個時候，薇琪受到憂鬱情緒所苦，她成天臥床，很少外出。她開始和一位電影導演約會，並且搬過去與他同居。為了安撫亞佛瑞，她解釋（同時也是欺騙）說，這位導演是個同性戀，可以幫助她得到電影演出的機會。在對這段感情覺得厭煩以後，薇琪決定嫁給認真而掙扎於星途的男演員約翰．達偉（John David）。她突然提議結婚，不給他思考的機會，而他因為不想失去這樣一位美人兒，於是點頭答應，他們在隔天立刻成婚。不到幾個月，薇琪就滿心不愉快，懷念從前亞佛瑞讓她過著的奢華日子。這段婚姻宣告結束，而貧窮的約翰．達偉也遭到拋棄。

薇琪的生活，從怪誕（她在半誘拐、半自願的情形下來到摩洛哥，和國王哈珊上床；嗑藥之下的同性戀情；重新回到亞佛瑞．布魯明岱身邊）猛然擺盪向平凡的家居生活（有個房地產商人想要和她結婚）。薇琪很輕易的把這兩個男人騙得團團轉：替她租下新居、出資為房子裝潢的亞佛瑞，以及想要做她丈夫，和她一起生活的鮑伯．舒爾曼（Bob Schulman）。舒爾曼逼著薇琪向亞佛瑞攤牌，他在旁聽著渾身發抖的薇琪告訴情人，自己準備要結婚的消息。布魯明岱深受打擊。「小薇，別再這樣對我。我是說真的，小薇，沒有你我會死。」

薇琪和鮑伯開始籌備婚禮，但是就在大喜的日子到來之前，薇琪卻滿心懷疑，不知道是否該踏入婚姻。或許是鮑伯這個人太無趣了？或許她應該回到亞佛瑞身邊？她決定，如果她能夠談出一個好的價碼，就願意離開鮑伯，重操「舊業」，擔任亞佛瑞的情婦。亞佛瑞很願意和她談判，但是發現她的要價（一百萬美元）實在太高。這對分手的情侶開始討價還價，亞佛瑞後來讓步，但是堅持要分期付款。薇琪同意先拿五十萬，剩下的餘款，在之後六個月領取。

儘管在鮑伯搬走的時候她難過的哭泣，薇琪又一次當上亞佛瑞的情婦。這一回，亞佛瑞試著將她帶進他的世界：為她安排伴遊男性，並且讓她受邀參加他與貝蒂也會出席的社交場合。薇琪的鬱悶情緒加深了。她通常和陪伴她的男性發生性關係，也愈來愈依靠藥物來緩解她的痛苦。

薇琪混亂茫然的思考，反映出她日漸惡化的心理狀態。她認為再怎麼看，嫁給鮑伯畢竟是最好的選擇，於是她重新向他求婚。「我犯了錯，沒能完成我們的婚禮，」薇琪說：「我希望現在對我們來說不算太遲。」[127]他們趕往拉斯維加斯，找到了一間徹夜開放的教堂，在那裡完婚。

可想而知，薇琪很快就後悔自己這段婚姻。她拋下丈夫鮑伯與十多歲的兒子陶德，和嗑藥成癮的沙烏地阿拉伯女同性戀王妃、被稱為「J」的賈瓦賈爾·賓特·沙烏德（Jawajar Bint Saud）同居。這兩個女人，通常還要加上他們的友人以及王妃的隨從與食客們，在海洛英、酒精，和其他藥物的效用下暈陶陶的喪失神智，薇琪和「J」睡在一起。兩個月以後，薇琪到色遠斯—西奈（Cedars-Sinai）醫療中心的達蘭心理健康診所（Thalians Mental Health Center），為自己辦理入院治療手續。

「我是個情婦，」她在團體治療課程上會這麼說：「而情婦是什麼？是高級應召女嗎？是小老婆嗎？是朋友嗎？我的人生裡有一半的時間，都試著想弄清楚這件事。」她說，只要聽見「情婦」這個字眼，就會感到全身顫慄。[128]薇琪的言行舉止，看起來不再符合任何情婦的定義。

她的舉止行為很幼稚，她說話結巴，她的注意力只能集中一小段時間。亞佛瑞佯裝成她的父親，到診所去探望她；他安慰薇琪，一等到她出院，就會馬上買一棟房子給她。同時，他還透露已經飽受胃痛的折磨一段時間，也許就快要死了。

薇琪的治療師要她接受自己身為情婦的事實，無論情婦身分給她帶來好處或是不利，都要坦然承受，而不是傷害自己，自我放逐與遺棄。儘管薇琪將這些話轉述給她的傳記作者高登·巴斯齊斯（Gordon Basichis），但她是否把這項建議聽進去，其實大有疑問。雖然薇琪被強制離開原先濫用、傷害身體的事物好幾個月，但她出院後的第一個念頭，就是住進一家豪華旅館，然後約來一位剛才認識的髮型設計師，以香檳酒和魚子醬慶祝她的出院。

之後她搬進一間房子，並且帶進三名女子和她同居，將其中一位名叫瑪麗・桑格理（Mary Sangre）的女性，當成是她的情婦。薇琪和瑪麗發生性關係，將亞佛瑞每個月給她的零用錢大量轉送給她，還借給她許多衣物與一輛汽車。她和瑪麗的這段情結束以後，亞佛瑞對於瑪麗離開、薇琪將要孤單一人的情形表示遺憾。最後，他解釋自己這番話的意思：他的胃痛已經非常嚴重，以至於他覺得自己已經罹患癌症。

亞佛瑞陪著貝蒂到倫敦，出席查爾斯王子與黛安娜・史賓賽小姐的世紀婚禮之後，終於帶著他千瘡百孔的身體，向醫師報到。他們診斷的結果十分冷酷：食道癌。亞佛瑞在確診之後，只又活了九個月，大部分時間都待在醫院裡。

聽到消息後，薇琪嚇壞了。她喬裝成一名護士，幾乎每天都去探望亞佛瑞。薇琪告訴巴斯齊斯，自己其實是去照顧她瀕死的情人，幫助正牌護士更換床單，並且擦洗日益朽壞的身軀。他的疼痛愈來愈強烈，到了他感覺自己已經無法忍受的地步。他已經失去聽覺，只能靠鉛筆和紙與他人溝通。

不久，亞佛瑞的情況變得相當不穩，於是他簽下委任書，將財產處分權交給貝蒂，後者馬上停發薇琪的支票。一九八二年七月八日，正當亞佛瑞已經陷入彌留之際，薇琪向他提出訴訟，求償五百萬元。在擅長離婚官司的律師馬文・米契森（Marvin Mitchelson）的指導下，薇琪聲稱自己業已犧牲個人生活，出任亞佛瑞的紅粉知己，陪他四處旅行，充當生意夥伴，要求換取終身的經濟支持。貝蒂沒有被這番話給嚇倒，她拒絕庭外和解。六個星期後，亞佛瑞去世。薇琪將求償金額增加為兩倍，也就是一千萬美元，而且將貝蒂也列入被告。在這之後，又過了兩個星期，高等法院法官克利斯丁・馬基（Christian E. Markey）做出判決：薇琪身為亞佛瑞的情婦，所得豐厚，而兩人之間的關係「顯然係建立在似是而非的（金錢）性服務之上。私通姦情，不道德，並且鄰近違法邊緣。」129 薇琪的眾多訴請，他只接納兩項，也就是亞佛瑞已經簽署的契約，在薇琪死後生效，錢將歸她的兒子所有。

現在薇琪已經瀕臨破產，她靠著賣掉賓士轎車的收入生活。她斷定，自己身上最大的資產，就是她以亞佛瑞情婦身分寫的回憶錄；可是，她和各家版權經紀人與出版商接觸，對方剛開始雖然都顯得十分積極，之後卻都因為某些因素而打退堂鼓。最後，她經人介紹認識了高登・巴斯齊斯，他是位年輕的小說家兼劇作家，同意執筆為她寫出此生的故事。

在兩人令人筋疲力盡的訪談結束以前，巴斯齊斯與薇琪就雙雙臣服於彼此之間日漸滋長的性吸引力，並且展開一段激烈的戀情。巴斯齊斯警告她，自己並沒有打算要離開妻子、拋下還在襁褓之中的兒子。薇琪說她明白，但是隨著時間流逝，她在他必須要回家時都會有強烈的情緒反彈；她把他比作亞佛瑞，以及那些愛過她卻離開她的男人。

在撰寫回憶錄的過程中，薇琪邀請她在住院治療時認識的男子馬文・潘寇斯特（Marvin Pancoast）和她同居，充當她的室友，並且聽候她的差遣。薇琪在診所時的醫師警告她，馬文在某些情緒底下，可能會相當危險。薇琪沒有理會這個警告，還讓馬文搬來和自己同居。

巴斯齊斯從旁見證這兩人施虐與受虐的畸戀關係：薇琪發號施令、作威作福，而馬文則低三下四，唯命是從。他負責做飯、打掃、洗衣、遛狗，還替薇琪跑腿出門辦事，之後，他和陋巷裡的不知名男人性交，以求在躡手躡腳的回去聽候薇琪差遣之前，能夠舒緩一下身心。但是在薇琪背後，他卻在散播她的閒話。之後的一個夜晚，他手持球棒，將薇琪・摩根毆擊致死。這是為了什麼呢？「我厭倦她高高在上的女王嘴臉，」馬文對警方供稱：「我只是想要讓她去睡覺而已。」130

薇琪・摩根是身為戰利品情婦的極端例子。她短暫、可悲而又魯莽衝動的人生，正是她無法離開亞佛瑞・布魯明岱所付出的代價；她無法擺脫他的金錢和承諾，也不能揮開心中對自我的厭棄、空虛和恐懼。

第五章
沉淪的女子：文學裡的情婦

在大部分不同文學類別作品創造出來的世界，在某種程度都反映真實人生；而許多經典小說致力於描繪人們最為熟悉，到處存在的社會習俗、婚姻，與總是伴隨著婚姻出現的情婦。在文學世界裡的戀人，通常就是摹寫真實生活裡的情人。很多女主角（或者一反常規塑造的離經叛道女主角）都是追求真愛婚姻的未婚女子，或是在婚姻之中快樂或不幸福的已婚女性。此外的女性角色，則是深陷在不倫戀情裡的情婦，她們之所以受情網的牽絆，是受到愛情和欲望的驅使，有時則是受到脅迫威逼所致。

在這一章，要說的是西方文學最具影響力和知名度的情婦故事。簡・愛（Jane Eyre）與艾倫・奧倫斯卡（Ellen Olenska）伯爵夫人這兩個著名角色的創造者，並不希望她們成為最強烈愛情底下的情婦，但是也被收入在這一章。

下面這些女性的故事，在讀者之間引發強烈的感情共鳴迴響，因此幾乎都已經被翻譯為好幾種語言、改編成戲劇，並且拍攝成電影。接下來的討論，並不是嘗試著對這些文本進行批判性的解讀，而是想為讀者指出，數以百萬計的讀者們，是如何理解與詮釋這些小說，尤其是在這些作品裡關於情婦和包養情婦這項習俗的段落。

簡・愛的故事[1]

一八四七年，夏綠蒂・白朗特（Charlotte Brontë），一位年輕而保守教堂牧師的女兒，以《簡愛》這部小說震驚整個文學界。在這部小說裡，說的是另一位作風保守的年輕女性，而她的感情故事，至今仍然被人們津津樂道。身為女主角，簡・愛的出身頗不尋常，她是個身材嬌小、衣穿樸素的孤兒。她被送進一家孤兒院，裡面都是有教養但出身貧窮的兒童。簡・愛被培養成一位教師，負責教導鄉紳的女兒。對於女孩能使適婚年齡男士與他們的母親留下深刻印象的技能，例如跳舞、繪畫、細緻優秀的針線工夫、法語能力、娟秀的字體等，她全都相當嫻熟拿手。她同時還高度自律，意志獨立堅定，並且在道德上無可非議。

簡・愛立刻陷入現實世界的一場不倫之戀。她的頭一份工作是負責教導多嘴的女孩愛黛兒（Adèle），她是鄉村仕紳愛德華・羅契斯特（Edward Rochester）的女兒。羅契斯特三十五歲，濃眉緊蹙，表情沉鬱，脾氣則暴躁易怒。和簡・愛相處，他的態度陰晴變幻，擺盪不定，要不是嚴苛挑剔、疏離冷淡，就是戲弄揶揄、輕易相信。

有這麼一次，兩人交談，氣氛十分融洽，羅契斯特揭露說，愛黛兒其實是他從前情婦席琳・范倫（Céline Varens）的私生女，已故的范倫，是位法國的「歌劇舞者」。他告訴簡・愛，由於他相信這位「高盧美女」愛的是自己的內在，而不是他其貌不揚的外表，於是他「將她安頓在華麗的屋宇中；

供給她成群傭僕、馬車、喀什米爾羊毛衣料、鑽石、蕾絲等等。」*有天晚上，羅契斯特驚訝的發現，他的情婦有了另外的男人，「一個腦袋空空的惡少」。羅契斯特滿心受到嫉妒的煎熬，沒人察覺到他悄悄站在屋外，偷聽著這對男女粗俗而愚蠢的談話。當席琳故意扭曲誇張的模仿他，將他說成是一個無比醜陋、畸形的男人時，他內心對她「最強烈的感情」，頓時就灰飛煙滅了。

這段感情在當時、當場就宣告結束。羅契斯特衝進席琳的旅館房間，命令她立刻打包搬走。接著，他向她的情郎挑釁，約期決鬥，並且在「他瘦弱猶如瘟雞似的膀臂上」留下一顆子彈。可是，小女嬰愛黛兒——羅契斯特錯認為是他的親生骨肉——又該怎麼辦呢？「我……帶著這個可憐的小東西，離開這藏汙納垢之地，離開了巴黎，」他對簡．愛解釋道：「然後移居到這裡，讓她在英國鄉間清新健康的土壤乾乾淨淨的長大。」

羅契斯特的這個故事，概括了他對情婦的觀點，而簡．愛與他看法相同。情婦是墮落的女人，她的心智有限，道德有虧。她背信棄義，而且唯利是圖，性情善變，而且通常是外地來的；任何男人和她沾上了邊，都會置自己於危險之中。

雖然一位「古怪而未經世事」的十八歲家庭女教師，也許不是傾吐這類有傷風化事情的合適對象，簡．愛卻接受了他的故事，當作是對她審慎、守口如瓶的讚美。對於躲藏在他家閣樓上的那位瘋女人，她同樣也小心提防著。不久後，簡．愛就明白，自己已經深深愛上羅契斯特先生了。

可是，羅契斯特先生卻浮誇虛榮的對一位有錢而勢利的美女大獻殷勤，簡．愛相信他最後會與

＊　譯註：本節之後的小說引文，參考劉珮芳、陳筱宛譯，《簡愛》（台中市：好讀出版，二〇一二年），文字略作調整。

這名女子結婚。但他卻巧妙的操縱著局面，讓簡．愛沒辦法隱藏心底對他的愛慕。「你以為我一貧如洗，出身卑微、長相平庸、個頭矮小，就沒有靈魂，沒有心嗎？」聽到這句話，羅契斯特先生便向她求婚。「我向你求婚，把我的手，我的心，還有我名下一部分財產都獻給你，」他說道：「我請求你和我共度一生——和我形影不離，做我的另一半。」

羅契斯特先生向她保證，自己絕對沒有和其他女人結婚的打算。簡．愛的心中歡欣鼓舞，不過嘴上還是一直嘮叨，擔心自己沒有錢。「我可不是你的英國版情婦，席琳．范倫，」她宣稱：「我想繼續擔任愛黛兒的家教老師。」

他們舉行婚禮的日子來臨了。但是，就在他們站在教堂聖壇上，準備接受牧師的福證時，有一名不速之客闖入婚禮，宣稱「羅契斯特先生原來的妻子，還好端端的活在人間！」

簡．愛的世界破滅成碎片。原來，躲藏在羅契斯特先生家中閣樓裡的女人，就是他的妻子，那位「瘋狂、惡劣、禽獸不如」的貝莎．梅森。來自國外的梅森家族三代，都出了瘋狂的女性，她們身上全懷有惡毒的因子。簡．愛好不容易才讓羅契斯特先生逃過重婚罪。更糟的是，「這個男人差點害我成了他的情婦，我必須對他冷若冰霜、堅如鐵石才行，」她在心中立誓。

羅契斯特先生在極度絕望之下，懇求簡．愛和他一起到法國南方，在那裡過著形同夫妻的生活。「永遠不用害怕我會讓你誤入歧途，害你淪為情婦，」他苦苦哀求道。為了說服她，羅契斯特說出自己在席琳．范倫之後結交的兩名情婦，分別是「胡作非為又暴戾的」義大利女子賈欣塔（Giacinta），以及「反應遲鈍又沒有大腦」的德國女人克娜拉。「那是一種自暴自棄，我再也不想回到那種生活了。包養情婦比購買奴隸好不到哪裡去呀，這兩種人的本性通常都比較卑劣，社會地位也總是比較低賤……如今我恨不得忘了和席琳、賈欣塔與克娜拉共度的那段時光。」

為了避免受到誘惑試探，而成為羅契斯特先生的英國情婦，簡·愛躲避到鄉間。她身無分文，四處徘徊流浪，受凍挨餓，換過一個又一個地方，最後終於昏倒在地，被一對信仰虔誠的姐妹與她們熱衷於宗教的兄長席莊·瑞佛斯（St. John Rivers）搭救。簡·愛受到這對姐妹的照顧而恢復健康之後，接受了她們提供的工作，教導鄉村的孩童讀書，這雖然收入不多，卻是正經而體面的差事。偶爾，簡·愛會想念被她推拒的生活，「以羅契斯特先生的情婦這個身分，在法國生活；有一半的時間因他的愛而狂喜不已……在馬賽這個癡人美夢的天堂裡，充當一名奴隸。」

簡·愛的平淡生活，因為席莊的求婚而再次橫生波瀾，席莊希望她能陪同他一起前往印度，進行傳教工作。簡·愛並不愛他，知道他只把自己當成工作上的助手。正當她糾結於自己要如何做出決定時，得知有一位素未謀面的叔父去世，留給她一筆遺產。突然能夠自力生活，簡·愛趕緊穿越鄉間田野，去找尋羅契斯特先生，現在她可以與他正大光明的做朋友，而不必當他的情婦了。

羅契斯特先生現在卻成了身心受創的廢人。他瘋狂的妻子將家園燒毀，自己也葬身在熊熊烈焰之中。羅契斯特先生僥倖逃脫，但是全身嚴重燒傷，也失去視覺。他和從前一樣，深深愛著簡·愛，而她又再次守候在他的身邊。「簡·愛，你願意嫁給我嗎？」他輕輕的問道。「是的，我願意，」她回答；她的心情充滿喜樂和滿足。

簡·愛的堅強意志與強韌性格，加上好幾段不可能發生的故事情節推波助瀾，使她免於淪為做人情婦的恥辱。夏綠蒂·白朗特告訴我們，只有在婚姻關係中，簡·愛才能陶醉在她與羅契斯特先生相互吸引的魔力之下。

海斯特．白蘭的故事2

自從一八五〇年代，叛離清教教規的海斯特．白蘭（Hester Prynne）身影出現在美國文學後，性的不貞和通姦就成為她身上的烙印。美國作家納撒尼爾．霍桑（Nathaniel Hawthorne）寫出一部關於罪惡與救贖的小說《紅字》（*The Scarlet Letter*），他將故事發生的背景，設定在十七世紀宗教至上的麻州波士頓；在當時，通姦等同於無可饒恕的大罪。

《紅字》介紹海斯特登場的時候，她正好從監獄裡被押解出來；海斯特因為涉嫌通姦，被關押在殖民地的監獄裡。海斯特是位英國移民，她的丈夫還沒有到美洲來與她會合。海斯特懷有身孕，之後產下一個女嬰，這都證明她已經有了一段婚外情。更嚴重的是，她持續拒絕指認情人是誰。

按照小說的描繪，海斯特是個非常美麗的女子。她的身材高挑，線條豐美，有著一頭烏黑而濃密的長髮，「光澤耀眼，在陽光底下閃閃動人」。她的儀態高雅大方，是個有尊嚴的女子，並沒有因為自己遭受困境而憂懷喪志。在那些對她不滿的女性同胞注視之下，海斯特帶著還是嬰兒的女兒珠兒（Pearl）走上一座處決人犯的露天絞刑台架；她被判決羞辱地站在台上三個小時，以代替死刑。

除了站在台上遭受大眾羞辱之外，法官還判處在海斯特的餘生之中，都要在胸前佩帶一塊「A」字牌，這是她犯罪的不變象徵。但是海斯特卻讓人大惑不解，她竟在衣服胸口繡上大紅色的「A」字，彷彿這不是恥辱象徵，而是她與眾不同的印記。

圍觀的女性對此感到憤怒，而且主張報復。「這個女人已經把羞恥帶給我們，她應該去死！」婦女們憤怒叫嚷著最醜陋、最殘忍的話語。有一名牧師亞瑟．丁梅斯戴爾（Arthur Dimmesdale）出來懇求海斯特：「說出那個和你同犯此罪的男人姓名吧，讓他分擔你的苦難！」「絕不！」海斯特哭道：

「要是那樣，我會感受到他的痛苦，就如同我自己受苦！」丁梅斯戴爾敬畏的讚嘆：「這個女子的心胸是多麼寬大啊，有著不可思議的力量！」

在經歷這番磨難之後，海斯特被押解返回監獄。當小珠兒生病時，當局召來一位醫師為她治療。這位弓著背的醫師不是別人，正是與海斯特並無感情的丈夫羅傑．齊靈沃斯（Roger Chillingworth），他終於隨著她的腳步來到北美新大陸，而她之前在圍觀的人群中已經認出他。

齊靈沃斯真是人如其名（譯按：Chillingworth 按字面意思，是「非常令人畏懼」之意），他痛罵海斯特，但是也表明，她會有如此不幸的遭遇，他本人也要負起一部分責任，因為當時以她的情況而言，也沒有什麼別的辦法可想。「從我們共同踏下那間老教堂的階梯那一刻算起，」他宣稱：「就成了一對夫婦，我或許已經見到焚盡一切的大火，在我們道路的盡頭熊熊燃燒！」

海斯特插嘴：「我對你坦白無隱。我並不愛你，也無任何虛矯。」

齊靈沃斯表示同意，但是也解釋說，他是如何的盼望著就像他愛著她那樣，能點燃她內心的愛火。不可否認的，她對丈夫不忠，和另一個男人在一起，然而「是我有錯在先，是日漸衰老的我，背叛了青春年少的你，誤入一段錯誤而不近人情的關係裡……在你和我之間的這道帳本，現在算是扯平了。」

儘管海斯特得到丈夫的諒解，卻仍然不肯答應他的要求，說出目前還再逃避的情夫姓名。齊靈沃斯發誓要把他揪出來，大概是想要將這個通姦者的身分公諸於世，然後以通姦作為控訴他的罪名。在此同時，齊靈沃斯向海斯特立誓，對於自己身為她丈夫一事守口如瓶。

七年之後，海斯特從牢獄獲釋，對於自己這段禁忌之愛，仍然不後悔。她甚至夢見與情人在一起，「她就能和天地宇宙相連結。」海斯特成為整個殖民地裡最炙手可熱的裁縫師。她還捐贈食物與衣物給貧民乞丐，並且安撫遭受苦難、生活艱苦的婦女。

海斯特和大多數沉淪的女性一樣，最容易使她受傷的脆弱之處就是她的孩子。那些信仰新教的同胞們議論著她：像她這樣的一個罪人，是否有資格撫養珠兒？海斯特心急如焚的請求丁梅斯戴爾牧師協助，牧師出面，為她向殖民地當局說情。珠兒最後得以留在母親的身邊。

就在這個時候，齊靈沃斯終於查出，健康狀況不佳、目前是單身的丁梅斯戴爾，就是海斯特的情夫。「這個男人，表面上看起來是上帝的僕工，卻已承繼了強烈的獸性，不知道是來自他的父親，抑或是其母親，」他如此冷冷的思忖著：「讓我們再順著這道裂縫，繼續挖掘下去。」海斯特試圖阻止齊靈沃斯，但是徒勞無功，他佯裝關心丁梅斯戴爾的健康，搬去與他同住，成為他的看護醫師。

有一天，海斯特在森林裡遇見了丁梅斯戴爾。他告訴她，他因為自己犯下的罪孽而萬念俱灰，並且說掛在她胸前的紅字，與他祕密的恥辱不同，是一道慰藉的證明。海斯特回應說，他的恥辱並不全然是無人知曉的祕密，因為有一個男人，知道他們倆曾經是一對愛侶，而這個男人和丁梅斯戴爾，就住在同一個屋簷下！丁梅斯戴爾聽完後驚駭莫名。「這個老人的復仇，比我的罪孽更加邪惡，」他痛切的說道：「他冷血冒犯了神聖的人性尊嚴，海斯特啊，你和我從來就沒有這樣做過！」

「從來沒有！」海斯特附和道：「我們所做所為，是對感情本身的奉獻犧牲。我們如此感受！我們也這樣對彼此訴說！」在兩人彼此間這番清楚的表白以後，他們都確認與對方仍然身心相繫，海斯特說服丁梅斯戴爾，和她一起逃往歐洲，以躲過羅傑．齊靈沃斯的歹毒監視。「未來仍舊充滿試煉與成功。還有幸福等待我們去享受！還有許多美好的事情，等待我們去完成！」準備著兩人共同的新生活，海斯特偷偷去除了身上的紅字。

但是齊靈沃斯察覺他妻子的孤注一擲，並且破壞了這個私奔計畫；而她那位病弱的同謀者，沒有辦法撐過這最後的打擊。在這部小說的大結局裡，丁梅斯戴爾爬上惡名昭彰的絞刑台，海斯特帶著兩人的女兒珠兒也跟上去。丁梅斯戴爾向清教法庭進行他最後一次、也是遲來的坦白交待，藉此打破了齊靈沃斯對他的影響和控制。「你就算是找遍整個世界，」挫折的齊靈沃斯控訴說：「也無處可逃脫……我的手掌心，把你從絞刑台上給救下來！」

在清教信徒的圍觀之下，丁梅斯戴爾親吻了他的女兒，然後向海斯特訣別。「我們不會再見面了嗎？」她哀切的低語：「難道我們不是已經要一起共度永生了嗎？當然，當然，我們已經用所有苦難，贖回彼此啊！」

丁梅斯戴爾死了，而齊靈沃斯很快也隨之離世。海斯特成為殖民社群裡的女性智者，她承諾那些因為「持續被傷害、遭到遺棄、錯誤投入情感，以及錯放感情和深陷罪孽激情」而痛苦掙扎的女子：將來的世界會出現一個現世的天堂，在其中的男人和女人，將會陶醉在「給彼此帶來幸福」為基礎的感情關係裡。

海斯特在很高齡的時候去世。她的遺體葬在單身者的墓園，就在丁梅斯戴爾的墓旁邊，不過兩人長眠的地方，仍然有些微的距離，「彷彿這兩位死者已化為塵土，猶然無權結合」。人生的嚴峻規條，即使到死，依然約束著他們。

「作為一則精彩的道德教訓，這部小說帶來的影響，勝過在教堂裡為了對抗罪惡進行的講道……此即為《紅字》揭示的創作意義，」一八五〇年三月，《波士頓記事報》如此讚頌。[3]但是，與霍桑同時代的讀者，究竟從他這部帶有警世意味的暢銷小說裡，得到什麼呢？在當時，他們那個浪漫愛情日益被看作是結婚動機的年代，霍桑賦予海斯特驚人的美貌，卻又加諸一位懊悔而醜陋的男子作她的丈夫，他是她的負擔，還放任她在這片帶有敵意的陌生土地上，一個人自生自滅。即使是如此，當她與一名年輕的神職人員，雙雙拜倒在他們熾烈的激情下時，卻必須終身受到懲罰。

但是看過《紅字》的讀者，確實能從海斯特的故事裡得到更多啟示。有些人必定很佩服海斯特，因為她能為那個愛她至死不渝的男人，忍受極度的艱難困苦。讀者或許會掩卷而思：浪漫與情欲上的愛可以永遠延續，而女性可以從感情的力量與堅持，得到感同身受的同情和理解。結交情夫，成為情婦，是罪惡而錯誤的。在此同時，真正的愛情甚至如同社會規範加諸在戀人身上那樣，變得更加嚴峻苛刻。在《紅字》的段落之間，讀者可以體驗海斯特與亞瑟·丁梅斯戴爾熾烈感情的深度和力量，包括兩人在肉體與情欲上的牽絆與連繫。

令人吃驚的是，霍桑居然允許海斯特撫養她心愛的女兒，儘管為了故事情節須要和真實性的考量，作者迫使海斯特向視她為不適任母親的當局懇求，不要把珠兒從她身邊奪走。丁梅斯戴爾即時的介入挽救了整個局面，從此之後海斯特再也沒遭遇過失去女兒的險境。

而因此，《紅字》給讀者上了一堂充滿極度矛盾的課：違背社會規範的禁忌之愛，無論其情多麼值得同情憐憫，都是不對的，必須加以嚴懲；可是，這種禁忌之愛卻比法律甚至婚姻來得更強大、更壯麗；而美德與罪惡很少如它們通常被形容描繪的那樣彼此對立，有時甚至可能還彼此共享某些元素。這就難怪婦女絡繹於途，到海斯特住的小屋舍，就她們心靈情感上的問題，尋求她的建議與指點——有誰還能比她更了解這些女子，更能指引她們的迷津呢？

海斯特．白蘭是人性裡情欲的化身，但她絕不是邪惡和墮落的代表人物。她將自己的身心交託給丈夫之外的男人，因為她把愛情看得比身為妻子的職責還要重要。儘管社會譴責，身受嚴厲懲罰，她卻從來不後悔自己的決定。正如十九世紀小說評論家安東尼．特洛勒普（Anthony Trollope）說：「儘管有著深深的罪孽，但她的愛情卻毫無卑鄙的痕跡。」[4]海斯特觸犯的通姦罪行，是上述如此深刻愛情的結果，而她高貴的心靈與堅毅的精神，和那些心中只存報復之念、思想封閉保守的清教徒同胞，不啻有天壤之別，這也使得她身為情婦的角色，在道德上變得含糊不清。到最後，她失去了所愛的人，卻沒有失去他的愛，而且贏得廣泛的崇敬，使她成為其他不幸女子的守護天使。

愛瑪．包法利的故事[5]

不到幾年，古斯塔夫．福婁拜（Gustave Flaubert）的小說《包法利夫人》（*Madame Bovary*）於一八五七年出版，故事的時空背景設定在一八三〇和四〇年代的法國諾曼第，小說女主角愛瑪．包法利（Emma Bovary）成為海斯特．白蘭之外，另一個由妻子誤入歧途、墮落為情婦的文學典範人物。和海斯特一樣，愛瑪身上透露出的妖嬈性感，到了極致的程度，以至於當代文學理論學者哈洛．卜倫（Harold Bloom）將她名列為「可能是所有小說最具說服力的性感角色。」[6]在結束一個寫作階段之後，福婁拜寫信給他的情婦露薏絲．寇蕾特（Louise Colet），提起他「如此深受吸引，大聲吼叫，深深感受可愛的小包法利正在經歷的一切……（我因此感覺自己）像個正在、已經（請原諒我的語無倫次）因為著迷過度而全身氣力放盡的男人。」[7]

在小說中，愛瑪．包法利是個富裕農民的女兒，她在十三歲時進入一家修道院就讀，從此人生觀起了戲劇性的變化。愛瑪喜歡探索神祕宗教儀式、戲劇，以及修道院裡的象徵符號。舉凡壯麗的彩色玻璃、外表帶有情欲隱喻色彩的「基督作為新郎」、*薰香、祭壇上的花束，在在都讓她陶醉其中。她還深受一名在修道院擔任洗衣婦的老婦人喜愛，這名老婦人從前是位貴族，在法國大革命時敗落。洗衣婦教學生唱十八世紀的情歌，說從前她在宮廷裡的韻事緋聞給大家聽，還借禁書給她們讀：這些小說的內容，關於愛情與禁忌的地下情、情婦與她們情人，包含「心碎、盟誓、哭泣、眼淚和親吻、月夜裡的小舟、樹叢裡的夜鶯。」愛瑪特別受到這些小說裡英雄氣概的貴族男性影響，認為他們「全都勇敢如猛獅，溫馴如綿羊，極具美德，總是身著華服，而且在每個場合皆會感情豐富的落淚哭泣。」愛瑪也相當留意法王路易十四與他的情婦路易絲・德・拉瓦利埃（Louise de La Vallière），以及十二世紀的情婦哀綠漪思，和她的情人阿伯拉的故事。

幾年後，愛瑪離開修道院，遇上她未來的丈夫查理・包法利。查理是位醫師，當時正因為憐憫，而和一位年紀比他大的寡婦結婚。查理被眼前這位活潑的年輕女性迷住了：她有一雙深棕色的眼眸，無所畏懼的正對著他凝視的目光，黑色的長髮光澤動人，以及在日後也迷倒其他男人的曼妙身材。他在很短的時間就愛上她，等到他暴戾而嫉妒的妻子死了，愛瑪和她的父親十分愉快的接受他的求婚。

可是這段婚姻從一開始，就讓愛瑪感到失望。她盼望能親身體會在小說作品中讀到的那種浪漫愛情，但是查理雖然很愛她，卻遠不是她夢想中的白馬王子。這種不滿意，還包括性的問題；在兩人的新婚之夜，他心滿意足，但她卻沒有什麼感覺，即使失去了童貞，也無動於衷。

在鄉間的日常生活，給查理帶來許多樂趣，卻使得愛瑪感覺無聊沮喪。她心裡想，要是他們能到某個有檸檬樹和瀑布美景、充滿異國情調的地方旅行，或者到被白雪覆蓋的山巒，又或者是使人感傷的曠野去遊歷，也許就能在這些地方，點燃猛烈的愛情火焰。愛瑪試著在月夜下朗讀情詩，可是並沒有發生什麼浪漫的事情。

愛瑪的失望情緒一直在滋長。她買了一張巴黎地圖，並且做著白日夢。她渴望出門旅行，盼望重回修道院，然後在巴黎生活和死去。愛瑪非常缺乏朋友，以至於「壁爐裡的柴薪，以及時鐘的擺錘」，似乎都可以當成她傾吐心情的好友。她把滿腔的心事，全都告訴自己養的一隻義大利獵犬。

終於，為了舒緩愛瑪交替出現的沮喪與歇斯底里症狀，查理搬家到另一個城鎮。在那裡，愛瑪生下女兒貝絲（Berthe）。在她把貝絲送到一名保姆那裡托養以後，就和一位年輕的職員里昂（Léon）開始一段純潔的來往。

里昂為了完成學業，搬離了這裡。愛瑪很快的又得到魯道夫．布蘭傑的傾心愛慕，他是個有錢的地主，也是個獵豔經驗豐富的情場浪子；魯道夫認為她是個非常漂亮的女子，「渴望得到愛情，就好像一條鯉魚在砧板上渴求著水一樣迫切」。毫無疑問的，魯道夫大可以將她手到擒來，不但和她上床，還能讓她當自己的情婦。但是，「之後我要如何擺脫她？」他這樣自問。

勾引愛瑪正如魯道夫想像的那樣輕鬆簡單。他用冠冕堂皇的言詞化解她的抗拒心，說要以絢爛的永恆美德，來對照、映襯社會習俗的陳腐，根據他的見解，這種永恆的美德就是激烈的情欲，也是世界上最美麗的事物。過沒多久，「她不再抗拒，流著淚，遮住臉，全身顫抖，把自己交給他。」

＊譯註：基督做新郎又可稱「基督的新婦」，即將教會隱喻為新娘，用以表明基督徒與祂的關係如同婚約。

在兩人歡愛之後，愛瑪反覆開心的說著：「我有情人了！我有情人了！」至少，她已經成為一名情婦，這個有趣的角色是從前她在修道院時一直在書裡讀到的。「長期受到壓抑的愛，此刻愉悅的泉湧而出。她品嘗愛的滋味，沒有懊悔，沒有焦慮，也沒有苦惱。」

然而愛瑪在這段感情開始之初體驗到的狂烈幸福感，卻沒能繼續維持下去。她經常去找魯道夫，直到有一天他警告她，這樣做會妨害他的名聲。愛瑪不為所動。她更加熱烈的投入這段私情，說了太多熾熱的情話，以至於魯道夫開始對她感到厭倦。

愛情浪漫幻像的消逝，使她感到哀傷。在她生命中的每一個階段，「身為處女、為人妻、做人情婦，」都見到自己的夢想逐一破碎。她想幫助丈夫查理成為知名醫師（因此而有錢，並且受人尊崇），希望靠這樣使自己的婚姻重現生機。她鼓勵丈夫進行一次野心勃勃，但十分困難的手術：將畸形的足部扳直。結果，他當眾搞砸了這次手術，愛瑪大為生氣，這讓她重燃對魯道夫的愛火，重回情郎的懷抱。

事實上，她愈是愛著魯道夫，就愈是討厭查理。在愛瑪的眼裡，魯道夫的軀體強健有力，毫不拙笨，他的思緒冷靜，感情卻非常熾熱猛烈。熱戀著魯道夫的愛瑪，努力保持自己苗條高雅又性感的體態，宛如「等待王子垂青的高級情婦」。

逐漸的，愛瑪在這段扭曲的婚姻之外，致力於經營各式各樣繁複如迷宮般的感情關係。她付出的代價，並不只有情感與道德而已。她也和一位危險不可靠的商人打交道，這個商人提供一切她需要的物品：從華美的衣服和配件、送給她情郎的（多餘）禮物，以及任何能激起她飢渴拜物欲望的東西——而她開始積欠巨額的債務。她蓄意而且毫不帶有良心譴責的揮霍查理的財產，以滿足自己對奢侈用品的需求，得到想像中裝飾幸福的物品，但是她卻沒能從中感受到幸福。

四年過去了，愛瑪心神不寧的情況愈來愈加深。終於，她懇求魯道夫帶她一起私奔到其他國家。「你是我的一切啊，」她大聲呼喊：「我整個人都是你的。我將是你的家人，你的國度，我會照顧你，我會愛著你。」她這樣無止盡的愛情需索，以及對這段婚外情大得驚人的期待，讓魯道夫被嚇壞了，於是他假裝同意她的計畫，但是私底下偷偷安排，準備離她而去。「但是她真的是個很棒的情婦啊！」他提醒自己。他有一個箱子，裡面存放之前情婦留下的紀念品，他在其中搜找，卻難以分辨贈送者的身分。於是他坐下來，寫一封道別信給愛瑪。「我永遠不會忘了你，」他寫道：「但是遲早有一天，我們熾熱的激情將會冷卻，這是不可避免的——所有人都是如此。」在反覆思考之後，他在信末署名「你的朋友」。

魯道夫的離去帶給愛瑪重大的打擊，而她卻無法聲張，必須默默的承受下來。她在宗教裡找到慰藉，夢想成為聖人，投入慈善活動。接著，當查理希望能排遣她的苦悶，帶她去看歌劇《拉美莫爾的露琪亞》(*Lucia di Lammermoor*)，包法利夫婦巧遇青年里昂，他已經完成學業，正在一家公司上班。

愛瑪的人生再一次有了目標。里昂毫無保留的愛著她。愛瑪就像上一段戀情那樣，全心投入這段感情。她催促查理，讓她每個星期都去上鋼琴課，以作為和里昂幽會的掩護藉口。兩人在一家旅館的特別套房見面，他們說這裡是永遠的家。他很喜歡她——雖然她結婚了，難道她不是個優雅細緻的淑女嗎？簡單說，這不就是一個情婦應該有的模樣嗎？

有時候愛瑪擔心里昂會和她分手，然後去娶別的女人。雖然她的日子過得很開心，她仍然夢想到巴黎生活。從來沒有滿意過現狀的她，從那位商人那裡買進更多貨品，然後要求里昂花更多時間陪伴她，里昂常被她叫出辦公室，程度之頻繁，弄到他的雇主都在抱怨。里昂還是為她癡狂，以至於完全無法拒絕她。實際上，「更像是他成了她的情婦，而不是她做他的情婦。她的甜言蜜語和親吻，奪走了他的魂魄。她墮落得這樣深，又隱藏遮掩得那樣了無痕跡，她到底是從哪裡學來的？」

可是，愛瑪和魯道夫一樣，沒辦法長期維持一段安穩的感情。因為害怕失去愛情，她反倒更加狂烈的投入與他的婚外情裡。她的情欲需索無度，時常脫光身上衣物，將自己赤裸而震顫的身體，壓在里昂的身上。她的狂熱、專心致志和佔有欲，都讓他心生警惕。他的雇主警告，要他提防著她。不管怎麼說，他們之間的愛已經開始降溫枯竭了。現在，愛瑪甚至感覺，通姦偷情就像婚姻一樣死板無趣。

就在這時候，商人上門要求她償還積欠過多的欠債。愛瑪又氣又急，跑遍所有地方，想要籌措足夠的款項，好打發討債者走人。她甚至還慫恿里昂挪用公司的錢替她紓困，但是他拒絕了。當有一名富有的公證人試圖想用她的肉體交換貸款時，她憤怒的斷然拒絕。「我是值得同情，但是我並不是出來賣的！」她哭喊道。

她最後走投無路，只好去求已經多年不見的魯道夫。而他同樣也對她說不。愛瑪最後的希望破滅了，她知道自己和查理已經破產。她吞下砒霜，然後忍受著劇烈的痛苦，緩緩走向死亡，卻不肯告訴丈夫，自己服下什麼毒，以免查理能找到解毒劑。她臨死之際，在丈夫的眼裡看見「一個她彷彿從來不認識的情人」。愛瑪要過一面鏡子，端詳著鏡中的自己，悲傷流淚。

愛瑪在鏡裡見到的，是一個被糟蹋、浪費的人：她的美麗，浪費在不值得去愛的戀人身上；身為妻子，她被遲鈍麻木的丈夫白白糟蹋；空有母愛，她卻生下一個和自己有同樣侷限發展的女兒，而虛耗浪費；她擁有浪漫的情懷，卻無法獲得滿足；狂烈的情感，沒有紓解的出口；熾熱的激情和窮鄉僻壤極不搭調，可是她卻注定要在這裡生活。

在小說裡，愛瑪被描寫成一個聰明、受過良好教育、明白自己社會角色的女子。她憤憤不平的曉得，因為自己的性別，注定了此生必須過著以丈夫和家庭為主的日子，她誤以為浪漫的真情存在於婚姻裡，而她讀過的禁書裡都承諾，這種浪漫愛情會永遠讓她心醉神馳。在她從這個幻夢裡清醒過來以後，愛瑪就尋求其他方法（以及其他的男人），來滿足自己的需求。

但是，道德規範呢？愛瑪說的謊言、蓄意的欺騙和周折費解的計畫，還有她一聲驚嘆（「我有情人了！」）——難道這些不都是她背德的表現嗎？難道這些不算是她身為一個淫亂女子，無視於社會規範和宗教理念的證明嗎？難道她最後可怕、漫長的自殺，不是對自己淫亂罪行的懲罰嗎？福婁拜確實是這樣暗示讀者的，縱使他將愛瑪的死，歸因於她的揮霍無度。她的心裡只在意愛情，所以她先是作了魯道夫四年的情婦，之後又和里昂在一起。

在這個情況下，對她百依百順（可能很無趣）的丈夫，沒犯下過錯的女兒、她的婚姻，以及她身為人母的職責，在她的心裡，一點位置都沒有。福婁拜在寫作這部小說的漫長過程中，與自己的情婦露薏絲・寇蕾特分手；他將愛瑪賜死，用以補救外界對他寬恕筆下女主角敗德行為的指責，因為小說裡似乎暗示著：即使是一個通姦的情婦，也有她春風得意的權利，更別提是在世間生存了。

這並不是猜想假設。當《包法利夫人》於一八五六年首次在《巴黎評論》（*Revue de Paris*）月刊連載時，作者福婁拜與雜誌編輯就因為涉嫌違反社會善良風俗，而遭到起訴。福婁拜在法庭上提出辯解，主張他安排愛瑪在小說結尾時死去，正是她為自身犯下罪孽付出代價的明證，也表示小說仍舊採取同樣的道德標準。他因此而獲得勝訴。

不過，如同福婁拜的意圖，數以百萬計的讀者在愛瑪的故事裡得到的訊息，可不只是她最後不幸的結局而已。他們記得小說裡那些強烈的感情：對宗教的狂喜，她對情人的激情，以及對於她的丈夫，以負面形式出現的輕蔑與厭惡情緒。讀者對她寄予同情：她曾經試著想要去愛那個笨拙卻善良的查理，而因為她身為女性，受到狹隘的社會期許束縛，因而飽受挫折。

法國詩人波特萊爾（Charles Baudelaire）替愛瑪不斷尋求激情，以及對於戀情以外任何事情都漠不關心作辯護，他說：「這個女人真是偉大，特別值得悲憫同情。任何有智識的女性都將會（對福婁拜）表示感激，因為他將女性提升到如此高的境界——遠離純粹的動物，而幾乎接近理想中的哲人，還使她結合了深思熟慮與浮想連翩，從而構成一個完美的存在。」[8]按照波特萊爾這番詮釋，也難怪愛瑪會輕易的拋開道德枷鎖，成為魯道夫的情婦，然後歡欣鼓舞的接受她心中認為這段感情為她帶來的一切改變。

大多數的讀者並不像波特萊爾這樣，輕易的放過愛瑪．包法利。他們既將她看成是無情殘酷的中產階級社會的貪婪化身，也認為她的故事，是一位顛覆社會傳統價值女性的真切描繪；她接連成為兩個男人的情婦（或者，按照她自己的說法，是同居人），愛著他們，但是並沒有嫁給他們，從而在自己對愛情的想望未能獲得滿足的人生裡，注入一股沛然莫之能禦的強大力量。

安娜．卡列尼娜的故事[9]

安娜．卡列尼娜（Anna Karenina）是俄國作家托爾斯泰（Leo Tolstoy）筆下同名小說裡的主角，她身為文學史上最吸引人，又具悲劇性的沉淪女子，屹立起高聳的身影。《安娜．卡列尼娜》的時空背景設定在一八七〇年代的聖彼得堡，小說中的主要角色都是俄國貴族。托爾斯泰以「幸福的家庭都是相似的，而不幸的家庭卻各有各的辛酸」作為小說開場白，猛然將讀者送進一個正處在風雨飄搖的家庭生活之中：史提瓦（Stiva）的妻子陶麗（Dolly）最近發現丈夫與孩子們的法籍家庭教師有染。史提瓦連忙請來妹妹安娜作調解人，安娜是亞力克希．亞力山卓維琪．卡列寧（Aleksey Aleksandrovich Karenin）盡責順服的妻子，丈夫卡列寧則是位手握大權的官員；她趕來斡旋，成功的挽回哥哥陷於泥沼困境的婚姻。

沒過多久，美麗迷人的安娜就遇上未婚的陸軍軍官，阿力西．伏倫斯基伯爵（Count Alexey Kirilich Vronsky）。突然之間，她看待自己丈夫的眼光裡，就充滿了新的挑剔批評——比如，他的耳朵豎起來的模樣很奇怪；並且開始在心裡惦記著時髦又勇敢的伏倫斯基。

伏倫斯基抱持的信條，是「追求有夫之婦的男性，賭上自己的性命使她與自己私通，是件美妙而傑出的事情。」他與安娜因此無可避免的，雙雙折服在彼此之間熾烈燃燒的欲望之下。婚外情在十九世紀的俄國貴族階層裡並不少見，他們許多人的婚姻，都是缺乏真感情的權謀組合。但是安娜和伏倫斯基對於兩人這段愉快、船過水無痕的插曲並不滿意。他們真正盼望的，是具有強烈熱情、付出奉獻、持久而獲得社會接納認同的關係。

儘管如此，安娜卻拒絕和丈夫離婚，因為雖然離婚能讓她與伏倫斯基的關係正常化，法律卻會自動將她兒子的監護權，完全判歸前夫所有。在此同時，她也沒辦法克制自己的情感，當丈夫起了疑心、質問她時，安娜以刺耳的話語、罕見的坦率，有欠思考的直接說出，她在外面有了情人。她還補充說：「我愛他，我是他的情婦；我受不了你；我畏懼你，我還很討厭你。」

卡列寧認為安娜遲早會回心轉意，他聽完她這番話後的表現令人欽佩。他決定，就算這個婚姻已經有名無實，也要繼續走下去，而時間會治療傷口。可是非常害怕失去伏倫斯基的安娜，拒絕配合丈夫這樣做。她在心底提醒自己，卡列寧「毀了我整整八年的人生，毀了我生活裡的一切。他從來沒有想過，我是一個活生生、必須要擁有愛情的女人……難道我沒有嘗試盡一切的力量，為我的人生找尋意義嗎？難道我沒有苦苦努力去愛他，或是在我無法愛這個丈夫時，轉而去愛我的兒子嗎……上帝既然創造了我，我就必須去活去愛。」同樣深陷愛河的伏倫斯基也大力附和，尤其在安娜告訴他，自己已經懷了他的孩子時，更是如此。*

在一連串紛紛擾擾之後，安娜拋棄了丈夫和兒子，而伏倫斯基則放棄了在部隊發展的前途。他們一同到歐洲各地去旅遊，直到女兒出世為止。他們回到俄國，事情變得嚴重起來。親友們給了伏倫斯基溫暖的歡迎，但是同時卻刻意排斥安娜。她為此深受打擊。安娜的頭一個反應，是強迫眾人表態，她在社交場合現身，彷彿自己的身分從來沒有改變一樣。

伏倫斯基既感到悲哀，又覺得驚恐。「公然在劇院現身，不但等於承認自己是個淪落的女人，」他在心裡這樣想，但是沒敢告訴她：「而且還等於向整個社交界挑戰，也就是說，要從此同它絕裂。」這次外出的後果十分慘重。事件過後不久，她、伏倫斯基與他們的小女兒，就搬到他位於鄉間的莊園定居。

有段時間，安娜過得很幸福：「在我身上發生了奇蹟，」她對自己的嫂子陶麗說，陶麗是少數還與他們保持連繫的親友。「我已經熬過不幸，和提心吊膽的日子，但現在，一切都過去了，尤其是自從我們來到這裡以後，我實在是太幸福了！」

她的快樂時光很快就宣告結束。安娜既沒辦法見兒子的面，也不能全心全意的愛著自己的女兒；根據俄國法律，她的女兒必須冠上丈夫的姓氏卡列寧，監護權也完全歸於還沒有離婚的丈夫所有。伏倫斯基很擔心，因為只要他們還沒有結婚，生下的孩子在法律上都是卡列寧的子女。他催促安娜去和丈夫談判離婚的事，她很猶豫的答應了。

在此同時，她熱烈的閱讀書籍，因此既身為伏倫斯基的情婦，也是他知識上交流的伴侶。可是，她強烈受到與世隔絕和孤單無靠的影響，要求他將整個人生、全副心思都擺在她的身上。她的態度愈是嚴苛挑剔，他的反應就愈顯得冷淡疏離。因為害怕可能會失去他，她動輒尋找遁詞藉口，歇斯底里的鬧情緒，做出毫無根據的指控。有一回，她的心中突然無比清明，了解她正在如何摧殘自己。「我的愛愈來愈熱烈，愈來愈自私，而他卻愈來愈冷淡，我們就是這樣漸行漸遠，」她在內心思忖道。

> 真是無可奈何。我把一切都寄託在他身上，我要求他為我付出更多，他卻愈來愈疏遠我……我真不該那麼死心塌地作他的情婦，可我又沒有辦法，我克制不了自己。我對他的熱情使他反感，他卻弄得我生氣，但是又毫無辦法……他早就不愛我了。愛情一結束，仇恨就開始。

＊譯註：本節之後的引文，都參考草嬰（盛俊峰）譯，《安娜．卡列尼娜》（台北縣新店市：木馬文化，二〇〇三年），文字略作調整。

同一天稍後，安娜佇立在火車站，決心迎向一列疾駛而來的火車，了此殘生，以「懲罰他，擺脫所有人，也擺脫我自己。」在她人生的最後一刻，膝蓋觸及鐵軌時，一個甜美的希望盤據她的心思，她試著爬起來。可是，已經太遲了。幾秒鐘以後，「巨大而無情」的龐然鋼鐵大物便奪走她的生命。伏倫斯基苦惱的母親認為，對於「這樣一個墮落不信教的女人」來說，這正是「最適合的結局。甚至連最後的死法，她都選擇這種粗野俗氣的方式。」

安娜．卡列尼娜對愛情與心中渴望的追求，看得比婚姻和身為母親的職責還重要；而她放棄的，不只是她的丈夫和兒子。她還反抗貴族同儕，挑戰俄羅斯社會，無視於構成俄國貴族階層社會的道德規範。她做的這一切，都是為了愛情，她相信愛情將會為自己空洞的人生帶來意義；安娜的角色，代表的是十九世紀歐洲貴族女性階層，她們的才智被看輕，創造力遭受扼殺，以至於她們能擁有的，是在包辦婚姻沉悶而瑣碎平凡的生活，這樣的生活讓她們既地位低下，又容易受到傷害。托爾斯泰原來想將這部小說取名為《兩段婚姻》（*Two Marriages*），而實際上，卡列寧夫婦的婚姻關係才是小說的情節主軸。

或許是為了強調安娜面對的絕望無助，托爾斯泰甚至沒讓安娜遇見她心目中可能會期盼的那種真命天子。反過來說，安娜得到的是伏倫斯基，他未婚，英俊瀟灑，多金而受人仰慕，個性上也有許多值得欽佩的地方：忠誠、付出，而且直到最後，都還像安娜愛他一樣，深深愛戀著她。

可是，就算是伏倫斯基這樣的情人，也無法保護安娜不受這個世界的傷害。在社會大眾以及幾乎每個認識她的人眼中，淪為情婦，使她顏面掃地，身分盡失，成為賤民，這樣的困境，只能怪她自作自受。不過，托爾斯泰在安排這位淪落的高貴女子再一次落下之前（這一次是迎向疾駛而來的火車），他給安娜一小段時間，讓幸福滿滿洋溢在她的心中，正是她成為伏倫斯基情婦所渴望得到的。

梅爾德．羅傑斯的故事[10]

英國小說家毛姆於一九一五年創作《人性的枷鎖》（*Of Human Bondage*），這部將故事背景設定在十九世紀晚期倫敦的小說，向我們介紹一種相當不同的情婦類型：一位工人階層的女子，和一個在學業上苦苦掙扎的醫科學生交往。男主角菲利浦．凱瑞（Philip Carey）是個孤兒，他從小聰明伶俐，繼承了一小筆遺產，但是他的足部像拜倫一樣畸形，不良於行。女主角梅爾德．羅傑斯（Mildred Rogers）則在一家他與同學們經常光顧的茶館裡當服務生。她的個頭很高，身形單薄，因為貧血而顯得臉色蒼白，不過她嬌細、曼妙的身材，以及藍色的眼眸，讓她不論在任何時候，看起來都很美麗。

有一段時間，菲利浦對梅爾德很冷淡，而她也以同樣態度回敬，他對她很不屑，認為她是個「沒禮貌的蕩婦」。可是，她的傲慢與敵意，卻引起他的興趣，致使他違背自己先前的判斷，開始追求她。「你是個鞋生（原文如此），對吧？」有次，梅爾德漫不經心的問道，接著又撇下他，埋首在一本廉價愛情小說裡。

儘管菲利浦盡了一切努力，梅爾德對他就是視若無睹，還和其他客人打情罵俏。她很冷淡粗魯的接受他共進晚餐的邀約，而只有香檳酒才能讓她說點話。菲利浦明白，兩人之間完全合不來，是沒有指望了。儘管如此，他還是愛上她。

苦苦愛戀她的單相思，並不是他之前期待的欣喜若狂體驗。還倒不如說，這是「一次靈魂的飢渴，一次痛苦的思慕，心酸的苦悶……當她離他而去，真是悲慘可憐的場景；而當她再次找上他，卻又令人感到失望。」

這也難怪他感到痛苦：梅爾德專門拿跛腳這件事來戳痛他，而且讓他知道，她其實比較喜歡別的男人。她對他撒謊，說自己的父親出身名門，要她和「那些（茶）館的女孩混在一起」，還真是難為她了。

有一次，當她為了和一個更有魅力的男人出門，取消了和他的約會時，菲利浦承認自己全心全意的愛著她，而且威脅說，如果那晚她沒有和他約會，就再也不會看到他了。「你似乎覺得對我會是很可怕的事情啊，」梅爾德反駁：「我想說的是，真是謝天謝地，討厭鬼要走啦。」

菲利浦荒廢學業，因而沒有通過期末考。在此同時，梅爾德則後悔自己將唯一對她著迷的男子拒之門外。他們兩人重新在一起，菲利浦真心真意的奉承她。他請她喝紅酒、吃大餐，送她難以負擔的禮物，表示自己渴望得到她，對於邁向毀滅深淵的警告全都不予理睬。當菲利浦被允許可以親吻她的時候，他明白她既不在意他的吻，也不喜歡。最令人焦躁難堪的是，她還在和其他男人來往。

實際上，梅爾德甚至根本不喜歡菲利浦。他一直問她，對他感覺如何，這令她很厭煩；他令人困擾的嫉妒心讓她飽受折磨，他整個人都讓她不愉快。他甚至監視她的行蹤。她明白表示，和他在一起，只不過是暫時將就罷了。

雖然如此，菲利浦還是向她求婚。梅爾德被逗樂了，感覺自己受寵若驚，但是她卻搖頭說不，因為她已經（正確的）估算出，將來他作為醫師的薪水，沒辦法提供她比現在更好的生活。菲利浦對此表示接受，但是仍然繼續和她交往。有一天，她提議兩人來一次幽會，他非常興奮的答應了。梅爾德有大消息要宣布：她要結婚了。菲利浦非常難過，他買了一份昂貴的禮物送給她，然後倒數計日，一直到她大喜之日的那一天來臨為止。

菲利浦在苦痛減輕以後，開始帶著怨恨的情緒，記起梅爾德是怎麼不停羞辱他的。他遇見一名叫諾拉的女子，和她一起度過了一段開心的時日；諾拉是位單親媽媽，靠著寫作粗俗廉價的愛情小說養活自己。然後有一天，梅爾德突然出現在他的房間門口。「你到底想要幹什麼？」菲利浦吼道。

他話聲剛落，梅爾德就絕望的開始哭泣。原來，她的「丈夫」並沒有和她成婚，因為他有個絕佳的理由：他已經有妻有子了，而在她也懷有身孕之後，他的反應是憤怒的趕她出去，一毛錢也沒留給她。「如果你還想要我，我會做任何你要我做的事情，」她可憐兮兮的對菲利浦說。

菲利浦知道，自己還愛著梅爾德，於是他結束和諾拉的戀情。為了梅爾德，他逐步耗損自己那筆小財產，這是支撐他學業唯一的財源；他將梅爾德安置在一處舒適的房子裡。這次幾乎是從一開始，菲利浦就又身陷在她的情網中。他對梅爾德的房東太太自我介紹，說自己是她的哥哥，藉以保護她。

梅爾德本來盼望肚裡的孩子是個死胎，但是在她產下一個健康女嬰之後，這個希望就破滅了。她為女兒找到一戶位於鄉間的寄養家庭，然後和菲利浦的朋友、經常來探視他的葛瑞菲斯（Griffiths）陷入愛河。菲利浦逼著她把事情說清楚，梅爾德對他說：「我從來沒喜歡過你，從一開始就沒喜歡過你，可是你卻一直要勉強癡纏，你親吻我的時候，我總是恨得要命。現在我就算是餓死，也不會讓你碰我一下。」

結果，葛瑞菲斯是個善變又身無分文的男人，但是梅爾德與他的這段感情讓她明白，菲利浦之前有多麼令她反感。然而，葛瑞菲斯發現梅爾德的無趣和粗野，最後離她而去。梅爾德瘋狂的寫信、拍電報給他，甚至跟蹤他。有一次，她在他的住處門前，整夜哭泣。

菲利浦下一次見到梅爾德的時候，她正在倫敦中央區站壁賣淫拉客。乍然與他相逢，她就和當時離他而去一樣，毫無喜悅之情。不過，他努力說服她，在一間陰暗的出租房間裡和她說話。近距離的端詳梅爾德，菲利浦發現，雖然她的臉上化了俗氣的濃妝，卻遮掩不住病弱的憔悴面容。她有氣無力的說，自己不再和他聯絡，是因為她認定，他會認為現在她淪落到如此境地，真是上天報應。「我真想擺脫這一切啊！」她哀嘆道：「我真是痛恨這一切。我不適合這種生活。我不該是幹這種事的女孩啊……噢，我真想去死。」

菲利浦立刻回應。他敦促她搬進自己的分租房裡，擔任清潔婦的工作（酬勞目前由他來支付）。他們三個人，也就是菲利浦、梅爾德和她的女兒，將要過像他現在這樣清貧的生活，這是目前情況所逼，不得不然。除此之外，他並不期待她以身體作為答謝。自從認識她以來，他頭一次感覺對她的身體劇烈的厭惡排斥；他心底暗自竊喜，覺得這必定是自己對她癡癡迷戀結束的徵兆。不過，他並沒有把這一切對她說起。

梅爾德哭著道謝，然後在隔天就搬了進來。她開始勾引菲利浦，但是他敬謝不敏。另外一次，她悶悶不樂的告訴他，自己已經學會如何去愛上他。可是菲利浦心裡愈來愈清楚，這個他從前瘋狂癡戀、愛了這麼久的女人，不但言行無知愚蠢，態度粗野下流，而且梅爾德本人，就像她對許多事情感覺厭煩那樣，令人厭倦反感。

在此同時，梅爾德卻決心要將他勾引上手，透過性行為，重新建立起之前對他那種予取予求的關係。她心想，一定可以讓他再愛上她。梅爾德宣稱自己愛他，然後「噗通」一聲，把自己丟進他的懷抱裡。「我很抱歉，可是一切都太遲了，」菲利浦這樣回應。

梅爾德接下來的一長串劈頭臭罵，把菲利浦嚇了一大跳。「我心裡從來沒有想過你，一次都沒有，我一直都在耍你，你讓我覺得厭煩，你讓我煩得要死，我恨你……這讓我覺得很想吐，而我居然還必須讓你來吻我……你這個死瘸子！」

第二天，趁著菲利浦外出的時候，梅爾德搗毀他們的住處，砸碎、撕裂、扯破屋裡的東西，然後帶著女兒離開。菲利浦搬往更便宜的住處，埋首於他的學業，並且試著進入股市操作，想要贏回從前浪擲的金錢。結果，他輸光了一切，沒有任何親友敢借錢供他紓困，他因此被迫從醫學院輟學。

在一連好幾個月的求職以後，菲利浦無家可歸，而且快要餓死了。家族裡的友人收容他，幫他找個酬勞微薄的差事。他愈來愈喜歡朋友的女兒莎莉。

梅爾德又出現了，這次是懇求他來看看她。她的女兒已經死去；她又重操舊業，成了街頭流鶯，而且還感染性病。菲利浦買藥給她，要她保證不再上街拉客，以免讓更多人感染性病。梅爾德在驚恐交織下答應了，但是他很快的發現，她一等情況稍微緩解，就食言回到街上接客。「我還有什麼好在意的？」她哭泣著說：「男人們還沒有對我好到值得我動用腦袋去對付他們。」這是菲利浦最後一次見到她。

菲利浦的叔父去世，留給他一筆錢，足夠重拾他的醫學院課業。他從醫學院畢業，找到工作，過著幸福的日子。他也知道，在自己的有生之年，永遠不會失去對一位「粗野女子的奇怪、無計可施的渴求盼望」，這名女子，就是梅爾德。

小說裡對於梅爾德，沒有任何憐憫的字眼；這個濃妝豔抹、身染傳染性疾病的阻街女郎，得到一名男子的愛，她卻不能以同樣的愛情回報。《人性的枷鎖》完全是以菲利浦的角度書寫，梅爾德只是他遭受苦難、最後勝利凱旋的故事裡的一則附錄罷了。而從字裡行間透露出來的訊息顯示，梅爾德不是個有高尚胸懷的風塵女子，也並不令人同情。在毛姆的筆下，她是個殘酷無情、狡詐算計的蕩婦。

梅爾德身為小說的主要女性角色，和大多數人一樣，面臨人生道路的抉擇。一直到她的世界崩潰瓦解之前，她的目標是進入婚姻，因為她認定婚姻能帶給她尊榮體面，以及經濟上的保障。在她未婚懷孕的時候，她冒用孩子父親的性氏，稱自己是米勒太太，試著遮掩她遭遇的困境。

梅爾德也迫切的渴求，她在愛情小說裡讀到的那種浪漫感情。當她以為自己已經得到真愛時（先是和米勒，之後和葛瑞菲斯交往，更是如此），就捨棄婚姻，成為一名情婦。實際上，她拒絕了菲利浦的求婚，他一直想要娶她為妻，但她卻覺得他令人反感厭惡。在兩人破碎斷續、又折磨痛苦的整個交往歷程裡，他們從來沒有上過床。梅爾德只有在自己貧病交纏的情況下，才想要色誘他，因為她認為從他身上得到的金錢，比起自己賣淫的收入還多。

身為米勒的情婦（葛瑞菲斯只將她看作是週末時洩欲的對象，很難算是情婦），梅爾德是個遭到欺騙的女子，她先是得到男人結婚的許諾，然後卻被愚弄，成為有婦之夫的情婦。這個例子十分典型，從她懷孕直到遭到拋棄，都是如此。而身為菲利浦有名無實的情婦，儘管兩人之間的關係並不對等，也沒有上床，她還是不得不委身屈就於他，這是因為受限於她的貧困，而不是由於她對他懷有感情（在米勒的關係裡也是如此）。

《人性的枷鎖》至今仍然是少數關於勞動階層情婦的經典小說作品。毛姆描寫一個因為所愛非人，以至於不斷上當受騙、走向毀滅道路的女子，他的筆法冷酷無情。梅爾德的性格裡，似乎全然缺乏可堪彌補上述困境的特質，而與她對照的菲利浦，則是個只在意自己想法的非傳統男主角。可是她的故事卻能令讀者信服，雖然有些人不禁會想，她是否為自己不幸的出身背景和環境，付出了太高的代價；而毛姆（以及菲利浦）對於她下場遭遇的冷淡與漠不關心，則讓人於心不安，而且覺得他意存報復。

艾倫．奧倫斯卡的故事[11]

伊狄絲．華頓（Edith Wharton）精心寫作的小說《純真年代》（*The Age of Innocence*），將背景設定在一次世界大戰爆發前二十年的紐約，描述一位與丈夫分居的女子，以及她表妹的未婚夫（之後成為她的丈夫）之間發生的愛情故事。他們的感情關係，深受兩人所屬的紐約上流社會影響；在這個階層，門當戶對的婚姻，是兩個家族門閥之間維持終生的結盟關係，並將家族成員的社會地位的秩序吸收內化。小說也反映作者華頓的個人信念，透過男主角紐蘭．亞徹（Newland Archer）表達她的反省和思索。

梅．威蘭（May Welland）是紐蘭．亞徹的天作之合，當他向梅求婚而她答應時，雙方的家庭都很歡喜。只有一件事情，讓他們原本堪稱完美的訂婚宣布，顯得有些缺憾：梅的表姐艾倫．奧倫斯卡伯爵夫人，正好就在同時離開她不忠的歐洲丈夫，回到紐約的娘家。但是在講究教養的紐約上流社會，婚姻是一生一世的事情，而艾倫不但離開丈夫、尋求離婚，據說還「和（丈夫）的祕書有牽扯」。

這個謠言，讓想要重返價值評斷嚴苛的紐約上層社會的艾倫，機會變得相當渺茫。

紐蘭在剛開始時，一心只在意禮貌是否得體：該怎麼和他未婚妻關係極為密切的表姐，這位誤入歧途的女子妥善應對相處？直到見面後，艾倫當面提醒紐蘭，他們是童年的玩伴，這讓他大受震動。艾倫「身形單薄、神態疲倦，外表看起來比實際年齡（三十歲）大一些……但是她的美麗，卻散發出一種神祕的力量，她流轉的眼波，確實扮演著畫龍點睛的角色。」同時，她的儀態單純，不怎麼關心時尚潮流，而且比起紐蘭認識的任何女子，都還要堅持自己的獨到看法和見解。沒過多久，紐蘭就在心底承認，他已經深深愛上她。

艾倫．奧倫斯卡並不是紐蘭頭一個傾心的女子——他才剛從一段與有夫之婦的熾熱婚外情裡掙脫出來，對方與其說是愛他，還不如說是喜歡這種祕密偷情的感覺。對於梅，他同樣也沒有瘋狂愛戀的感覺，他喜歡她、敬重她，可是他已經可以想像，和她結婚之後的日子，就和所有人的婚姻一樣，「是一段顧及物質和社會利益的無趣結合，兩造中的一方無知愚昧，另一方則偽善虛假。」

不過，他和前任情婦與現任未婚妻的兩段感情關係，一點也沒有干擾他「對於敬愛的女子與那些享樂、憐惜女子之間，存在著難以逾越鴻溝分際的信念」。而紐蘭也與其他人一樣，在看待婚外不倫戀情時，他認為男方愚蠢，而女方負有罪孽。

艾倫的出現，讓紐蘭對心中的這些想法，產生了懷疑。他接受梅的家人請託，前去說服艾倫，不要和丈夫離婚，因為與丈夫離異雖然於法有據，卻違背紐約的社會習俗。就在艾倫對紐蘭的看法表示同意以後，他才明白自己在實際上已經使她面臨險境：她同意不尋求與丈夫離異，就切斷了日後她透過再婚，使自己的感情合法扶正的機會，因而讓艾倫在面對受到她魅力吸引的男性時，處在無所依怙的環境下，而容易受到傷害。在有人好奇的問起她將來命運如何時，紐蘭真希望自己可以這樣回答：將來艾倫要是成為某人的「情婦」，而不是哪位體面人士的妻子」，全都是因為這些人的緣故，他們全都有份。

同時，對於自己心裡對艾倫那股強烈的愛戀，讓紐蘭感到驚恐，所以他急切的勸說梅，縮短兩人的婚期，讓他盡早娶她為妻，以便將艾倫的身影從心中揮去。在一開始時，梅並不願意。她說，自己已經猜到紐蘭企圖想要隱藏的心事：他愛上某個不該愛上的女子，而他希望能將這名女子忘掉。不過，梅將紐蘭愛戀的對象，錯認為他的前任情婦，他大大鬆了一口氣，因為梅並沒有疑心到艾倫身上，他就可以說服梅相信，她猜錯人了。

當紐蘭對艾倫表白自己的愛慕時——「如果對我們兩個人來說是可能的，和我結婚的對象應該是你」——她非常憤怒的回應說，就是因為他對她施壓，要她放棄與丈夫離異，已經使得兩人結婚的可能成為泡影。「而因為你我兩家人，就要結成親家，為了梅好，也為了你好，我聽了你的話，做了你告訴我應該做的事情，」她痛苦的提醒紐蘭。讓人大吃一驚的是，紐蘭決定向梅坦白自己內心的情感，並且取消兩人的婚約，好讓他能夠名正言順的和艾倫在一起。

可是，已經太遲了！梅的家人拍來一通電報，同意加快舉行婚禮，日期就訂在幾個星期以後。紐蘭顧及心中的信念價值，以及他的社會地位，被迫信守婚約，娶梅為妻。他在連翩出神的幻想中讓自己度過婚禮儀式。之後，他覺得自己沒辦法釋懷，「一位心中沒有絲毫感受到不自由念頭的妻子」，也難以啟口，就在他眼皮底下升格成婆婆的母親。因為這樣，他只好和其他人一樣，經營自己的婚姻。

紐蘭對艾倫的想念愈來愈加深。而她的情況也已經發生變化。艾倫的丈夫懇求她回家，只需偶爾扮演女主人，不必重拾妻子的實際角色，條件是會歸還她的全部嫁妝。艾倫驕傲而堅定的回絕了。當紐蘭再次和艾倫相遇時，他對她說，就像自己改變了她的生活，艾倫也使他的人生產生了變化：因為她催促他與梅結婚，而不是和家族絕裂。「你讓我瞥了一眼真實的人生，在此同時你又要我回到這個虛假的世界裡繼續生活，」他對她抱怨道：「就是這樣，超過人所能忍受的限度。」

紐蘭現在對艾倫已經愛到無法自拔，他甚至考慮要離開妻子。他考慮過所有的交往方式，包括想讓她做他的情婦。梅和紐蘭兩方的家族都曉得他的情況如何，想讓艾倫離開他的身邊，他們說服她接受奧倫斯卡伯爵提出的條件。他們還切斷了她的日常開銷財源，以逼使她讓步屈服。

儘管她的生活條件被大幅降低，艾倫還是拒絕就範。而就在這時候，家族裡一位疼憐她的女性長輩，恢復了她的零用錢。紐蘭找她出來，再一次示愛：「每一次見到你，對我來說，都像是初次和你相見。」

「你是不是在想，既然我沒有辦法做你的妻子，就應該和你同居、做你的情婦？」她好奇問道。

紐蘭的回答發自內心：「不知怎的，我真想和你一起逃離這個世界，到一個禮法、規矩都不存在的地方。在那裡，我們什麼都不是，只是兩個相愛的人，彼此是對方生命裡的全部；世界上其他的一切，都與我們無關。」可是艾倫曉得，這樣的地方並不存在，而那些自以為找到這種地方的人們，會發現這裡「和那個他們離開的舊世界根本沒有什麼不同，只有更加狹小、骯髒、放浪與淫亂。」

在這之後不久，紐蘭突然頓悟，現在的婚姻使他不快樂，他要離開這段婚姻，和艾倫一同到歐洲，永遠相守在一起。但是，儘管他沒有把這個想法對任何人提起，他的整個「族人」卻老早就已經參透紐蘭心中的祕密。更糟的是，好幾個月以來，他們全都相信，艾倫已經成了他的情婦。為了保護他們的世界，這些「擔憂醜聞甚於疾病、置顏面於勇氣之上、認為『吵鬧』是最無教養之舉」的人們，再一次採取行動。

他們的計畫很簡單：由梅告訴艾倫，她已經懷孕了，以確保艾倫會自願返回歐洲。當梅可能懷孕一事在不久後獲得證實，紐蘭的生活就此被套牢，而艾倫便不會容許自己和他再有任何親暱互動了。

與其說《純真年代》這部小說是一個幾乎成為情婦的女子的故事，不如說，這是一部關於「情婦是什麼」的小說：哪種女性可能會成為情婦？特別是像十九世紀後期的紐約貴族名流社會，如何認定、看待情婦？而同樣是這個社會，包括那些自身也結交情婦的男人，以及因為這樣而遭受委屈的妻子，雖然他們寬恕和有夫之婦往來的單身男子，又會怎麼看待那些犯下錯誤的已婚男性？

華頓的寫作技巧非常細緻，而且深具說服力。紐蘭是個隨和有禮貌的人，也是位令人同情的男主角，他時常反思自己身處的社會價值體系，還有這套體系是如何被強制實行在誰的身上。他反思社會價值做出的分析，並沒有引發任何類似反抗的事情，但是他對艾倫的深愛，以及他心中的恐懼（擔心自己和梅婚後的生活，會形同行屍走肉），卻給了他挑戰社會同儕、質疑價值觀念的衝勁。一開始，紐蘭不計任何名分，想要和艾倫在一起，而其中有一個顯而易見的方法，就是讓她成為他的情婦。很快的，這種安排對於這樣一段熾熱而彼此依戀的情感來說，顯得太過廉價、滑稽，而他愈發感覺到，自己無法滿足於一段偷偷摸摸的私情。他真正企求的，是兩人相互付出奉獻的感情，而這只有在她和他脫離已婚的狀態時，才有可能達成。對她和對他而言，唯一可能的解套方式就是離婚，或者他們也可以選擇私奔，到較為寬容、沒那麼「純真」的歐洲。

到了小說的結尾，紐蘭在他的社會裡，已經不再感受到擱淺受限，他也停止和上層社會成員的拉鋸，紐蘭與艾倫被他妻子領軍的大群親友們想辦法給拆散了。為了回報紐蘭與艾倫願意接受這個結果，他們原諒這對男女，並且歡迎兩人重返原來的團體。這個「純真年代」，包括其規則與情婦在內，縱然它的價值觀遭受懷疑，縱然它的城壘被團團圍困，卻仍舊毫髮無傷。

拉娜的故事[12]

在波利斯．帕斯特奈克（Boris Pasternak）的同名小說《齊瓦哥醫生》裡，已婚的尤里．齊瓦哥（Yuri Zhivago）醫生與他的情婦拉娜（Larissa）之間火光四射、極其痛苦的愛戀關係，透露出在這段期間接連爆發的第一次世界大戰，和俄國革命的動盪混亂。尤里．齊瓦哥醫生對當時俄國社會秩序的診斷，使他對革命運動寄予強烈的同情。

在擔任實習醫師的時候，他遇見了拉娜，不過她的出身背景卻與他極為不同，從小在貧窮與匱乏之中成長。他們邂逅時，兩人都已是成年人，而尤里已為人夫，妻子是與他青梅竹馬的棠雅（Tonia），婚後生活美滿，並且育有一子。拉娜是位護士，正在尋找她失蹤的丈夫帕夏．安提波夫（Pasha Antipov），他是位革命運動的軍事領袖。

拉娜有一段不為人知的過去，這段過去折磨著她，並且糾纏困擾著她的婚姻。在她十六歲的時候，已經長成一位有淡黃色頭髮、灰色眼眸的美女，母親的情人科馬羅夫斯基（Komarovsky）誘拐她發生了性關係。這個年紀比她大得多的男人，英俊又多金，居然會對她產生這麼強烈的興趣，她的心裡感到飄飄然，並且相信自己無論怎麼說，都是「一個沉淪的女子……一個從法國小說裡走出來的女人，」拉娜成了科馬羅夫斯基的情婦。*

拉娜的迷戀為期很短暫，但是她因為背德行為產生的沮喪和恐懼（在她看出來之後），以及對母親的背叛（這是所有人都已經見到的），卻持續纏繞著她，而她只想好好睡上一覺。她相信科馬羅夫斯基是「她生命裡的詛咒」，因為她已經成為「他的終身奴隸」了。她自問，「她是怎麼被他征服的？他是怎麼逼迫她順從？為什麼她會讓步屈從，帶著自己顫抖而毫無遮掩的屈辱，滿足他的願望、取悅他呢？」

尤里．齊瓦哥頭一次見到拉娜的時候，還是個醫學院的學生；他是在她母親的病床邊見到她的，她的母親才剛因自殺未遂而獲救。（譯按：小說中，拉娜之母是因為得知情人與女兒的戀情，憤而尋短。）在這之後不久，為了逃離她原來悲慘的生活，拉娜做了一個重大的決定：到她的朋友家裡住，擔任其妹妹的家庭教師。

拉娜的新生活過得很愉快。她的雇主仁慈大方，讓她到大學裡旁聽選課。她也發現自己的人生目的，是「要攫取生命狂野魅力中的意義，是要以適當名字來稱呼每一種事物。」她決心去見科馬羅夫斯基，力爭自己和他在一起這些年，讓她有資格從他那裡拿到一筆錢，足以離開目前的工作，過著獨立自主的生活。她隨身帶著哥哥的左輪手槍，打算要是科馬羅夫斯基拒絕給錢，她就開槍射他。

拉娜在一處大派對上，找出科馬羅夫斯基的下落，她直接走了進去。當派對賓客尤里．齊瓦哥

* 譯註：本節中小說引文中譯，參考陳惠華譯，《齊瓦哥醫生》（台北市：志文出版社，一九八六年）。文字略有更動。

第一眼看見她的時候，拉娜的槍彈才剛錯過科馬羅夫斯基，誤中派對的主人，把主人嚇得半死，好在只是輕傷。「又是這個女孩！」尤里大喊：「而且又是在這麼特別的場面！」

要是拉娜被捕受審，她與科馬羅夫斯基之間的醜聞就可能會被掀出來，他對此非常生氣，於是運用身為檢察官的影響力，撤消她涉嫌謀殺的起訴。關於她和科馬羅夫斯基之間究竟有著什麼樣的牽扯糾葛，拉娜還是不肯向深愛她的未婚夫帕夏坦白，只對他說，自己是個壞女人，配不上他。

雖然如此，她與帕夏後來還是成婚了，並且搬往偏遠省份的小鎮定居；夫妻倆在學校教書，並且生下女兒卡恬佳（Katenka）。隨後，帕夏基於愛國心的驅使，也帶著對兩人關係的茫然困惑，入伍從軍。在好幾個月得不到丈夫音訊之後，拉娜自願擔任戰地護士，被分配到一列醫療火車上，出發尋夫。大約就在同一時間，尤里．齊瓦哥也被徵召入伍，擔任醫官。

尤里和拉娜在一家戰地醫院重逢，當時她才剛剛接獲（後來證明是錯誤的）通知：帕夏在作戰中身亡了。她與尤里彼此相互深深吸引，不過兩人小心翼翼，避免發生性行為。實際上，尤里苦苦掙扎，希望自己別愛上她。但是拉娜和醫生兩人，實在是心心相印的伴侶，他們之間結合的情感如此強烈，因此難以抗拒。

儘管是這樣，兩人還是分開了，尤里回到在莫斯科的妻、兒身邊。當時在莫斯科的生活條件變得極為匱乏，以至於真有凍餓至死的可能。到了最後，尤里只好答應妻子的請求，到一處鄉間房屋去避難，在那裡，他們可以栽種蔬菜，靜待戰爭過去。

巧合的是，齊瓦哥一家的新住處，正好就在拉娜與帕夏原來住的小鎮外邊，而拉娜此時已經回到鎮上。她與尤里在鎮上的圖書館裡，頭一次相互瞥見對方，但是又過了好幾個星期，尤里才到拉娜家去找她。當他在她面前出現時，就觸發了在小說和電影版本裡攪動數百萬顆心靈的一段愛情。

在那時，拉娜已經得知，帕夏根本沒有戰死，但是已經改名換姓，成為革命黨人的領袖。可是她愛上了齊瓦哥醫生，並且與他發生關係，這就背叛了她的丈夫，正如尤里對棠雅不忠。尤里開始在拉娜那裡過夜，他對棠雅撒謊，編造自己的行蹤。尤里愈是沉迷於這段戀情，內心的罪惡感就愈是強烈。他決心對棠雅坦白一切，然後和拉娜徹底分手。但是，他還沒來得及這麼作，就遭到紅軍俘虜，被迫擔任戰場軍醫。

幾年以後，齊瓦哥設法逃脫，發現棠雅和他的家人已經逃回莫斯科了。然而，拉娜還留在鎮上，於是他就搬過去與拉娜、卡恬佳母女同住。兩人重拾過往的愛戀，不過尤里心中對棠雅的思念，一直折磨著他。但是，突然之間，他明白了拉娜對自己的意義所在。「你沒辦法與生命和生活對話溝通，但是，她就是生命的典型，是生活的表現，在她身上，原本生活之中難以言明的規律，都變得靈敏而能夠化為言語。」

帕斯特奈克寫道，拉娜和尤里的愛情是偉大的。「對他們而言……當激烈的感情降臨在他們命中注定的人生時，就像一道永恆的氣息，成為具有啟示意義的時刻，在他們自身以及生命裡，都持續有新的發現與收穫。」但是拉娜始終對於和科馬羅夫斯基的那段過往耿耿於懷。不過，隨著她日漸成熟，就愈來愈清楚自己在遭到誘姦時，他扮演的角色。「我的心底有某個東西壞了，」她試著對尤里解釋：「我身上有缺陷，我整個生命有缺陷。我懂人生懂得太早了，被迫從最醜陋的一面——透過一個自信十足的老寄生蟲的觀點——去看人生。他什麼便宜都佔，為所欲為。」

尤里的回應，是一篇痛苦的愛情宣言：「我嫉妒你用的化妝品，嫉妒從你肌膚上流下的汗珠，嫉妒空氣中的細菌，因為它們能透過呼吸，進入到你的體內毒害你。而我也嫉妒科馬羅夫斯基，他就像個傳染病似的……我說的再清楚不過了。我愛你，瘋狂而無理智地永遠愛你。」

有天，尤里收到此時已經移居巴黎的棠雅來信，這是一封道別信。棠雅在信裡哀傷的寫著：她全心全意的愛著他，但是卻知道他並不愛她。她很欽佩、尊敬拉娜，在尤里離鄉捲入戰火時，她見過拉娜。「我必須老實承認，她是一個好人，」棠雅接著說道：「但是我不想做個偽善者——她和我是完全相反的人。我生來就想讓生活過得簡單容易，為事情找出合情合理的解決之道；而她卻讓事情變得複雜，而且製造混亂。」

而戰爭和吞噬一切的革命，則讓人們更加的惶然困惑。拉娜和尤里都曉得，他們有遭到逮捕的危險，因此他們避往之前他被紅軍俘虜之後，棠雅棄住的鄉間房屋。「我們相聚的日子，實在已經屈指可數，」尤里說道：「所以至少讓我們用我們自己的方式，利用這些時日。讓我們好好利用它們來向生命告別，來做分離前的最後一次相聚。我們要向我們珍惜的一切告別，告別我們看待事物的方式，告別我們夢想中的生活，告別良知教導我們的一切，告別我們的希望，還有向彼此道別……在戰亂的時日裡，你陪我到人生的最後一刻，這並非毫無因緣的，我隱匿、禁忌的天使啊。」

在電影版《齊瓦哥醫生》裡，拉娜和尤里住進一座仙境一樣的老宅子，屋內的冰柱在冬日底下熠熠發光，尤里在那裡寫詩，而拉娜則打掃房子，分享他創作的喜悅心情；這對戀人的情緒，在帕斯特奈克的原著小說裡則全然與電影相反，而是籠罩著沉重的憂慮和恐懼。拉娜的心頭沉重，因為她在兩人的愛情裡，感受到有「某種孩子氣、不受拘束和不負責任的事情存在。這種愛情是反家庭幸福的，任性的破壞元素……」她把自己的雙手環繞在他的頸子上，又說道：「我們並不平等，難道你還看不出來嗎？老天給了你一雙翅膀，可以飛翔在九霄雲外，可是，我是個女人，我命定只能待在地面，守護著我的孩子。」

到了第十三天，科馬羅夫斯基從風雪裡跋涉而來，想說服兩人讓他帶走拉娜，以便就近保護她。尤里同意了，並說他不久之後就會來與他們會合。他看著拉娜離去的背影，自己吞嚥痛苦的滋味，「彷彿有一片蘋果，哽在我的喉嚨，讓我透不過氣來」，接著他進到屋裡，全心全意的瘋狂寫詩。（「再會／無始無終的歲月／讓我們就此分手，你／向墮落淵藪挑戰的女人！我是嚴厲磨練你的場所。」）

十多年以後，尤里因為心臟病發而死去。拉娜在他的葬禮上現身，痛苦又哀傷的想到，他和帕夏都已經不在人世，而科馬羅夫斯基，這個「應該已經被殺死，我試著想謀殺，卻未能成功的人……這個摧毀我一生，使我犯了無數我無法理解的錯誤的大廢物，（竟然還活在世間）……而那些親近我的、我需要的人卻都不在了。」

拉娜在尤里的棺邊喃喃訴說：在離開他以後，她的生活苦不堪言，但是她沒有交代細節，因為「每回我談到那段日子，總是毛骨悚然，心驚肉跳。」幾天之後，拉娜在街上遭到逮捕，她的身影消失在一處囚犯勞改營裡，再也沒有出現。

這段飽受磨難的愛情是一面鏡子，透過它，帕斯特奈克呈現俄國革命年代早期那種意識形態的茫然倒錯，以及社會的動盪混亂；《齊瓦哥醫生》這部小說其實可以（也應該）取名為《尤里與拉娜》，因為尤里的愛情故事，也就是拉娜的愛情歷程。從拉娜早年跟著她不稱職的母親，仰賴情人給的微薄金錢生活開始，情婦就是她生命中的重要因素。她自己也被同樣這名男人誘騙上床，開始時還受他吸引，動了真情，這使她被迫要欺瞞自己的母親，也就是科馬羅夫斯基長年的情婦。這也讓她覺得自己是個被玷汙的女人。而身為尤里的情婦，拉娜卻沒那麼有罪惡感，部分是因為她對尤里的愛，釐清了她對自身生命意義的看法。

從某種程度上來說，《齊瓦哥醫生》算是一則政治寓言。於此同時，尤里與拉娜這段愛情裡的力量與悲傷，還有在有情人無法終成眷屬之後，仍然留存下來的哀痛詩句，超越了這段戀情蕭瑟絕望的結局；齊瓦哥這位熱情的醫師，和他細膩溫雅的情婦拉娜，雙雙成為文學作品中最偉大的戀人。他們之間的關係，既風急雨驟，又溫柔細膩，既危險可怕，又撫慰安逸。不過，縱使兩人最終不能長相廝守，尤里和拉娜對彼此的感情從沒有消退，而尤里灌注了歡樂與悲苦的詩歌，和小說一樣成為不朽的名作。

莎拉．邁爾斯的故事[13]

出版於一九五一年的小說《愛情的盡頭》，故事時空背景設定在一九四〇年代中期、二次大戰時的倫敦；空襲警報與到防空地下室避難，是當時日常生活的固定情節。在作者葛拉漢．葛林的筆下，這段發生在小說男女主角莎拉．邁爾斯與墨瑞斯．班德瑞克之間的婚外不倫戀情，永遠沒能擺脫痛苦與罪惡感的侵擾。然而非常明顯的，身為天主教徒的葛林，同時也在莎拉與墨瑞斯充滿強烈情欲的關係之外，另闢一條尋求神聖愛情的敘事主線：這條敘事主線，可以從莎拉試著了解自己為何會愛上墨瑞斯——這個尖刻而抱持命運不可知論的男人——而顯現出來。

莎拉是亨利體貼的妻子，亨利則是資深的公務員。莎拉第一次與身為作家的墨瑞斯邂逅時，他為了寫作，正在研究公務員的日常生活習慣。兩人當然很快就墜入愛河，而且上床發生關係，但是之後不久，他們就發現對於彼此的激情愛戀，和之前戀情所感受的完全不同（在莎拉這邊，則是對亨利的感情）。但是墨瑞斯和他落落大方的情婦不一樣，他在心裡對莎拉產生（實際上是滋長）了極為嫉妒的情緒，而終於毀壞了他們的感情。

其實，嫉妒心，這個墨瑞斯時常感到困擾，並且和恨意一起出現的情緒，在兩人的關係裡，扮演和愛一樣的重要角色。「我一向稱頌嫉妒心，我認為它是真愛的標記，」在墨瑞斯與莎拉分手後，他聘雇來跟蹤她的私家偵探如是說。*「用想像、畫面來思考，這是我的職業，」墨瑞斯之後回憶道：「一天有五十次，一道布縵升起，一齣戲碼開始上演，就連半夜我醒來，這種情況也會立刻發生，而上演的總是同一齣戲：莎拉正跟人親熱，對象是X……莎拉以她特有的方式熱吻，在歡愛激情中弓起身體，發出疼痛似的呻吟聲，那是縱情肉欲的莎拉。」對於他為此而疑心、失眠，莎拉是知情的。她在日記裡寫下心聲：「有時候我實在是對努力使他相信我愛他，而且將永遠愛他而感到厭倦。他像個律師一樣的挑剔我的話，而且扭曲這些話。」

這段婚外情在莎拉的疑慮不安，以及墨瑞斯一再的冷嘲熱諷與攻擊挑剔裡，又繼續了五年。一九四四年的一天裡，兩人在墨瑞斯的住處幽會，這時空襲警報聲響起。墨瑞斯趕忙跑下位於地下室的避難室，看看有沒有人、是否適合莎拉使用。正當他爬上樓梯時，炸彈在空中爆炸，墨瑞斯被震倒在前門下方，昏迷過去。仍然一絲不掛的莎拉，在那裡發現他，看起來已經沒了呼吸。

她感覺既驚恐又悔恨，於是屈膝跪在地板上，很陌生笨拙的向神禱告。開始時，她要求神顯現

* 譯註：本節之後的引文，參考盧玉譯，《愛情的盡頭》（台北市：時報出版，二〇〇一年），文字略作調整。

奇蹟，好讓她能相信主，還將自己的長指甲掐進手掌心（模仿基督在客西馬尼園受的傷），如此才能感受到痛苦。接著，她和上帝討價還價。讓墨瑞斯醒過來，她在心底如此懇求，我願意永遠的放棄他，因為我愛他至深。很快的，墨瑞斯恢復意識，掙扎著回到他的房間，發現莎拉還跪倒在地。當時他並不曉得，這就是愛情的盡頭。

接下來兩年，莎拉心裡煎熬，苦苦的守著自己對上帝的祕密許諾，當時立下這個承諾，使她如今痛苦懊悔。接著，墨瑞斯意外碰上亨利，從亨利那裡得知，莎拉可能另有情人。墨瑞斯的反應是激烈而惡毒的嫉妒，彷彿莎拉背叛的是他，而不是她的丈夫。他展開了一段私人調查，祕密追查她的行蹤。對於莎拉離去仍然感到憤怒的墨瑞斯，硬要亨利聽他告解，說自己和莎拉曾經有過一段情。「你有不錯又穩定的收入，」在亨利哀傷的問他，為什麼莎拉會和他在一起時，他尖銳惡意的又補上：「你是她的安全保障……我認為你是她的皮條客……你用你的無知去拉皮條。你用從來不去學習怎麼和她作愛這一點來拉皮條，所以她只好去外面找男人……你因為自己的愚蠢和無趣，結果成了她的皮條客。」

有天，墨瑞斯跟蹤莎拉，看到她走進一間天主教會，只是坐下，沒有禱告。他還誘使自己聘雇的私家偵探去偷取她的日記，結果出乎他的意料之外：日記裡記載的是她對他的深愛；在她以為他已經死於轟炸時，為他做的犧牲；還有她的辛苦掙扎，想要尋回信仰，相信上帝。

在日記裡她沒有提及的，是她身體狀況的衰退。她罹患了重感冒，卻拒絕接受治療。原來的感冒已經轉為重症，而她已經快要死了。不知情的墨瑞斯，還催促著她恢復之前的關係，他還相信自己已經成功說服了她，離開亨利，和自己結婚。在他的美夢成真以前，亨利打電話給墨瑞斯，通知他發生了「一件可怕的事」：莎拉過世了。

之後在一段不可思議的怪誕情節裡，墨瑞斯接受亨利的邀請，搬過去和他同住。現在，被莎拉戴綠帽的丈夫，和她前任情人住在一起，共同籌備她的喪事。即使到了這個時候，墨瑞斯還要懲罰她離他而去，他敦促亨利將她的遺體火化，而不是擇地安葬。在喪禮上，墨瑞斯注意到來參加的女子們，臉上都透露著滿意，因為「莎拉的灰飛煙滅，讓每個作妻子的都感到更安全了。」

墨瑞斯讀著莎拉的日記，以及一封在她身後才寄來的信，得知到了最後，對於與上帝談的條件，莎拉已經猶豫動搖。在她去世前一個星期，她在日記裡寫道：「我想要墨瑞斯。我想要凡夫俗子的墮落愛情。」莎拉走了，留下悲痛的情人墨瑞斯，他奚落、辱罵上帝，否認上帝最後擁有莎拉的靈魂。然而，莎拉是在恩典之中死去的。「我恨祢，天主，我恨祢，就如祢確實存在一樣，」墨瑞斯在心中如此想著。而在小說的最後一段，他在心中向上帝禱告：「噢，主啊，祢做的已經夠了，祢從我身旁搶走的已經夠了，我已經疲憊不堪，垂垂老矣，無法學習去愛，永遠別再打擾我了。」

《愛情的盡頭》從來沒給這段感情任何機會，讓它能延續，或者轉型成婚姻關係。作者葛林的天主教信仰裡，有一種責任感，無法接受這樣背德的結局。在天主教會的眼中，婚姻是神聖的事，因此絕對不能分離。可是，莎拉身為墨瑞斯的情婦，得到的偉大愛情卻動搖她的婚姻。這段感情蘊含的力量，甚至可以和莎拉想從上帝那裡感受到的愛相匹敵。這就是為什麼莎拉最後必須死的原因：不是因為她是個沉淪墮落的女子，而是因為她太深愛墨瑞斯。

瑪莉昂・帕默的故事[14]

情婦的故事也是主流通俗文學裡的素材。最近有一本受歡迎的小說，是瓊安娜・卓樂浦（Joanna Trollope）的《娶情婦為妻》（*Marrying the Mistress*），小說書名就是男主角蓋伊・史塔克戴爾（Guy Stockdale）準備要做的事。蓋伊是一位相貌英俊的六十一歲法官，他剛剛才告知妻子蘿拉，自己想要和她離婚，以便迎娶當了他七年情婦的三十一歲女律師瑪莉昂・帕默（Merrion Palmer）。「情婦」這個詞讓蓋伊聽後為之震驚，而且還稍微有些反感，但是瑪莉昂堅持它很精準。「情婦就是這樣，」她對他說：「我們睡在一起，我有些開銷是你付的錢，我只和你一個人交往。這就是情婦做的事情。」

兩人來往七年以後，對於平時偷偷摸摸在一起、假日時分開度過，以及對深愛他們的人們保守祕密這種日子，瑪莉昂和蓋伊都已經感覺很厭煩了。在蓋伊離婚以後，婚姻顯然是解決問題的辦法。可是，身為全職主婦、著迷於園藝的妻子蘿拉感覺很痛苦，不願意配合離婚。她拉著當律師的兒子西蒙站在自己這邊，一起對付丈夫。不過，西蒙的老婆凱莉，和他的弟弟亞倫，都沒有那麼責怪蓋伊。「我對媽感覺很遺憾，但是我也為老爸感到遺憾，」亞倫說。「蘿拉是我見過最自以為是、自憐自艾的女人了，」這是凱莉的看法。甚至能和蘿拉說老實話的朋友溫蒂也對她直言：「看起來你的路愈走愈偏了，就是這麼簡單。」

除了蘿拉以外，蓋伊的家人對瑪莉昂都很好奇，凱莉乾脆邀請她來家裡晚餐。凱莉很欣賞瑪莉昂的聰明才智和對感情的忠誠執著，凱莉的兩個女兒瑞秋和艾瑪，很認同瑪莉昂的時尚感，而亞倫則喜歡她的堅定和理性。只有西蒙試著保持中立，這既是為了他的母親，也是因為他對於父親和瑪莉昂發生性關係，感到訝異吃驚的緣故。

但是瑪莉昂唯一的親人，也就是她離過兩次婚的母親，在和蓋伊見面的時候，看法卻嚴厲得多。「你正在毀掉我女兒的人生，」她對他說。除此之外，「如果她有了寶寶，孩子還來不及長大，你就已經死了。」蓋伊帶著悲傷的心情，靜靜的聽著，然後試著想要解釋。他和瑪莉昂是對方的理想伴侶，兩人都感覺自己屬於對方。「一種認知。一個承認。」

瑪莉昂對於蓋伊也有同樣的感覺，但是在過了七年、被蓋伊稱為「這個部分」的日子之後，她發現他複雜的家庭，幾乎壓得她喘不過氣。在此同時，她心酸的了解，自己從前看待事物的優先順序和價值，突然改變了。「過去七年來看似令人振奮、強而有力，而且確實重要的事情，已經變得……做作、鬼鬼祟祟、令人反感……她身為蓋伊的情婦，那種全然十足的驕傲感，一下子，突然變成某種微不足道的事情，原有的魅力幾乎難以追憶。」

尤其嚴重的是，蓋伊的家人突然全來找他，拿著他對家人應盡的義務糾正、提醒他，從而改變了他與瑪莉昂生活世界的範圍。她覺得自己唯一能重新拿回掌控權的方法，就是訂下一個確切的婚禮日期。

隨著婚禮日期漸漸接近，瑪莉昂對於加入史塔克戴爾這個大家族，開始產生了懷疑。將來她是否會失去蓋伊心目中排名第一的地位？她是不是會喪失自己的身分，這個她在七年情婦生涯裡都保持的特性？突然之間，瑪莉昂覺得自己捉摸不定她與蓋伊的未來。

這還不是最讓她感到恐懼的事情，對蓋伊而言也不是。一個晴朗的下午，他帶她去散步，溫柔的告訴她：沒有辦法和她結婚，問題不出在她的年紀，而是他歲數太大了。「我承受不了，我撐不下去，我不行——」瑪莉昂哭了起來。「你可以的。你會撐過去的，」蓋伊回答。

之後，出乎西蒙的意料，瑪莉昂來找他，告知她和蓋伊已經分手的消息。「我們知道，」她說：「我們目前擁有、感受的事物，或許在結婚以後就會消失。結婚這個重大的改變，會摧毀它。這對我們帶來的傷害，我們沒辦法承受。」而《娶情婦為妻》就在此落幕：情婦仍然未婚，而且靠在她前任情人兒子的肩上哀哀哭泣。

在崔樂浦這部關於家族關係和動態變化的作品裡，她無意藉由懲罰瑪莉昂和蓋伊分手，對身為情婦的女性進行訓誡和說教。同樣看不出她在暗示瑪莉昂和蓋伊的愛情，是不正當、沒有尊嚴的，儘管這樣的誤解看法一直存在著。她也沒有讓蓋伊回到蘿拉的身邊——她已經表示得很清楚，這兩個人是不可能破鏡重圓了。瑪莉昂既是一個情婦，又和任何女性一樣，優雅而在事業上卓有成就，而蓋伊則是個有品味而誠心付出的情人。

不過，就算瑪莉昂是一位有成就的女性，她還是面臨許多情婦遭遇的困境。她被擺在情人生活的邊緣部位，逢年過節，他是和妻子、家人共度，而不是和她一起。她在持續保持警戒的狀態裡生活，必須要確保沒有人知道她的感情關係。對於兩人共同的未來，她也沒辦法輕易產生安全感。她必定考慮過犧牲自己當母親的機會，因為她已婚的情人已經有了一個家庭，或許不想再添一個。到最後，甚至《娶情婦為妻》這個書名都帶著略微不祥的警告意味。

這種警告意味，蘊含在本章討論的小說。唯有抗拒做情婦誘惑的簡・愛，才獲得一段幸福快樂的婚姻，而艾倫・奧倫斯卡則是重新回到她的家族裡生活。安娜・卡列尼那、梅爾德・羅傑斯，以及瑪莉昂・帕默全都事與願違，無法嫁給她們企盼的情人為妻；海斯特・白蘭和情人相偕逃往歐洲的計畫，也以失敗收場；而愛瑪・包法利連愛情關係都無法維持下去。譴責自己背叛上帝、背叛丈夫的莎拉．邁爾斯，則被病魔奪走了性命，沒能留在她的情人身旁。

在這些情婦身上遭遇的共通困境，其原因十分明顯。最主要的原因是社會不贊同情婦升格成為情人的妻子，這種看法對於未婚的情婦，以及婚姻並不美滿的有夫之婦，具有同樣的約束效果。比起現實生活裡有時能和情人終成眷屬的情婦，文學作品裡的女子們有更高的道德要求標準。這是因為作者們總是十分小心提防，害怕評論家會以「贊同違反道德行為」當作罪名譴責他們，或是遭到審查者告上法院，所以按照慣例，對於瞽筆下的情婦設計一個圓滿的結局，採取謹慎的態度。

在小說裡，愛瑪．包法利唯有自殺，才能讓作者福婁拜擺脫對他的指控，所以安娜．卡列尼那的尋短，也並非巧合。直到現代，在文學作品裡娶情婦為妻，還是一件辦不到的事。

今日的社會價值觀和期許已經不同以往，而瑪莉昂．帕默身為情婦的經歷同樣也有改變。對於破壞蓋伊的婚姻，瑪莉昂心中並沒有罪惡感，因為他的婚姻，即使沒有她的介入，也已經積重難返了；因此，她可以不受拘束，憑著自己的需要和欲望，來衡量她的感情關係。但是，正當她打算縮小橫梗在婚姻與情婦之間的鴻溝時，瑪莉昂卻明白，這段感情關係裡的刺激興奮，大部分都來自於違背社會常規的狀態。

這時她也看出，感情裡的狂熱在得到正當名分、回歸家庭之後，很可能無法維持下去。於是，在簡．愛表達她對情婦的輕蔑之後，過了一個半世紀，做情婦仍然被看作是一件不好、靠不住的事情。

但是，有許多作者卻刻意傳遞和上述截然相反的訊息。他們將情婦描繪成兼具堅強、才智，還有美貌與欲望的女性；在作家的安排下，她們的丈夫缺乏魅力，婚姻生活並不幸福，因而給了她們機會，追求婚外情的興奮激情。這些創作者，在之後靠著不讓作品裡的情婦在罪孽裡繼續歡愉，藉以保護自己免受攻擊。可是他們同時也描繪出婚姻生活的沉悶景象，強調情婦和婚姻的相互為用；他們暗示，這個決定筆下女主角一生遭遇的社會，其實就和這些女性本身完全一樣，充滿了各種缺陷。於是就在作者下筆坦率，增強對情婦的負面觀點的同時，他們也提供了成為情婦的正當理由。

第六章

一九六〇年代情婦與婚姻關係的轉變

一九六〇年代，由解放、平等觀念激發的社會、意識形態革命，多年來得到數以百萬計的人們擁抱支持。性解放革命引發人們對於雙重標準的全面挑戰：質疑那些將性態度開放的女人視為蕩婦，卻讚賞他們的兄弟為性愛種馬的人；質疑那些將黑人與其他膚色的種族邊緣化的人；質疑那些譴責同性戀，將其視為變態的人。社運活躍份子走上街頭，為女權、民權、同志權利打抱不平。這項革命運動也促使新的法案產生，宣告從前那些主宰社會的偏見與不公為非法，嘗試反覆灌輸新的思考與行動之道。

儘管如此，一九六〇年代並沒有為所有人的思考與生活方式，帶來革命性的改變。當時仍有一個十分普遍的保守「道理」，引用《聖經》的權威，劇烈反對女性平權，主張將女性送回她們應該待的處所，置於男性的「保護」之下。滿足於傳統婚姻的女性，有許多是不支薪的家庭主婦，她們選擇將心力擺在家庭，抗拒接受新女性的形象。有些更年輕的女性也是如此，她們要不是認同母親那輩人的保守看法，就是和同輩裡的解放新女性作對。那些本來應該繼續保持異性戀性取向的女子，突然受到當時否定男性的盛行觀點刺激，選擇以女同性戀取代原來各種和男性之間的親密關係。在此同時，有更多的女同志勇敢的出櫃，宣示自己的性別取向。

主張男女平權的已婚女性，在婚姻中也要面對多樣複雜的選擇。她們可以選擇成為妻子，或是伴侶。她們可以冠夫姓，或是繼續沿用娘家姓氏。她們能夠以最嚴格的平等均分來談判婚前協議，以滿足自身的需求。當安全可靠的生育控制方法（特別是口服避孕丸）普及以後，她們就得以實現生育控制和家庭計畫。隨著立法的速度緩慢的趕上意識形態，夫妻可以共同持有資產，共同積欠債務，而要是他們離婚，還可以共同擁有親子監護權。而在離婚法令鬆綁之後，再婚也變得更加普遍。

男女關係的定義，一度曾經相當僵硬刻板，在這個時代人們的描述下，變得十分靈活可變通。特別是那些與並非自己丈夫的男性有長期感情關係的女性，在從前會被人貼上「情婦」標籤，現在可能被看作是女朋友、伴侶或同居人。好像這還不夠讓人困惑似的，很多已婚男女不想使用可能帶有貶意的「妻子」、「丈夫」和「配偶」等詞彙來自稱，轉而形容自己是對方的伙伴。怎麼稱呼自己的身分，大部分是取決於自身的感受：女性贏得了決定稱謂的權利，可以自行決定她的情感關係，以及在這段關係裡的稱呼。

無可避免的，有若干女性緬懷逐漸遠去的過往，投射了浪漫的想像，尤其是情婦這個傳統；她們尋找心態相近的男人，準備接受他們的「包養」。另外有些女性，則是在偶然之下成為情婦：她們愛上了有婦之夫，但是男方既不能結束原有的婚姻、另娶她們為妻，也無法離開她們。[1]

有兩位知名女性，親身示範了這種非常不同的感情關係，她們分別是帕梅拉・哈里曼（Pamela Harriman），以及麗蓮・蘿絲（Lillian Ross）。曾經做過一連串超級富翁情婦的哈里曼夫人，昂首闊步走過整個一九六〇年代；女性主義以及修正主義論者對於男女關係的詮釋，在她身上完全看不到影響。蘿絲是一位知名作家，她和一位有婦之夫有段如同夫妻般的關係，而這名男性則無法從婚姻裡完全脫身。哈里曼和蘿絲都是具有高知名度的女性，但是她們的故事也代表了無數平凡女性的經歷，由於這些女性心中抱持根深柢固的早期道德觀念，她們的婚外男女關係，相對來說並未受到一九六〇年代風潮的影響。

另一方面，法國作家西蒙・波娃（Simone de Beauvoir）則讚揚個人的獨立自主與解放，譴責婚姻的虛偽和束縛。在小說和論文裡，她探討、分析自己和當代知識份子尚－保羅・沙特（Jean-Paul Sartre），以及稍後與美國小說家納爾遜・艾格林（Nelson Algren）這兩段強烈而有時又帶有痛苦的感情關係，這些作品影響了好幾個世代的女性，改變她們對於和男性親密關係本質的看法。

這三位現代女性本身雖然不知情，但是她們卻能代表同時代的廣大女性，構成我在這一章裡對於現代情婦發展的討論。這三位女性都曾做過情婦，但是她們的眼界與經歷各自不同。不過，女性主義和新的兩性平權標準，對她們各自產生了影響，儘管影響的方式各有不同。

帕梅拉・迪格比・邱吉爾・海華德・哈里曼的故事[2]

當帕梅拉・迪格比・邱吉爾・海華德・哈里曼（Pamela Digby Churchill Hayward Harriman）於一九九七年過世時，倫敦《泰晤士報》的訃聞將她列名為「本時代最偉大的上流名媛貴婦之一」，而《每日電訊報》則稱她是「有錢男人的專業級入幕之賓」。《每日電訊報》還補上這麼一句話：「當歷史學者回首二十世紀的時候，會發現到處都有帕梅拉・哈里曼的口紅脣印。」[3]

帕梅拉的口紅脣印，曾經留在若干世界最有權勢男人的嘴脣上。這其中有帕梅拉的先後三任丈夫：溫斯頓・邱吉爾爵士的兒子，藍道夫・邱吉爾；百老匯與好萊塢製作人，推出過《真善美》（*Sound of Music*）、《南太平洋》（*South Pacific*）、《吉普賽人》（*Gypsy*）等鉅作的李蘭・海華德（Leland Hayward）；以及前紐約州長、駐外使節艾佛瑞・哈里曼（Averell Harriman）。此外還有一大串拒絕和她結婚的情人：義大利工業鉅子吉昂尼・亞格內利（Gianni Agnelli）、法國銀行家伊萊・羅斯柴爾德（Elie de Rothschild），以及美國廣播記者愛德華・默羅（Edward R. Murrow），他也是最能令適應力強的帕梅拉傷心的男人。

帕梅拉・迪格比的父親，是第十一代迪格比男爵，從小在家族的明特麥格納（Minterne Magna）莊園長大，這是一處佔地一千五百英畝、有五十間房間的祖傳華廈，有二十二名傭僕長駐在此服務。但是帕梅拉追求的卻是更鉅額的財富，而不是優雅舒適的生活，她開始找尋一位能夠使其如願的丈夫。

但是，雖然帕梅拉有華麗的美貌外表，外加一頭紅艷如火的頭髮，卻無法吸引與她條件相符的追求者。「英國男人並不喜歡她，」一個和她同時期進入社交圈的女子回憶道。[4]在往後的歲月裡，帕梅拉寧可和美國人、歐洲人交往，特別是年紀比她大上許多的男人，他們給她夠多的金錢，讓她能過著比其雙親能提供更加富裕的生活，藉此來回報她青春洋溢而開放的肉體。

然後，帕梅拉遇上了溫斯頓・邱吉爾的獨子、放蕩酗酒的藍道夫，他在兩人頭一次約會時，就向她求婚。藍道夫這時即將從軍參加二次大戰，他認為自己會戰死沙場，因此迫切需要有個女人為他傳續後嗣。健康又迷人的帕梅拉，似乎是個很好的選擇。儘管在帕梅拉之前，至少已經有八位女性拒絕了藍道夫，帕梅拉卻接受他毫無愛情基礎的求婚。在兩人對外宣布訂婚區區幾天之後，他們就成婚了。

帕梅拉很快就懷孕，然後生下小男嬰，取名為溫斯頓，從此她在邱吉爾家族裡就永遠有了一席之地。而新婚妻子在生產時，還在別的女人床上的藍道夫，現在對她而言就可有可無了。她的兒子，年幼的小溫斯頓同樣也是如此；帕梅拉將他寄養在朋友家中，託給一名保姆照顧。然後，沒有兒子或丈夫的拖累（後者在那時已經上前線作戰了），她縱情於表裡兩種不同的生活之中：表面上，她身處於位高權重、聲名赫赫的資深政治家邱吉爾首相庇護之下，私底下，她過著刺激、隱密的日子，結交一連串的情人。

其中一位情人，是已婚的鉅富威廉·艾佛瑞·哈里曼，當時因公務派駐倫敦。帕梅拉深受這位憔悴而氣宇不凡的美國人吸引，他也著迷於這位邱吉爾的媳婦。艾佛瑞開始給她錢，以及一棟漂亮的小公寓，而就算他曉得自己剛包養的新情婦和別的男人上床，他似乎並不放在心上。

之後，艾佛瑞由倫敦轉調莫斯科。派駐倫敦、向美國同胞報導戰爭動態的廣播記者愛德華·默羅，就接手哈里曼的位置，成為帕梅拉的頭號情人。帕梅拉因為實在是太喜歡愛德·默羅了，以至於她並不計較他阮囊羞澀，轉而把注意力放在他身為頭等媒體從業人員，顯露出的強大力量。

雖然知道愛德·默羅有個叫珍妮的老婆，帕梅拉還是將他看成可以結婚的對象，而離婚再嫁是她的幾個優先選項之一。在一九四二年秋天，她已經設法和藍道夫·邱吉爾分居，但是仍然與即將成為前任公公的邱吉爾維持密切關係。既然這麼困難的事情，她都已經辦到了，那麼將珍妮從愛德身邊甩開，讓她自己扶正成為默羅的太座大人，還會遇到什麼困難呢？

帕梅拉的勝算似乎很高。有一度，珍妮因為絕望、沮喪，已經臥病不起。之後，愛德還對珍妮開口，要求離婚。但是愛德的老闆威廉·帕里（William Paley）強而有力的勸告愛德，不要為了他口中這名「本世紀最厲害的上流社會陪睡名媛」而離開珍妮。[5]之後不久，愛德和珍妮就和好如初，而且在這段婚姻沒有孩子長達十年以後，珍妮懷了孩子。

帕梅拉仍然認為自己有機會贏得愛德。在他的兒子凱希·默羅滿月以後，帕梅拉正式提出和藍道夫離婚的請求，然後飛往紐約，懇求愛德和她結婚，或者想要用自己的魅力擄獲他。可是這一次，局面對她不利。「凱希贏了，」默羅最後大概是以電報通知她，結束兩人之間這段婚外情。[6]他對一位朋友透露說：「在我一生，之前從來沒有愛一個人，像愛帕梅拉這樣深，但是事情最後的發展，本來不該是這樣的。」[7]

或許是為了要療癒情傷，帕梅拉和艾佛瑞·哈里曼再度舊情復燃。在一九四六年，他被任命為聯邦商務部長時，就已經停止和她的關係，不過一直到一九五〇年，才停止為她支付住處的租金，而至於每年都會撥發給她的慷慨「薪水」，則持續了將近三十年，直到兩人結婚時才停止。在這段時間，帕梅拉享有情婦的各種特權，卻連半點義務都不必承擔。

雖然遭受拋棄，但卻沒有失去熱情，帕梅拉投入巴黎的溫暖懷抱，接受熱烈歡迎。在這裡，「邱吉爾」這個名字彷彿具有神奇魔力，而帕梅拉講得流利卻不怎麼正確的法文，很受巴黎人士的喜愛。多金而知名的情人，很快就一一現身；實際上，他們熱切盼望想品嘗帕梅拉的魅力，而且以此自傲。

身為情婦，帕梅拉是第一流的活動策劃人。她記得每個男人愛抽什麼菸，想喝什麼酒。她千方百計探聽最新的八卦小道消息，然後將它當成小寶箱一樣端出來。她曉得每一個人的關係和重要性，並且安排彼此介紹、會面。

雖然身為一位專業情婦，帕梅拉對於性行為本身卻並不熱衷。但是她知道性關係對於吸引男人、使他們離不開自己，扮演非常重要的角色，因此雖然性愛絕不是最重要的策略，她也還是將其視為重要的手段之一。

每和一位新情人交往，她就讓自己重新改頭換面一次。「她就像穿戴手套那樣，不知不覺之間就學起情人的特徵，」她的朋友黎歐諾拉·洪博洛（Leonora Hornblow）這樣解釋。帕梅拉在身為億萬富翁、飛雅特汽車的繼承人吉昂尼·亞格內利的情婦期間，說話慢慢帶了義大利腔，她在英文裡面尋找字彙，還改宗皈依了羅馬天主教。法國大亨伊萊·羅斯柴爾德男爵將帕梅拉看作一位歐洲藝伎，兩人交往期間，她接起他的來電時，總是用法文說：「阿帕在此」（Ici Pam）。但是，她的傳記作者莎莉·貝岱爾·史密斯（Sally Bedell Smith）注意到：「由於成為包養男人的完美分身，帕梅拉將她的角色扮演得好到過頭了：有錢有地位的男人，沒有人會願意和她結婚，因為他們知道她是個完美情婦。」8

在眾多情人裡，百老匯與好萊塢製作人李蘭·海華德是頭一個拜倒在她的石榴裙下，娶她為妻的人。一九六〇年，帕梅拉·迪格比·邱吉爾終於達成了她的人生終極目標：找到一位有錢、有地位，又願意提供她奢華生活享受的男人，並且和他結婚。當海華德向妻子開口提出離婚，以便他另娶帕梅拉的時候，妻子啐了一口，回應道：「不管你要做什麼，為了保護你自己，為了你自己的尊嚴著想，千萬別娶她。你真的不必如此。沒有人會娶帕梅拉·邱吉爾！」9

李蘭於一九七〇年去世，不久之後，帕梅拉又和艾佛瑞·哈里曼重逢，當時已經高齡七十九歲的哈里曼，深受妻子過世的打擊。帕梅拉絲毫沒有浪費時間。她給予這個老人安慰，包括他仍然渴望的性愛在內。六個月以後，她就和艾佛瑞結婚了。政治立場本來趨向保守的帕梅拉，現在搖身一變，成了最像民主黨人的民主黨人；她負責募款、組織活動，而且讓自己成為出身名門、作過外交官的新任丈夫心目中，絕對不可或缺的人物。

雖然她的過往令人好奇，對某些人來說，更是引人疑竇；不過，帕梅拉的財力、個人友誼、政治見解，與願意為民主黨募款、為黨犧牲奉獻的精神，合起來形成一股力量，折服了對她抱持否定態度的人們。帕梅拉成為首屈一指的宴會女主人，她發出的邀請炙手可熱；她也成了政界要人，在決定黨內總統提名人的「造王」（King makers）傳統裡扮演一角。

艾佛瑞於一九八六年去世，帕梅拉在一場要價十七萬一千零八十二美元的儀式裡，處理了他身後遺下的物品。他留給她大筆的財富：包括持有的股票、房地產、藝術收藏和珠寶首飾等。她用了一部分的錢，動了整容手術，呈現出臉部輪廓，巧妙的突顯她的美貌，將這名肥胖、下垂的六十六歲婦人，轉變為活潑輕快的美女。

一九九三年三月，甫當選的比爾・柯林頓總統為了表彰這位奮鬥不懈、永不疲倦的民主黨人，任命她為美國駐法大使。帶著一股昂揚的銳氣和熱誠，帕梅拉大使赴任就職。

一九九七年二月，在巴黎麗池酒店，帕梅拉・哈里曼在才剛游完數圈的游泳池畔，因為腦溢血而去世。許多她的訃聞裡都提到，帕梅拉是一位極為成功的情婦：她和兩位情人結婚，辦到了太多情婦沒能做到的事情。為了尋求經濟上的保障，帕梅拉發展出自己的一套策略：為了吉昂尼・亞格內利而「義大利化」，為了伊萊・羅斯柴爾德而換上法國面目，為了李蘭・海華德而「美國化」，最後，為了艾佛瑞．哈里曼而改頭換面，成為一名民主黨人。

其他的手段，或許可以從羅馬詩人奧維德的《愛的藝術》對情婦的教導裡找到源頭：專心致志的對待正在躊躇猶豫的男人、梳妝打扮嚴格講究、穿著賞心悅目的服裝、佩帶能讓身價翻漲兩倍，並且提供安全感的珠寶首飾，最後再加上帕梅拉的獨門絕技——漠視情人的妻子，將她們看作可任意拋棄的尷尬人物。

性愛革命並沒能改變帕梅拉．哈里曼：關於性愛，她老早就像新時代的都市女孩一樣解放自我了。但是，女性和男性完全平等的觀念，以及對女性臣服於男性權威的抨擊，卻沒在她身上看見痕跡；她陷溺在變色龍般隨現任情人而自我調適且不可自拔。而很諷刺的是，她之所以能夠出任駐外大使，卻是官方對待女性新態度的副產品，而帕梅拉以她的地位，和高階政府官職，成為女權運動將理論落實在現實的長期奮鬥底下的受益人。

麗蓮．蘿絲的故事[10]

一九四五年，當《紐約客》雜誌的行政主編威廉．蕭（William Shawn）決定雇用當時才二十多歲的麗蓮．蘿絲，以填補因二次大戰受召入伍的男性員工時，他曾經擔心要女性寫出合乎事實的報導，可能會遭遇困難。幸運的是，麗蓮很重視事實根據，而她為《慈母淚》（*The Talk of the Town*，譯按：又譯為《滿城風雨》）寫的報導，很快就替自己贏得優秀作家的名聲。

雖然麗蓮也對自己的職場前途抱有雄心壯志，她卻不是站在風頭浪尖的女性主義者。她接受自己父親的觀點：女性需要一位和藹男性長輩的庇護；而她自己想當然耳的認定，自己會與這樣的男性相遇，並且嫁給他作妻子。多年以來，麗蓮一直沒注意到，自己和蕭先生（她都叫他比爾）慢慢的愈走愈近。接著，比爾開始在她的桌上留下情詩。有一晚，兩人加班到很晚，他突然對她示愛，說自己已經喜歡上她，讓她大吃一驚。

當時是一九五〇年，而比爾・蕭是個已婚男人，有妻室與孩子。他無意離開和自己結褵二十二年的妻子賽茜兒（Cecille）。於此同時，他卻猛烈的追求麗蓮，一直到她接受長期外派到加州工作為止。在她到加州的一年半期間，比爾時常打電話給她，不過令人放心的是，他絕口不提感情的事。

麗蓮在一九五一年調回紐約，當時正是比爾・蕭被提名，接替已去世的哈洛・羅斯（Harold Ross），出任《紐約客》總編輯的前夕。比爾重新啟動追求攻勢。有天早晨，兩人從辦公室離開，到廣場酒店開房間，他們待在房裡直到傍晚，像一對已經交往多時的情侶那樣，帶著輕鬆與熟悉彼此的心情，在床上翻雲覆雨的歡愛。

剛開始時，比爾出了名的隱士作風，使得兩人的戀情要保守祕密，成了輕而易舉的事情。但是他的內心卻被欺騙賽茜兒的罪惡感囓咬，很早就決定要告訴妻子真相。賽茜兒知道以後，感覺深受傷害。然而，她決定繼續維持這段婚姻，無論它現在已經是多麼的有名無實，也不管它會帶給比爾多麼沉重困擾的負擔。

雖然比爾內心裡一直被撕裂拉扯，充滿了對賽茜兒的罪惡感，可是他還是覺得，沒有了麗蓮的人生，自己一天也過不下去。麗蓮同樣也飽受折磨——「我不能接受自己去當別人的『情婦』，」她寫道：「我不覺得自己像個情婦。比爾說，我是他的『妻子』。我也感覺自己是。」[11]然而，她明白自己不是，而且每次他從她的公寓離開，都是回到賽茜兒和兩個兒子華勒斯、亞倫那裡；他的妻兒住的地方，就在幾個街區外。

一九五三年，麗蓮再次遠走，這一次是去巴黎。比爾在電話裡，形容自己忍受沒有她在身邊的煎熬日子，彷彿是一場「緩慢拖沓的折磨」，但是他也深具信心的說，相信他們的愛情會戰勝一切艱難險阻。[12]麗蓮在回到紐約以後，繼續充當他的情婦，接下來四十年，在這個奉行一夫一妻制的社會裡，兩人的關係形同是另一段平行的婚姻。

她和比爾稱兩人的關係是「我們的生活」，而不是「發生了一段婚外情」，當然更不是「作人偏房情婦」。對麗蓮來說，情婦就意味著「在粗製濫造電影裡出現的濃妝豔抹女人，穿著睡衣生著悶氣，坐在那裡塗抹著她的手指甲。」[13]和比爾在一起生活，充滿了各種家居瑣事，而他們同居的公寓，離他的另一個家，只有幾個街區遠。比爾和麗蓮一同布置房子、出外購物，一起生活，相互愛戀；然後，他離開，花時間陪伴家人，又回來，再離開。當他回到家的時候，比爾每晚睡前作的最後一件事，就是從他獨睡的房間打電話給麗蓮。早上時，他會去接她上班，然後兩人共進早餐。午餐時分，他們再次碰頭，晚餐也在一起吃。在《紐約客》編輯部辦公室裡，他們是同事關係。

每年的夏季是兩人關係的艱困期，因為比爾必須為了賽茜兒，到較涼快的郊區去度假。麗蓮因為自己好幾次脾氣發作而飽受煎熬，並且質疑起這段感情關係。比爾則回應她說，要是沒有了她，自己真是名符其實的無法繼續活下去。他說，在遇見她以前，他一直活在別人的人生裡。「我的人在那裡，心卻不在，」他反覆這樣說著自己的婚姻狀態。麗蓮有一度尋求心理諮商，在幾次面談之後，醫師勸她不必接受精神治療。「記住，體面人的心底都藏著罪惡感，」他指明這一點。

終生背負著愧疚感和精神憂鬱的比爾，就是這番話的最好證明。他反覆質疑自己存在的意義：

「我是誰？」他會這樣自問：「我真的在這裡嗎？」[14]他的婚姻令人窒息，而他的工作則沉重得將人摧垮；他時常與自殺的念頭搏鬥。但是和麗蓮在一起時，他卻表現得既浪漫又一往情深。他們的愛情是「不變的」，他說：「我們必須抓住飛騰在半空中的愛。我們讓這份愛永遠固定在今天的模樣，那是一道純潔無瑕的光芒，透過它，我們就能達到永恆。」[15]他寫下了關於身體與靈魂忠誠的神聖誓言。「我們的愛情有自己的生命，」他反覆這樣說。[16]

麗蓮相信他的愛情力量，以及對他感情犧牲奉獻深信不疑，這一直支撐著她走下去。她接受情人的雙重生活：賽茜兒掌握他的行程安排，而且決定在兩個兒子華勒斯和亞倫面前，絕口不提麗蓮的存在。麗蓮也自願改變她自己的生活型態，以配合他：因為他不喜歡別人吸菸、喝酒和開快車，她放棄了香菸與馬丁尼酒，只有在獨自一人駕駛的時候，才會加快車速。

在經歷家人與朋友初時的負面反應（他們拐彎抹角的「談論」起兩人的不倫之戀）以後，麗蓮與比爾得到社會的接納，並且無意掩蓋他們的戀情。他們出外用餐、購物、一起出席音樂會和劇院，手牽手一起穿行於紐約街頭，還一起搭乘他們那輛綠色的凱旋牌（Triumph）跑車，出門度假。

兩人都熱愛著《紐約客》，這也使得他們緊緊連結在一起。雖然從不間斷的出刊進度，以及巨大的工作強度，幾乎壓得比爾喘不過氣來，他對這份雜誌的付出，以及對其「友善、溫和、自由、不拘束、民主作風的環境」的喜愛，卻是無庸置疑的。[17]麗蓮既是他的靈魂伴侶，又是他事業的伙伴，她相信兩人的愛情「增強了我們在工作之中分享的喜悅。」[18]

在一九六〇年代，麗蓮一直企盼能生下一個寶寶，就算未婚生子會引來嚴重的後果，她和比爾還是認真的考慮想要這麼作。在一次不得不進行的子宮切除手術以後，使她想擁有親生孩子的夢想成為泡影，他們決定收養一個嬰兒。他們的養子艾里克（Erik）於一九六六年在挪威出生，麗蓮獨自前往，將他帶來美國。而比爾情緒激動、淚流不止的在機場守候。「我們一家三口坐進一輛計程車裡回家去，從此以後就過著幸福快樂的生活，」麗蓮高興的說。[19]

麗蓮並不是個單親媽媽——比爾盡心盡力的做好艾里克的父親，還找來作家沙林傑，擔任艾里克的教父。雖然比爾和麗蓮都是猶太裔，他們卻讓艾里克像在挪威時一樣，在一座基督教會裡接受洗禮。他們走到哪裡都會帶著兒子一起，包括到《紐約客》編輯部。麗蓮也將自己和比爾的人生故事，都說給艾里克聽。

雖然外表像尋常人家，比爾對他的另一個家庭卻有義務要盡，因而使他無法一直待在麗蓮和艾里克身邊。有的時候，當他回到麗蓮的公寓時，她看得出他的沮喪心情，「從他的家裡，帶著抱怨、控訴，和罪惡感回到這裡來。」[20]

感恩節和耶誕節是賽茜兒的，不過平安夜是屬於麗蓮的，而每年的除夕夜，只要兩人沒在一起，比爾就會在夜半時分打電話給她。比爾的兒子亞倫現在已經長大成人，他和作家妻子雅邁佳．金賽德（Jamaica Kincaid）邀請麗蓮到他們家裡作客，並且讓她參與他們的家庭生活。

一九八七年，已經八十高齡的比爾，在《紐約客》雜誌轉賣給新東家後，被迫退休。麗蓮對於他竟遭受如此對待，感到十分反感，於是在比爾要求與他同進退時，她欣然答應了。（她於一九九三年又重返雜誌上班，當時他已經過世。）

在兩人一起退休的這段時間，麗蓮和比爾筆耕寫作，而她試著幫助他找回自己的創作能力。不過，他看不上自己創作的作品，認為都不是他真正想寫的。有段時間，比爾也替法瑞爾（Farrar）、史特勞斯與吉洛克斯（Straus & Giroux）等出版社編書。

在一九九二年的復活節星期日，比爾因為病毒感染，只好留在賽茜兒家，他的寢室裡。儘管他每天早晨都會打電話給麗蓮，她卻開始察覺自己不是正式妻子付出的代價。當他因為不慎摔傷，導致好幾天都無法打電話給她時，麗蓮心急如焚。最後，她和華勒斯聯絡，由他隨時通報父親的近況。麗蓮無法和比爾一起慶祝他八十五歲的生日；那天他是在家裡，和賽茜兒與兒子們一起度過的。十二月九日，麗蓮撥打比爾的專線電話，而有史以來的第一次，是賽茜兒接的電話。「他走了，」她對麗蓮說：「他是在我懷裡過去的。」[21]《紐約時報》刊登了比爾的訃聞，末尾附上家屬名單，包括賽茜兒與他的兒子們。而麗蓮．蘿絲，這位如妻子般與他共同生活超過四十年的情婦，並沒有被提及。

性解放革命對於麗蓮．蘿絲造成的影響很小。雖然她在職場上有著企圖心，在她的內心裡，傳統的價值觀，和用以看待感情關係的道德標準，卻是根深柢固。在一九六〇年代，她已經調適好自己與比爾．蕭的未婚感情關係，以比爾在婚姻裡遭遇的不幸、他堅持自己沒有她活不下去，以及聲稱賽茜兒只是有名無實的妻子，作為兩人的感情合乎道德的根據基礎。麗蓮認為自己像是個平行於元配的妻子，無需新的開明自由思想來改變、或是證明她的人生。

西蒙．波娃的故事[22]

帕梅拉．哈里曼和麗蓮．蘿絲在還是年輕女子時，都期待踏入婚姻，實際上是非常渴望能夠結婚。不過，在這之前，法國的西蒙．波娃，這位對近代女性主義做出許多貢獻的思想家，卻排斥、拒絕婚姻制度，認為它是虛偽而使人變得愚蠢的產物。她的同儕，集哲學家、小說家和散文作家於一身的尚－保羅．沙特同樣也如此認為；波娃與沙特有過一段極為費解的複雜感情關係，以至於到了他們離世幾乎二十年後，為他們作傳的作家還在繼續分析、詮釋這段感情。

一九二九年，哲學系學生沙特與波娃分別以第一、第二名的成績，通過學業考試，順利畢業。而在兩人之後的生涯裡，她都甘心情願屈居第二，跟在他的身後。「沙特完完全全就是我從十五歲以來，一直夢寐以求的伴侶，」她寫道：「他是（和我）極為酷似的人，所有我燃燒的夢想，在他的身上都到了白熱化的程度。」23

從學校畢業，讓西蒙得到教書的位置、薪水收入，和她期盼已久的獨立自主生活。她和沙特（她總是這麼稱呼他）也同意用一份為期兩年、期滿可以更新續約的「自由協定」，來定義他們之間的關係：兩人將度過兩年「盡可能極為親密接近」的時間，並且對彼此信守忠誠。之後，他們會分開兩到三年，但是彼此都有安全感，知道自己是對方「必須的愛情」，不過在這段期間，他們可以任意體驗「偶然遭遇的愛情」。為了減輕因為見到對方與別人談戀愛可能帶來的痛苦，他們承諾要終生交託彼此的真心，而且期許他們之間的感情關係，永遠不會像婚姻那樣，淪為責任或者習慣。

在波娃與沙特的感情模式裡，婚姻被看作是一種過時的社會制度，和布爾喬亞中產階級的顏面相提並論，而且依靠偽善來維繫下去。他們將兩人的「自由協定」和「直率公開的約定」相連結，約定彼此之間不說謊話，也不隱瞞任何事情。西蒙歡迎這項約定，因為它等於保證，沙特絕對不會使她成為自欺欺人的受害者。然而，日後沙特卻不斷的違反這項約定。有一次他坦承，自己對所有女性都撒過謊，「特別是對海狸說謊」，「海狸」（Beaver）是他對西蒙的稱呼。24

然而，沙特雖然明目張膽的偷情，卻從中感受不到性的激情。因為他的個頭粗矮短小，眼睛斜視而且相貌平庸，所以他不相信有女性會真的喜歡他的身體。另一方面，西蒙卻極度重視感官，而且受到身體欲望的驅使。西蒙有一位朋友回憶，她「極為漂亮……（有著）一雙極其美麗的眼睛，和一個小巧的鼻子。」[25]對於她不自覺結合了美麗與智慧的神態，男人們的反應都十分熱烈，但是西蒙談了幾次感情，卻都帶給她「灼身般的劇烈痛苦」，因為「暴虐」而「駭人」的欲望，「以閃電般的力道」襲擊著她。西蒙和許多男性、若干女性都有性關係，而她無法控制自己身體的渴望這一點，一直折磨著她。更糟的是，她不敢對沙特吐露實情，以至於她違反自己立下要「坦誠公開」的誓言，偷偷在私下解決這個問題。「我的肉體成為我們之間情感的絆腳石，而不是連結的紐帶，」她寫道：「而我對此感到深惡痛絕。」[26]

在早期，西蒙有好幾次因為酒精的催化，掉進沮喪的深淵裡。她會先靜靜坐著喝酒，然後突然猛烈的痛哭起來。沙特為了處理她情緒低落的情況（他將她的沮喪比作精神分裂症），也為了確保兩人能一起得到教職，於是向她求婚。西蒙拒絕了。她決心克服自己對沙特的依賴，獨自一人動身到馬賽去教書。不過，這對情侶同意修改原來訂下的協定，將兩人分開的期限延後到他們滿三十歲之後。

在距離馬賽超過八百公里的勒阿弗爾（Le Havre），沙特繼續鼓勵西蒙，不要放棄她的抱負，以及對於哲學真理的探求。他寫了好幾封語氣溫柔的信：「我最親愛的你，你不曉得，每天的每一分鐘，我是如何的思念你……想念你的念頭從來沒有離開我的心，我在腦海裡，繼續著和你的小對話。」[27]西蒙靠著每兩星期就進行一次的馬拉松式徒步健走，重振自己的思考能力，也戰勝了憂鬱情緒。一年以後，她轉往雷恩（Rouen）工作，因而每星期能有三天和沙特在一起，這時她開始動筆創作小說。

她也評論沙特的寫作計畫，而他總是接受她的建議。

在一九三〇年代中期，換成沙特陷入憂鬱，他還因為服食一種迷幻藥，而出現瘋狂的舉止。之後，他受到幻覺襲擾，看到一隻巨大的龍蝦，在他後面拚命追趕過來。沙特之所以落入這樣悲慘的境地，是因為他無法獲得自己渴望達成的重大成功。在當時，西蒙已經作下結論，認為他欠缺成為一位哲學家的天分。她說服他專心致志於文學創作，這樣終將讓他得到自己殷殷期盼的成功境界。

一九三五年，十七歲的女學生奧爾加．柯薩克耶維茲（Olga Kosakievicz）前來「加入」西蒙與沙特的生活。在追隨西蒙的大批門生弟子裡面，奧爾加是頭一個加入沙特與西蒙這個「家庭」的門生，替代孩子的角色。她也是少數沒有成為沙特情人的女學生。當時處在「我的瘋狂……最低潮處」的沙特，對於這個困惑、沮喪又叛逆的青少年，產生了一種猛烈狂躁的激情。

在哲學領域裡，西蒙深信這樣的三人組合，可以從與她和沙特親密接觸的奧爾加眼中，使他們能彼此觀照對方。但是奧爾加雖然仰慕沙特，卻對他的身體反感，拒絕與他發生性關係。同時，她利用沙特對她的著迷，向他施加壓力，以滿足她的願望。沙特是如此瘋狂迷戀奧爾加，以至於西蒙有時不禁懷疑「我的一生幸福，是不是都建立在一個巨大的謊言上面。」[28]不久之後，她就對於有奧爾加參與其中的未來，感覺到「全然的恐懼」。

隔年，因為沙特勾引奧爾加的妹妹汪妲，而使整個情況變得更加複雜；隨後，他還興沖沖的向西蒙分享他的戰果。沙特的另一個女人，也經常在招待西蒙吃飯時，將兩人關係的各種細節，全部透露讓她知情。根據為西蒙作傳的戴德麗．貝爾（Deirdre Bair）說，西蒙「感到羞愧、哀傷，而且因為在他與別的女人的性生活裡，自己不但幾乎沒有參與，而且還成為一個多餘的同謀者，她為此感到茫然不知所措。」29

西蒙在好幾位男性與年輕女性身上尋求性欲的滿足。其中一位情人，是奧爾加的男友雅各—勞倫特．博斯特（Jacques-Laurent Bost），他與西蒙的交往，是由西蒙主動，並且將細節鉅細靡遺的讓沙特知道；她這樣作，除了愛慕之外，必定也是意存報復。西蒙也以奧爾加和沙特的關係為題材，在一九四三年寫出小說《女客》（*L'Invitée*）；小說裡，薛薇兒是奧爾加，皮耶是沙特，而法蘭西絲則是她自己的化身。法蘭西絲指控皮耶坐看他對她的愛情變得衰敗、陳舊。當他否認時，她對他說，他的感情「虛有其表……就像《聖經》裡以白漆粉飾的墳塚。」*法蘭西絲試著和薛薇兒開展一段熱烈的友誼，她認為只有如此才能拯救自己。在薛薇兒拒絕她的提議以後，法蘭西絲就將她殺害，並且偽裝成自殺的模樣。

在現實中，柯薩克耶維茲姐妹的位置後來被西蒙的其他女門生繼承。沙特勾引她們的時候，西蒙總是參與其中，就因為這點，她後來被指控替沙特拉皮條。她否認這樣的指控。西蒙對戴德麗．貝爾說，沙特在和她的學生們在一起的時候，會提起她的名字，「以確保他可以完完全全得到他想要的……還有——我認為這也是很重要的：當一對情侶在一起很長一段時間之後，他們在這段關係裡扮演各種角色，彼此承擔起責任……為了你所愛的人，去扮演一些角色，好讓事情變得容易些，你是不會介意的。」30在之後的幾年裡，每逢有女性拒絕沙特的追求時，他和西蒙就會一起分析問題所在，作為日後面對這種情況的參考。

一九三九年的夏季，沙特提議修改兩人的協定：今後，他們會永遠相守在一起，因為再沒有人能比他們更了解彼此了。西蒙乍聽之下，感覺很是訝異。然後，她滿懷著幸福喜悅的心情，答應了這個提議。

六年以後，沙特破壞了這份幸福，因為他和一名住在美國的法籍女演員陷入熱戀。這名演員是朵蘿瑞斯·瓦尼第·艾倫瑞希（Dolores Vanetti Ehrenreich），她曾經做過超現實主義作家安德烈·布列東（André Breton）的情婦，目前則和她的美國丈夫處在分居狀態。她是個嬌小活潑的女子，個頭甚至比沙特還矮；而且她與沙特有過關係的其他女子都不同：不願意和波娃共享他。對朵蘿瑞斯來說，這段感情並不是偶然的愛，而是必須的愛情。沙特告訴西蒙，他愛朵蘿瑞斯，所以每年會有幾個月的時間要和她住在一起。西蒙思忖著這樣的安排背後的意涵，然後要他直接了當的說，她和朵蘿瑞斯到底哪一個在他心中比較有份量。沙特的答覆模稜兩可。他說，朵蘿瑞斯對他的意義很重大，但是他的人卻和西蒙在一起。

西蒙對於她與沙特這段感情能否持續下去的信心，現在是前所未有的動搖了。他回到紐約，和朵蘿瑞斯同居，並且將他和西蒙以及其他存在主義學派同儕哲學家共同創辦的評論刊物《摩登時代》（*Les Temps Modernes*），整期獻給朵蘿瑞斯。難道，西蒙就要失去這個她曾經發誓要終身相守的男人了嗎？

一九四七年，西蒙也去了紐約，而且看在沙特的面子上，和朵蘿瑞斯見面。情敵面對面，彼此客客氣氣，但是西蒙告訴沙特，朵蘿瑞斯有嚴重酗酒的毛病，令人憂心。之後不久，在芝加哥，西

＊譯註：這個典故出自《新約聖經·馬太福音》第二十三章第二十七節：「你們這假冒為善的文士和法利賽人有禍了！因為你們好像粉飾的墳墓，外面好看，裡面卻裝滿了死人的骨頭和一切的汙穢。」

蒙遇見了納爾遜．艾格林，那時他才剛出版自己的頭一部小說，內容是關於美國生活的粗獷一面。艾格林當時的日子過得很窮酸，酒喝得很凶，並且也是第一個讓西蒙嘗到性高潮滋味的男人。他們在見面的當天就上床，並且陷入熱戀。

納爾遜．艾格林和西蒙．波娃的這段戀情，證實了他的一個信念：愛情絕不會令人快樂。雖然他們在西蒙訪美期間同居，也一同出門旅遊，可是她既不能嫁給他，或者隨他在芝加哥定居，也不能如他所願，為他生一個孩子。他希望西蒙放棄沙特，她同樣也無法辦到。她反過來還勸他結交其他情人，或甚至和某個女子結婚，不過她也對納爾遜保證，他（如同沙特）是她的必須之愛，也是她情感生活的全部。可是這些「必須」與「偶然」的愛情理論，對納爾遜而言，就像對朵蘿瑞斯那樣，是毫無意義的——西蒙必須做出抉擇。

她選擇沙特，而沙特也選擇了她。足足有五年的時間，西蒙與納爾遜兩人魚雁往返，交換了數百封情書，信裡全是她的熾熱愛火。她習慣在信裡稱呼他「我摯愛的老公」，稱自己是「你永遠的妻子」。然而，雖然她熱戀著艾格林，西蒙卻不能考慮離開沙特的身邊。「如果我放棄了和沙特在一起的生活，我就會是一個骯髒的生物，一個背叛不忠、並且自私自利的女人……沙特需要我……在肉體、心靈和靈魂上，我已經不可能愛你愛得更深了……可是沙特需要我。」[31]最終，西蒙和納爾遜．艾格林的戀情宣告破碎，而他又和前妻破鏡重圓。

西蒙和沙特、艾格林這兩段感情帶給她的困惑，促使她決心探究女性境況的本質，以便使她能了解自身的處境。成果就是一九四九年出版的《第二性》（*The Second Sex*），這是一部透過女性的生理、歷史，以及關於她們的迷思、生命的現實狀態，做出的經典考察之作。她在最後一章「走向解放，獨立自主的女性」(Toward Liberation, The Independent Woman)裡總結道:「想要得到最終的勝利,藉由和透過男性與女性之間天生的區別,明確無誤的肯定兩性的情誼……這是必要的。」[32]

《第二性》激勵、影響並啟發了數以百萬計的女性。它也激怒了一些人。英國學者拉德福(C. B. Radford)批評波娃由個人經驗來做哲學推演,認為《第二性》「主要是中產階級的文獻,因為受到自傳性質書寫風格的影響而大幅走樣,以至於作者個人面臨問題的重要性,在她對於女性本質的討論中被過度誇大了。」[33]不過,戴德麗·貝爾卻有不同看法:波娃擴展「對自己的探索,到達對於各個時代、不同文化之下所有女性的研究。」[34]

西蒙也在她於一九五四年出版的小說《名士風流》(*The Mandarins*)中,重溫她與納爾遜·艾格林的那段情,到了一九六三年,她出版回憶錄《時勢的力量》(*The Force of Circumstance*)時,再次舊事重提。在《時勢的力量》裡,西蒙貶低對性伴侶忠誠的觀念,認為「通常嘴上訓誡者多,實際達成者少……通常實踐忠誠觀念的人,是強加這種觀念在自己身上,當作一種戒除肉欲的手段,他們靠著自我昇華,或是借酒澆愁,用以慰解自己。」她接著補充說,許多情侶都有類似她與沙特之間的約定,然而新形態的愛情取代舊的導致的危險永遠存在,而之後就「不再是兩個自由的人了,而是一個受害者與一個施虐者,彼此相互對抗。」[35]

艾格林寫了一篇怒氣沖天的書評,回應她的著作;在這篇書評裡,他奚落她那套「必須」和「偶然」愛情的看法:「任何經歷過被這種偶然之愛對待的人,內心都在最近突然被狠狠的鞭撻過一次。愛情怎麼能偶然呢?偶然是視什麼而定的呢?這些女子好像是在說,維持人們基本情感關係的能力——也就是男女之間那種肉體的愛欲,是一種毀壞和斷絕,而在此同時,自由竟然要透過對某種特定忠誠關係的出軌背離，才能夠獲得……這就表示，她能夠只靠著不可知的偶然生活下去。」[36]

這對分手的戀人進行的間接對話，對於情感關係的本質提出了若干重要的問題，但是並沒有給予解答。艾格林表達了他關於婚姻的信念：婚姻是以愛情為基礎，期盼夫妻雙方為彼此奉獻付出，並且要養兒育女。他也認定，配偶伴侶必須同住在一起，而他嘲諷西蒙與沙特那種相當不同於一般的感情模式。艾格林還補上一句，西蒙將「一段已經死滅二十年的露水戀情」，誇大成「規模經典的偉大愛情。」[37]

但是，西蒙卻牢牢抓住和沙特已經有幾十年歷史的感情協定，不肯放手。我們很難說西蒙本人從這份協定裡，像她啟發了許許多多其他的女性那樣，得到獨立的地位與個人的自主。作為一位知識份子和哲學思想家，她堅持將自己的位置永遠擺在沙特身後，屈居次要的角色；她與沙特共謀串通，由她引介一群女子和他交往；以及她面不改色的對情人們（包括沙特在內）、對媒體撒謊；從上述這些證據，她實際上的感情關係很大程度並不如她筆下描述的那樣平等而和諧。

一九六〇年代，正當沙特處於迷惑茫然、境遇不佳的五十多歲時期，他遇見了十八歲的阿爾及利亞猶太裔女學生奧麗緹．艾爾凱姆（Arlette Elkaïm），後者成為他的情婦。根據西蒙的回憶，奧麗緹的迷人之處是「她非常年輕，非常漂亮，非常聰明。而還有……她的個頭甚至比他還矮。」[38]這許多年來，儘管面臨多名比她資深的情婦競爭，最後得到沙特的人卻是奧麗緹。他收她為養女（有部分原因是出於移民考量），而且指定她做他的文稿整理人，這個角色，是西蒙之前為沙特奉獻付出一生才得到的，還包括在他因為患病而導致失去大小便自理能力的時候，為他清理乾淨在內。

由於沙特在一九七四年時，眼睛已經幾近全盲，無法閱讀或寫作，為了引起他的興趣，西蒙開始對他進行一系列的訪談，並且改寫成某種類似自傳風格的敘事之作《永別的儀式》（*Adieux: A Farewell to Sartre*），在一九八一年出版。可是，這本書又違反了一次兩人彼此間坦誠直率的約定：她隱瞞他罹患癌症後的嚴重病情，而且替自己的欺瞞找了一個正當的理由，如果將明白告訴他病情無望，「只會讓他的最後幾年歲月更加黯淡，沒有任何好處。」一九八〇年，七十四歲的沙特去世，有五萬人陪同他的靈柩前往墓園，送他最後一程。西蒙因為過於悲痛，而且受到她當時正在服食的抗焦躁藥物影響，以至於無法在他的墳邊站立，必須坐在一張椅子上。之後她就病倒了，因為肺炎而住院治療。

「我的死不會讓我們兩人重聚，」她最後這麼寫道：「事情就是如此。我們的人生很精彩，使我們能夠和諧度過了非常漫長的歲月。」[39]但這又是另一個她對大眾撒下的謊言，因為就在同時，她正和奧麗緹，這個從偶然變成沙特必須之愛的女子，就他身後的遺稿進行激烈的爭奪戰。

西蒙·波娃此後沒有再寫出任何作品，她於一九八六年去世，幾乎與沙特的忌日同一天。她與沙特在一起的日子、她所做的犧牲，還有她的妥協讓步，就如同她的著作一樣，仍然影響著那些探索她人生道路的女性，為她們解答關於女性本質，以及如何與男性和諧共處的問題。

在今天，來自各行各界的女性仍舊面對著上述的問題。在她們之中，有三位女性在個人訪談裡透露自己如何以其個人環境，以及能採取的選項，努力解決上述問題，為自己塑造美好人生。以下，她們的真實姓名與若干可以被辨認出真實身分的細節已經被改動，除此之外，她們的人生經歷，全都如實呈現。

寶拉的故事

三名女子的頭一個是美國女子寶拉・伯明罕（Paula Birmingham）。性解放革命塑造寶拉的人生道路，並且確認她用以衡量自己的女性主義信仰。她經歷兩次離婚，捍衛自己的獨立地位，並且自食其力，拉拔她的三個女兒長大。她擔任接案的自由編輯，同時也在社區學院裡兼課教授英文，這樣的工作既富有挑戰性，又令她感覺滿意。可是，一九七六年，在她三十八歲生日那天，寶拉衡量自己的人生以後，對於她手上擁有的籌碼感到害怕：兩段失敗的婚姻，三個孩子，戶頭裡少得可憐的存款。她看輕自己銳利的才智、豐富的學識與風趣的機智，覺得在這個充滿年輕、苗條女性的世界裡，自己是個肥胖又年長的女人。

自從離婚以後，寶拉已經整整四年都沒有約會過了。她的朋友建議她參加賽拉俱樂部（Sierra Club）舉辦的登山郊遊活動，提早到場以便能挑選自己中意的男性，和他在巴士上坐同排座位、登山時走在一起，稍後更可以交換電話號碼。「但是你要如何挑選他們？他們的才智如何？政治立場呢？而且，你要怎麼知道他們是不是已婚？」寶拉抗議道。

她的朋友們都笑了：「誰管他啊？能不能上床才是重點，才是你要關心的吧。」

寶拉回想了一番。她想念從前在有熱烈性愛關係的感情裡，那種親密而刺激、興奮的感覺。「最吸引我的感情安排，是成為某個有才華男人在知性與床上的伴侶。換句話說，我想當一個情婦，」她回憶道：「但是在這種事情實現以前，我覺得自己需要一次一夜情，我的朋友們紛紛指點我，如何能辨認出一些之前我想必是漏接的信號，代表男人對我感到興趣。」

理查・亞歷山大（Richard Alexander）就是寶拉這種新體認的受益者。理查是加州大學柏克萊分校的教授，也是一場反越戰示威活動的主要演講者。在兩人彼此認識後不久，理查就說他喜歡寶拉的圍巾。「它讓我回想起我媽最喜歡的那一條，」他說。寶拉變得緊張起來：她的朋友之前說過，男人對你有興趣的其中一個跡象，就是他把你和他的母親連在一起。這個跡象能夠代表理查已經看上她了嗎？

答案是可以的，那個星期還沒有過完，理查就坐在寶拉家中那間不大的客廳裡，灌下一整瓶蘇格蘭威士忌，和她天南地北的聊了起來。之後，他提議兩人到一家高雅的餐廳共進晚餐，在寶拉堅持要付她自己那部分的帳單時，他也沒有表示異議。「我準備要勾引你囉，」理查在之後如此宣布，然後開車到他友人名下一棟無人居住的公寓。寶拉感覺很緊張，但是決心完成這個會使她感到解放的一夜情。她把衣服脫掉，但是短襯裙還穿在身上，撩高到過胸口的部位。結果，等到他們在一場狂亂的性愛後，躺倒在對方的懷裡，寶拉已經忘了自己先前的緊張，也渾然忘記現在還是赤身露體。之後，躺在家裡床上，她給自己一個道賀的擁抱。她才剛和一個幾乎是陌生人的男子激烈作愛，這個男子是有婦之夫，她可能永遠不會再見到他的面。她終於把自己從孤單寂寞與蹉跎人生的感受，造成的束縛限制裡解脫出來了。

但是理查又打電話來找她。沒過多久，寶拉就深陷情網，而理查似乎也同樣無法自拔。他們開始頻繁見面，但是只約在非假日，因為他在週末永遠要陪伴家人。他們的性愛似乎很完美，「當然啦，在那時候，」寶拉回憶：「可是在愛滋病出現以前，那時我們根本沒有想到性傳染病這回事，而且因為我做了輸卵管結紮手術，所以甚至連懷孕也不必擔心。性愛是無所顧慮的，我們又小心翼翼得過頭，以至於根本就不害怕被逮到。」

兩人的感情層面，可就沒那麼輕鬆寫意了。寶拉和理查都因為欺騙他的妻子辛蒂的罪惡感而覺得苦惱。寶拉知道他們夫妻倆爭吵得很凶，而且在幾年之前，理查就曾經為了另一個女人而離開辛蒂，只因為辛蒂假裝自己懷孕，才讓他回到家裡。寶拉相信他永遠不會和妻子分居或是離婚，但是撇開她心裡覺得「自己正背叛同為女性的辛蒂」這種女性意識，其實這樣的安排對她是再適合不過了。寶拉焦慮的表現慢慢得到舒緩，而她也散發出一種性愛上的自信。突然之間，有其他的男人注意到她，或可能是她學會了怎麼詮釋信號。寶拉開始和另外兩個男人約會，他們都是舊金山州立大學的教授，兩人都是已婚，除了和她來往以外，也都至少還有一個以上的女人。

有天在她的公寓裡，理查注意到兩只花瓶裡插著鮮花。他當時什麼也沒說，但是之後就對寶拉展現出他過人的才智：送給她一只上好的花瓶。「不像這些花，這花瓶可以永久保存，」他說。不久，他就告訴她，自己愛上了她。這可不是輕鬆簡單的示愛。「我會先考慮孩子們，我永遠將他們擺在第一，」他這麼告訴她：「但是，你永遠都是我此生的摯愛。」

於是寶拉停止和其他男人來往，陶醉在她作為理查情婦的生活裡，和這個才情堪與她相配的男人，分享親密和性愛歡愉。但是她堅持，兩人的關係仍然要維持極度嚴格的對等。「我厭惡『包養』女人的觀念，」寶拉解釋，她小巧的鼻子因為反感而皺成一團：「我既討厭『包養女性』的風俗，也不喜歡傳統的婚姻，因為在傳統婚姻裡的女性，地位總是卑躬屈膝，低男人一等，被迫開口要錢，從男人們身上想方設法拿錢，還用性當作工具，諸如此類。」理查的收入幾乎是她所得的三倍，他還繼承一筆數目可觀的信託基金，但是他們對半分攤每一筆帳單，儘管這樣讓寶拉的經濟，造成沉重的負擔。

「但是我們是對等的。我是理查的情婦，就好像他是我的情人，兩件事完全相同。我做他的情婦，會讓我付出金錢，但是並不會讓我賠上自尊。他比我有錢，並不是他的錯。歷史、社會和『制度』要為這負起責任，而不是理查。」

一年過後，理查和寶拉的關係愈來愈密切，以至於他又加上星期日，作為兩人定期幽會的日子。每個禮拜日，他虔誠出席教會活動之後，就把辛蒂和孩子們留在家裡，說是要「到辦公室工作。」然後，他開車直接到寶拉那裡，一起吃午餐，共度下午時光，直到晚餐以前才離開——理查對於和孩子們共進晚餐這件事情，非常嚴謹。

幾年之後，理查和辛蒂發生了一次激烈的爭吵，情況嚴重到他開口要求離婚。辛蒂答應了。理查和兒子從家裡搬出去，住到一間公寓裡。

這種新局面對寶拉來說，真是再完美不過了。雖然她是促使理查與辛蒂婚姻破裂的催化劑，但是她並沒有直接導致他們離婚。現在她可以更常見到理查了，不過次數也沒有增加太多。因為直到她的孩子們長大離家之前，她把自己大部分的閒暇時間，全都保留給他們。

幾年後，在所有孩子全都長大離家之後，理查重新思考自己的人生。他發覺一個人獨居，感覺實在太躊躇猶豫，也太過寂寞。既然寶拉是他此生的最愛，出乎她意料之外，而且大吃一驚的是，他決定要娶她為妻。

但是寶拉是一位不願意踏入婚姻的情婦。自己一個人生活已經讓她嘗到獨立自主的滋味，她無意放棄，於是她婉拒了理查的求婚。可是他還是堅持要結婚，兩人開始爭吵。因為這件事，他們分手了兩次。最後，因為不想失去自己深愛的男人，寶拉同意結婚，不過婚後一切安排，都和現在一樣完全對等。

「我寧願做個情婦，」寶拉聳聳肩說道：「我喜歡自力更生的人生。不過總的說起來，這段婚姻已經找出解決之道。我不是個『靠老公養』的老婆，也不是個『被包養』的女人，而因此我的自尊，以及我對理查的尊重，全都保持完整無缺。我們還是那樣彼此相配，在每一個層面都是如此。我們在文化和政治上也合得來，床上就更不用說了。就連現在，幾十年都過去了，魔力依舊還在那裡。」可是，寶拉卻不無愁悶的補上一句：「我喜歡當情婦。（身為情婦，）我付出，也得到所有我想要的愛與性，但是卻沒有責任要盡，也沒有那種日復一日同居而感受到的受困感覺。如果理查是沒那麼傳統的男人，我就還是他的情婦。」

瑞秋的故事

瑞秋．戈德曼（Rachel Goldman）成年的時候，性解放革命正方興未艾，因此她也吸收了這項運動裡各種兩性平等的理念。她念大學時，培養出對於環境議題的熱愛；現在她被視為一位「綠色」專家，也是一本環境生態學教科書的作者。但是在她的個人生命之中，真正塑造、影響她的希望與夢想的，卻不是性解放革命，而是納粹猶太大屠殺。

瑞秋出生在蒙特婁，她的母親是波蘭籍猶太人，依照家裡安排，嫁給一個能從納粹佔領下的波蘭逃出去的俄籍移民。一九四一年，瑞秋身懷六甲的母親收到來自波蘭的可怕消息：當地對猶太人展開了一場屠殺，而她的父母親、兄弟姐妹、叔舅阿姨、堂表親戚、朋友與鄰居，她的整個鄉里親族全部都被殘殺了。她的長女瑞秋誕生在一個充滿悲傷和失落的世界，這是一個尋找倖免於難的親友凌駕於其他一切事情的世界。

瑞秋也繼承了她母親無止盡的哀傷。她同樣也渴望能找到親友，而她在一個長期寂寞的狀態下長大成人，盼望與人們有連繫、夢想能找到失散族人。「猶太大屠殺從我有意識的那一天起，就開始影響著我。猶太人飄零聚居的地方，比如紐約，尤其是以色列，深深吸引著我，我會到那裡尋找人們的姓名。就算是找到一個與我們距離十倍遙遠的六等表親，或甚至是與我母親同村的人，我會很高興的。」

瑞秋將她自己與兄弟們的婚姻，以及生兒育女，看作是這個一夕之間被斬斷的家族，重振起來的方法。但是她自己和一名小兒科醫師的婚姻，卻以失敗收場。夫家的姑嫂們排斥她，認為她是個受過太多教育的女性主義份子，生活方式會對她們原本傳統的居家生活造成威脅。

她離婚以後，一面工作，一面撫養孩子，還和一個不喜歡她孩子的男人有過一段感情，結果弄得自己遍體麟傷。在她成了一個體態豐腴而神情憔悴的四十七歲婦人時，遇見了年紀稍微大她一些的班。他是個以色列環境專家，來回各國提供諮詢服務，這時候正在蒙特婁出差。兩人在一家餐廳共進晚餐。瑞秋幾乎快不能控制自己全身的悸動，她和這名陌生男子就這樣坐在一起，只吃得進一點點食物，卻深深愛上了他。班對她的情意投桃報李，他們隔天就睡在一起。這次的經驗真是非同往常。班的體魄雄健，個性強而有力，他在溫柔卻無拘無束的性愛裡，傳達出自己喜愛感官享受，陶醉肉欲生活的情趣。

「除了那雙漂亮的藍眼珠，從常見的標準來看，班的相貌並不算英俊。但是他極有活力，全身上下充滿能量，身上還有一種喜悅愉快的感覺，」瑞秋回憶說：「整個世界就像是為他而創造的。他熱愛美食、美景，還有激情性愛。」

這對新戀人開始彼此傾吐衷曲。瑞秋想要找尋一段真心付出的感情。班的婚姻則已經無愛也沒有性生活，他已經訴請離婚。兩人想辦法每三個星期就見一次面，地點在蒙特婁和紐約，偶爾也在以色列幽會。他們每次重新聚首，都像上一次那樣激情四射，在班剛抵達、關上飯店房門以後，立刻以性愛作為開場。接著，在葡萄酒與一種特殊感的烘托之下，兩人共進晚餐。回到飯店後，他們再次作愛，然後睡上一覺。班會在天亮以前醒來，伸手搖醒瑞秋，兩人再大戰幾個回合。

有天傍晚，兩人共進晚餐時，班告訴瑞秋，他有個不好的消息。瑞秋聽完，驚訝得說不出話。班的妻子拒絕和他離婚。離婚會使她感到羞辱，她無法忍受獨居生活，而要是他堅持要離婚，她會要走他一半財產，一半收入和包括他的退休金在內的一半儲蓄。「你現在看到了，我的愛人。我沒辦法和你結婚，我可能永遠都沒有辦法，」他在點著燭光、疊著餐盤，還擺著一罐已開瓶葡萄酒的桌上，對瑞秋比著手勢：「這就是我們擁有的：今天和今晚，而我希望以後還有很多這樣的日子、這樣的夜晚。這全由你決定，瑞秋。我們可以現在就停下來，我們可以當朋友，我們可以從此是陌生人，或者我們可以繼續下去。由你決定。這是我能說的肺腑之言。你和我妻子是我生命裡唯有的兩個女人，不會再有別人了。」

瑞秋聽後，深受衝擊。她瘋狂的愛著班。原本她已經在期待著：遲早有一天，他會娶她為妻，或至少承認自己是他的伴侶。她知道他可能永遠不會離開以色列，但是她卻一直夢想著在那裡生活，而他對於猶太人祖國的付出奉獻，也是讓她受到吸引的一部分。

「由你決定，」班說。瑞秋在餐廳的當下，就已經做出決定。她無法承受失去他的打擊，因此願意以她唯一能選擇的方式，繼續的愛著他：成為他的情婦。「唯一我不能忍受的，就是你拋棄我，」她說：「無論什麼時候，如果你想要離開我，我需要你告知，好讓我能夠調適失去你的痛苦。」

幾年的時間過去了。瑞秋將她女性主義的信仰用到身為情婦的時光，以及相關的經濟牽扯之中。她堅持自己付費購買機票，不過出於必要，她讓班支付旅程裡的其他開銷。在整整十二年的交往過程裡，他只送過她四次禮物。他也為她挑選固定的香水品牌——鴉片香水，然後在世界各地機場的免稅商店裡，買了好幾瓶送給她。

兩人交往幾年以後，瑞秋被診斷罹患了自體免疫系統病變，這使她長期飽受疲勞和病痛之苦。她遭到一家非政府環境保護組織辭退，很快就耗盡了失業救濟金。她無法按期支付貸款，因此銀行扣押了她的房子。大約有四年的時間，瑞秋無家可歸。「我是個有創造力的遊民。我到處存放自己的東西，為我的貓咪找到一個家，還到我的朋友與我的孩子那裡，做『長期』拜訪。」偶爾她必須去找她的兄弟們要錢，才能買食物填飽肚子。

在這些年裡，瑞秋接受班送給她的機票，但是從來沒有提起自己無家可歸的狀態。「老實說，我不知道班會怎麼做，而我不想知道。」因為不想冒著再遭到拋棄、再遭受損失的危險，她決定保持沉默，絕口不提。「我想，要是我失去了班，我就會尋短見了。」

之後，當她好不容易從如山般龐大的債務裡爬出來，試著買下一棟小房子時，班電匯給她五千美元，好讓她支付最後一筆分期付款，因為最後這筆錢，已經超出她的籌款能力了。班這麼做並不容易，因為他的妻子緊盯著他的帳戶。

而正當瑞秋重振旗鼓的時候，班卻罹患了癌症，而且幾乎就在同時，心臟病突然發作。他撐了過來，重返工作崗位，然後病情復發，他再次入院治療。就在這個班無暇顧及其他事情的時候，他的妻子搜找他的文件。他的帳戶、信用卡簽帳紀錄和電話帳單，透露了班對她說的事情：他在外面有了情婦。在班要進行緊急手術之前，他憤怒的妻子逼著他交代瑞秋的事。

瑞秋到以色列旅行的時候，班陪著她的時間屈指可數，這裡一個小時，那裡一個小時，然後就沒有了。他解釋說，這是唯一可以避開妻子監視的方法，而他有太多家庭義務要盡。

瑞秋覺得非常憂傷。突然之間（或者，她是這樣認為的），情人就將她擺到優先順序的最後面去了。在兩人少數幾次幽會裡的一次，她為自己的不幸向他攤牌，要他給個說法。「從前，我和你家庭的地位是對等的，而我需要的時間，你也可以給我，」她對他說道：「現在，我分得的時間愈來愈少，得到的關心愈來愈少。我好像成了你的清潔婦或會計師，只是個提供你某種服務的人，在我的情況，提供的是性愛。」他們關係的魔力現在已經破碎，成了回憶裡的火花。

這段感情的收場，令人感到痛苦。「我很難過，可是我要維護自己的尊嚴，」瑞秋說：「而且我很孤單，我不想一個人寂寞到老。我是個電視成癮者。電視已經變成我最好的朋友。」她還是計畫退休後到以色列定居，不過她注意到，當地充斥著不少年紀更大的單身女性，有很多都是無止盡戰爭底下的遺孀。她已經失去了班，很可能也就此失去了找到愛侶的最後機會。

瑞秋憂鬱的坐著，回想她與班一起走過的人生。疲倦業已在她灰色的眼眸底下，刻劃出黑眼圈，而她那頭漂亮的棕色頭髮，已經雜有銀絲。她的眼神哀傷中帶著甜美。一個不由衷的微笑，短暫的改變了她的表情。瑞秋從她做了班十年情婦的生涯裡，得出一個矛盾的結論。她一面尖刻的批評說：「有婦之夫給的承諾，根本什麼都不是」，同時，她的嗓音突然變得哽咽，又回憶起他們強烈的愛，兩人在床上驚異的靈肉相合。她永遠也無法忘記，她曾經「與班一起、從班身上學到的，如何在一瞬之間，能夠捕捉到無窮盡的永恆。」

邁蔻拉的故事

邁蔻拉．科瓦勒斯基（Michaela Kovaleski）在一九七二年出生於多倫多，她來到一個經過性解放革命改造過的世界：女性與男性有同等的權利和義務。然而，邁蔻拉也發現兩性平等同樣也有負擔與累贅，因而盼望能成為像帕梅拉．哈里曼，或甚至像維吉妮亞．希爾那樣，用魅力與肉體換取奢華的生活和財務經濟的保障。「我在找一個有錢的凱子乾爹已經很久了。我總是想要更多的金錢，容易到手的錢多多益善。而肉體性交易對我一直很有吸引力，我還弄不清這是怎麼一回事。」

邁蔻拉對性的態度，即使是在她的那個世代，都是離經叛道的。她相信，愛情應該和性分開看待。邁蔻拉十八歲的時候，還是她朋友圈子裡少數保持童貞的人，她精心安排自己的初夜，給了一個不吸引她的「電腦宅男」。她的下一個性伴侶，是個年紀大得多的精神科醫師，兩人是在自動提款機前排隊時彼此看對眼的。在父母的同意下，她開始和他約會。幾乎是立刻，他就帶她上床。回想起來，邁蔻拉認為這位精神科醫師「有點剝削人」，但是她對他並未心懷怨恨，因為她喜歡他送的禮物，包括小額的金錢在內。

在邁蔻拉取得法文榮譽學位、相繼從大學和師範學院畢業之後，為了追求異國情調，她短暫的到蒙特婁一家夜店酒吧上班，她在酒吧當服務生，為了小費抽成，也勸誘男人點酒。「我得心應手，也樂在其中。但是我心裡非常盼望正經的去當個模特兒，而多倫多才有更多的工作機會。」

邁蔻拉回到出生、成長的城市，她一面在夜校教書，一面努力想在職業模特兒表演界爭取一席之地。在這段壓力沉重的時期裡，她開始和賈斯汀約會，賈斯汀是個年紀比她大的男人，他經營的商業網站本來很成功，但是現在已經破產。賈斯汀鼓勵邁蔻拉教書，於是她在百般不情願下，接受了一所高中的專職教聘。她對教書實在是太深惡痛絕，以至於每次她講起這件事情，沒有不掉淚哭泣的。在第二年的上學期，邁蔻拉辭職，轉任專職代課老師。雖然她賺得錢比以前少，也沒有津貼和獎金，但是有生以來頭一次，超過一年的時間，她過得很愉快。為了尋找外快的機會，她瀏覽「男追女」(Men Seeking Women)網站的個人廣告頁面。在挑選了「山米」這個人的頁面之後，為了回覆對方看照片的要求，她寄了一張自己從前的模特兒定裝照過去。

山米喜歡她寄來的照片，於是邀請她到他的故鄉，位於康乃狄克州的達里安(Darien)。他親自到機場，拿著鮮花迎接她。雖然山米的個頭矮小，身材肥胖，長相又平庸，可是他出手慷慨大方，待人則體貼入微。他帶邁蔻拉去血拚購物(這是她最愛的休閒活動)，買了好幾件昂貴的衣服給她。這些衣服裡，她最愛的是一件黑色乳膠和皮革裝飾的套裝，「像汗水一樣緊貼著我的身體」。邁蔻拉開心得不得了。「山米是個喜歡帶女生去購物的男人，而我是個喜歡讓人家買禮物給我的女人。」稍後，邁蔻拉用性愛遊戲挑逗山米，結果兩人很快就上床，真槍實彈的辦起事來。既然他在她的身上花了這麼多錢，她想了一想，和他上床也算應該。

回到多倫多以後，邁蔻拉每隔兩到三個星期，就和山米聯絡一次。他抱怨老婆伊妲，按照他的說法，她是個沒有教育，卻很能在都市街頭生存的義大利裔女人，還和黑手黨有些關係。邁蔻拉則含蓄的提起她這邊的各種問題，全部都和錢有關。山米馬上回應。「每個月把一筆錢存進你的銀行戶頭，對我來說是最簡單不過了，」他說：「每個月五千元聽起來如何？」邁蔻拉把價碼砍到三千元。「我不想把他嚇跑，而且我也害怕榨乾他。我的意思是說，他從這個交易裡，得到了什麼？」

邁蔻拉現在完全夠格被稱作情婦了，她是個「被包養」的女人，手上有足夠的錢，供她自己和賈斯汀花用，她沒向山米提起過賈斯汀的存在。她甚至還停止代課的工作。但是很快的，昂貴的品味就逼使她要求增加包養的額度。也受益於山米包養金的賈斯汀，則勉強同意邁蔻拉，讓她繼續兩人這段戀情。在兩個男人之間周旋，除了挑戰性高以外，也添增了刺激感。

邁蔻拉下一次遇到山米是在巴哈馬群島，當時他正帶著妻子與進入青春期的兒子到那裡度假。山米為邁蔻拉訂了一間五星級酒店豪華套房，走下海灘，就是他自己下榻的別墅，而只要他一有空閒，就從家庭義務裡逃脫出來，過來找她，帶她去購物，甚至六個晚上裡，他有三夜都是和她一起共度的。「我是他逃離工作和妻子的去處，而我樂於扮演這樣的角色。」邁蔻拉把自己六天假期的大部分時間都泡在溫泉池裡。「山米替一切買單。你甚至可以說，山米連呼吸都替我付了費。」

回到多倫多以後，邁蔻拉雙線並進的兩段戀情變得錯綜複雜。賈斯汀既是忌妒又感覺沮喪，而且開始酗酒。而另外一方面，山米看起來則像是愛上了她。在多倫多寒冷又蕭瑟的二月，山米送給邁蔻拉一張飛往佛羅里達的機票，這是從棕櫚海灘到拉斯維加斯旋風式「商務」之旅的第一站。賈斯汀流淚嘆息，可是這即將到來的幽會，卻是他和邁蔻拉兩人賴以謀生的手段。

在佛羅里達，山米和邁蔻拉住同房。對於這個新出現的親密關係，她並不歡迎，而且發現山米時常陪在她身邊，著實令人心神不寧。現在她要撥電話給賈斯汀，就變得更加困難了。雖然邁蔻拉還是瘋狂購物，還是上高檔餐館吃大餐，她卻明白自己寧可山米當個長期缺席的情人。

帶著新買的衣服回到多倫多，邁蔻拉和賈斯汀終於解決了兩人之間的感情問題：他們宣布訂婚，當然，不會讓山米知道。三月，在邁蔻拉的生日當天，山米卻沒有按照他們安排好的計畫，來到多倫多。困惑的邁蔻拉，照著以前的辦法，打電話到他的家裡。接電話的是他的老婆伊妲，她說山米正在洗澡。邁蔻拉向她道謝，然後婉拒留言。接下來的六天，邁蔻拉一直試著聯絡山米，但是他音信杳然，也沒有回電給她。他每個月匯進她戶頭的款項，這時候也停止發放。

可是，伊妲卻開始在邁蔻拉的電話答錄機裡留下「令人毛骨悚然」的訊息，這讓人害怕的想起伊妲與黑手黨之間的牽扯。邁蔻拉變得焦慮萬分，她聯絡山米的合夥人隆恩，請他幫忙弄清楚，她是否處在危險之中。隆恩解釋說，伊妲已經發現邁蔻拉就是山米的情婦，而且已經對山米就此事攤牌。夫妻倆因此爆發了一次遠近皆知的「骯髒」爭吵，之後靠著雙方都有意繼續維繫婚姻，好不容易才化解了僵局。隆恩還補充說，無獨有偶的，山米的事業最近遭遇到一次挫敗，財務狀況發生困難。

邁蔻拉作為山米情婦的日子，到此宣告結束。她回頭擔任代課老師，並且試著往模特兒之路邁進。由於她將性與愛脫鉤看待，所以認為一夫一妻制底下的生活令人沉悶難受。儘管她愛著賈斯汀，他的性表現卻使她感到厭倦。

「人們藉由給你錢來表達他們對你的愛。我要很多很多的錢，」邁蔻拉說。不但如此，以自己的肉體來交換金錢這件事，對她而言非常具有吸引力，而她總是受到個人廣告的誘惑。如果她能悄悄地成為某個像山米這樣男人的情婦，會是很愉快的事情。

邁蔻拉為自己辯護，她說自己是性解放革命的叛逆之子，是一個情願犧牲自己若干平等地位，以及性自主的權利，以換取經常、大量金錢入帳的女子。「這方面我是有職業道德的，」她解釋：「我認為男人應該得到的回報，與他付出的價值相等。」

現代情婦使用現代的標準衡量。在現代的標準之中，女性主義和傳統觀點對於選擇和衡量她們的生活方式，都有各自的角色。影響情婦的因素相當多樣，包括性欲與情感的滿足、平等主義、金錢的考慮，以及她們對婚姻的看法等等。今天大多數的情婦都是講究務實的人，如果她們沒有愛上有婦之夫，很可能就不會開始一段感情關係，而有許多人寧願做情人的妻子，也不願意屈居情婦的身分。

另一方面，有些當代的情婦對於歷史上的情婦生活有著不切實際的浪漫想像，她們對於接受金錢資助毫不猶豫。她們視金錢資助為情婦生活不可或缺的一部分，甚至是最吸引人的一環，而且通常還是最初促使她們成為情婦的因素。在她們眼中的情婦生活，女性主義均權的觀點被擺在情人的欲望後頭，而她們與情人之間的不對等狀態，則是其情感關係結構的根本基礎。

結語

撥開迷霧，看見情婦

我展開對千年歷史裡情婦的探索，試著回答下列這一連串的疑問：在各個時代與各式各樣的文化，情婦究竟是什麼？情婦與其情人感情關係的本質，如何反映女性在其身處社會的地位與角色？情婦如何影響與其連成一體的婚姻制度？而這些情婦——每個人的才賦秉性都各不相同，像是古希臘才女阿斯帕齊婭，我很久以前認識的德國朋友凱特，我在海地結交的朋友吉斯蘭，黑幫姘婦維吉妮亞．希爾，或者是查爾斯王子深愛的卡蜜拉．帕克—鮑爾斯——她們對於自己身為情婦的經歷有何感受？又是怎麼去闡釋、界定呢？

早在我開始研究的初期，我就發現在周遭熟識的女性朋友裡，曾經是，或者已經成為情婦的人數多得驚人。愛蕊絲．諾威爾（Iris Nowell）是我書友俱樂部的會員，她甚至寫出《麻雀的熱騰騰早餐》（*Hot Breakfast for Sparrows*）一書，專門記述她身為知名藝術家哈洛．唐恩斯（Harold Townes）情婦的故事。還有其他的女性，也都承認她們自己就是情婦，不過她們幾乎總是在私底下透露。「你可以用我的故事，」她們一個接著一個的來告訴我，「但是你必須改掉姓名，還有一些能辨識出身分的細節。」

很快我就了解，就算在今天這樣一個婦女解放、離婚變得輕而易舉的社會，情婦還是到處存在；不過有許多情婦，也許是絕大多數，和愛蕊絲不同，寧可隱匿著她們的情感關係。這一點，在過去和現在，並無差別。

乍看之下，我們很難找出現代情婦與她們在歷史上的前輩們有什麼關聯之處，但是過不了多久，兩者間相互呼應的類似處就浮現出來了。無論是古時候還是當代，每個女人的故事都是獨一無二的，但是每段故事加總起來，就是一個更為寬廣歷史敘事的素材。

這個歷史敘事，以妾婦作為開場。在很多層面上，妾婦都算是情婦的前身；納妾習俗發展成為婚姻制度之下的衍生物，幾乎也等於是容忍男性不忠下的普遍產物。納妾讓丈夫得以在其婚姻配偶之外尋求性關係，而在法律上被寬宥，在社會上被接受。男人可以炫耀這些「小妾」，作為其財富、地位的象徵。他們也能利用妾婦來遂行某些本來屬於妻子的家庭職責；實際上，偏房妾婦通常就在元配的身邊工作，聽從她的指揮。

許多小妾如同埃及人夏甲，通常是其主人或元配擁有的奴隸。她們的權利與安全保障都頗為有限。隨著她們身處的社會逐步演進，大部分的小妾會獲得為其主人生兒育女，提供他合法子嗣的特殊權利；日文裡「借來的子宮」一詞，就是對於這項重要功能的優雅表達方式。

納妾習俗也能讓未婚男子與社會出身較低的女子享有親密的情感關係，而這些女子被當時的社會認為配不上她們的情人、無法成為妻子。就如同伯里克利斯的寵妾阿斯帕齊婭、聖奧古斯丁的同居人朵勒羅薩，這類女子除了沒有正式名分之外，完全等於妻子：她們和情人共同生活、同住在一個屋簷下、而且為情人生兒育女。其他的偏房妾婦則只是男人洩欲的對象，男人對她們既沒有情感，也欠缺尊重。

本來行之有年的納妾同居習俗，隨著各個社會逐步現代化，其中的公民揚棄從前的生活方式，並且對之加以鄙夷，認為是難堪而過時的事物之後，開始崩潰瓦解。新時代獨立自主的女性，不但拒絕扮演偏房妾婦的角色，也排斥那種願意接受婚姻裡有妾婦存在的妻子。但是，對婚姻的背叛不忠依舊存在，而結交情婦的型態也隨之調整。這種情形，早在古羅馬帝國到達富強高峰之際，上層菁英鄙夷昔日要婦女嚴格遵守貞潔順從的美德時，就已經發生了。意存挑釁的貴族女性模仿她們的丈夫結交情人，成為縱欲貪歡的單身男子，或者其他女子不忠丈夫的情婦。

而在中國將自己改造成一個講求地位平等的共產主義社會時，之前極為盛行的納妾同居習俗被宣布為非法，有錢的男性不再能夠獲得側室小妾，便開始結交情婦，以作為替代。但是和之前的偏房側室不同，這些情婦很少和她們的情人同居。實際上，同居與否是用來分辨妾婦與情婦的一項重要特徵；不但情婦很少與其情人同居，而且情人同居還會為他們惹來婚外情沒有的麻煩。瑪麗安．伊凡斯因為和已婚的情人喬治．路易斯同居而飽受社會迫害，而特瑞莎．桂齊歐利伯爵夫人和拜倫短暫住在一起，也遭到天主教會的懲處。即使是皇家情婦，也只是住在距離她們的皇室或貴族情人住所很近的地方，並不是真正和他們同居，這些人幾乎全都已婚，而且被要求必須和妻子維持表面上的家庭關係。

同居幾乎成為禁忌，是情婦生活本質上沒有那麼正式的表徵。然而情婦還是有許多共通的特徵和經歷，性愛很明顯的是共同具備的特質。在情婦的生活裡，性的痕跡到處可見，而和妻子被要求要與丈夫行房，卻不必擅長「床技」不同，情婦很明白透過性愛將男人留在自己身邊的重要。那些床上功夫欠佳的情婦，通常會飽受心中恐懼侵擾：有一天情人將離她而去。

在此同時，有效果的性愛帶來同樣令人討厭的結果，因為懷上身孕的情婦，通常會被趕走，孤單一個人面對自己肚裡不受歡迎的私生子。一直到之前不久，在法律改革採用更為平等、更加以孩童為中心考量的適法標準，以及DNA創造的奇蹟成為法庭作證的工具之前，懷孕通常是身為情婦最感到害怕，或是悲劇性的後果。

在情婦生活的辭彙裡，愛情的位置僅次於性。歷史上，男人們通常選擇年輕有魅力的女子作為性伴侶，而也經常與她們相愛。與此同時，歷史裡有許多例證，浪漫的愛情並不受到重視；它被人鄙視或是恐懼，認為是不值得考慮的低劣情感，甚至可能還會摧毀整段感情。愛情一直到過去兩個世紀才獲得正當性，被看成是婚姻關係一項令人嚮往的因素。因此，即使是熱戀中的男子，也可能輕易對要求很多、忌妒心重的情婦感到厭倦，或者是很令人不快的拿她和新對手作比較。

為數非常多的情婦，與選擇她們的情人不同，她們從沒愛過和自己在一起的男性伴侶，心裡也沒存著要愛上他們的期待。甚至到了今天，生活在一個尊重、鼓勵浪漫愛情的文化之下，黑幫姘婦和有錢花花公子身邊、玩過就拋棄的玩伴情婦，通常還是很鄙視她們的情人；對這類的女子來說，作為情婦的好處在別的地方。而另一方面，有若干女性在情感和肉體上，都與情人深相依戀，以至於愛情主導了她們的人生。不過在歷史上，她們只能算是少數的例外。

處在青春年華，最好又是容顏秀麗的女子，和「性」與「愛」一樣，在傳統裡就是情婦的人選；不過，性格上有一定成熟度的已婚女子，也能被接受。特別在有絕佳床上本領的加持之下，情婦的美麗偶爾可以讓男人為之瘋狂癡迷，心甘情願將本來具有的男性特權雙手奉上、交給情婦。土耳其蘇丹蘇萊曼臣服在羅賽拉娜美貌的威力底下，以及巴伐利亞國王路德維希被蘿拉・蒙特茲迷得神魂顛倒，都是如此。然而，更常出現的情況是，只要是情婦，她們就應該具備美貌，而她們也明白保持美貌的重要性。

在這樣的情況下，年齡就是情婦的死敵；它侵蝕情婦的美貌，而這通常是她最主要的本錢。在心態上更加不健康的世紀裡，這個道理更是再正確不過了。在傳統上，情婦都能接受增強、特別是維持她們美貌的急迫性，也因此她們對於梳妝打扮、化妝品、珠寶首飾與衣物的仰賴，幾乎成為習慣。

身為情婦，和偏房側室不同，即使是處在最縱欲享樂的社會裡，她的身分也是不正當的；這就引起了情婦內心的罪惡感、文過飾非、犧牲和低調保密。無處不在的雙重道德標準，不但譴責誤入歧途的女性多過同樣有罪孽的男性情人，也加深了女性的不安全感。主導情婦生活的社會風俗也有同樣作用；這些習俗總是被詳細說明，而且歷經好幾個世紀，並沒有劇烈的改變。一般說來，情婦只有在其他參與者都保持謹慎的私人活動場合裡，才會受邀參加，像是若干俱樂部、短程商務出差，以及知情友人的家中。有的時候，唯一安全無虞的房子，就是情婦自己的家。

不安全感、自暴自棄，和情婦生涯特有的焦慮情緒，使得許多情婦難以自制的瘋狂購物或賭博，情人給她們的錢有多少，她們就花用多少。很多人還用酒精或藥物來麻醉自己，或是涉入其他自我毀滅的活動。處在極度絕望情緒下的情婦，譬如埃蜜麗・杜・夏特萊、愛娃・布勞恩、瑪麗蓮・夢露、維吉妮亞・希爾，以及薇琪・摩根，都曾經試圖尋短；而珍妮・赫布特尼身為喜怒無常、衝動任性、一貧如洗的畫家莫迪里安尼的情婦，人生則以自殺收場。這就難怪，除了像哀綠漪思和西蒙・波娃這樣少數的知名反例之外，情婦們都盼望能與她們的愛人走入婚姻，擁有安定感，以及社會給予妻子的體面與尊重。

死亡突顯出情婦的弱勢地位。當她們的情人死去時，大部分的情婦無論先前從私通關係中想方設法獲得什麼地位和身分，如今都會失去。在情人臨終和喪禮上，她們通常是不受歡迎的人物，而且在情人的遺囑裡，她們時常被排除在外。長期擔任英格蘭國王查理二世情婦的妮兒．桂恩，就遭遇到這種情況，而查理只是在彌留時感到內疚，他虛弱無力的咕噥道：「別讓可憐的妮兒餓著了。」

今天，結交情婦仍然是到處都有的普遍現象。一如往常，情婦現象根植於男性對婚姻的不忠之上，它支撐婚姻制度，並且與婚姻制度相輔相成。但是，當婚姻制度發生改變時，情婦現象的本質也隨之起變化。女性主義和平等主張、性解放革命和避孕藥丸，以及變遷之中的倫理與道德標準，特別是將浪漫的愛情提升成一種理想，凡此種種，都已經像成為夫妻的男女一樣，銘刻在婚姻之中，留下不可抹滅的烙印，而這些對於情婦習俗，已經產生了反射效應。

婚姻習俗也因為女性在社會裡地位的改變、對女性需要個人及社會成就的認可（想要體驗性高潮，想要獲得和男性平等的地位），而發生了改變。科技的進步實現了生育控制與家庭計畫，同時也提高長壽健康的可能性。

今天的夫婦也相信，浪漫的愛情應該居於兩人關係的核心位置，而他們對於家居生活或是熟稔使得愛情褪色感到悲傷。他們捫心自問，想探求自己是否愛著可能成為配偶之人，並且決定要不要維持現有的婚姻。發生在婚姻之外的愛情，也許是對婚姻的背叛，也是對愛情本身尊嚴聖潔的冒犯；通常夫婦離婚各自嫁娶所愛，是因為他們熾烈的愛情。

上述這些改變，導致紀錄保存完好的離婚案例大量增加，再婚也隨之增長；人們繼續在新婚姻裡尋求前一段感情沒能得到的事物。離婚的過程已經被大幅簡化，離婚本身也不再被視為洪水猛獸。與婚姻有關的法條還在持續修訂之中，特別是關於財產和監護權的部分，或者，用最新的說法來講，就是對孩子的養育權。

出了法庭，兩性的有識之士在爭辯婚姻是否只是一項中產階級的財產安排，在婚姻裡，是否男性向女性提供保護，換取女人以性作為回報，而婚姻和情婦關係的差別，是否只在於前者是受到法律保障而已。他們挑戰傳統婚姻觀念支撐婚姻生活的性與性別歧視成見，並且拒絕使用「妻子」這個字眼，因為其中蘊含女人是男人財產的含意。女性拒絕改冠夫姓，在加拿大魁北克省，冠夫姓甚至得不到法律承認。許多男男女女寧可將兩人的情感結合看成是發生在兩位心甘情願的成人之間，一種相互回應需求、彼此奉獻付出的伙伴關係，在其中，性愛扮演一個重要、但並不是最主要的角色。

在此同時，傳統的婚姻仍然與新型態的感情關係同時於社會上並存。關於婚姻習俗本質的困惑和含糊不清，現在已經超出個人層面和公眾辯論的範圍，以至於在法庭與立法機構裡，現在正嘗試重新界定婚姻關係的疆界。對於員工的擔憂，企業行號的雇主已經有回應，許多原本只限於法定已婚夫妻才能得到的利益，現在也擴展到未婚「伙伴」或者已婚的同性、異性伴侶身上。

這一切都很要緊，因為女性有了比從前她們擁有更多的權利，而這些權利又移植到經濟和其他層面，她們能夠合法向情人們提出的要求上面。在此同時，很多婚姻關係（也許是絕大多數）在結構上能夠看得出還是傳統的影子，而男性與女性以自由意志走入這樣的婚姻。在本質上的重大改變，是配偶對於彼此的期許；現在的女性不但有資格進入職場，還經常被要求這麼作，而且到了今天，丈夫和妻子都期待在婚姻之中，深深的愛著對方。

在婚姻裡發生的大量改變，直接影響了與婚姻平行存在的情婦習俗。首先，現在連情婦的定義也變得不清楚了，原本能夠清楚符合情婦的情況，今天或許能說成是女朋友，或者是沒有名分的妻子。人們心中的意圖和打算，正成為判別這樣情感關係的新標準：每個人在這樣的感情安排中，得到什麼樣的領會？在兩人之間可能會構成契約義務關係的話語又是什麼？更重要的是，往昔男人在和情婦生子之後，能夠拒絕承諾、支持孩子生活的日子，早已經成為過去——法律上「私生子」的概念正在快速消失。

上述這一切帶來的後果，並不是讓情婦消失；相反的，情婦習俗吸收、並且反映出在婚姻制度裡的改變：在法律義務的觀點，以及社會裡婚姻與情婦兩者和平共處的傾向上，都是如此。在一段涉及性愛的感情關係，一名情婦可以表明她是「重要的第三者」，並且在法庭上陳述己見，不過她是否能打贏官司，就無法絕對保證了。

但是法律訴訟和主張要求都是變調的感情關係產生的後果，通常是因為愛與性，或者性與愛的承諾（或至少是期待）無法兌現。事實上，當代女性成為情婦有著各式各樣的理由，和她們的前輩可說是大不相同，尤其值得注意的，是她們在個人領域的選擇。女性會選擇成為情婦，而不是走入婚姻，無論是短期還是長期的關係，是因為她們的內心完全被事業或職場的熱情佔據，又或者是受到經濟上自給自足、個人生活獨立自主的需求驅使。另外有些女性，則見識過父母輩的婚姻，因而對於作人妻子這條道路不屑一顧，轉而選擇成為只享受情愛與性愛的情婦，而不想考慮家常生活的各種要求。當這種情況發生時，這些情婦通常都會在各自的感情關係裡，得到很大程度的滿足。

與此同時，有個令人感到沮喪的顯著之處：太多的當代情婦和過去情婦的經歷極為雷同。包養情婦的習俗仍然是婚姻的延伸，仍然是約定俗成、作為供男性發洩情欲的出口。在此同時，就算是觀念最為解放先進的女性，在與有婦之夫陷入熱戀、和已婚男性在一起時，通常還是會引發婚外情關係的禁忌之處：她可能會觸犯一些風險，包括他們在情人通姦裡的共謀串通、他們對於社會善良風俗的違抗蔑視等等。他們的愛情，因為感覺真實而覺得有正當性，卻因為其違背法律而更加升溫增強。在當前，他們為了這段感情投入的賭注，也不如從前來得高。今天，一個女子和男人一樣，可以因為感情本身的吸引力，而投入到一段激情之中，看成一次情欲的冒險，或者是放縱自己，全心沉浸在一種感覺裡，和嚴格說來並不算是單身的情人，發展出一段美好的短暫情緣，而這個情人，通常她會和其他女子共同享有。可是，儘管有這些解放、自由的可能性，還是有太多的情婦仍然讓自己身處在舊日古老的模式裡，她們犧牲奉獻，心懷哀傷，與婚姻模式相週旋，並且發現自身的不足與短缺。

謝辭

完成這本書，使我有機會公開感謝參與本書寫作的朋友。

一如往常，皮耶—路易（Yves Pierre-Louis）是我最聰明、付出最多的朋友。

我很有福氣，能夠擁有路薏絲、史蒂芬、比爾這樣的手足。

保羅（Gabriela Pawlus）和卡斯普扎克（Michal Kasprzak）是最支持我的朋友，她們兩人對本書貢獻甚多。

感謝方涵（Cecile Farnum），她對於拜倫情婦的研究相當有見地；感謝波（Richard Pope）對於「想像的魅力」（framing charisma）的原創觀點。

我要特別感謝卡倫諾娃（Marta Karenova），在她的堅持和鼓勵之下，我才能夠探索猶太人大屠殺的文學作品。

透過阿斯帕齊婭，希克斯（Claire Hicks）和我很快就結為好友。

麥克拉倫（Leah McLaren）的建議非常實用而有見地，謝啦。

大衛．雷德勒出乎意料為《單身者的歷史》寫來的電子郵件，對我來說真是有如來自天堂的甘露。這使得他又寄了他與奧圖．費德鮑爾合著，即將出版的《妾婦：婦女，教士和特倫托會議》一書的緒論給我，並且允許我從中大規模引用此書的觀點，而且還對本書提及神職人員情婦的章節指教。大衛、奧圖，非常感謝你們。這本書因為有你們的指教，而變得更好。

我最深刻誠摯的感激，要歸給所有告訴我她們人生故事的女性。你們的經歷幫助了我的了解。特別感謝露薏絲．尤許維茲，謝謝她和我鉅細靡遺的分享作為耶穌會士妻子的生涯故事。

我的責任編輯朗瓦自始至終鼓勵、支持著我，《情婦史》既是我的孩子，也是她的。

我的經紀人藍吉總像是一道新鮮空氣。她和快樂活潑的助理宋，對我關懷備至，而且一路力挺。宋的「好人派」照片，到現在還貼在我書房的牆上。

我的兒子艾凡步上我走過的道路，想要成為一名作家，這讓我非常高興。也謝謝他，在本書最後階段敏捷的提供幫手。

感謝米查姆（Tirzah Meacham）教授，建議我使用「Shoah」一詞來指稱猶太人大屠殺。

最後，我要感謝我的研究助理：赫伯特、珠兒、羅、雷、羅姆，以及索雷第。

註釋

第一章

1. 此篇章的主要資料來源為：Yitzhak Arad, *Belzec, Sobibor, Trblinka* (Bloomington and Indianapolis: Indiana University Press, 1987); Eugene Aroneanu, tr. by Thomas Whissen, *Indise Concentration Camps* (Westport: Praeger Pub., 1996); Elie A. Cohen, tr. by M. H. Braaksma, *Human Behaviour in the Concentration Camp* (London: Free Association Books, 1988); Erica Fischer, *Aimee & Jaguar: A Love Story* (New York: HarperCollins, 1995); Fania Fénélon, tr. by Judith Landry, *Playing For Time* (New York: Atheneum, 1977); Ida Fink, *A Scrap of Time and Other Stories* (New York: Random House, 1987); Ida Fink, *Traces* (New York: Metropolitan Books, Henry Holt, 1997); Erich Goldhagen, "Nazi Sexual Demonology," *Midstream* (May 1981); 7-15; Kitty Hart, *Return to Auschwitz* (London: Sidgwick & Kacksin, 1981); Felicja Karay, tr. by Sara Kitai, *Death Comes in Yellow* (Netherlands: Harwood Academic Publishers, 1996); Hoss Broad Kremer, *KL Auschwitz Seen by the SS* (New York: Howard Fertig, 1984); Robert Jay Lifton, *The Nazi Doctors: Medical Killing and the Psychology of Genocide* (New York: Basic Books, 1986); Dalia Ofer and Lenore J. Weitzman (eds.), *Women in the Shoah* (New Haven, London: Yale University Pres, 1998); Anna Pawelczynska, tr. by Catherine S. Lech, *Values and Violence in Auschwitz* (Berkeley and Los Angeles: University of California Press, 1979); Carol Rittner and John K. Roth, *Different Voices: Women and the Shoah* (New York: Paragon House, 1993); Roger A. Ritvo and Diane M. Plotkin, *Sisters in Sorrow* (College Station: Texas A & M University Press, 1998); Lore Shelley, tr. and ed., *Auschwitz: The Nazi Civilization* (Maryland: University Press of America, 1992); Sherri Szeman, *The Kommandant's Mistress* (New York: HarperCollins, 1993); Nechama Tec, "Woman in the Forest," *Contemporary Jewry*, 17 (1996), http://www.interlog.com/~mighty/forest.htm; Nechama Tec, "Women Among the Forest Partisans," in Dalia Ofer and Lenore J. Weitzman (eds.), *Women in the Shoah* (New Haven, London: Yale University Press, 1998); Germaine Tillion tr. by Gerald Satterwhite, *Ravensbruck* (Garden City: Anchor Press/Doubleday, 1957); Ka Tzetnik, tr. by Moshe M. Kohn, *House of Dolls* (London: Frederick Muller Ltd., 1956); 下列為網站資料：Johanna Micaela Jacobsen, "Women' s Sexuality in WWII Concentration Camps," http://www.itp.berkley.edu/~hzaid/jojanna/paper2.simpletext.htr; "The Nizkor Project, Operation Reinhard:

Command Staff-Sobibor," http://www1.us.nzkor.org/faqs/reinhard/reinhard-faq-18.html; 以及「倖存者／見證者的回歸」，可在此網站查詢 hrrp://remember.org/wit.sur.luctr.html

2. "Vera Laska" in Rittner and Roth, 263.
3. 甚至臣服於非猶太裔法國與波蘭戰俘，以及集中營奴工魅力，與他們有來往的德國女性，首先會被剝奪權益、玷汙，從抄沒的物品中飽私囊，接著命她們遊行走遍村莊，公開遭到揶揄，再送進拉文斯布呂克集中營。
4. Hoss, cited om Ofer and Weitzman, 306-307.
5. 除了相當稀少的例子顯示同性戀或雙性戀男人虐待男人。
6. 通常由黨衛軍的看守先折磨他們，毆打與踢打他們，挑釁杜賓犬去攻擊他們，接著在他們奄奄一息時，丟進火葬場。
7. Jacobsen, "Women' s Sexualuty," 2.
8. 同上註。
9. 露絲・邦迪（Ruth Bondy）的回憶，收錄於：Ofer and Weitzman, 320.
10. 斐利克嘉・卡萊（Felicja Karay）的回憶，收錄於：Ofer and Weitzman, 296.
11. Perl, 58.
12. Ada Lichtman, cited by Arad, 195.
13. Lucille E.,「倖存者／見證者的回歸」（網站）。
14. Tillion, 174.
15. Perl, 89.
16. 同上註。
17. Rittner and Roth, 157.
18. Tec, "Women Among the Forest Partisans, 228-229; also Fruma Gulkowitz-Berger' s memoir in "Women of Valor" www.interlog.com/~mighty/valor/partisan.htm Judy.Cohen , 2001.
19. 此篇章的主要資料來源為：Hans Peter Bleuel, *Sex and Society in Nazi Germany* (New York: Dorset Press, 1973, 1996); Linda Grant, "My cousin, Eva Braun." *The Guardian*, April 27, 2002, 登載於網路：http://books.guardian.co.uk/departments/history/story/0,6000,690595,00.html; Nerin E. Gun, *Eva Braun: Hitler's Mistress* (New York: Meredith Press, 1968); Glen Infield, *Eva and Adolph*

(New York: Grosset and Dunlap, 1974); 與 Wulf Schwarzwaller, *The Unknown Hitler" His Private Life and Fortune* (Maryland: National Press Books, 1989).

20. Infield, 211.

21. Timothy W. Ryback, "Hitler' s Lost Family," *The New Yorker*, July 17, 2000, 48, 引述一位名為喬治・亞倫（George Allen）的美國情報局軍官在一九四五年五月下旬訪問寶拉（Paula）的報導。亞倫評論她「懷抱偉大宗教情懷但無智識的中下階層女性，她的不幸在於她和那位名人有關係，但兩人之間卻毫無共通點」。

22. Gun, 69.

23. 同上註。

24. 同上註。

25. Infield, 90.

26. Bleuel, 47.

27. Grant.

28. Gun, 179.

29. 同上註。

30. Infield, 221.

31. 同上註。

32. 同上註。

33. 同上註。

34. 麥可・馬魯斯（Michael R. Marrus）Ian Kershaw, *Hitler 1936-45: Nemesis* (London: Allen Lane, 2000)，登載於 *The Globe and Mail*, Dec. 9, 2000.

35. 此篇章的主要資料來源為：Elzbieta Ettinger, *Hannah Arendt-Martin Heidegger* (New Haven: Yale University Press, 1995); Bonnie Honig, *Feminist Interpretations of Hannah Arendt* (Pennsylvania: The Pennsylvania State University Press, 1995); Derwent May, *Hannah Arendt* (Harmondsworth, UK: Penguin, 1986); John McGowan, *Hannah Arendt: An Introduction* (Minneapolis: University of Minnesota Press, 1998); Elisabeth Young-Bruehl, *Hannah Arendt: For Love of the World* (New Haven: Yale University Press, 1982); David Watson, *Arendt* (London:

Fontana Press, 1992).

36. Rudiger Safranski, (tr. Ewald Osers), *Martin Heidegger: Between Good and Evil* (Cambridge, Mass.: Harvard University Press, 1998), 137.

37. 同上註。

38. Honig, 67.

39. 同上註。

40. Ettinger, 30.

41. 同上註。

42. 同上註。

43. Honig, 70.

44. Safranski, 255.

45. 同上註。

46. Ettinger, 98.

47. Safranski, 377.

48. Ettinger, 72.

49. 同上註。

50. 同上註。

51. 同上註。

52. 她在一九七一年發表的論文〈八十歲的海德格〉(Heidegger at Eighty)中，敘述海德格是極少離開象牙塔的拙笨學者，做出不明智且錯誤的決定，遇到「人間事」(human affair)，讓他感到震撼與沮喪之後，就迅速退回象牙塔。

53. Safranski, 140.

54. Hannah Arendt, "Understanding and Politics," in Jerome Kohn (ed.), *Essays in Understanding 1930-1954* (New York: Harcourt Brace & Company, 1994), 252. Cited by Bethania Assy, "Eichmann, the Banality of Evil, and Thinking in Arendt' s Thought," http" //www.bu.edu/wcp/Papers/Cont/ContAssy.htm

第二章

1. Rosemary Sullivan, *Labyrinth of Desire: Women, Passion and Romantic Obsession* (Toronto: HarperCollins, 2001).
2. 本篇章的主要資料來源為：Joseph Barry, *French Lovers* (New York: Arbor House, 1987); M. T. Clanchy, *Abelard: A Medieval Life* (Oxford: Blackwell, 1997); Leif Grane, *Peter Abelard: Philosophy and Christianity in the Middle Ages* (London: George Allen and Unwin Ltd., 1970); 與 Alexander Pope, *Eloïsa to Abelard: With the Letters of Heloïse to Abelard in the Version by John Hughes* (1713) (Miami: University of Miami Press, 1965). 哀綠漪思（Héloise）的姓氏已佚失。
3. Grane, 48.
4. Pope, 7.
5. 同上註。
6. Grane, 49.
7. Barry, 9.
8. 同上註。
9. Grane, 56.
10. Barry, 11.
11. Pope, 9.
12. Barry, 13.
13. 同上註。
14. Pope, 67.
15. 同上註。
16. Barry, 21.
17. Clanchy, 151.
18. Pope, 97.
19. 本篇章的主要資料來源為：Joseph Barry, *French Lovers* (New York: Arbor House, 1987); Esther Ehrman, *Mme Du Chatelet: Scientist, Philosopher and Feminist of the Enlightenment* (Leamington Spa: Berg, 1986); 與 Nancy Mitford, *Voltaire in Love* (London: Hamish Hamilton,

1957).

20. Ehrman, 22.

21. Barry, 110.

22. 同上註。

23. 同上註。

24. 同上註。

25. Ehrman, 43.

26. 本篇章的主要資料來源為：Patricia Chaplin, *Into the Darkness Laughing: The Story of Modigliani's Last Mistress, Jeanne Hébuterne* (London: Virago, 1990); Anette Kruszynski, *Amedeo Modigliani: Portraits and Nuded* (Munich: Prestel, 1996); 與June Rose, *Modigliani: The Pure Bohemian* (London: Constable, 1990).

27. Kruszynski, 70.

28. Rose, 185.

29. 同上註。

30. 同上註。

31. 以下篇章的主要資料來源為：Rosemary Ashton, *G. H. Lewes: A Life*(Oxford: Clarendon Press, 1991); Rosemary Ashton, *George Eliot: A Life*(London: Hamish Hamilton, 1996); Rosemary Bodenheimer, *The Real Life of Mary Ann Evans*(Ithaca: Cornell University Press, 1994); Roland A. Goodman, *Plot Outlines of 100 Famous Novels*(NewYork: Doubleday, 1962); Kathryn Hughes, *George Eliot: The Last Victorian*(London: Fourth Estate, 1998); Cynthia Ozick, *The Puttermesser Papers*(New York: Alfred A. Knopf, 1997); Thomas Pinney(ed.), *Essays of George Eliot*(London: Routledge and Kegan Paul, 1963); and Ina Taylor, *George Eliot: Woman of Contradictions*(London: Weidenfeld & Nicolson, 1989).

32. Ashton, *George Eliot*, 100.

33. 同上註。

34. 同上註。

35. 同上註。

36. Bodenheimer, 91.
37. Ashton, *G. H. Lewes*, 122.
38. 同上註。
39. Bodenheimer, 92.
40. 同上註。
41. Ashton, *George Eliot*, 132.
42. Hughes, 176.
43. Ashton, *G. H. Lewes*, 198.
44. Hughes, 252.
45. 同上註。
46. Ashton, *G. H. Lewes*, 282.
47. Ashton, *Geroge Eliot*, 342.
48. 本篇章的主要資料來源為：Dashiell Hammett, *The big Knockover: Selected Stories and Short Novels of Dashiell Hammett*, ed. Lillian Hellman (New York: Random house, 1966); Dashiell Hammett, *The Dain Curse* (New York: Alfred A. Knopf, Inc., 1929); Dashiell Hammett, *The Adventures of Sam Spade* (Cleveland and New York: The World Publishing Company, 1945); Lillian Hellman, *Four Plays* (New York: The Modern Library, 1942); Lillian Hellman, *Maybe* (Boston, Toronto: Little, Brown and Company, 1980); Lillian Hellman, *Pentimento: A Book of Portraits* (Boston, Toronto: Little, Brown and Company, 1973); Lillian Hellman, *Scoundrel Time* (Boston, Toronto: Little, Brown and Company, 1976); Lillian Hellman, *An Unfinished Women* (Boston, Toronto: Little, Brown and Company (Canada) Ltd., 1969); Diana Johnson, *Dashiell Hammett* (New York: Random House, 1983); Richard Layman (ed.) with Julie M. Rivett, *Selected Letters of Dashiell Hammett 1921-1960* (Washington, DC: Counterpoint, 2001); Joan Mellen, *Hellman and Hammett: The Legendary Passion of Lillian Hellman and Dashiell Hammett* (New York: HarperCollins, 1996); William F. Nolan, *Hammett: A Life at the Edge* (New York: Congdon & Weed., Inc., 1983); 與William Wright, *Lillian Hellman* (New York: Simon and Schuster, 1986). 為了更熟悉海爾曼（Hellman）與漢密特（Hammett）的生平，我閱讀海爾曼的劇本與她的三本回憶錄，與她的許多小說。我以瓊安・米倫撰寫的權威性與優秀兼具之海爾曼傳記，作為事實與詮釋之基礎——海爾曼捏造她的人生而惡名昭彰，她的回憶錄可信度不高，無法作為事實依據，包括真實發生之事

的紀錄。

49. Mellen, 7.
50. 同上註。
51. 約瑟芬・漢密特・馬歇爾之語，引自Layman (ed), x.
52. Hellman, *An Unfinished Woman*, 260.
53. Hammett, "The Gutting of Couffignal," in *The Big Knockover*, 29.
54. Mellen, 67.
55. 此段引文源自：Layman (ed.), 65, 80, 103, 119, 151, 533.
56. Mellen, 67.
57. 同上註。
58. Johnson, 256.
59. Layman (ed.), 63.
60. 同上註。
61. 從Lillian Hellman的序言到漢密特的著作《螺絲起子》(*The Big Knockover*), xi。
62. Layman, 452.
63. 在《卑鄙年代》一書中，海爾曼寫道，他體弱多病地進入監獄，出獄時成為病人。海爾曼在漢密特的著作《螺絲起子》之序言中寫道，「監獄使瘦子更為消瘦，使病人更加憔悴」。
64. 與此同時，她也是一位勇氣可嘉的政治評論家。她的劇作傳達出這樣的態度，例如一九四二年的《守望萊茵河》(*Watch on the Rhine*)，這是一部探討法西斯主義的危險，以及人們能夠與之對抗到何等程度的動人電影。
65. Mellen, 301.
66. *Scoundrel Time*,108-112.
67. 同上註。
68. Mellen, 319.
69. 同上註。

70. 同上註。
71. 同上註。
72. 本篇章的主要資料來源為：Wiliam Cash, *The Third Woman: The Secret Passion That Inspired* The End of the Affair (London: Little, Brown & Co., 2000); Bob Cullen, "Matter of the Heart," *Smithsonian Magazine*, June 2002, 可在此網站查詢：http://www.smithsonianmag.si.edu/smithsonian/isues02/jun/02/presence.html; Graham Greene, *Ways of Escape* (Toronto: Lester & Orpen Dennys, 1980); Shirley Hazzard, *Greene on Capri: A Memoir* (New York: Farrar, Straus & Giroux, 2000); Robert McCrum, "Scrabble and Strife," *The Observer*, Jan. 16, 2000, 可在此網站查詢：http://books.guardian.co.uk/Print/0,3858,3951133,00.html. Norman Sherry, *The Life of Graham Greene. Volume Two: 1939-1955* (London: Jonathan Cape, 1994); 與Paul Theroux, "An Edwardian on the Concorde: Graham Greene as I Knew Him," *New York Times*, 21 April 1991，可在此網站查詢：http://www.nytimes.com/books/00/02/20 specials/greene-theroux.html.
73. Sherry, 285.
74. 同上註。
75. Cash, 4.
76. 同上註。
77. Sherry, 228.
78. Cash, 103.
79. Cash, 287. 麥可・梅耶（Michael Meyer）在英國國家廣播公司（BBC）「競技場」（Arena）節目的葛拉漢・葛林紀錄片所做之評論。
80. 同上註。葛林寫給凱瑟琳・沃斯頓的信件。
81. 同上註。
82. 同上註。
83. Sherry, 325.
84. 同上註。
85. 同上註。
86. 同上註。
87. 同上註。

88. 同上註。
89. Cash, 185.
90. 凱瑟琳的部分信件與日記仍存留，但是關於她的大部分資料來自於葛拉漢．葛林與其他人的信件中提及她的部分，以及朋友，尤其是他的朋友，與她的一些家族成員的回憶。
91. Cash, 250.
92. 同上註。
93. 同上註。
94. 同上註。
95. 哈利在一九六一年獲封為爵士。
96. McCrum, citing Catherine Walston to Graham Greene, 18 May 1978.
97. 同上註，引自：Sir Harry Walston to Graham Greene, 18 Sept. 1978，寫於凱瑟琳過世十日後。葛林並未參加她的葬禮。
98. 本篇章的主要資料來源為：Joyce Maynard, *At Home in the World: A Memoir* (New York: Picador, 1998); "Joyce Maynard Interviews Joyce Maynard," 可在此網站查詢：http://www.joycemaynard.com/works/ahitw.hml; Margaret A. Salinger, *Dream Catcher: A Memoir* (New York: Washington Square Press, 2000)，以及數個關於梅納德與沙林傑（J. D. Salinger）情誼的網站，收錄耶魯大學就讀時期的前室友艾立克．賓姆（Alex Beam）在《百葉板》（*Slate*）的文章 "The Woman Who Mistook Herself for Something Interesting,"，可在此網站查詢：http://slate.msn.com/Features/Maynard/Maynard.asp
99. Maynard, 360-361.
100. 同上註。
101. 同上註。
102. Salinger, 360.
103. Maynard, 112.
104. 同上註。
105. Maynard, 121.
106. 同上註。

107. 同上註。
108. 同上註。
109. 同上註。
110. 同上註。
111. 同上註。
112. 同上註。
113. 同上註。
114. 同上註。
115. Salinger, 362.
116. Maynard, 211.
117. 同上註，梅納德引用登載於《君子》（*Esquire*）雜誌之文章中引述她的話。
118. 同上註。
119. "Joyce Maynard Interviews Joyce Maynard".
120. 艾立克・賓姆（Alex Beam）的訪談，登載於《百葉板》（*Slate*）。
121. 同上註。

第三章

1. 關於維吉妮亞・希爾（Virginia Hill）的參考文獻，源自於：Andy Edmonds, *Bugsy's Baby: The Secret Life of Mob Queen Virginia Hill* (Secaucus, NJ.: birch Lane Press, 1993); Mark Gribben, "Bugsy Siegel," in *The Crime Library*, 可在此網站查詢：wysiwyg://18/http://www.crimelibrary.com/gangsters/bugsymain.htm; Dean Jennings, *We Only Kill Each Other: The Life and Bad Times of Bugsy Siegel* (Englewood Cliffs: Prentice-Hall, 1967); Georgia Durante, *The Company She Keeps* (Nashville: Celebrity Books, 1998)，提供一些基本資料與分析惡棍姘婦的一生。
2. Edmonds, 35.
3. 同上註。

4. 同上註。
5. 同上註。
6. 同上註。
7. 同上註。
8. Jennings, 138.
9. 本篇章關於(Arlene Brickman)的資料來源為：Teresa Carpenter, *Mob Girl: A Woman's Life in the Underworld* (New York: Simon & Schuster, 1992).
10. Carpenter, 13.
11. 同上註。
12. 同上註。
13. 同上註。
14. 關於珊蒂・沙道斯基(Sandy Sadowsky)的資料來源為：Sandy Sadowsky with H. B. Gilmour, *My Life in the Jewish Mafia* (New York: G. P. Putnam' s Sons, 1992)。關於喬治婭・杜蘭特(Georgia Durante)的資料來源為：Georgia Durante, *The Company She Keeps* (Nashville: Celebrity Books, 1998)。關於雪莉・萊絲(Shirley Ryce)的資料來源為：James Dubro, *Mob Mistress* (Toronto: Macmillan, 1998)。
15. Sandowsky, 33.
16. 同上註。
17. Durante, 124.
18. Sandowsky, 79.
19. Dubro, 63.
20. 同上註。
21. 本篇章的資料來源為：Larissa Vasilieva, *Kremlin Wives* (New York: Arcade Publishing, 1992); 與 Thaddeus Wittlin, *Commissar: The Life and Death of Lavrenti Pavlovich Beria* (New York: Macmillan, 1972).
22. Wittlin, 239-240.
23. 本篇章關於費德爾・卡斯楚(Fidel Castro)的情婦之資料來源為：Sebastian Balfour, *Castro* (London: Longman, 1995); Alina Fernan-

dez, *Castro's Daughter: An Exile's Memoir of Cuba* (New York: St. Martin's Press, 1998); Georgia Anne Geyer, *Guerrilla Prince: The Untold Story of Fidel Castro* (Boston: Little Brown, 1991); Wendy Gimbel, *Havana Dreams: A Story of Cuba* (New York: Knopf, 1998); Robert E. Quirk, *Field Castro* (New York: Norton, 1993); and Tad Szulc, *Fidel: A Critical Portrait* (New York: Avon Books, 1986).

24. 一九三三年，富亨希歐．巴提斯塔以軍事政變起家，成為古巴軍事強人，一直到一九四四年總統大選，他精挑細選的候選人在選舉中落敗以前，巴提斯塔都在台前幕後領導古巴。一九五二年，巴提斯塔再度掌權，直到一九五九年卡斯楚率領的革命黨人將他打倒為止。巴提斯塔執政時期的大規模貪腐，以及與美國黑幫私密往來，使其惡名昭彰。

25. 正式全名為第二屆古巴全國女性聯合大會。

26. 當今古巴女性教育與職業，遠比一九五九年更為優越。

27. Gimbel, 107.

28. Fernandez, 9-10.

29. Gimbel, 111.

30. 同上註。

31. 同上註。

32. 同上註。

33. 同上註。

34. 此為納蒂與費德爾的女兒阿莉娜的說法。

35. Gimbel, 140.

36. Szulc, 340.

37. 同上註。

38. Gimbel, 148.

39. Fernandez, 15.

40. Geyer, 196.

41. Fernandez, 26.

42. 同上註。

43. 同上註。
44. 同上註。
45. 同上註。
46. 同上註。
47. 同上註。
48. Gimbel, 167.
49. 同上註。
50. Szulc, 233.
51. Gimbel, 165.
52. 蓋爾則認為她當時是二十九歲。
53. Adelaide Bequer, *Celia: La Flor Mas Autoctone de la Revolution* (La Habana: Editorial de Ciencias Sociales, 1999)，收錄席莉雅（Celia）從童年到過世前的許多照片。
54. Szulc, 462-463, 467.
55. Geyer, 167.
56. Szulc, 58.
57. Geyer, 216.

第四章

1. 本篇章的資料來源為：Marion Davies, *The Times We Had: Life with William Randolph Hearst* (Indianapolis/New York: The Bobbs-Merrill Co., 1975); Fred Lawrence Guiles, *Marion Davies* (New York: McGraw-Hill, 1972); William Randolph Hearst, Jr., with Jack Casserly, *The Hearsts: Father and Son* (Niwot, Colorado: Roberts Rinehart, 1991); 與 David Nasaw, *The Chief: The Life of William Randolph Hearst* (Boston and New York: Houghton Mifflin, 2000).
2. 瑪麗詠（Marion）、蘿絲（Rose）、愛賽兒（Ethel）與萊茵（Irene, Reine）有一位名為查理（Charles）的兄弟，在少年時代溺斃。「我僅見到我的兄弟查理一次，在他的棺材裡」，瑪麗詠寫在她的著作《我們曾經擁有的時光》第一冊（*The Times We Had*, 1）。

3. 然而，她表示瑪麗詠在年僅十三歲時簽訂的第一份契約，傷了她的心。
4. Guiles, 43.
5. 小馬芭蕾舞團僅在換幕或作為舞台背景時，表演「足尖舞」(toe dance)。
6. 根據威廉・蘭道夫的兒子比爾(Bill)回憶，「他總是，只是總是常去戲院捧女演員。他總是習於帶著我們到齊格菲歌舞團的後台。」
Nasaw, 253.
7. Davies, 10.
8. 同上註。
9. 同上註。
10. 同上註。
11. 同上註。
12. Hearst, 238.
13. Davies, 21.
14. Hearst, 238.
15. Guiles, 69.
16. 同上註。
17. Davies, 253.
18. 同上註。
19. Nasaw, 341.
20. Hearst, 176, 179.
21. 同上註。
22. 同上註。
23. 同上註。
24. Davies, 227.
25. Guiles, 325.

26. Davies, 227.
27. 同上註。
28. Guiles, 297.
29. Hearst, 179.
30. Guiles, 288.
31. Davies, 195.
32. Nasaw, 546.
33. Guiles, 304.
34. Davies, 251.
35. Hearst, 562.
36. Davies, 147, 149.
37. Davis, 序言由奧森・威爾斯撰寫。
38. Nasaw, 249.
39. Guiles, 9.
40. Nasaw, 600.
41. Guiles, 17.
42. 同上註。
43. Hearst, 601.
44. 本篇章關於約瑟夫（即老甘）與約翰・甘迺迪（John F. Kennedy）的資料來源為：Christopher Anderson, *Jack and Jackie: Portrait of an American Marriage* (New York: William Morrow and Co., Inc., 1996); Nina Burleigh, *A Very Private Woman: The Life and Unsolved Murder of Presidential Mistress Mary Meyer* (New York: Bantam Books, 1998); Seymour M. Hersch, *The Dark Side of Camelot* (Boston and New York: Little Brown & Co., 1997); Roland Kessler, *The Sins of the Father: Joseph P. Kennedy and the Dynasty He Founded* (New York: Warner Books, 1996); Axel Madsen, *Gloria and Joe* (Toronto: Fitzhenry & Whiteside, 1988); Richard D. Mahoney, *Sons and Brothers* (New York: Arcade Publishing, Inc., 1999); Ralph G. Martin, *Seeds of Destruction: Joe Kennedy and his Sons* (New York: G.P. Putnam' s Sons, 1995); Thomas C.

Reeves, *A Question of Character* (New York: The Free Press, 1991); Carl E. Rollyson Jr., *Marilyn Monroe: A Life of the Actrss* (Ann Arbor: UMI Research Press, 1986); Amanda Smith (ed.), *Hostage to Fortune: The Letters of Joseph P. Kennedy* (New York: Viking, 2001); Daniel Spoto, *Marilyn Monroe: The Biography* (New York: HarperCollins, 1993); 與 Gloria Swanson, *Swanson on Swanson* (New York: Random House, 1980).

45. 她的第一任丈夫是演員華勒斯．貝瑞（Wallace Beery），第二任丈夫是賀伯．史莊博（Herbert Stronborn）。史莊博運用離婚的財產分配所得開一家名為布朗．德比（Brown Derby）的餐廳，隨著電影迷光臨而成為熱門餐廳，包括貝瑞的電影粉絲在內。

46. Kessler, 69.

47. Smith, 61. 坎恩參與葛羅莉亞的事業，葛羅莉亞告訴他，她正在拍賣部分不動產，用以支付電影《神女生涯恨事多》（*Sadie Thompson*）的拍片費用。

48. 此事件致使老甘迺迪接手葛羅莉亞的事業一事，來自於史密斯（Smith）的著作，史密斯獲取得到老甘迺迪的所有信件之管道，並且惡意地分析之。這段引文源自：swanson, 354.

49. Swanson, 341.

50. Madsen, 153.

51. Swanson, 355.

52. 同上註。

53. 同上註。

54. 同上註。

55. 亞希爾．邁德森（Axel Madsen）暗示說，分房是蘿絲先開始的。

56. Swanson, 366.

57. 同上註。

58. 同上註。

59. Smith, 82.

60. Swanson, 385.

61. 馬德森寫道，葛羅莉亞與老甘迺迪搭乘不同的船旅行一星期，但葛羅莉亞．史旺森澄清，是老甘迺迪、蘿絲、蘿絲的妹妹，和她自己的朋友維吉尼亞・包克（Virginia Bowker）同行。

62. Swanson, 387.
63. 同上註。
64. 同上註。
65. 同上註。
66. 同上註。
67. Smith, 62.
68. Nicholas Gage, *Greek Fire: The Story of Maria Callas and Aristotle Onassis* (New York: Alfred A. Knopf, 2000), 83.
69. 同上註。
70. 同上註，引自：《時代》（*Time*）雜誌
71. 同上註。
72. 同上註。
73. 同上註。
74. 同上註。
75. 同上註。
76. 同上註。
77. 同上註。
78. 同上註。
79. 同上註。
80. 同上註。
81. 同上註。
82. 同上註。
83. 同上註。
84. 棘手的是，他們在義大利結婚，但義大利政府並不認可離婚。她和巴提斯塔到其他地方辦理離婚手續，例如希臘。

85. 瑪莉亞祕密生子的情形與證據，源自於蓋吉（Gage）的著作第十四章"The Secret Son," 197-214。
86. Gage, 289.
87. 同上註。
88. 同上註。
89. 同上註。
90. Philip Roth, *The Human Stain* (New York: Vintage Books, 2001), 148.
91. Burleigh, 190.
92. Martin, 54.
93. 同上註。
94. 本篇章的資料來源為：Christopher Andersen: *Portrait of an American Marriage* (New York: William Morrow, 1996); Nina Burleigh, *A Very Private Woman: The Life and Unsolved Murder of Presidential Mistress Mary Meyer* (New York: Bantam, 1998); Seymour M. Hersh, *The Dark Side of Camelot* (Boston, New York: Little, Brown and Company, 1997); Axel Madsen, *Gloria and Joe: The Star-Crossed Love Affair of Gloria Swanson and Joe Kennedy* (New York: William Morrow, 1988); Ralph G. Martin, *Seeds of Destruction: Joe Kennedy and his Sons* (New York: G. P. Putnam's Sons, 1995); Gil Troy, *Affairs of State: The Rise and Rejection of the Presidential Couple Since World War II* (New York: The Free Press, 1997); Jane Ellen Wayne, *Marilyn's Men: The Private Life of Marilyn Monroe* (New York: St. Martin's Press, 1992); 與Donald H. Wolfe, *The Last Days of Marilyn Monroe* (New York: William Morrow, 1998).
95. Wolfe, 117.
96. 同上註。
97. 同上註。
98. 同上註。
99. 同上註。
100. Wayne, 112.
101. Wolfe, 323.
102. Troy, 126.

103. Andersen, 305.
104. Wayne, 165.
105. 約翰・甘迺迪的生日實際上是在五月二十九日。
106. Martin, 378.
107. Andersen, 308.
108. Wolfe, 415-416.
109. Martin, 382.
110. 同上註。
111. Wolfe, 448.
112. Judith Exner, *My Story: As Told to Ovid Demaris* (New York: Grove Press, 1977), 87.
113. 同上註。
114. 同上註。這份資訊由歐維迪・德瑪瑞斯（Ovid Demaris）提供。
115. 同上註。
116. 同上註。
117. 同上註。
118. 同上註。
119. 同上註。
120. Associated Press, 11 Dec. 1996.
121. Exner, p. 272.
122. 本篇章的主要資料來源為：Gordon Basichis, *Beautiful Bad Girl: The Vicki Morgan Story* (Lincoln: Backinprint.com, 2000). 初版在一九八五年出版。
123. Basichis, 52.
124. 同上註。
125. 同上註。

126. 同上註。
127. 同上註。
128. 同上註。
129. 同上註。
130. 同上註。

第五章

1. 引文源自：Charlotte Brontë, *Jane Eyre*, founded in *Great Novels of the Brontë Sisters* (London: Parragon Books, 2000).
2. 引文源自：Nathaniel Hawthorne, *The Scarlet Letter*, ed. John Stephen Martin (Peterborough: Broadview Press, 1998). 其他資料來源為：Harold Bloom (ed.), *Hester Prynne* (New York and Philadelphia: Chelsea House, 1990); D. B. Kesteron (ed.), *Critical Essays on Hawthorne's* The Scarlet Letter (Boston: G. K. Hall Co., 1988).
3. Martin, ed., 381, citing the *Boston Transcript*.
4. Bloom, 5, citing Trollope in the *North American Review* no. 274 (September 1879), 209-211.
5. 引文源自：Gustave Flaubert, *Madame Bovary* tr. by Francis Steegmuller (New York: Random House, 1957).。其他資料來源為：Harold Bloom, *Emma Bovary* (New York: Chelsea House Publishers, 1994).
6. Bloom, *Emma Bovary*, 1.
7. 同上註。引自：Flaubert to Colet, Dec. 23, 1853.
8. 同上註。
9. 引文源自：Leo Tolstoy, *Anna Karenina*, tr. by Constance Garnett, with revisions by eds. Leonard J. Kent and Nina Berberova (New York: The Modern Library, 2000).
10. 引文源自：Somerset Maugham, *Of Human Bondage* (London: Vintage Books, 1956).
11. 參考文獻源自：Edith Wharton, *The Age of Innocence* (New York, Scribner, 1970).
12. 引文源自：Boris Pasternak, *Dr. Zhivago* tr. by Max Hayward and Manya Harari, poetry tr. by Bernard Guilbert Guerney (New York: Pantheon Books, 1958).

13. 引文源自：Graham Greene, *The End of the Affair* (New York: Penguin, 1999, originally published in 1951).
14. 引文源自：Joanna Trollope, *Marrying the Mistress* (Toronto: McArthur & Co., 2002).

第六章

1. 討論現代情婦的兩本著作為：Victoria Griffin, *The Mistress: Histories, Myths and Interpretations of the "Other Woman"* (London, New York: Bloomsbury, 1999); 與 Wendy James and Susan Jane Kedgley, *The Mistress* (London: Abelard-Schuman, 1973).
2. 本篇章的主要資料來源為：Rudy Abramson, *Spanning the Century: The Life of W. Averell Harriman, 1891-1986* (New York: William Morrow Co., 1992); Alan Friedman, *Fiat and the Network of Italian Power* (Markham: Nal Bodis, 1988); Anita Leslie, *Cousin Randolph* (London: Hutchinson & Co., 1985); Christopher Ogden, *Life of the Party: The Biography of Pamela Digby Churchill Hayward Harriman* (Boston: Little Brown & Co., 1994); Sally Bedell Smith, *Reflected Glory: The Life of Pam Churchill Harriman* (New York: Simon & Schuster, 1996); 與帕梅拉・哈里曼有關的許多登載於網路的文章。
3. Smith, pp. 445, 451.
4. 同上註。
5. 同上註。
6. 同上註。
7. 同上註。
8. 同上註。
9. 同上註。
15. 本篇章的主要資料來源為：Brendan Gill, *Here at* The New Yorker (New York: Random House, 1975); E. J. Kahn Jr., *Year of Change: More About* The New Yorker *and Me* (New York: Viking Penguin Inc., 1988); Thomas Kunkel, *Genius in Disguise: Harold Ross of* The New Yorker (New York: Random House, 1995); Lillian Ross, *Here but Not Here: My Life with William Shawn and* The New Yorker (New York: Random House, 1998); 與 "Remembering Mr. Shawn," *The New Yorker*, Dec. 28, 1992, 134-145.
16. Ross, p. 110.
17. 同上註。

18. 同上註。
19. 同上註。
20. 同上註。
21. 同上註。
22. 本篇章的主要資料來源為：Lisa Appignanesi, *Simone de Beauvoir* (London: Penguin, 1988); Deirdre Bair, *Simone de Beauvoir: A Biography* (New York: Summit Books, 1990); Hazel E. Barnes, "Beauvoir and Sartre: The Forms of Farewell," in *Philosophy and Literature*, ed. by A. Phillips Griffiths (Cambridge: Cambridge University Press, 1984); Simone de Beauvoir, *Adieux: A Farewell to Satre*, translated by Patrick O' Brian (London: Deutsch, 1984); Simone de Beauvoir, *She Came to Say* (1943) tr. by Yvonne Moyse and Roger Senhouse (London: Fontana, 1984); Simone de Beauvoir, *The Second Sex* (1952) tr. and edited by H. M. Parshley (New York: Vintage Books, 1974); Kate Fullbrook and Edward Fullbrook, *Simone de Beauvoir and Sartre: The Remaking of a Twentieth-Century Legend* (New York: Harvester Wheatsheaf, 1993); John Gerassi, *Jean-Paul Sartre: Hated Conscience of His Century*, Vol. 1, *Protestant or Protester?* (Chicago and London: University of Chicago Press, 1987); Vivian Gornick, "*The Second Sex* at Fifty," in *Dissent*, Fall 1999, 69-72; Roland Hayman, *Sartre: A Life* (New York: Simon and Schuster, 1987); Barbara Klaw, "desire, Ambiguity, and Contingent Love: Simon de Beauvoir, Sexuality, and Self-Creation, or What Good Is a Man Anyway?" in *Symposium*, Sept. 1997, 110-122; Toril Moi, *Simone de Beauvoir: The Making of an Intellectual Woman* (Oxford: Blackwell, 1994); 與Jean-Pierre Saccani, *Nelson et Simone* (Monaco: Édition du Rocher, 1994).
23. Moi, p.29.
24. 同上註。著重在沙特的部分。
25. Fullbook and Fullbook, 57, 引用沙特大學時代摯友之妻恩希耶特・尼贊（Henriette Nizan）之語。
26. 同上註。
27. 同上註。
28. Appignanesi, 55.
29. Bair, 211.
30. 同上註。
31. De Beauvoir to Algren, 19 July 1948, "Letters from Simone De Beauvoir," in http://www.BBC.co.uk/works/s4/beauvoir/lett.shtml

32. Beauvoir, *The Second Sex*, 796, 814.
33. Bair, 386.
34. 同上註。
35. Appignanesi, 109.
36. 同上註。
37. Bair, 477.
38. 同上註。
39. Beauvoir, *Adieux: A Farewell to Sartre*, 127.

知識叢書1045

情婦史（下卷）——從納粹德國、革命中的古巴，到六〇年代情婦的故事

Mistresses: A History of the Other Woman

作者——伊莉莎白・阿柏特（Elizabeth Abbott）
譯者——廖彥博
主編——李筱婷
執行編輯——張啟淵
協力編輯——余芳珍
美術設計——倪龐德
執行企劃——劉凱瑛
總編輯——余宜芳
發行人——趙政岷
出版者——時報文化出版企業股份有限公司
10803台北市和平西路三段二四〇號四樓
發行專線——（〇二）二三〇六六八四二
讀者服務專線——〇八〇〇二三一七〇五
（〇二）二三〇四七一〇三
讀者服務傳真——（〇二）二三〇四六八五八
郵撥——一九三四四七二四時報文化出版公司
信箱——臺北郵政七九～九九信箱
時報悅讀網——http://www.readingtimes.com.tw
電子郵箱——history@readingtimes.com.tw
法律顧問——理律法律事務所 陳長文律師、李念祖律師
印刷——盈昌印刷有限公司
初版一刷——二〇一五年一月九日
初版四刷——二〇一八年九月十八日
定價——新台幣四四〇元
（缺頁或破損的書，請寄回更換）

時報文化出版公司成立於一九七五年，一九九九年股票上櫃公開發行，二〇〇八年脫離中時集團非屬旺中，以「尊重智慧與創作的文化事業」為信念。

情婦史.下卷, 從納粹德國、革命中的古巴，到六〇年代情婦的故事 / 伊莉莎白.阿柏特(Elizabeth Abbott) ; 廖彥博譯.
-- 初版. -- 臺北市 : 時報文化, 2015.01
面 ;　公分. -- (知識叢書 ; 1045)
譯自 : Mistresses : a history of the other woman
ISBN 978-957-13-6149-9(平裝)
1. 情婦　2. 女性傳記
544.382　　103025020

ISBN 978-957-13-6149-9
Printed in Taiwan